JN295295

大量破壊兵器の軍縮論

大量破壊兵器の軍縮論

黒澤 満編

信山社

大腸菌群の最確数測定法

序

　21世紀に入り国際社会は大きな変化に直面している。1つは米国におけるブッシュ政権の誕生であり、もう1つは9.11同時多発テロの発生である。これらを原因として、国際安全保障の基本的な考えおよびその枠組みが大きな変化を遂げつつある。もう少しさかのぼって考えると、1990年前後の冷戦の終結により、国際社会の安全保障環境は決定的な転換を経験し、東西両陣営の対立が消滅し、ソ連が崩壊し、米国が軍事的に唯一の超大国となった。

　各国の軍備に関連する能力や活動を制限し、削減し、規制し、あるいは禁止する広義の軍縮の分野においても、国際安全保障環境の変化により、軍縮関連問題のどの側面に重点を置くか、どの措置を優先させるかなどにつき、さまざまな変化が生じている。

　冷戦期には対立する米国とソ連の間で、「軍備管理」の交渉が行われ、戦略兵器制限交渉で対弾道ミサイル（ABM）条約が締結され、相互確証破壊（MAD）による戦略的安定性の維持が図られた。米ソが中心ではあるが、多国間の取決めとしては、部分的核実験禁止条約（PTBT）および核不拡散条約（NPT）が成立し、特に核兵器の拡散防止の努力が進められた。

　冷戦終結の直前に、米ソ間で中距離核戦力（INF）条約が締結され、それに引き続いて冷戦終結直後に第1次戦略兵器削減条約（START I）が締結され、大幅な核兵器の削減が実施された。この流れはその後のSTART II条約の署名、START III条約の枠組み合意へと進展するが、START II条約は発効しなかったし、START III条約は交渉も開始されなかった。

　冷戦後の国際社会は一方において核兵器の削減を進展させ、包括的核実験禁止条約（CTBT）を成立させたが、他方において、湾岸戦争後のイラク核開発の発見や北朝鮮の核開発疑惑の発生により、さらに旧ソ連諸国の核の管理の不備により、核拡散の危険が一層認識されることとなった。ここではいわゆる「ならず者国家」と呼ばれる少数の国家が、冷戦の終結を1つの契機として、国際安全保障問題の中心的な課題となった。冷戦後唯一の超大国となった米国は、この問題が米国の安全保障への大きな脅威であると認識し、拡散防止のみ

序

ならず拡散対抗措置を重視するようになっていった。

1990年代に入り，核兵器以外の大量破壊兵器，すなわち化学兵器や生物兵器がならず者国家により保有または使用されることへの危惧が高まり，化学兵器禁止条約（CWC）が作成され，生物兵器禁止条約（BWC）の検証議定書の作業が開始された。大量破壊兵器およびその運搬手段としてのミサイルが，冷戦後の世界にとって大きな脅威であると考えられ，それらの輸出管理が強化され，新たな規制が取り入れられるようになった。

また冷戦の終結とともに，武力紛争は地域紛争や国内紛争へと移行していき，対人地雷や小型武器が頻繁に使用され，戦闘員以外の女性や子供に被害が大きく及ぶようになった。国際社会は，対人地雷禁止条約を作成し，小型武器についても規制の方向を進めている。

2001年に誕生したブッシュ政権は，ミサイル防衛の重要性を強調し，ABM条約からの脱退を決定して，ミサイル防衛の開発および展開を進めている。また米国の軍事的絶対優位性を維持するために，CTBTの批准を拒否し，新たな核兵器の開発の方向に進み，国際条約による規制なしに米国の行動の柔軟性を広く維持する方向に進んでいる。米国にとってロシアはもはや脅威ではなく，ならず者国家が脅威であるので，それらの国が大量破壊兵器を保有しないための措置をとり，仮に保有した場合にはその拡散に対抗する措置をとるとし，そこには軍事力の使用も含まれている。

2001年9月11日の米国に対するテロリストの攻撃は，大量破壊兵器によるものではなかったが，米国の安全保障政策に決定的な影響を与えた。その結果，ならず者国家のみならず，テロリストへの大量破壊兵器およびミサイルの拡散が新たな脅威として認識され，不拡散の重要性が一層強調されることとなった。また米国の圧倒的な軍事的優勢を基礎に，米国の短期的で狭義の国益に沿った政策が追求されるようになった。また政策の実施においては，軍事力に大きな重要性が付与され，国連などの国際機関や国際規範などは二次的な役割しか与えられない傾向が増大した。アフガニスタンへの軍事作戦およびイラク戦争は，これらの延長線上に考えられ，米国の拡散対抗措置が軍事的に実施されたものである。

このように，広義の軍縮問題は，冷戦期から，1990年代を経て，21世紀に入って新たな段階に進展しており，現在では，米国が唯一の超大国になったこ

とにより，米国の安全保障政策，特に核兵器，大量破壊兵器およびミサイルに関する政策を中心に展開している。

　このような時期において，本書を出版する目的は，広義の軍縮問題が今後どのように進展するのか，あるいは進展すべきであるのかという基本的な問題意識を念頭に置いて，個々の軍縮問題について，いかにして国際の平和と安全を促進し，軍縮を進めていくかという観点から，今後10年位を視野に入れて分析することである。

　すなわち，個々の軍縮問題につき，過去の経緯を簡単に整理し，現状を正確に捉えて，現状の問題点は何であるかを指摘し，将来の展望を行うとともに，可能ならば政策提言を行うことを目的としている。その際に，特に日本はそれぞれの問題にどう対応すべきであるか，またどのような役割を果たすことができるかも論じられている。

　本書に寄稿していただいたのは，中堅および若手の軍縮関連問題の専門家であり，特に自分が最も得意とする課題を分析してもらっている。本書は，それぞれの執筆者が軍縮の課題として最も重要だと考える問題を取り扱っているため，軍縮問題のあらゆる側面を包括的に分析するものではないが，重要な多くの問題は当然含まれており，またそれらはその分野の第一人者による分析である。

　今後の国際の平和と安全の問題を考える際に，そのための重要な要素である軍縮問題の進展は不可欠である。もっとも軍縮はそれ自体で進展するのではなく，国際安全保障環境の状況と相互依存関係にあるので，国際安全保障環境の分析も不可欠である。本書では国際安全保障問題を視野に入れて検討しつつ，その中の軍縮の側面を中心に分析を行っている。

　まず第1章と第2章は，日本と核軍縮の問題を検討するものであり，黒澤満は，日本における核武装の議論を分析し，それを超えた安全保障環境の構築について検討し，小川伸一は，核軍縮の現状を分析し，核軍縮の必要性とその道筋を示しつつ，核軍縮と「核の傘」の関連という重要な問題を考察する。

　第3章，第4章，第5章は，米国を中心とする現在の不拡散問題に焦点を当

序

てたものであり，吉田文彦は，拡散対抗措置の発展を検討し，特にブッシュ政権における政策と実施における課題を検討し，石川卓は米国におけるミサイル防衛の進展，不拡散の強調とともに軍備管理が終焉した問題を分析し，戸﨑洋史は，核兵器拡散問題を冷戦後およびポスト冷戦後に分けて詳細に考察し，今後の進展を展望する。

第6章と第7章は，地域的な不拡散の研究であり，倉田秀也は北朝鮮の核問題の解決に向けた地域的な動きを，特に米朝枠組み合意と非核化概念に焦点を当てて分析し，秋山信将は，ロシアの大量破壊兵器の脅威削減政策を特に協調関係の構築の側面から検討する。

第8章，第9章は核拡散に対する個別的な対応に関するもので，菊地昌廣は国際原子力機関などの国際保障措置の発展と，新たな脅威への保障措置からの対応を分析し，宮本直樹は特に核テロとの関連を踏まえ，核物質防護としてのニュークリア・セキュリティの展開と IAEA の役割を検討する。

第10章と第11章は，生物・化学兵器に関するもので，杉島正秋は生物テロの事例を示しつつ，法的規制と輸出管理によるそれへの対応策を検討し，浅田正彦は CWC の申立て査察の詳細な分析を行い，その限界および課題を明らかにする。

第12章，第13章，第14章は，軍縮問題の個別的な進展として，村山裕三は輸出管理の問題点と具体的な改善策を検討し，日本の役割につき考察し，青木節子は宇宙における軍事利用の現状を分析し，国際法的側面と日本の政策の側面から検討を加え，星野俊也は平和構築活動における DDR を中心に分析を行い，その中の武装解除の問題を中心に検討する。

第15章と第16章は，軍縮促進のための間接的ではあるが重要な動きとして，目加田説子は軍縮の進展に対するシビルソサエティの役割を歴史的に分析し，さらに新たな進展と今後の展望を考察し，土岐雅子は軍縮促進のために長期的な視点から不可欠である軍縮・不拡散教育の問題を，国連報告および教育の実態を中心に考察する。

第17章は，本書のまとめの部分であり，黒沢満が21世紀の軍縮と国際安全保障の課題につき，本書の論文をふまえつつ，今後の進むべき方向を包括的に考察する。

序

　各執筆者には，多忙な中で本書への寄稿に最大限の努力をしていただき，時間的制約を十分に守りつつ，編者との数回にわたる意見交換を通じて内容の明確化と精緻化に努力していただいた。その結果，比較的短期間で編集を行い，かつ内容の向上と整合を実施することができた。執筆者の方々には，それぞれの論文作成に積極的に協力していただき，優れたものを寄稿して頂いたことに，心よりお礼申し上げます。

　また，本書の出版に際しては，信山社および有本司さんに大変お世話になったことに感謝の意を表明します。

　2004年7月

編者　黒澤　満

目　次

序　(v)

軍縮関連略語表　(xi)

第1章　日本核武装論を超えた安全保障環境の構築　………黒澤　満…1
　　　まえがき　(1)
　　Ⅰ　新たな核武装論の展開　(2)
　　Ⅱ　日本における核武装論の分析　(4)
　　Ⅲ　日本の核武装の可能性　(9)
　　Ⅳ　新たな国際安全保障環境の構築　(10)
　　　むすび　(20)

第2章　核軍縮と「核の傘」　……………………………小川伸一…25
　　　まえがき　(25)
　　Ⅰ　核軍縮の現状　(26)
　　Ⅱ　核軍縮の必要性とその道筋　(32)
　　Ⅲ　核軍縮と「核の傘」　(41)
　　　むすび　(45)

第3章　「拡散対抗措置」とブッシュ政権　………………吉田文彦…51
　　　まえがき　(51)
　　Ⅰ　拡散対抗措置とは何か　(51)
　　Ⅱ　拡散対抗措置を台頭させた背景　(54)
　　Ⅲ　ブッシュ政権における転換　(59)

目　次

　　Ⅳ　9.11同時多発テロ後のブッシュ・ドクトリン　(66)

　　むすび　(71)

第4章　ミサイル防衛と「軍備管理」の終焉 ……………石川　卓…75

　　まえがき　(75)

　　Ⅰ　ミサイル防衛計画の推移　(77)

　　Ⅱ　「不拡散」の突出と変質　(83)

　　Ⅲ　「軍備管理」の後退と終焉　(86)

　　むすび　(92)

第5章　核兵器拡散問題の動向と課題 ………………………戸﨑洋史…101

　　まえがき　(101)

　　Ⅰ　冷戦後の動向　(102)

　　Ⅱ　「ポスト冷戦後」の核兵器拡散問題　(105)

　　Ⅲ　核兵器拡散問題の課題と対応　(113)

　　むすび　(117)

第6章　北朝鮮の米朝「枠組み合意」離脱と「非核化」概念
　　　　──新たな核開発問題と地域的解決の模索──…………倉田秀也…127

　　まえがき──「二重査察構造」と北朝鮮　(127)

　　Ⅰ　「先制行動論」の中のHEU計画──米朝「枠組み合意」と核開発の両立　(129)

　　Ⅱ　「保障措置の継続性」概念と米朝「枠組み合意」からの離脱　(134)

　　Ⅲ　核問題の地域的解決の枠組み──「凍結対補償」と「完全核放棄」　(139)

　　むすび──朝鮮半島「非核化」概念の再検討　(144)

目　次

第7章　脅威管理体制の変容と協調的関係の構築
　　　──冷戦後のロシアの大量破壊兵器不拡散をめぐる国際協調──
　　　　　　　　　　　　　　　　　　　　　　　秋山信将…153

　　まえがき（*153*）
　Ⅰ　冷戦の終焉と米露戦略関係の変容：軍備管理・軍縮の変質
　　（*154*）
　Ⅱ　冷戦終焉後におけるロシアの大量破壊兵器からの拡散リス
　　クの実情（*157*）
　Ⅲ　協調的な脅威削減政策の展開：9.11までの各国の対応
　　（*159*）
　Ⅳ　9.11米国同時多発テロのインパクト：拡散源として
　　のロシア（*163*）
　　むすび（*168*）

第8章　国際保障措置強化に向けて ………………菊地昌廣…177

　　まえがき（*177*）
　Ⅰ　米国の保障措置政策（*178*）
　Ⅱ　地域的安全保障担保手段としての保障措置（*180*）
　Ⅲ　核不拡散条約（NPT）による普遍化と国際化（*184*）
　Ⅳ　冷戦終了後の核拡散の脅威とその対応（*187*）
　Ⅴ　最近の新たな核拡散の脅威と今後の対応策（*195*）
　　むすび（*199*）

第9章　ニュークリア・セキュリティ──国際機関の果たすべき役割──
　　　　　　　　　　　　　　　　　　　　　　　宮本直樹…205

　　まえがき（*205*）
　Ⅰ　国際核物質防護枠組みの黎明（*206*）

目　次

　　Ⅱ　国際核物質防護枠組みの展開　(208)
　　Ⅲ　核テロの懸念とニュークリア・セキュリティ概念の出現　(213)
　　Ⅳ　ニュークリア・セキュリティに関するIAEAの役割　(219)
　　む す び　(223)

第10章　生物テロと不拡散 ……………………………………杉 島 正 秋…229
　　ま え が き　(229)
　　Ⅰ　過去の事例　(230)
　　Ⅱ　生物兵器の法的禁止　(239)
　　Ⅲ　輸 出 管 理　(240)
　　む す び　(243)

第11章　軍縮条約における申立て査察（チャレンジ査察）の意義と限界
　　　　――化学兵器禁止条約を素材として――……………浅 田 正 彦…253
　　ま え が き　(253)
　　Ⅰ　申立て査察の意義　(255)
　　Ⅱ　CWCにおける申立て査察の制度　(256)
　　Ⅲ　申立て査察実施における2つの限界　(262)
　　Ⅳ　CWCの申立て査察制度における現実的課題　(267)
　　む す び――問題の解決に向けて　(270)

第12章　軍民両用技術の管理と日本の役割………………村 山 裕 三…279
　　ま え が き　(279)
　　Ⅰ　軍民両用技術と輸出管理の課題　(280)
　　Ⅱ　輸出管理方式の改善方向性　(284)

Ⅲ　両用技術分野における日本の政策と課題　（287）
　　Ⅳ　軍民両用技術と日本の技術政策　（294）
　　む す び　（297）

第13章　新世紀の宇宙軍事利用
　　　　―― 停滞する国際法と信頼醸成措置の可能性 ――
　　　　………………………………………………青 木 節 子…301
　　ま え が き　（301）
　　Ⅰ　宇宙の軍事利用の現状　（302）
　　Ⅱ　宇宙の軍事利用を規律する国際法　（309）
　　Ⅲ　日本の宇宙活動を規律する法政策　（312）
　　Ⅳ　宇宙の軍備管理：停滞と可能性　（316）
　　む す び　（320）

第14章　平和構築とDDR …………………………星 野 俊 也…327
　　ま え が き　（327）
　　Ⅰ　平和構築におけるDDR　（329）
　　Ⅱ　DDRの挑戦　（335）
　　Ⅲ　DDRと日本　（341）
　　む す び　（347）

第15章　軍縮とシビルソサエティ …………………目加田説子…353
　　ま え が き　（353）
　　Ⅰ　冷戦期の軍縮運動　（354）
　　Ⅱ　冷戦終結がもたらした変化　（364）
　　Ⅲ　拡大した軍縮運動の領域　（368）

目　次

　　　むすび　(*372*)

第16章　軍縮・不拡散教育の役割と課題……………土岐雅子…*377*
　　まえがき　(*377*)
　　Ⅰ　軍縮・不拡散教育の発展の経緯　(*378*)
　　Ⅱ　軍縮・不拡散教育に関する国連の研究
　　　　──国連事務総長の報告　(*382*)
　　Ⅲ　現在行われている軍縮教育の概要　(*386*)
　　むすび　(*394*)

第17章　21世紀の軍縮と国際安全保障の課題 ……………黒澤　満…*399*
　　まえがき　(*399*)
　　Ⅰ　核兵器　(*401*)
　　Ⅱ　生物兵器、化学兵器、ミサイル　(*410*)
　　Ⅲ　軍縮問題全般　(*413*)
　　むすび　(*418*)

　事項索引　(*423*)
　人名索引　(*431*)

軍縮関連略語表

2MTW	Two Major Theater Wars 2つの大規模戦域戦争		ject 生物兵器拡散防止（プログラム）
ABL	Airborne Laser エアボーン・レーザー	CBERS	China-Brazil Earth Resources Satellite 中国・ブラジル地球資源衛星
ABM	Anti-Ballistic Missile 対弾道ミサイル	CCL	Commercial Control List 商務管理リスト
AdSec	Advisory Group on Nuclear Security ニュークリア・セキュリティ諸問グループ	CD	Committee on Disarmament 軍縮委員会
		CD	Conference on Disarmament 軍縮会議
AECA	Arms Export Control Act 武器輸出管理法	CFR	Code of Federal Regulation 連邦規則
AG	Australian Group オーストラリア・グループ	CIA	Central Intelligence Agency 中央情報局
ASAT	Anti-Satellite 衛星攻撃	CICC	NGO Coalition for an International Criminal Court 国際刑事裁判所を求めるNGO連合
ASMP	Air-Sol Moyenne Portee 空対地中距離ミサイル		
AU	African Union アフリカ連合	CIS	Commonwealth of Independent States 独立国家共同体
BCW	Biological and Chemical Weapons 生物化学兵器	CND	Campaign for Nuclear Disarmament 核軍縮委員会
BMD	Ballistic Missile Defense 弾道ミサイル防衛		
BMDO	Ballistic Missile Defense Organization 弾道ミサイル防衛機構	CNS	Center for Nonproliferation Studies 不拡散研究所
BPI	Boost Phase Intercept ブースト段階迎撃	COCOM	Coordinating Committee for Multilateral Strategic Export Controls 対共産圏輸出規制委員会
BWC	Biological Weapons Convention 生物兵器禁止条約		
BWPP	BioWeapons Prevention Project	COPUOS	Committee on Peaceful Uses of

軍縮関連略語表

	Outer Space 宇宙空間平和利用委員会	EURATOM	欧州連合 European Atomic Energy Community 欧州原子力共同体
CPI	Counterproliferation Initiative 拡散対抗イニシアティブ	Europol	European Police Office 欧州警察機構
CPPNM	Convention on the Physical Protection of Nuclear Material 核物質防護条約	FAS	Federation of American Scientists 米国科学者連盟
CSI	Container Security Initiative 海上コンテナー安全対策	FMCT	Fissile Material Cut-Off Treaty 兵器用核分裂性物質生産禁止条約
CTBT	Comprehensive Nuclear Test-Ban Treaty 包括的核実験禁止条約	GLONASS	Global Navigation Satellite System ロシア全地球航法衛星システム
CTR	Cooperative Threat Reduction 協調的脅威削減	GMD	Ground-based Midcourse 地上配備ミッドコース
CVID	Complete, Verifiable, and Irreversible Dismantlement 完全で検証可能かつ不可逆的な核解体	GNSS	Global Navigation Satellite System 全地球航法衛星システム
CWC	Chemical Weapons Convention 化学兵器禁止条約	GPALS	Global Protection Against Limited Strikes 限定攻撃に対するグローバル防衛
DAC	Development Assistance Committee 開発援助委員会	GPS	Global Positioning System 全地球測位システム
DBT	Design Basis Threat 設計基礎脅威	HCOC	International Code of Conduct against Ballistic Missile Proliferation 弾道ミサイルの拡散に対する国際行動規範
DDR	Disarmament, Demobilization and Reintegration 武装解除，動員解除，社会復帰	HEU	Highly Enriched Uranium 高濃縮ウラン
EAA	Export Administration Act 武器輸出管理法	IADA	International Atomic Development Agency 国際原子力開発機構
ECOMOG	ECOWAS Monitoring Group ECOWAS監視グループ	IAEA	International Atomic Energy Agency 国際原子力機関
ECOWAS	Economic Community of West African States 西アフリカ経済共同体	IALANA	International Association of Lawyers against Nuclear Arms
ECSC	European Coal and Steel Community 欧州石炭鉄鋼共同体		
EU	European Union		

軍縮関連略語表

	国際反核法律家協会		中距離弾道ミサイル
IAUP	International Association of University Presidents	ISTC	International Science and Technology Center
	国際大学学長協会		国際科学技術センター
ICBL	International Campaign to Ban Landmines	ITAR	International Traffic in Arms Regulations
	地雷廃絶国際キャンペーン		国際武器移転規則
ICBM	Intercontinental Ballistic Missile	ITDB	Illicit Trafficking Database
			核密輸データベース
	大陸間弾道ミサイル	KEDO	Korean Peninsula Energy Development Organization
ICC	International Criminal Court		
	国際刑事裁判所		朝鮮半島エネルギー開発機構
ICJ	International Court of Justice	LAWS	Lawyers Alliance for World Security
	国際司法裁判所		
ICPO	International Criminal Police Organization		世界の安全保障のための法律家連合
	国際刑事警察機構	MAD	Mutual Assured Destruction
INF	Intermediate-range Nuclear Forces		相互確証破壊
		MANPADS	Man-Portable Air Defense System
	中距離核戦力		
INFCE	International Nuclear Fuel Cycle Evaluation		携帯式地対空ミサイル
		MD	Missile Defense
	国際核燃料サイクル評価		ミサイル防衛
INFCIRC	Information Circular	MDA	Missile Defense Agency
	情報回覧文書		ミサイル防衛局
INMM	Institute of Nuclear Material Management	MIDAS	Missile Defense Alarm System
			ミサイル防衛警報システム
	核物質管理学会	MIRACL	Mid-Infrared Advanced Chemical Laser
IPPAS	International Physical Protection Advisory Service		
			発展型赤外線化学レーザー
	国際核物質防護助言サービス	MIRV	Multiple, Independently-targetable Re-entry Vehicle
IPPNW	International Physicians for the Prevention of Nuclear War		
			個別誘導複数目標弾頭
	核戦争防止国際医師会議	MLF	Multilateral Nuclear Force
IPP	Initiatives for Proliferation Prevention		多角的核戦力
		MNEPR	Multilateral Nuclear Environment Program in the Russian Federation
	拡散防止イニシアティブ		
IRBM	Intermediate-range Ballistic Missile		
			ロシア連邦における多国間核環境

xix

軍縮関連略語表

	プログラム	NRO	National Reconnaissance Office 国家偵察室
MPC&A	Material Protection, Control and Accountancy 核物質防護・管理及び計量	NSA	Negative Security Assurances 消極的安全保障
MPI	Middle Powers Initiative 中堅国家構想	NSAs	Non State Actors 非国家主体（行為体）
MRC	Major Regional Conflicts 大規模地域紛争	NSF	Nuclear Security Fund ニュークリア・セキュリティ基金
MTCR	Missile Technology Control Regime ミサイル技術管理レジーム	NSG	Nuclear Suppliers Group 原子力供給国グループ
MTR	Military Technical Revolution 軍事技術革命	NSPD	National Security Presidential Decision 国家安全保障大統領決定
MUF	Material Unaccounted For 物質収支で説明できない核物質量	NSS	National Security Strategy 国家安全保障戦略
NAC	New Agenda Coalition 新アジェンダ連合	ODA	Official Development Assistance 政府開発援助
NATO	North Atlantic Treaty Organization 北大西洋条約機構	OECD	Organization for Economic Co-operation and Development 経済開発協力機構
NGO	Non-Governmental Organization 非政府機関（組織）	ONUMOZ	United Nations Operation in Mozambique 国連モザンビーク活動
NIMA	National Imageries Mapping Agency 国家画像地図機関	OPCW	Organization for the Prohibition of Chemical Weapons 化学兵器禁止機関
NIS	Newly Independent States 新興独立国		
NMD	National Missile Defense 国家（本土）ミサイル防衛	PAC-3	Patriot Advanced Capabilities Mode-3 地対空誘導弾パトリオット
NNPA	Nuclear Non Proliferation Act 核不拡散法	PAL	Permissive Action Links 発射統制装置
NORAD	North American Aerospace Defense Command 北米航空宇宙防衛司令部	PAROS	Prevention of Arms Race in Outer Space 宇宙の軍備競争防止
NPR	Nuclear Posture Review 核態勢見直し	PDD	Presidential Decision Directive 大統領決定指令
NPT	Nuclear Non-Proliferation Treaty 核不拡散条約	PKO	Peacekeeping Operations 平和維持活動

PSI	Proliferation Security Initiative 拡散防止構想		ストックホルム国際平和研究所
PSR	Physicians for Social Responsibility 社会的責任を持つ医師の会	SLBM	Submarine-Launched Ballistic Missile 潜水艦発射弾道ミサイル
PTBT	Partial Test Ban Treaty 部分的核実験禁止条約	SMD	Sea-based Midcourse 海上配備ミッドコース
QDR	Quadrennial Defense Review 4年毎国防見直し	SSAC	State's System of Accounting for and Control of Nuclear Material 国内計量管理制度
RESPECT	Recovery, Employment and Stability Programme for Ex-combatants and Communities in Timor-Leste 東チモールの元兵士およびコミュニティのための復興・雇用・安定プログラム	SSBN	Nuclear-powered, Ballistic-missile Submarine 弾道ミサイル搭載原子力潜水艦
		SSR	Security Sector Reform 治安・安全保障セクター改革
		START	Strategic Arms Reduction Talks (Treaty) 戦略兵器削減交渉（条約）
RI	Radioisotope ラジオアイソトープ		
RMA	Revolution in Military Affairs 軍事における革命	TAO	Telecommunications Advancement Organization 通信・放送機構
SALT	Strategic Arms Limitation Talks (Treaty) 戦略兵器制限交渉（条約）	TECDOC	Technical Document 技術解説文書
SAMOS	Satellite and Missile Observation System 衛星・ミサイル観測システム	THAAD	Theater High Altitude Area Defense 戦域高高度広域防衛
SANE	Committee for a Sane Nuclear Policy 真っ当な核政策のための委員会	TMD	Theater Missile Defense 戦域ミサイル防衛
		UCS	Union of Concerned Scientists 憂慮する科学者連合
SCC	Standing Consultative Committee 常設協議委員会	UNAMA	United Nations Assistance Mission in Afghanistan 国連アフガニスタン支援ミッション
SCI	Sensitive Compartmented Information 防護所要区分情報		
SDI	Strategic Defense Initiative 戦略防衛構想	UNDP	United Nations Development Programme 国連開発計画
SIPRI	Stockholm International Peace Research Institute	UNIDIR	United Nations Institute For Disarmament Research

軍縮関連略語表

	国連軍縮研究所		国連カンボジア暫定機構
UNMISET	United Nations Mission of Support in East Timor 国連東チモール支援ミッション	**UNTAET**	United Nations Transitional Administration in East Timor 国連東チモール暫定統治機構
UNMOVIC	United Nations Monitoring, Verification and Inspection Commission 国連監視検証査察委員会	**UPU**	Universal Postal Union 万国郵便連合
		WCO	World Customs Organization 世界税関機関
UNOSOM	United Nations Operation in Somalia 国連ソマリア活動	**WCP**	World Court Project 世界法廷プロジェクト
UNSCCTC	United Nations Security Council Counter Terrorism Committee 国連安全保障理事会テロ対策委員会	**WHO**	World Health Organization 世界保健機関
		WILPF	Women's International League for Peace and Freedom 平和と自由のための国際女性連合
UNSCOM	United Nations Special Commission on Iraq 国連イラク特別委員会	**WMD**	Weapons of Mass Destruction 大量破壊兵器
UNTAC	United Nations Transitional Authority in Cambodia	**WMD&M**	Weapons of Mass Destruction and Missiles 大量破壊兵器およびミサイル

第1章 日本核武装論を超えた安全保障環境の構築

黒澤 満

まえがき

　21世紀に入って国際社会は大きな変化を遂げており，北朝鮮の核開発問題に直面して，日本国内において核武装が活発に議論されるようになった。これまでの議論は主として海外からのものであり，国内での議論はタブーとされていた。このような情勢において，本稿では日本の核武装に関する議論を検討し，さらにそれを超えた新たな国際安全保障環境の構築に向けての諸政策について検討する。

　まず，2002年以降において主張された日本の核武装論がどのような過程で出現し，米国および日本でどのような発言がなされたのかを分析し，次に，日本国内におけるさまざまな識者の見解を核武装賛成論，消極的反対論，積極的反対論に区別して詳細に検討し，第3に，それらを基礎にして日本の核武装の可能性を考察する。

　第4に，日本の核武装論が出てきたその背景にある安全保障環境の変化を考察しつつ，日本の安全保障，および地域的・国際的安全保障の促進のため，日本核武装論を超えた新たな国際安全保障環境の構築のためにいかなる措置を取るべきかを考える。

第1章　日本核武装論を超えた安全保障環境の構築

I　新たな核武装論の展開

1　日本における議論の発生

　2002年5月13日に安倍晋三官房副長官が早稲田大学で講演し，憲法上は戦術核を使うことは違法ではないと話し，これに関して，福田康夫官房長官は，5月31日，非核三原則は憲法のようなものであるが，憲法も改正しようというぐらいになっているのだから，非核三原則も変えようとなるかもしれないと述べ，将来，非核三原則を見直す可能性もあるとの考えを示した。内閣の中枢に位置する2人の政治家が，北朝鮮の核開発問題が深刻化する中で，日本の核兵器保有の容認とも受け取れる発言を行ったため，国内で批判が巻き起こったが，両氏がそのポストを失うことはなかったし，行政の執行に大きな障害が出ることもなかった。それには以下の3つの理由が考えられる。第1は，両氏とも日本の核武装に言及しているが，それは法律論であり，また理論的なものであり，政策としては非核を貫くと強く弁明したことであり，第2に，小泉首相が，小泉内閣としては核兵器の保有はまったく考えておらず，非核三原則を厳守するとすぐに表明したことである。さらに第3には，さまざまな国際環境の変化，特に北朝鮮の核兵器にいかに対応するかという問題を背景として，核武装の議論がタブー視される度合いが低くなったからであると考えられる[1]。

　その後，2002年9月17日に小泉首相が訪朝し，日朝首脳会議が開催された後，拉致問題で日本人の北朝鮮に対する不信と怒りが広く発生し，同年10月半ばに北朝鮮が濃縮ウラン計画をもっていると米国が発表するに至って，北朝鮮の核ミサイルの攻撃にいかに備えるかといった観点からの議論が多く出てくることとなった。

　2002年12月に，京都大学の中西輝政教授は，北朝鮮に核ミサイルを発射させないようにするいちばんの方法は，「日本も核武装する」という宣言を，いち早く総理がすることであり，「北朝鮮がもし万一，核ミサイルの脅しをかけてくるなら，日本も核武装する決断を迫られよう」とはっきりいえばいいと述べ，福田和也氏も，新しい政治を行うにあたって2つのポイントがあるが，その1つは「我々には核兵器を製造する力があり，やろうと思えばすぐに核武装

第1章　日本核武装論を超えた安全保障環境の構築

できる」と表明することであると述べた[2]。また田久保忠衛杏林大学教授は，日本の核武装の選択に関して，「絶対，日本は核武装をしないとは言わない」ことを主張した[3]。

2　米国における議論

2003年1月3日に，チャールズ・クラウトハマー氏が，北朝鮮の核開発阻止に消極的な中国の態度を変えさせるためには，米国は日本の核武装を支持すべきであると主張した。その理由として，彼は，「われわれの悪夢が北朝鮮の核であるとすれば，中国の悪夢は日本の核であり，今や悪夢を共有する時期である」と述べている[4]。

2003年1月6日に，ケイトー研究所のテッド・カーペンター氏は，北朝鮮問題の解決のため，米国は，北朝鮮に対して，その核兵器プログラムを放棄しないならば，米国は韓国と日本に対して核武装するよう奨励すると述べるべきだと主張した[5]。

2003年2月16日に，ジョン・マケイン上院議員は，FOXテレビで，北朝鮮の核開発問題に関連して，「中国が危機解決に迅速に取り組まなければ，日本は核武装するしか選択肢がなくなる。日本には自国民の安全を守る義務がある」と述べた[6]。

2003年3月16日に，チェイニー副大統領は，NBCテレビとの会見で，北朝鮮の核開発や弾道ミサイル開発は，この地域の軍拡競争を引き起こすとの見解を示し，「例えば日本が核武装問題を再検討するかどうかの考慮を迫られるかもしれない」と述べ，さらに「日本で核武装論が起きることは中国の利益にならない」と述べた[7]。

日本の核武装に関する米国の専門家の見解は，直接的に日本の核武装を奨励するものというよりは，日本が核武装すれば中国の安全保障が影響を受けるという可能性を強調することにより，北朝鮮問題の解決に向けて，中国がもっと積極的に行動すべきことを要請するものであり，また北朝鮮に対して核開発の効果が相殺される可能性を述べ，核開発を抑制するものである。しかし，これらの米国における発言がその後の日本における活発な議論の引き金となっており，2003年に入って日本において積極的な議論が展開された。

第1章　日本核武装論を超えた安全保障環境の構築

II　日本における核武装論の分析

1　核武装賛成論

(1)　自主防衛論

　従来から自主防衛論を主張する人々は，米国の反対があろうとなかろうと，対米依存，対米従属からの脱却の手段として，日本独自の核武装を推進すべきであると主張する[8]。

(2)　米国容認論

　米国における専門家の発言，特にチェイニー副大統領の発言を根拠に，米国は日本の核武装を容認しているとの解釈が，日本の核武装推進論者の大部分に共有されている。

　中西輝政教授も，チェイニー発言以前から核武装論を唱えていたが，これは明らかに，日本に対するアドバルーンであり，北朝鮮の核開発，中国の軍備拡張に関する牽制であるとし，長期的に見て，日本での核武装論議の高まりは，アメリカの国益にかなうという核心がこの発言の根底にあると解釈する。また，日米安保体制を堅持すれば日本に核武装の必要はないという議論に対して，彼は，拡大抑止は冷戦構造のような，完全な2極対立の状況の下でしか高いレベルの信憑性を享受することはできないとし，核に対しては核をもって応じる以外に有効な手立ては見出しがたいのであると結論する。日本が核保有宣言をすべき時は，①アメリカの日本防衛に関するコミットメントが明確に揺らいだ時，②中国の海洋軍事力が本格的に外洋化した時，③北朝鮮の核が曖昧なままに見過ごされた時，のいずれかひとつが現実になった時であると主張する[9]。

　福田和也氏は，米国の承認の下であれば核武装で孤立することはないとしつつ，「核武装する国，あるいは核武装を目指す国が増えてくるにつれて，アメリカの核の傘の神話がいよいよ綻びてきた。……危険な国が核武装への道をひた走るなかで，核の傘という幻想が消滅しつつある。だとすれば，わが国も核武装して，自衛の核抑止力をもたざるを得ないのではないか」と主張する[10]。

第1章　日本核武装論を超えた安全保障環境の構築

　森本敏教授は，北朝鮮の核武装に対しては，ミサイル防衛や精密誘導兵器の開発・装備で対応すべきだとしながら，最後の手段として，①日本が周辺国から明確な核の脅威，威嚇を受けるにもかかわらず，②日米同盟に基づく核抑止には完全に依存できず，③しかも，NPT（核不拡散条約）などの国際的約束や周辺諸国との関係を配慮していたのでは国家の存亡にかかわるという状況になった場合に，日米同盟の廃棄は日本の安全保障にとって有害であるから，米国の同意を得てポラリス搭載原子力潜水艦の供与を米国から受けるという英国型核武装に進むべきであると主張する[11]。

　また伊藤貫氏は，米国が日本の核武装を容認するだろうし，また米国は常に頼りになるとは限らないという考えに立ち，「核弾頭を付けた巡航ミサイルを多数の小型潜水艦と小型駆逐艦に搭載するという形で，日本は自主的な核抑止力を得るべきだ」と主張する[12]。

2　核武装消極的反対論

(1)　米国不容認論

　上述の核武装賛成論の多くは米国が容認もしくは黙認するとの前提で議論が進められているが，それに対立するものとして，米国が日本の核武装を許容することは考えられないので，そもそも不可能であるという見解が多数の論者により主張されている。「唯一の軍事大国を自認し，覇権の永続を目指す米国が，世界最大，ほとんど唯一の債権国としての日本が，核武装して軍事大国になるのを容認することはまず考えられない」と主張され[13]，「米国の一貫した姿勢は，日本の軍事大国化を望まず，とりわけ核武装は容認しないというものだ」と主張され[14]，「米国の暗黙の了解がない限り，核武装自体も行えないし，原子力の平和利用も保障されないだろう。日米安保体制も，従来は非核日本を前提としている」と主張される[15]。また「日本の核武装論者は米国の議論が日本の核武装を黙示的に奨励しているサインであると受け取っているが，それは完全な誤りである」と反論されている[16]。

(2)　核武装不用論

　日米安全保障条約が健全で，米国の核の傘が有効である限り，日本が核兵器

を独自に保有する必要はないし，その方が日本の安全保障にとって有益であるという考えであり，多くの論者の主張となっている。「日米同盟が機能している限り，日本は現状ではこの核の対応をすべてアメリカにまかせることができる。だから日本の核武装が現実の政策の選択肢となるには，あくまで日米同盟がなくなることが前提ということになろう」と主張され[17]，「核抑止に関する限り，わが国の安全保障にとって米国の「核の傘」に入る以上に得策な選択肢はない」と主張されており[18]，「米国の傘の下にある限り，日本が敢えて核武装を選択する合理的な理由は見当たらない」と主張されている[19]。

(3) 核武装無益論

軍事的・戦略的観点からして，日本が独自の核兵器を保有したとしてもそれは北朝鮮の脅威に対する核抑止とはならないので，核武装することは無益であり，無意味であるという議論である。「北朝鮮の核武装が日本の核兵器開発を促すとする議論には，日本に向けられた米国の核の傘が北朝鮮に対して機能しない反面，日本が保有する独自の核兵器は北朝鮮に対し抑止機能を発揮するとの前提があるが，そのようなものは具体的シナリオとしてはありえない。北朝鮮の為政者が特異で非合理な思想・考え方を持っているために米国の核抑止が効かないと言うのであれば，日本の核兵器も同様に抑止力とはなりえない」と主張され[20]，「冷戦の終結以降，国際社会が直面する共通の課題とは，悪漢国家やテロリスト，破綻国家への対応であり，このような課題に取り組むに際して，核は決して有効な手段ではない。核は使えない兵器であり，使われる可能性の高い通常兵器の方が有効である」と主張されている[21]。

(4) 軍事的・戦略的不可能論

日本の核武装を軍事的・戦略的観点から分析することにより，それは不可能であることが論者により，主張されている。「核兵器保有のためには，核実験は技術・軍事的条件と，政治的条件の2つから必ず実施しなければならない。……材料や設計加工技術，財政的には核兵器保有が可能であろうと，爆発実験という1点の条件からだけ見ても，日本の核兵器保有は不可能である」と主張され[22]，防衛庁の報告書を引用しつつ，「日本には核被害を吸収できる地理的広がりがないという地理的脆弱性がある。通常兵器の劣性を補完するという核

武装が持っている意義についても，四面環海の日本の場合，大量の通常戦力による攻撃を戦術核で阻止するというようなNATO型の事態は考えにくい」と主張されている[23]。

小川氏は，「日本の核開発は北朝鮮の核兵器を抑止する限定的な目的で着手されても，歴史的経緯から，中国およびロシアに対し核戦力増強のインセンティブを与え，日本は地勢的条件から原子力潜水艦搭載のSLBM戦力を持たざるを得ず，さらに硬化目標即時破壊能力が必要であるが，時間的にも財政的にも不可能である」と結論している[24]。

3 核武装積極的反対論

(1) 核武装有害論

日本の核武装については，以上の消極的反対論の外に，日本の核武装は有害であるという見解が，以下の4点に関して多くの論者により主張されている。

ⅰ）米国との関係においては，日本の核武装は，日米関係の友好的な発展を阻害し，日米同盟の崩壊へと連なり，日本が米国と対立することになり，日本の安全保障にとって有害であるという主張がなされている。「日本が核武装すれば，米国が一番脅威を感じるであろう。それは日米同盟という現在の日本にとっての防衛的な命綱さえ断ち切る要因となりうるに違いない」と主張され[25]，「日本の核武装は日米同盟の崩壊を意味する」と主張され[26]，「日本の核武装が日米安全保障関係を大きく害することは疑いの余地がない。予見し得る将来において，日本の国家安全保障の基礎として現存の日米安全保障同盟に変わりうる有益なものは存在しない」と主張されている[27]。

ⅱ）東アジア諸国との関係においては，中国が対抗して軍備増強を図るだろうし，韓国，台湾も核兵器保有に走る可能性が強く，東アジアの安全保障環境は悪化し，結果的に日本の安全保障が低下するという考えがある[28]。「日本の核武装は日本を取り巻く国際環境に深刻な悪影響を与える。資源に乏しく国際的な経済活動に活路を見出すしかない島国日本にとり，平和的な国際環境の維持は死活的な安全保障上の国益だ。……北東アジアでは，軍拡競争が引き起こされ，結果として日本を含めた全ての国の安全が低下することになる。韓国や台湾が核保有に踏み切る可能性さえあるし，中国やロシアも，日本の核武装に

対して軍事的対抗措置をとることは必至とみなければならないからだ」と分析されている(29)。

　iii) 核不拡散体制との関連においては，日本の核武装は当然に核不拡散条約 (NPT) からの脱退を必要とするものであり，日本の脱退は北朝鮮の脱退とは異なり，核不拡散体制への決定的な打撃となり，体制の崩壊へと導き，多くの国が核兵器を保有するようになり，結果的には日本の安全保障環境は悪化するという側面と，日本がNPTから脱退すると国際社会から大きな非難を浴びるとともに，経済制裁を蒙ることとなるが，日本の場合には経済制裁は致命的な影響を与え，日本の国益に反するという側面がある。

　「日本の核武装の政治的コストはきわめて高い。日本がNPTを脱退すれば，……NPT体制は有名無実化し，世界の核拡散が進む可能性が高い。その結果，世界各地の地域紛争で核兵器が使用されるようになれば，世界は確実に混乱し，日本の経済的繁栄は損なわれるだろう」と分析されている(30)。

　「国際社会は大量破壊兵器の拡散に関して過敏なほど神経質になった。核兵器保有への動きはすべて潰すように動くことは必定である。圧力の第1ステップは経済制裁である。……わが国は，原油の99.7％，食料の60％を海外に依存し，年間約9億トンの貨物を長大なシーレーンを使ってわが国に運び入れ，付加価値をつけた製品を世界中に買ってもらって生計を立てている。資源らしき資源もない，狭い4つの島に，1億3000万人の人間が住み，高度な生活を送っているわが国は，世界一経済制裁に弱い国である」と主張されている(31)。

　経済的損失に関しては，原子力産業が被る損害は日本のエネルギー供給を混乱させるものになると主張されている。

　iv) 日本がNPTを脱退し，核武装に走ることになると，世界中から非難を浴び，日本は国際社会で孤立することになり，政治的にも安全保障上もきわめて国益に反する結果となる点が，多くの識者により主張されている。「北の核ミサイルの脅威は，一過性の脅威なのである。これに対してわが国が核武装を選択するほど視野狭窄に陥るはずはない。仮にもそんな選択をしたら，「一過」後に核武装日本を待ちうけるのは，差し当たり国際的孤立である」と主張され(32)，「日本が核武装に踏み切るのは，3つの国際条約――NPT，IAEAとの協定，CTBTから離脱する必要がある。手続き上は脱退を正当化できるが，日本は1930年代の「国際連盟脱退」時と同様の国際世論にさらされるであろ

う」と主張されている⁽³³⁾。

　日本の核武装は、これまでの日本の核不拡散・核軍縮の外交を害することになり、それは国際社会における日本の政治的地位を大きく損なうものとなり、有害であるとの見解がある。また日本の核武装は国際的政治力を弱体化させ、日本の国連安全保障理事会常任理事国入りにマイナスの影響を与えるだろうと述べられている[34]。

(2) 核武装否定論

　日本の識者の中には、広島・長崎を原点として、核兵器のもつ道義性という観点を中心に日本の核武装を完全に否定する考えがまだまだ広く存在している。「日本が今、核の拡散防止という名目を自ら放棄して核武装するならば、平和憲法や、広島、長崎の犠牲者はいったい何だったのだろうか。過ちは繰り返さないという誓いを、改めて思い出して核軍備を許さないことを願う」と述べられており[35]、「不思議なのは、核武装を説く人々の誰一人として、核被害の立場に言及することがないことだ。……核武装にかかる莫大な費用を核被害擬似体験用のシミュレーションの方にまわした方がずっといい。核兵器廃絶こそが、最も確実な安全保障なのだから」と主張され[36]、「繰り返すが、広島・長崎や全国の焦土の中に、我々は不戦を誓い、原爆を持たないことを心に決めたのではなかったか」と主張されている[37]。

III　日本の核武装の可能性

　日本の核武装の可能性については、一部の論者により核武装が主張されており、賛成・反対を含めて議論が続いているが、以上のさまざまな見解を総合して考えると、近い将来に日本が核武装に踏み切る可能性は極めて低い。それは反対論者の主張の中に示されている理由が十分な説得力をもつと考えられるからである。伝統的な日本の核アレルギーという心情的側面、日本の国益や安全保障上の利益、国際社会における日本の地位、技術的な可能性などを総合的に判断するとそのような結論になる[38]。

　小泉総理は、安倍・福田発言に関して、小泉内閣としては核兵器の保有はまったく考えていないし、非核三原則を厳守すると述べており、石破茂防衛庁長

第1章　日本核武装論を超えた安全保障環境の構築

官も,「北朝鮮が核保有したとしても,日本は核武装することはない」と答えている(39)。竹内行夫外務次官も,チェイニー副大統領の発言に関して,「日本にとって核武装は現実的な選択ではありえないとはっきり言える。政府内でまじめに議論されている状況ではない」と明確に否定している(40)。

さらに国会議員の意見も核武装にはきわめて慎重であることが最近の以下のアンケートにより示されている。2003年8月のアンケートでは,衆議院議員475人（回収率83%,394人）に対するもので,日本の核兵器保有について,「どちらかといえば賛成」が1人,「どちらとも言えない」が26人,「反対」が残りのすべて357人となっている(41)。

2003年9月のアンケートでは,衆参両議院の議員全体に対するもので,「日本が核武装することについて,どう考えますか」という質問に対して,「早急に検討すべきだ」が1%,「将来の検討課題とすべきだ」が6%,「国内外の状況の変化によっては検討してもよい」が19%,「将来にわたっても検討すべきでない」が68%となっている(42)。

2003年11月のアンケートは,新たに当選した衆議院議員に対するもので,「日本の核武装構想について,あなたの考えに最も近いのはどれですか」という問いに対して,「すぐに検討を始めるべきだ」は1名で統計上は0%,「国際情勢によっては検討すべきだ」が17%,「将来にわたって検討すべきではない」が75%であった(43)。

政府は明確に否定しており,国会議員の意見でも,70%前後の大多数が将来にわたって検討すべきではないと考えており,情勢の変化を条件に検討を開始すべきが十数%で,積極的推進者はきわめて少数である。このように,近い将来に日本が核武装する可能性は極めて低いと結論できるが,国際安全保障環境の変化,国内政治の変化など今の時点では予測できない展開があるかもしれないので,日本は当面核武装することはないと対外的に宣言するだけでなく,今後の事態の悪化を前もって防止し,逆に日本を取り巻く国際環境を積極的に改善するための方策を検討し実施していくべきである。

IV　新たな国際安全保障環境の構築

日本核武装論の直接の契機となっているのは北朝鮮の核・ミサイルの脅威で

あり，この問題を解決することが第1に必要とされている。第2は，国際核不拡散体制の弱体化が背景にあり，特にNPTの実効性および普遍性における体制の弱さ，さらに核軍縮の停滞が論点となっており，これらのそれぞれに関して是正措置を取る必要がある。第3に，日本の核武装論に間接的に大きな影響を与えているのは，米国の核政策であり，特に核兵器の使用可能性の問題であるので，安全保障政策における核兵器の役割を低下させる方向を追求する必要がある。第4は，日本の小泉内閣における軍事力強調主義が，米国のブッシュ政権における軍事中心主義と相互強化しつつ進展していることが背景にあるので，軍事力だけでなく外交力を一層強化する方向に日本の安全保障政策を修正する必要がある。

1 北朝鮮の核問題の解決

日本における核武装論の直接の要因は北朝鮮の核・ミサイルの脅威であるが，その脅威の認識は，拉致事件に関連した北朝鮮への不信や怒りにより増幅されている。日本における核武装の議論は，北朝鮮の拉致問題に対する不満，および拉致問題に対する日本政府の対応への不満との関連で議論されていることが多い[44]。

日本での核武装論の鎮静化のためにも，国際の平和と安全保障のためにも，北朝鮮の核・ミサイル危機を早期に解決することが不可欠である。この脅威が今回の核武装論の直接の引き金となっているので，国際社会は，特に6者協議を通じて，対話と圧力を用いつつ，平和的な解決を早急に達成すべきである。この問題の解決方法として，軍事的解決，経済制裁，米朝2国間交渉，6者協議が考えられるが，軍事的解決は，イラクのケースとは異なり，韓国，日本などへの影響を考えると，また北朝鮮の軍事力を考慮すると極めて困難かつ危険なオプションである。経済制裁は，個別国家による低いレベルでの経済制裁はすでにとられているが，国連による全面的な経済制裁は，中国の賛成を得られないだろうし，北朝鮮の軍事的対抗措置を引き起す可能性もあり，軍事的対立にエスカレートする危険があるので，慎重に検討すべきである。米朝2国間交渉は，北朝鮮の主張するところであり，米国は6者協議を主張している。北朝鮮も6者協議に応じている現状では，この枠組みをベースにその枠内での米

第1章　日本核武装論を超えた安全保障環境の構築

朝2国間交渉という方法で進めていくのが賢明であろう。

　米国はブッシュ政権の成立以来2年以上も北朝鮮問題解決に具体的動きを示さなかったが，これは北朝鮮の核開発状況をいっそう悪化させる結果となった。中国が北朝鮮と米国の仲介者として積極的な働きをしていることは評価すべきである。北朝鮮に国際的な圧力を加えることは必要であり，それを継続するとともに，この問題は基本的には米国と北朝鮮の関係に大きく依存しているので，米国がもっと積極的に対応すべきであり，問題解決に向けて具体的な行動を取るべきである[45]。

　日本の場合には拉致問題が大きな比重を占めているが，6者協議での中心議題は核問題の解決であるので，日本は日朝2国間で拉致問題の解決を図る努力を強めるべきであろう。日本にとって拉致問題の解決はその後の国交正常化への条件でもあるので，早急に積極的に解決のため努力すべきである。北朝鮮問題が解決すれば，日本の核武装論議も一過性のものとなる可能性が強い。

　日本の核武装論の背景に中国の核の脅威が存在することは確かであり，中国の核軍備増強に直面して，それに対抗するために核武装が主張されることもある。長期的にはこの問題に対応する必要はあるが，中国の核兵器は1964年以来40年にわたって存在してきた問題であり，今回の核武装論の発生の中心的な理由とは考えられない。しかし，日本の安全保障にとっても地域の安全保障にとっても重要な課題であり，中国との安全保障対話の強化，東アジアの新たな多国間安全保障の枠組みの形成などで積極的に対応すべきである。

2　核不拡散体制の強化

　日本を含む非核兵器国の安全保障を考える際に，特に日本の核武装を考える際には，核不拡散体制の有効性が大きな鍵となる。核不拡散条約の成立に伴い，日本など多くの非核兵器国は条約に署名・批准したが，それが各国の安全保障に有益であるという判断に基づいている。その判断は，NPTに多くの国が参加し，その義務を誠実に履行するという前提に立っているが，最近の情勢は，この前提を疑問視させるような状況となっている。

(1) 実効性

　北朝鮮は，条約に違反しながら，最終的には条約から脱退し，イラク，イラン，リビアなどに関しても条約義務の違反疑惑がしばしば発生したが，国際社会がそれに有効に対応できない状況が続き，条約の実効性が弱体化する状況が発生してきた。

　条約の実効性については，国際原子力機関（IAEA）でモデル追加議定書が採択され，日本などは率先して新たな義務を引き受け，一層の負担を負っているが，その批准国はまだ少数である。まずそれを改善する必要があり，追加議定書の署名・批准が義務的であるとの解釈を徐々に広めていく努力が必要であろうし，原子力供給国は，供給の条件として，相手国が追加議定書の締約国であることを条件とする方向に進むべきである。

　また違反が放置され，あるいは違反の後の脱退が放置されるならば，非核兵器国において，核武装しても国際的非難は厳しくないと解釈する可能性が高まる。違反や違反疑惑の場合の対応の手続きおよび措置につき，もっと厳格なルールを設定すべきであろう。個別の国家による対応ではなく，国際社会全体として対応する体制が整えられるべきである。さらに北朝鮮やイランに見られるように，NPT第4条の原子力平和利用における協力を通じて得た物質や技術を軍事的なものに転用したり，違反が明白になった段階で条約から脱退してその責任を逃れるようなやり方に，新たに対応する必要が生じている。濃縮ウランやプルトニウムに対して，これまでの保障措置に加えて，国際的な管理あるいは監視などが検討されるべきであろう。

(2) 普遍性

　日本をはじめ多くの非核兵器国がNPTに署名・批准したのは，核兵器国は条約に定義された5国に厳しく限定され，それ以上増加しないという前提に基づいていた。1998年5月にインド・パキスタンが核実験を実施した際に，日本は米国とともに両国に経済制裁を科すことによって，両国の核実験を厳しく非難した。その他の多くの国々は非難はしつつも，経済制裁の適用までは実施しなかった。NPTの規定上，両国は核兵器国ではない。しかし，実際の国際政治においては，両国を事実上の核兵器国として承認する動きがしばしば見られた。米国においても，経済的な利益の観点からインドの経済制裁を解除すべ

第1章 日本核武装論を超えた安全保障環境の構築

きとの見解が以前から強くあったが，米国は，2001年9月11日の同時多発テロを契機に両国への経済制裁を解除した。それはアフガニスタンにおける対テロ作戦においてパキスタンの協力が必要になったからであり，インドも同時に取り扱われたからである。

その後，国際社会が，特に米国がインド，パキスタンの核兵器国としての地位を事実上認めるような発言を行い，行動をとっているが，これは核不拡散体制を大きく損なうものであるとともに，日本のように核兵器のオプションを積極的に放棄した国から見ると，核兵器保有は，一時的に非難されても，しばらくして核兵器国として受け入れられる可能性があるという認識を生じさせる。

キャンベルは，この点に関して，「インドとパキスタンが（長期的な外交的・経済的影響なしに）1998年5月に複数の核装置を爆発させ，さらにその後核兵器を開発していることにより，1990年代の出来事は核兵器に対するタブーを劇的に弱体化した。その後，米国が戦略的にインドを取り込んだので，米国の核拡散に対する決意は弱体化していると感じさせることになり，過去に核開発を試みた諸国は，米国主導の国際的孤立や非難という過去の恐怖を割り引いて考えるようになっている」と分析している[46]。

条約の普遍性については，条約の外にいるイスラエル，インド，パキスタンに対し，非核兵器国として条約に加入することを引き続き求めるとともに，包括的核実験禁止条約（CTBT）への署名・批准をも強く要請すべきである[47]。さらに兵器用核分裂性物質生産禁止条約（FMCT）の交渉にこれら3国を積極的に関与させるべきであり，原子力活動に対する保障措置の範囲を拡大するとともに，追加議定書の批准を要求すべきである。特に最近パキスタンからの核技術の拡散が問題となっているが，核不拡散体制の強化のために，これら3国も厳格な輸出管理を原子力供給国グループ（NSG）のガイドラインに従って実施するよう要求すべきである。

インドやパキスタンの核兵器の管理やセキュリティーに関して技術的に国際社会が協力することは必要かもしれないが，政治的にまた法的に，それらの国を核兵器国として認定したり，特権的な地位を与えることは，厳重に慎むべきである。そうでないと，核不拡散体制の崩壊へと導くものとなるだろう。

(3) 核軍縮の進展

第3は核軍縮の停滞の問題であり，多くの非核兵器国がNPTに入ったのは，核兵器の廃絶に向けて核兵器国が積極的に努力するという前提に立っており，核軍縮に進展が見られない状況では，核不拡散体制は核兵器国の特権的地位を永久に認めるものとなり，非核兵器国の安全保障は低下するので，そのために核武装が必要であるとの考えが出てくる可能性がある。

シリンシオーネは，米国その他の核兵器国はNPT第6条の下での核軍縮の追求の意図をもはや持っていないと日本が考えるようになれば，日本は真剣に核武装を検討するであろうと分析しており[48]，ハリソンも，「日本に対する米国の核の傘の継続は，中国を含むような核軍縮の世界的なプロセスへと導く米露の有意義な措置を伴っていなければ，それだけでは非核日本を保証しない」と述べている[49]。

NPT第6条の解釈として，1995年のNPT再検討・延長会議では，CTBTの1996年内の締結，FMCT交渉の即時開始と早期締結，核軍縮に向けての組織的で漸進的な努力が合意され，2000年NPT再検討会議では核軍縮に向けての具体的な13項目に合意が達成された。米国はこの13項目のいくつかにすでに反対しており，すべてを実施する意思がないことを表明しており，他の核兵器国も積極的には取り組んでいない[50]。しかし，核不拡散体制の健全な発展と維持のためには，核軍縮は不可欠であり，特に最近の米国およびその他の核兵器国の態度と行動は，この側面から核不拡散体制を弱体化させるものとなっており，NPT再検討会議での約束を厳格に遵守することが重要である[51]。

3 核兵器の役割の低下

米国のブッシュ政権下で2002年1月に提出された「核態勢見直し」報告書では，核兵器と通常兵器の間の大きな壁が除去され，両者は非核および核打撃力として同列に取り扱われている。これは核兵器の使用の可能性が増大することを意味する。そのことは，核兵器への新たな任務付与として，堅固で地中に埋められた目標や移動式の目標を攻撃すること，さらに命中精度を改善し付随的損害を限定することが含まれていることからも明らかである。そのため新たな核兵器の能力の開発が必要とされており，核実験の準備期間を短縮すること

が勧告されている。

　米国議会は，2004年度予算作成過程において，5キロトン以下の核兵器の研究・開発を禁止する1993年の法律を廃止し，小型核兵器のための予算を付けており，核実験準備期間の短縮のための予算も承認した。このことは，米国は新たな小型核兵器を開発し，核実験を行う準備も整えていることを意味している。それらは小型であって，使用が抑止されていた戦略核兵器とは異なり，実際の使用を念頭において開発が進められている。

　さらに米国は2002年10月に国家安全保障戦略を採択し，これまでの政策とは大きく異なり，先制攻撃の政策を採用した。そこでは核兵器の使用も排除されていない。このように，米国の最近の核政策は，核兵器は使用可能な兵器であり，通常兵器とともに，ならず者国家などに対して使用する傾向を強めている。

　このような政策は，これまで支配的であった考え，すなわち核兵器の破壊力はきわめて大きく大規模な被害を生じるものであるから，核兵器は相手の核兵器の使用を抑止するためにのみ存在し，実際は使えない兵器であるという考えを根本的に変えている。付随的損害を限定することにより使用が可能であるという方向に向かっている。この米国の新たな核政策は，非核政策を追求する日本にとって，核兵器は使える兵器であるというメッセージを送っており，それに基づき，それでは日本も保有すべきではないかという議論へと連なっていることも否定できない。

　各国の安全保障政策において核兵器の役割を低下させること，特にその有用性を増加させないことが，日本における核武装論の鎮静化のためにも，地域的なまた国際的な安全保障のために必要である。核兵器の役割を低下させる具体的手段として，核兵器の先行不使用（no first use）と非核兵器国に対する消極的安全保障（NSA）が追求されるべきである。後者も時には先行不使用として議論されることがあるが，両者はその対象および目的が大きく異なるので，峻別して議論すべきである。核兵器の先行不使用は，相手が核兵器を使用した場合にそれへの対応としての第2撃の使用に限定するもので，すなわち先には使用しないというもので，基本的には核兵器国の間での問題である。他方，消極的安全保障は，核兵器国が，核兵器の取得をしない約束をしている非核兵器国に対して核兵器を使用しないという問題である。

まず核兵器国間においては，冷戦時のような対立はすでに消滅しており，米露関係は大きく改善され，米中関係も核による対立という状況にはない。現在では核兵器の危険はこれら大国間のものではなく，ならず者国家やテロリストに移行している。中国は以前から先行不使用政策を宣言しているので，米国がまず１国で核兵器の先行不使用の誓約を行うこと，さらに米露間，米中間での先行不使用の約束を築き上げていくことが重要である。さらに５核兵器国間で，核兵器先行不使用条約を締結することも視野に入れるべきである。ただこの約束は検証が不可能であるという反論があるので，単なる約束だけでなく，それを担保するように各国はその核運用政策や核配備政策をそれに従って変更し，透明性を拡大し，信頼関係を構築していくことも必要である[52]。

　消極的安全保障は，核兵器のオプションを放棄したことの代償として与えられるものであるから，NPT の締約国として条約第 2 条の義務を遵守している国に限定されるべきであるし，その国がある核兵器国と連携して他の核兵器国を攻撃するような場合は除外されるべきである。1995 年に核兵器国は政治的な宣言としてはすでにこのような約束を引き受けているので，できるだけ早期にこれを法的拘束力ある条約として採択していくことが必要である。この措置は，核不拡散体制に内在する差別性を大きく緩和するとともに，核兵器で自国の安全を保障すべきだという考えを生じさせないためにも有益である。

4　日本の安全保障政策の修正

　1990 年代後半には日米安全保障共同宣言を契機に，日米防衛協力新ガイドラインが作成され，そのために周辺事態法が制定された。21 世紀に入り，日本では小泉政権が，米国ではブッシュ政権が発足し，さらに 2001 年の 9.11 同時多発テロが発生することにより，日本の軍事力強調主義はさらに強化されていった。同時多発テロのすぐ後に，米国の対テロリズム・アフガニスタン作戦を援助するため，日本は 2001 年 11 月に「テロ対策特別措置法」を成立させ，米軍の作戦を支援するため，インド洋に海上自衛隊を派遣し，他国艦船への燃料補給を行うとともに，後にはイージス艦をも派遣した。2003 年 6 月には，主として朝鮮半島での危機を念頭に，「武力攻撃事態法」が制定され，同年 10 月には，米英軍によるイラク攻撃の後の行動として，「イラク支援活動特別措

第1章　日本核武装論を超えた安全保障環境の構築

置法」を成立させ，自衛隊の派遣を定め，2004年に入って自衛隊の派遣を実施した。

このように，特に小泉政権になって，対米協力を中心に日本の軍事的活動を強調するようになり，国際的に日本の軍事力を前面に押し出すようになった。これは，米国が単独主義的にかつ軍事力を中心に据えて行動するようになったことと深く関わっているが，日本国内および国際社会において軍事力が強調され，優先される状況がきわめて強く出てきている。このような一般的な傾向が，日本の核武装の論議にも間接的な影響を与えていると考えられる[53]。

『外交青書』にも示されているように，日本が安全保障政策を推進する際の3つの柱は，①日米安全保障体制の堅持，②適切な防衛力の整備，③日本を取り巻く国際環境の安定を確保するための外交努力，となっている。第3の外交的努力としては，主として，アジア太平洋地域各国との対話・交流・協力，および軍備管理・軍縮・不拡散の促進が挙げられている。

(1) 地域的な安全保障協力の推進

日本の核武装の可能性に関しても，米国の傘が有効である限り日本は核武装する必要はないという意見があり，その延長として，日本が核兵器を必要としないのは究極的には米国との同盟があるからであり，日米同盟を一層強化するよう主張されている。日米安全保障体制の強化およびそれに付随した防衛力の強化は，北朝鮮の核・ミサイルの脅威に対抗するために必要であることは間違いないが，北朝鮮の脅威のみを短期的に考慮するのではなく，日本を取り巻く国際環境全体を長期的に視野に入れて，その他の外交的措置をもっと積極的に取るべきである。

日米安全保障体制の強化および防衛力の強化は日本の安全保障を強化するという側面をもつとともに，東アジア諸国との関係において，全体的な軍備拡大競争をもたらし，結果として日本の安全保障も低下するという「安全保障のジレンマ」の可能性に留意すべきである。そのためには，東アジア諸国との積極的な安全保障対話が不可欠であるし，6者協議により成立した地域的な枠組みを利用しつつ，東アジアの地域的安全保障の枠組み構築を検討すべきであろう。またここ数年実施されている日本・中国・韓国の3国首脳会談を強化しつつ，地域的な協調体制を構築していくべきであろう。

第1章　日本核武装論を超えた安全保障環境の構築

　また日本は国連を中心とした多国間機構において自国の安全保障および国際の安全保障を強化する方法を積極的に追求すべきである。国連の平和維持活動への積極的な参加は国内的にも国際的にも評価されているし，日本が国連安全保障理事会の理事国のメンバーとして国際平和と安全に一層貢献することを目指すならば，非核兵器国としての地位を強調しつつ，軍事よりも外交を重視し国際貢献を実施すべきである。

(2) 核軍縮政策の強化

　日本は国際社会において，核軍縮に向けて積極的に行動しており，1994年以来国連総会において核兵器の廃絶を目指した国連決議を提出し，それらは圧倒的多数の賛成で採択されている。CTBTに関しては，条約作成に積極的に参加するとともに早期に署名・批准し，条約の発効促進のための会議の議長となり，また調整国となり，発効促進のために積極的な外交を展開し，国際監視システム構築のため努力している。これは米国がCTBTに明白に反対しているにも拘わらず実施されている。またFMCT交渉の早期開始に努力し，技術的側面を検討する会議やセミナーを開催している。NPTの保障措置強化に関しては，モデル追加議定書の作成に積極的に参加し，採択された後には，早期の署名・批准を行い大規模な原子力施設をもつ最初の批准国となっている。

　日本の核武装論との関連で言えば，日本の核軍縮政策は国際的にも一定の評価を受けてきたが，米国の核の傘の下にある状況で，その限界を内包するものである。日米安全保障条約が日本の安全保障政策の大きな柱となっており，日本国民の大きな支持を得ている現状からして，長期的には核廃絶を目標としつつ，短期的には日米同盟の維持という前提で核軍縮を推進するしかないであろう。冷戦期にはロシアの脅威があり，その後も中国の脅威が言及され，現在では北朝鮮の脅威を根拠に，日本は米国が核兵器先行不使用政策を採択することにきわめて消極的あるいは否定的であった[54]。それは核兵器以外の脅威に対しても核兵器で抑止すべきであるという考えに基いてきた。しかし，一方においてロシアの脅威はほぼ消滅し，中国の脅威も核兵器による対立といった態勢ではないので，まず日本は米国と中国との間の先行不使用の約束を支持し，核兵器の役割を低下させるとともに，米中の核兵器に関する対話の促進に努力すべきであろう。これは「核の脅威に対しては米国の核抑止力に依存する」とい

第1章　日本核武装論を超えた安全保障環境の構築

う1995年の防衛大綱に示された基準に戻ることを意味している。

また上述した消極的安全保障に関しても日本はこれを積極的に支持していくべきであろう。日本がこれまで消極的安全保障に否定的であったのは，北朝鮮との関係で，北朝鮮のあらゆる攻撃に対して米国の核兵器で抑止すべきだと考えてきたからである。上述の様式では，北朝鮮はNPTの締約国でないか，締約国だとしても第2条を遵守していないので，その消極的安全保障の対象とはならない。北朝鮮問題は6者協議を中心に別個の解決が必要であり，それに努力すべきである。核問題の後に残る生物化学兵器の脅威に関しては，それ自体の消滅に国際社会が努力するとともに，米国の通常兵器による抑止に依存することも検討すべきである。

さらに北朝鮮の核問題が解決した場合には，北朝鮮の非核の状態をならびに日本の非核の状態を国際法的にさらに強化するためにも，日本は北東アジア非核兵器地帯の設置に向けて積極的に行動すべきである。

む す び

2002年以降の日本核武装論の進展により，議論自体はタブーではなくなった。日本国内でもさまざまな主張がなされ，それらを総合的に分析した結果，日本が近い将来に核武装する可能性はきわめて低いとの結論に達した。しかしそれを超えて，日本の核武装論の鎮静化のため，もっと基本的には日本の安全保障を強化し，かつ地域的・国際的安全保障を強化するためには，以下の側面での積極的な努力が必要である。

第1に，日本核武装論の直接の契機となっている北朝鮮の核問題を早期に平和裏に解決することが不可欠である。第2に，核不拡散体制の強化のため，その実効性と普遍性，さらに核軍縮の進展に関して積極的な措置がとられるべきである。第3に，ブッシュ政権による核兵器使用の可能性が増大する中，安全保障政策における核兵器の役割を低下させるため，先行不使用および消極的安全保障での前進が図られるべきである。最後に，日本の安全保障政策において，地域的安全保障協力および核軍縮の推進に一層の努力がなされるべきである。

第1章　日本核武装論を超えた安全保障環境の構築

注

(1) ニューヨーク・タイムズ紙は，この問題を日本の安全保障の考えが大きな変化を遂げつつあるものと分析している。Howard W. French, "Taboo Against Nuclear Arms Is Being Challenged in Japan," *New York Times,* June 9, 2002.
(2) 中西輝政・福田和也「日本核武装宣言」『Voice』2003年1月，79，81頁。
(3) 櫻井よしこ・田久保忠衛・兵頭長雄「ならば日本も「核」の選択！」『諸君』2003年1月，40頁。
(4) Charles Krauthammer, "The Japan Card," *Washington Post,* January 3, 2003.
(5) Ted Galen Carpenter, *Options for Dealing with North Korea,* Cato Institute, Foreign Policy Briefing, No.73, January 6, 2003. 2003年1月17日の日本報道機関との会見で，アーミテージ国務副長官は，米国の一部で日本の核武装をめぐる議論が起きていることについて，核の傘は米国が伝統的に提供してきたもので，継続されるだろうし，日本の核武装の必要はないし，心配していないと述べた。『毎日新聞』2003年1月18日。
(6) 『毎日新聞』2003年2月17日。ただし，同じ番組に出演していたライス大統領補佐官は，「日本が核武装に国益を見出している証拠はない」と否定的な見方を示した。
(7) 『共同通信』2003年3月17日。『朝日新聞』2003年3月17日夕刊。
(8) 西部邁「自主防衛への切っ掛けとしての核武装論議」『諸君』2003年8月，52頁，西部邁「核武装論が自主防衛への道を切り拓く」『正論』平成15年9月，86-98頁。
(9) 中西輝政「日本国核武装への決断」『諸君』2003年8月，22-37頁。その他の核武装賛成論としては，「北朝鮮の恐喝によって，日本人は「核」など考えてはいけないという「タブーの楽園」から否応なしに引きずり出された。相手が持つなら万やむをえない。……われわれは核の管理に成功し，同時にナラズ者を黙らせることができる。」(徳岡孝雄「万やむをえない」『諸君』2003年8月，56頁)や，「日本もどちらかといえば，核を持つ方が安全であると思います。つまり，私は日本も核武装すべきであると考えます。お隣の中国も，そのお隣の国々も核で武装しているのです」(佐藤欽子「人類の分かれ道」『諸君』2003年8月，106頁)といった議論もみられる。
(10) 福田和也「日本核武装しかないのか」『文芸春秋』2003年6月，182頁。
(11) 森本敏「英国型ラスト・リゾート核戦略のすすめ」『諸君』2003年8月，67-69頁。
(12) 伊藤貫「NOとは言わないアメリカ」『諸君』2003年8月，117頁。なお直接の核武装論ではないが，それに近いものとして，日本は核オプションを維持しておくべきだという主張，および非核三原則の第三原則を廃棄し，米国の核兵器を日本に持ち込むべきだという主張がある。
(13) 田岡俊次「米国が容認するはずはない」『諸君』2003年8月，64頁。

21

第1章　日本核武装論を超えた安全保障環境の構築

(14)　神谷万丈「ソフトパワーに打撃」『諸君』2003年8月，80-81頁。
(15)　村田良平「核武装の前にやるべきこと」『諸君』2003年8月，75頁。
(16)　Katsuhisa Furukawa, "Nuclear Option, Arms Control, and Extended Deterrence: In Search of a New Framework for Japan's Nuclear Policy," Benjamin L. Self and Jeffrey W. Thompson (eds.), *Japan's Nuclear Option: Security, Politics, and Policies in the 21st Century,* The Henry L. Stimson Center, 2003, p.108.
(17)　古森義久「日米安保がなくなれば…」『諸君』2003年8月，74頁。
(18)　志方俊之「核抑止以外の安全保障策を」『諸君』2003年8月，101頁。
(19)　小川伸一「再燃している日本の核武装をめぐる議論について」防衛研究所『ブリーフィング・メモ』2003年9月，3頁。
(20)　小川伸一「前掲論文」(注19) 2頁。同様の見解として，中西寛「日本の核武装は世界の混乱を招く」『諸君』2003年8月，60頁を参照。
(21)　櫻田淳「「日本核武装」は安全保障の徒花である」『中央公論』2003年6月，106-115頁。
(22)　江畑謙介「核よりもMVロケットを」『諸君』2003年8月，55頁。
(23)　橋本五郎「先ずは公卿国家から脱却を」『諸君』2003年8月，78頁。
(24)　小川伸一「前掲論文」(注19) 3-4頁。
(25)　松本健一「日米同盟を危うくする」『諸君』2003年8月，88頁。同様の見解として，神谷万丈「前掲論文」(注14) 80-81頁参照。
(26)　重村智計「国難を見通す戦略が不可欠だ」『諸君』2003年8月，96頁。
(27)　Yuri Kase, "Japan's Nonnuclear Weapons Policy in the Changing Security Environment: Issues, Challenges, and Strategies," *World Affairs,* Vol.165, No.3, Winter 2003, p.127.
(28)　Yuri Kase, op. cit. (注27), pp.123-124.
(29)　神谷万丈「前掲論文」(注14) 80頁。
(30)　中西寛「前掲論文」(注20) 60-61頁。
(31)　志方俊之「前掲論文」(注18) 101頁。
(32)　佐瀬昌盛「一夜漬けで反応するな」『諸君』2003年8月，87頁。
(33)　前田哲男「核保有論者には本当の覚悟があるのか」『諸君』2003年8月，77頁。
(34)　Matake Kamiya, "Nuclear Japan: Oxymoron or Coming Soon?" *The Washington Quarterly,* Vol.26, No.1, Winter 2002-03, p.69.
(35)　多田富雄「なぜ原爆を題材に能を書くか」『諸君』2003年8月，58頁。
(36)　米原万理「核武装する前に核被害のシミュレーションを」『諸君』2003年9月，69-70頁。
(37)　西澤潤一「現実直視の第三の道を」『諸君』2003年8月，84頁。

(38) この問題を詳細に検討した古川氏は，日本が核武装への決定をなすのは，①米国の拡大抑止の信頼性が欠如したとの認識，②国際軍備管理・軍縮レジームの実質上の崩壊，③近隣諸国からの脅威の顕著な増加，④最も重要なものとして，日本核武装に対する米国の容認，という4つの条件がすべてそろった時であると分析し，それ以外には日本の核武装はあり得ないと結論している (Katsuhisa Furukawa, op. cit., (注16) p.97.)。
(39) 『毎日新聞』2003年3月28日。
(40) 『毎日新聞』2003年3月17日。
(41) 『朝日新聞』2003年8月27日。
(42) 『毎日新聞』2003年9月28日。
(43) 『毎日新聞』2003年11月11日。
(44) たとえば，中西輝政・福田和也「前掲論文」(注2) 74-85頁および櫻井よしこ・田久保忠衛・兵藤長雄「前掲論文」(注3) 26-40頁は，ともに表題は核武装に関するものになっているが，対談の内容は拉致問題が中心である。
(45) この問題の全体的な検討については，黒澤満「北朝鮮の核兵器問題」『国際公共政策研究』第8巻2号，2004年2月，1-16頁参照。
(46) Kurt M. Campbell, "Nuclear Proliferation beyond Rogues," *The Washington Quarterly*, Vol.26, No.1, Winter 2002-03, p.10.
(47) ミラーとシャインマンは，「NPTの普遍性の欠如，および米国がイスラエル，インド，パキスタンの核の現実を，逆行されるべきものとしてよりも「管理」されるべき状況と見なしていることが，世界的な不拡散規範を弱体化させており，その結果そのレジームを危うくしている」と分析し，できるだけそれらの諸国を核不拡散体制に取り込むべきであると主張している (Marvin Miller and Lawrence Scheinman, "Israel, India, and Pakistan: Engaging the Non-NPT States in the Nonproliferation Regime," *Arms Control Today*, Vol.33, No.10, December 2003, pp.15-20.)。またソコルスキーは，「米国とその同盟国は，イスラエル，インド，パキスタンの核保有を「理解しうるもの」として大目に見てきたが，すべての国家は核兵器を取得する自然権があるという考えに積極的に反対すべきである」と主張している (Henry Sokolski, "Taking Proliferation Seriously," *Policy Review*, Vol.121, October-December 2003, p.57.)。
(48) Joseph Cirincione, "The Asian Nuclear Reaction Chain," *Foreign Policy*, No.118, Spring 2000, p.126.
(49) Selig S. Harrison, "Japan and Nuclear Weapons," Selig S. Harrison (ed.), *Japan's Nuclear Future: The Plutonium Debate and East Asian Security*, Carnegie Endowment for International Peace, 1996, pp.7 and 40.
(50) 2000年NPT再検討会議の最終文書の履行の分析については，黒澤満「核不拡散

第1章　日本核武装論を超えた安全保障環境の構築

体制と核軍縮――2000年最終文書の履行――」『阪大法学』第53巻3・4号，平成15年11月，31-54頁参照。

(51)　たとえば，レービンとリード両上院議員は米国が模範を示すべきで，CTBTの批准を再考慮することや核兵器の一層の削減を主張している (Carl Levin and Jack Reed, "Toward a More Responsible Nuclear Nonproliferation Strategy," *Arms Control Today,* Vol.34, No.1, January/February 2004, p.14.)。

(52)　ブラッケンは，第2核時代に入り，米国の通常兵器が戦略的能力を持っているので，米国が先行不使用を受け入れることは大きな利益を伴うとし，得る物に比べて失う物はほとんどないと述べ，米国が先行不使用を受け入れるよう提言している。(Paul Bracken, "Thinking (Again) About Arms Control," *Orbis,* Vol.48, No.1, Winter 2004, pp.156-157.) フェイブソンとホーゲンドーンは，消極的安全保障をも含めて先行不使用を議論し，最近のブッシュ政権の政策ではその約束がさらに条件付になってきていることを批判しつつ，①米国は化学生物兵器による攻撃を抑止し対応するのに核兵器を必要としない，②米国の実際の核兵器先行使用はNPTの崩壊など国際安全保障に甚大な影響を与える，③明確な先行不使用は核兵器使用に対するすでに強力なタブーを一層強化する，という理由に基づき，米国がいかなる状況においても最初に核兵器を使用しないという明確な約束をすること，米国の先導に従いさらにすべての核兵器国がそうすべきことを主張している (Harold A. Feiveson and Ernst Jan Hogendoorn, "No First Use of Nuclear Weapons," *Nonproliferation Review,* Vol.10, No.2, Summer 2003, pp.1-9.)。

(53)　核武装論をも含む新らしい日本のナショナリズムの台頭については，Eugene A. Matthews, "Japan's New Nationalism," *Foreign Affairs,* Vol.82, No.6, November/December 2003, pp.74-90. 参照。

(54)　核兵器先行不使用に関する日本の伝統的な立場と新たな議論の発生については，Michael J. Green and Katsuhisa Furukawa, "New Ambitions, Old Obstacles: Japan And Its Search for an Arms Control Strategy," *Arms Control Today,* Vol.30, No.6, July/August 2000, p.23. 参照。

第2章　核軍縮と「核の傘」

小　川　伸　一

まえがき

　核兵器は，あまりに殺傷力や破壊力が大きい故に使用し難いという生来有している自己矛盾のために，兵器としての軍事的効用が次第に疑問視されてきている。また倫理的側面からも，広島，長崎の経験から明らかなように，大量且つ無差別な殺戮をもたらすのみならず，核攻撃の被害者が長年に亘って後遺症に苦しむことから，非人道的な兵器として忌み嫌われている。核兵器がこうした特質を持っているために，核軍縮や核廃絶を求める声は絶えることがない。とりわけ我が国は，現実的・漸進的な核軍縮措置を積み重ねて，核兵器の廃絶を達成しようとしている。

　しかしながら，核兵器を国家の生存を確保するための究極的手段とする認識は消えたわけではない。また，我が国を含め一部の非核兵器国は，核兵器を配備する周辺国との関係で，他の核兵器国が提供する核抑止（核の傘）に依拠して国家の安全を確保しようとしている。このように日本など一部の非核兵器国は，核の傘の下にありながら，核軍縮や核廃絶を唱道し，追求しているが，こうした姿勢をとることについては，疑問を呈する向きもある。核抑止の恩恵に浴しながら核軍縮を求めることは矛盾していると見るわけである。この批判を踏まえ，本稿は，核軍縮の現状，必要性，さらには核の傘の特徴や機能を論じ，核軍縮と核の傘の関係を探ることとする。

第2章　核軍縮と「核の傘」

I　核軍縮の現状

　戦略核，非戦略核（戦術・戦域核）を含め，世界の核弾頭・爆弾（以後，核弾頭）の総量が最も多かった年は1986年であり，約6万5000発を数えた[1]。この数量は，核不拡散条約（NPT）上の5核兵器国が保有していた核弾頭の総量であるが，その98％は米ソ2カ国によって占められていた。このように，世界の核弾頭のほとんどが米ソ両国によって保有・配備されていたが，冷戦の終結からソ連の解体へと安全保障環境が変容するにつれて米露を中心に核弾頭の削減が進められた。この結果，2003年の夏頃には，5核兵器国の核兵器保有量は約3万発までに減少している[2]。他方で，1998年5月のインド，パキスタンの核爆発実験に見られるように，核兵器を開発し増強を進めようとしている国家も見受けられる。こうした動きを各国別に見ると次のように纏めることができよう。

1　米　露

　米ソ（露）両国は，第1次戦略兵器削減条約（START I）およびSTART IIに署名し，START IIIの枠組みにも合意したが，条約として発効したのはSTART Iのみであった[3]。
　このようにSTARTプロセスは中途で停滞したが，2001年1月，米国でブッシュ政権が登場するに至って，米露の戦略核兵器の削減が再び模索されるようになった。ブッシュ大統領は，今日のロシアが冷戦時代のソ連ではなく，したがって米露関係も敵対関係にはないとして，2001年5月の米国防大学における演説で，戦略核兵器の大幅削減を含む「新たな戦略枠組み」の構築を訴えた[4]。国防予算が米国の約1割程度で[5]，しかも財政逼迫に苦しむロシアのプーチン政権にとって，こうしたブッシュ政権の新たな戦略核削減提案は渡りに船であった。こうして米露両国は，2002年5月，2012年12月31日までに戦略兵器運搬手段に搭載する「実戦配備核弾頭（operationally deployed nuclear warhead）」を1700-2200発までに削減することを規定したモスクワ条約に署名したのである。「実戦配備核弾頭」とは，START I, II条約で言及されて

いたいわゆる「配備核弾頭」とは異なり，現に ICBM，SLBM，重爆撃機に搭載されている戦略核弾頭と重爆撃機の基地内に保管されている核弾頭のみを指し，オーバーホールなどで SSBN/SLBM から取り外された核弾頭や一時的に ICBM から取り外された弾頭などを含まない[6]。

モスクワ条約は，頓挫していた米露の戦略核兵器の削減を活性化させるものとして評価しなければならないが，核軍縮の観点からは幾つかの疑問点も見受けられる。第1に，米国主導の下で戦略核弾頭の配備上限が 1700-2200 発と規定されたが，これよりも踏み込んだ削減が可能ではなかったのかという疑問である。ちなみに 1700-2200 発という配備上限は，モスクワ条約署名の約5ヵ月前にブッシュ政権が連邦議会に提出した「核態勢見直し（Nuclear Posture Review）」で提示していた戦略核兵器の配備量と同じである[7]。常時使用可能な戦略核弾頭の配備上限を 1700-2200 発もの多数に設定した理由として，ブッシュ大統領が不透明な将来に備えるためと説明しているほか[8]，米国に挑戦しようとする国家が現れるのを防止するためとか，同盟国に安心感を与えるためであるとの説明が政権関係者によってなされている[9]。しかしながら，即座に使用できる核弾頭として 1700-2200 発もの多数を配備することにしたために，従来通り，ロシア，とりわけロシアの戦略核戦力を攻撃目標に据えた抑止戦略をとり続けていると疑われる可能性が残る[10]。米露は敵対関係にないと言い続けながら，他方でこうした姿勢をとり続けることは，ロシアに対米不信感を持たせることになり，米露関係の進展を妨げる要因となりかねない。

第2の問題点は，戦略兵器運搬手段から撤去した核弾頭の処置について何ら規定を設けていない点である。この結果，撤去した戦略核弾頭を解体・廃棄せずにリサイクルや保管することが可能となった。撤去した戦略核弾頭をこのように取り扱うことになったのは，ブッシュ政権が「対応戦力」と称する戦略核弾頭の備蓄政策を押し進めようとしたためである[11]。こうしたブッシュ政権の方針は，戦略核戦力の再構築の途を残すなど，戦略環境の変化に適応できる柔軟性の保持，あるいはロシアなど他の核兵器国と異なり，米国は核弾頭を製造する施設をもはや有していないために既存の核弾頭の解体・廃棄を急ぐわけにはゆかないためと説明されている[12]。しかしながら，米国が戦力の再構築を睨んで柔軟性を確保しようとすれば，ともに戦略核兵器の削減を約束したロシアにもこうした柔軟性を確保する余地を残すことになる。

第2章 核軍縮と「核の傘」

　また，戦略核弾頭を数千のオーダーで保管できることにすると，撤去した核弾頭の解体・廃棄の方策を探ろうとしたSTART IIIからの後退を意味するのみならず，核兵器などロシアの大量破壊兵器およびその運搬手段の解体を進めている「協調的脅威削減（Cooperative Threat Reduction）」計画との整合性も問われることになる。ブッシュ政権は，2002年6月末にカナダのカナナスキスで開催されたG8サミットにおいて，ロシアを含めた参加国に対し，核兵器を含むロシアの大量破壊兵器の処分や兵器級核分裂性物質の管理・保全を強化するために，10年間にわたり新たに200億ドルの拠出を提唱し，他の参加国から合意を取り付けている[13]。こうした拠出金を求めながら，他方で，ロシアに戦略核弾頭の保管を可能とする途を残すことは，同盟国にとって理解し難い政策と言わざるを得ない。

　第3は，個別誘導複数目標弾頭（MIRV）搭載ICBMの取り扱いである。未発効となったSTART IIはMIRV化ICBMの全廃を定めていたが，モスクワ条約ではMIRV化ICBMについて何ら規定を設けていない。ブッシュ政権がMIRV化ICBMの全廃にこだわらない姿勢をとっているのは，中国のICBMが将来MIRV化される可能性を考慮して，自国のMIRV化ICBMを交渉カードとして位置づけているためかもしれない。しかしながら，MIRV化ICBMの全廃は，1970年代に進められた第2次戦略兵器制限交渉（SALT II）以降，対ソ核軍備管理・軍縮交渉の重要な目標であった。その理由は，MIRV化ICBMの廃棄が米ソ間の戦略的安定を確保するために欠くことのできない措置であったからである。ブッシュ政権は，米露関係が敵対関係ではないとしながらも，既に指摘したように，ロシアを念頭に置いていると想定せざるを得ない規模の戦略核戦力を維持しようとしている。ロシアの指導部がこうした米国の姿勢を察知しないはずがないとすれば，米露関係の推移次第で，MIRV化ICBMが再び両国間の戦略的安定を脅かし，核軍拡競争の誘因となることも考えられるのである。

　第4に，核軍縮の「不可逆性」に十分な考慮を払っていない点である。5核兵器国を含めたNPT締約国は，2000年5月に開催されたNPT再検討会議の最終文書で不可逆な核軍縮を進めることで合意した。核軍縮の不可逆性が採択された背景には，後戻りを許さない核軍縮がNPT体制の信頼性や安定性を確保するために不可欠との認識があるからである。ところが，モスクワ条約は

この要請に反する規定を設けている。まず，撤去した戦略核弾頭の多くを保管して戦力再構築の途を残そうとしている。しかも，START IIと対照的に戦略兵器運搬手段に何ら規制を加えていないために，必要とあらば，START Iが許容しているレベルまで戦略核戦力の増強を図ることができる。戦略的安定を確保する観点からは，多様且つ多数の戦略兵器運搬手段を配備しておくことが望ましいが，このメリットも配備核弾頭の不可逆な削減が伴わなければ損なわれてしまうのである。また，モスクワ条約の有効期限は2012年12月31日までであり，新たな条約で代替されない限り，2013年1月1日には失効することになっている。条約の規定の履行期限の翌日には失効するという特異な条約であることもさることながら，1997年のSTART IIIの枠組み合意でSTART I，II，IIIの有効期限を無期限にすることが合意されていたことを考慮すれば，モスクワ条約は，核軍縮の不可逆性の観点から後退していると言わざるを得ない。

　モスクワ条約は，戦略核戦力に対する規制・削減を追求している点で，START I，IIに類するが，両者は似て非なる条約である。STARTが，米ソ対立（START I），あるいは協力関係が芽生えつつあった米露関係（START II）を背景に纏められた本格的な核軍備管理・軍縮条約であったのに対し，モスクワ条約は，ロシアの対米歩み寄りと米露の協力関係の進展を背景に，両国の戦略核弾頭について，一定の時点における搭載量を定めただけの条約と言っても過言ではない。軍備管理・軍縮協定を纏め上げる最も重要な目的は，事前に軍事力の構成や能力に一定の規制を加えておくことによって，何らかの理由で国家が対立関係に陥っても，その対立がただちに軍事力の行使に直結しない戦略的安定を創り出すことにある。こうした観点から見ると，モスクワ条約は，軍備管理・軍縮の理念に則った協定とは言い難い。

　いわゆる非戦略核兵器と称される戦術・戦域核戦力に関しては，射程500-5500キロメートルの地上発射弾道・巡航ミサイルの全廃を定めた米ソ間の中距離核戦力（INF）条約を除けば，規制が設けられたことはなく，冷戦終結後，米ソ（露）は自主的に撤去や解体・廃棄を進めてきた。たとえば，クーデタ騒ぎなど内政上の混乱に伴うソ連の核管理体制の崩壊を恐れたブッシュ大統領（第41代）は，1991年9月末，ゴルバチョフ政権に呼びかける形で，戦術核・戦略核兵器にまたがる広範な自主的核軍縮措置・提案を発表した。その数

年後，米国は，一部 NATO 諸国に配置している約 150 発の垂直落下核爆弾を除き，欧州や韓国に配備していた地上発射戦術核兵器および海洋に配備していた戦術・戦域レベルの核兵器の総てを撤去した。他方，ソ連のゴルバチョフ大統領は，ブッシュ大統領のイニシャティブに呼応するが如く，1週間後の10月初旬に，また新生ロシアのエリツィン大統領は 1992 年 1 月末に，地上発射，海洋配備，さらには作戦機搭載の戦術核兵器の削減計画を発表した[14]。プーチン政権は，2002 年 4 月，①洋上艦船，多目的潜水艦，それに地上を基地とする海軍航空戦力から非戦略核兵器をすべて撤去したこと，②地上発射戦術ミサイル，核砲弾，核地雷の生産を停止すると同時に，これらの核兵器の解体を継続していること，それに③地対空ミサイル用の核弾頭および垂直落下核爆弾の半数を解体したと述べ，陸軍の非戦略核兵器を除けば，1991-92 年に発表した非戦略核兵器に関わる自主的核軍縮措置の殆どを完了したと述べている[15]。

撤去した核弾頭の取り扱いについては，START III の枠組合意で一時言及されたことを除けば，如何なる米ソ（露）間の核軍備管理・軍縮協定も特段の規定を設けていない。米ソ（露）は，冷戦時代から核弾頭を更新する際に一部の旧式核弾頭の解体・廃棄を進めてきたが，これは総て自主的に為されたものである。核弾頭の解体・廃棄のペースは冷戦終結前後から一段と高まった。米国について見ると，1988 年から 2002 年の春頃までの期間に，約 1 万 3000 発の戦略・非戦略核弾頭を自主的に解体・廃棄している[16]。ロシアについては，1990 年代，年間約 1000 発のペースで戦略・非戦略核弾頭を自主的に解体・廃棄したとされている[17]。この結果，先に指摘したように，世界の核弾頭の数量は，備蓄のものを含め，2003 年夏頃までに約 3 万発までに減少したのである。

核弾頭を解体・廃棄することは，核軍縮の不可逆性の観点から評価されなければならないが，それが条約に基づかない場合，必要とあらば，解体・廃棄を中止したり，あるいは再度，配備に向かう可能性が残る。また，削減プロセスに査察をかけることがないため，透明性にも欠ける。したがって，条約に基づいて核弾頭の解体・廃棄を進めることが望ましい。テロリストの活動が目に余る今日，持ち運びが容易な戦術核兵器の管理の徹底は国際安全保障上の喫緊の課題である。とりわけロシアの核弾頭に関しては，戦術核兵器も含めると，依

然，約 9800 発もの多数が保管されており⁽¹⁸⁾，しかもそのうち何割が発射統制装置（PAL）を備えているのか不明の状況にある。ロシアの戦術核兵器の総量把握と解体・廃棄を促進するためには，核弾頭の解体・廃棄協定の実現を図ることが望まれる。また，貯蔵している戦術核兵器の保全を確保するために，物理的な安全装置の装備を徹底することも必要であろう。

2　英仏中

　冷戦終結後，英仏も，米露と同様に核軍縮を進めてきた。英国に関しては，1998 年 7 月の「戦略国防見直し（Strategic Defence Review）」で核戦力を SSBN/SLBM 戦力に一本化することや，総ての非戦略核戦力の解体・廃棄が表明された。それに付随して核弾頭の削減も実施され，今日配備可能な核弾頭は SLBM 用の核弾頭約 185 発までに削減されている。英国は 4 隻のトライデント型 SSBN を保有しているが，そのうち少なくとも 1 隻が常時展開されており，48 発の核弾頭を搭載している。こうした核軍縮の結果，核爆発威力の面では約 70 ％を削減したことになるという⁽¹⁹⁾。

　フランスについては，1996 年 2 月のシラク大統領による軍改革の一環として，すべての地上発射弾道ミサイル（IRBM と HADES 短距離ミサイル）が廃棄されたほか，SSBN 戦力が 5 隻から 4 隻に削減された。その結果，フランスの核戦力は海空の 2 本柱となり，また運搬手段の総数も 1991 年当時の約 4 割までに削減されることになった⁽²⁰⁾。ただし，フランスは，核戦力の質的強化を進めている。たとえば，新型 SSBN の建造や，M 51 新型 SLBM，核兵器を搭載可能なラファール（Rafale）戦闘爆撃機，さらには戦闘爆撃機および空母積載攻撃機に搭載する核能力 ASMP 巡航ミサイルの開発などを挙げることができる⁽²¹⁾。

　他方，中国は，NPT 上の 5 核兵器国の中で最も核軍縮のペースが遅い。たとえば，2003 年夏頃の中国の核弾頭保有量の推定値は約 400 発であり，ピーク時の 1993 年の約 450 発から約 50 発を削減したに過ぎない⁽²²⁾。ただし，長期的に見ると，射程約 8000 km の弾道ミサイル DF-31 の開発などから窺えるように，中国は戦略核戦力の増強に向かう公算が高い。米国政府は，中国の米国向けの戦略核弾頭が，2015 年頃までに今日の約 20 発から 75-100 発に増大す

ると予測している[23]。中国は，戦術核兵器については公式に言及していない。しかし，1970年代後半に低威力の核爆発実験を行っていることや，1982年に戦術核兵器の使用を想定した軍事演習を実施していることから，A-5A戦闘爆撃機に搭載する戦術核爆弾など一定程度の戦術核兵器を保有している可能性は拭いきれない[24]。

3 インド，パキスタン，イスラエル

NPTに加盟することなく核兵器を開発したインドとパキスタンは，いずれも核軍縮に応じる気配をみせていない。インドが保有する核弾頭については確かな情報がないが，2003年1月当時，30-40発保有していたという見方がある[25]。また，ミサイルなど運搬手段の開発に加え，核弾頭の増強に努めているとみられている[26]。パキスタンが保有する核弾頭数についても，インドと同様，確かな情報が見当たらないが，2003年1月には30-50発の核弾頭を保有していたとの見方がある[27]。また，1999年のカルガリ危機以降，兵器級核分裂性物質の生産に力を入れていることから，今日のパキスタンの核弾頭数はインドを凌駕している可能性もある[28]。

イスラエルもインド，パキスタンと同様，NPT非締約国である。イスラエルは核兵器保有について肯定も否定もしないという姿勢をとり続けているが，スエズ危機が生起した1956年の秋から本格的に核兵器開発を進め，1967年頃には実戦で使用可能な核兵器を保有していたと見なされている[29]。イスラエルの核保有量についても推測の域を出ないが，約200発保有しているものとみられており，この中には，核砲弾や核地雷などの戦術核兵器も含まれている[30]。イスラエル政府は核保有を認めていないため，自国の核軍縮に言及することはない。

II 核軍縮の必要性とその道筋

1 NPTからみた核軍縮の必要性と限界

核軍縮を進めるためには，核拡散防止と核軍縮の推進を目的とするNPT体

第2章 核軍縮と「核の傘」

制を維持することが極めて重要である。核拡散防止の重要性は，核兵器の拡散を放置しておくと，核兵器国の核削減意欲を削ぐために核軍縮が進みにくくなることから明らかであろう。他方，核拡散防止を旨とするNPT体制の信頼性や安定性を確保するためには，NPT上の5核兵器国が徹底して核軍縮を押し進めることが不可欠である。非核兵器国が核開発・保有に走る動機は，安全保障上の懸念，地域覇権，国家威信，大国の介入阻止など様々であり，米露など核兵器国が核軍縮を進めても，そのこと自体必ずしも核拡散防止に直結するわけではない。しかしながら，非核兵器国が核開発・保有の禁止義務を受け入れているのは，5核兵器国が核軍縮を進めることを前提にしていることも事実である。したがって，核兵器国が核軍縮努力を怠ったり，核兵器の意義を過度に強調すれば，NPTの信頼性や安定性を脅かすことになるのである。

また，NPTの構造的欠陥を和らげるためにも，核軍縮を進めなければならない。NPTは，歴史的な経緯から締約国を核兵器国と非核兵器国に2分せざるを得なかった。NPTが核拡散防止を第一義的目的としていること，さらに当時既に核兵器を保有していた米ソ英仏中の5カ国に対し核兵器の全廃を促す施策が見当たらなかったことを考慮すると，こうした取り決めに落ち着いたことは一面やむを得ないと言わざるを得ない。しかし，核兵器国と非核兵器国が併存するという状態は，それが解消される見込みが立たない以上，NPTの安定性や信頼性を常に脅かすことになる。この問題は，単に締約国の権利義務の二重構造だけの問題に留まらない。国際社会の平和と安定に大きな責任を有する国連安全保障理事会の常任理事国が，結果的にNPT上の核兵器国となったために，別の厄介な問題を派生させている。すなわち，大国と見なされるための必要条件を核兵器の開発・保有と認識する国家が見受けられる点である。ところがNPTは，他の国家が核兵器国となることを許していない。この結果，核軍縮が滞る国際社会の下にあるNPTは，国際社会が国家の盛衰を繰り返すダイナミックな性格を有するにも拘わらず，国際政治秩序の現状固定化に資するレジームに陥りかねない[31]。インドがNPTを批判し，加盟せずに核兵器開発に走った理由の1つは，この点に見出すことができる。核廃絶の見通しが立たない現状においてこの構造的課題に対処する1つの施策は，核兵器の役割を極限化すると同時に，可能な限り核軍縮を進めることであろう。

しかしながら，核軍縮が常に核不拡散と両立するわけではない。例えば，核

33

兵器国の核軍縮が進めば進むほど、小規模な核戦力の政治・軍事的な意義が高まるため、非核兵器国の核開発・保有のインセンティブを高める恐れが生じてくる。また、報復能力を抑止の基盤とする戦略環境にあるなかでの無原則的な核軍縮は、核兵器国間の戦略的安定を脅かし、核軍拡、すなわち垂直核拡散を呼び起こす可能性もはらんでいる。核兵器国間の戦略的安定を確保するためには、まず、政治的に極度の対立関係に陥ってもそれが先制核攻撃につながらない「クライシス・スタビリティ」の確保を図らねばならない。ところが、極度に低レベルの核バランスにあっては、一方の軍事的技術の飛躍的向上などによって報復能力の残存性が脅かされやすくなり、クライシス・スタビリティを損ねる危険が高まる。報復能力の信頼性に危惧を持つようになった国家は、報復能力を確保すべく、核戦力の残存性の向上を図るのみならず、核戦力の増強を図ることになろう。

2 戦略的安定の視点からの核軍縮の必要性

　冷戦時代、米ソは激しく対立し続けたが、戦火を交えることはなかった。こうした冷たい平和が長期に亘って継続した最も大きな理由は、両国が配備し、増強を続けた核兵器に見いだすことができる。核兵器の運搬手段として防御が困難な弾道ミサイルが増強されるに従い、米ソの軍事戦略は、報復能力に基づく抑止戦略、すなわち相手からの核攻撃を抑止することに重点が移っていった。ところがこの核抑止は、確固とした報復能力の構築を要したために、相手側のカウンターフォース能力の増強に応じて、あるいはそうした増強を見越して核弾頭の増強や運搬手段の多様化を迫った。その結果、対立の度を深めていった米ソは、大量の核兵器をもって対峙する事態に追い込まれた。また核抑止は、核報復の威嚇をもっともらしくすることを要したため、米ソは、常時、その核戦力を即応態勢に置くことになったのである。
　このような膨大な数の核兵器や、その一触即発の配備態勢にも拘わらず、米ソの間では核兵器は使用されることも、その他の兵器をもって戦火を交えることもなかった。これには、クライシス・スタビリティの維持を念頭に様々な核軍備管理措置がとられたこともあるが、最も大きな理由は、米ソ両国が核戦争に対する恐怖を共有していたことに見いだすことができる。米ソ間の通常戦争

第 2 章　核軍縮と「核の傘」

は核戦争にエスカレートする危険をはらんでいること，一旦核の投げ合いが勃発すればそれを効果的に制御する術がないこと，そして核の投げ合いの行き着く先が両国の壊滅であることなどを知っていた米ソの為政者は，武力紛争を避けるべくそれぞれ相手に対して極めて慎重な政策をとり続けたのである。核兵器は，米ソ冷戦の原因となったわけではないが，両国が確証破壊と称される確固とした報復能力を備えるにしたがって，徐々に冷戦を構造化し，長引かせる役割を果たしたと考えられる。

　深刻な対立関係にあったにも拘わらず，米ソが戦火を交えなかった事実から，核兵器の抑止力，換言すれば核兵器の戦争防止効果をことさら強調する向きも見受けられる。しかしながら，2国間関係を規定した核抑止が，同じように多国間関係においても功を奏するとは限らない。例えば，次のシナリオを想定してみよう。米露に加え，中国，インドが1000から2000発の核弾頭を配備する核大国として登場し，それぞれ独自に国益を追求して競合状態に陥ったと仮定しよう。その際，蓋然性を別とすれば，4カ国それぞれが複数の潜在敵国を念頭に置いた報復能力を備えることを迫られることも想定される。こうした状況にあっては，4カ国とも核戦力のさらなる増強を迫られることになるが，それぞれが複数の潜在敵国の核戦力増強を考慮しなければならないために，2極対立に比べ，「軍備競争の安定化」を図ることは容易ではない。また，核戦力の増強の過程で，4カ国のうちいずれかの国家のカウンターフォース能力が抜きん出て強力になれば，クライシス・スタビリティの確保は困難となろう。要するに，3-4カ国がそれぞれ極をなして複数の対峙関係が見られる場合，自国の安全を保障するに足る報復能力を見極め，且つ確保することは極めて困難になるため，核戦力をめぐる戦略環境の安定性を確保することが難しい状況に陥ることも想定されるのである[32]。

　こうした事態に陥るのを防ぐ1つの施策は，脆弱でありながら「硬化目標即時破壊能力」を中心とする強力なカウンターフォース能力を持つ核戦力を互いに撤去・廃棄する事が必要である。具体的には，START IIで規定されたように，ICBMを保有する核兵器国に対しては，MIRV化ICBMを禁止して単弾頭化することが望まれる。また，硬化目標即時破壊能力の向上を野放しにするのではなく，弾道ミサイルの発射実験の制限，さらに可能であれば弾道ミサイルの全廃も視野に入れて，一定の規制を加えることも考える必要があろう。

35

第2章 核軍縮と「核の傘」

　さらに，強力なカウンターフォース能力を有していなくても，脆弱化の恐れがある核戦力に関しては，削減・廃棄を進めることが望ましい。

　核兵器国に要求すべきもう1つの施策は，上で述べたような核戦力の削減を進めるほか，可能な限り少量の核兵器で抑止関係を構築することである。核兵器も含め，兵器は一旦配備されれば，使用の誘惑や危険から逃れることはできない。大量の核兵器が配備されている状況で核兵器が使用されることになれば，その当事国のみならず，周辺国，あるいは人類全体に大きな危害を与えることになりかねない。また，核兵器を保有する国家が増加し，しかも核兵器の配備量が増大すれば，それだけ核兵器関連システムの誤作動や誤認に基づく核発射の危険が高まると予想される。米露が大量の核兵器を配備したままでいれば，安定した抑止力を獲得するためには大量の核兵器を保有することが必要との誤ったメッセージをインドなどの新興核保有国に送ることにもなりかねないのである。

　核兵器の戦争防止効果を強調する人々は，核兵器の拡散は，それが徐々に，しかも秩序ある形で進めば，国際の平和と安定に資するとの意見が見受けられる[33]。しかしながら，核兵器を保有する国家が増加するにつれ，個々の国の核戦力の能力や残存性の差異が多様化することを考慮すると，核兵器を保有する国総てがそれぞれの対象国との関係で互いに冷戦時代の米ソのような相互抑止関係を構築するとは考えにくい。そもそも，核兵器の保有を目指す国家の総てが確固とした報復能力を獲得できるわけではない。とりわけ，財政，技術の両面でハンディを負った国にとっては，残存性のある核戦力を配備することは容易ではない。その結果，これらの国々の核兵器は，単なる軍事的優位や先制攻撃能力の飛躍的向上をもたらすのみであり，周辺国との関係で戦略的安定を損ないかねない。そして，深刻な対立関係に陥った場合，こうした核兵器が脆弱であるが故に先制攻撃や予防戦争を引き起こす誘因にもなる。要するに，残存性に欠ける核戦力は，攻撃目標となりやすく，またそのためにかえって使用を急ぐことから，戦争の誘因となる危険をはらんでいると言わざるを得ないのである。

第 2 章 核軍縮と「核の傘」

3 核廃絶

　核廃絶が困難なことの理由として，核弾頭 1 個たりとも秘匿を許さないような査察・検証制度を打ち立てるにあたっての政治的，技術的見通しがたたないこと，さらには核兵器製造のための知識や技術を葬り去ることができないことなどが挙げられている。

　しかし，信頼のおける査察・検証制度が見いだせず，しかも核兵器製造のための知識や技術が存在し続けても，核兵器に兵器としての意義と役割を見いだすことができなくなれば，廃絶が可能となるかもしれない。歴史を顧みると，新たな兵器が開発されると，その兵器の効用は，①模倣と普及，②対抗手段の開発，③その兵器の欠陥につけ入る兵器や軍事戦略，あるいは，④その兵器を上回る政治的，軍事的効用を備えた兵器の開発などによって，次第に減殺されてゆくのが常であった[34]。開発されて 60 年近くになる核兵器をこれらの観点からみるどのように評価できるのであろうか。まず，模倣あるいは普及についてだが，確かに，新しい兵器が開発されても，それが普及すればその軍事的効用は減殺される。しかしながら，兵器が普及することはその兵器が使用される危険を高めることにもつながる。核兵器の場合，核兵器を保有する国同士が相互抑止関係に入ることができれば，核使用の危険を低下させることができるが，そうした関係を構築することが容易でないことは既に述べたとおりである。幸い，国際社会は，核拡散が核使用の危険を高めるとの認識の下，NPTを成立させ，核拡散の防止に努めている。つまり核兵器は，模倣と普及によってその意義を減殺するにはあまりにも危険すぎる兵器なのである。

　核兵器に対する対抗手段としては，核兵器基地に対する先制カウンターフォース攻撃や核兵器運搬手段に対する迎撃能力を備えることなどが考えられるが，前者は SSBN/SLBM など残存性を高めた核戦力に対しては効果が限られている。後者については，未曾有の破壊力を持つという核兵器の特性を考慮すれば，非常に高度な迎撃能力を備えなければならないが，防空能力には限界があり，またミサイル防衛に関しては開発途上にあるにすぎない。

　上記 2 点に比べ，あまりに破壊力や殺傷力が大きい故に使用し難いという核兵器の欠陥をつくことに関しては，核兵器国の核使用に対する自己規制とも相俟って，一定程度成功していると言える。このことは，朝鮮戦争，ベトナム戦

争，第4次中東戦争，中越戦争，フォークランド戦争など，非核兵器国が核兵器を保有している国に武力を行使した事例が散見できることからも窺える。他方，あらゆる面で核兵器を凌駕する兵器の存否に関しては，核兵器に取って代わって国家の安全を究極的に担保できそうな兵器は見当たらないために，核兵器には他の兵器に見られない軍事的，政治的意義が残っていると言わざるを得ない。

核兵器の持つ未曾有の破壊力と非人道性は，広島，長崎の惨禍を思い起こせば疑う余地はない。核兵器が廃絶されれば，あのような地獄絵は2度と生起することがない。核廃絶を求める理由の1つは，核兵器が持つこうした非人道性に対する嫌悪から出ている。核廃絶の願望は首肯し得るとしても，問われるべきは，国際社会の現状に手を触れずに，単に核兵器を廃絶することで，国際社会の平和と安定を達成することが可能かという問題である。核兵器を全廃しても，通常戦力や生物・化学兵器などを含め，総ての戦争遂行手段を取り除くことにはならない。また，核兵器を全廃しても，戦争の根本原因である政治的対立を除去するわけでもない。こうしてみれば，武力行使を強力に抑制する何らかの国際的枠組みの構築を見ないまま核兵器の全廃に進めば，国際社会はかえって不安定化することも想定される[35]。核兵器の廃絶は，戦争や武力行使を強力に押さえ込む国際的な枠組みの構築と一体となってはじめて意味を持つとともに，可能となるものであろう。

4　核兵器の役割の極限化

このように，核廃絶の見通しが立たないとするならば，如何に核兵器との共存を図るかが課題となる。一言で述べるならば，核兵器の意義と役割を，可能な限り，国家の安全保障を担保する究極的手段とすることと，核兵器を保有する他の国からの核攻撃を抑止することの2点に絞り込めるような安全保障環境を構築することにある。このように，核兵器の意義と役割を絞り込んでゆけば，それに応じて核兵器の削減も進捗するはずである。広島，長崎以降，半世紀以上の長きにわたって核兵器が使用された事実がないことから，核兵器の役割は，既に上述の2点に絞り込まれていると見ることもできるかもしれない。しかしながら，核兵器国の核使用に関する宣言政策をみると，一部の核兵器国

第 2 章　核軍縮と「核の傘」

は核兵器に上述の役割以上のものを期待しているように見受けられる。例えば，米英露などの当局者の発言から判断する限り，核兵器を自国あるいは同盟国に対する大規模な生物・化学兵器攻撃の抑止，さらには大規模通常戦力攻撃の抑止手段と位置づけているのである[36]。

　核兵器を国家の安全保障の究極的保障手段として位置づけることの法的妥当性については，核威嚇や核使用の合法，違法性をめぐって，国際司法裁判所 (ICJ) が 1996 年 7 月に呈示した勧告的意見のなかで既に一定の見解が示されている。すなわち，国際司法裁判所は，核兵器による威嚇や核兵器の使用は，一般的に，国際人道法を含む国際法に違反するが，国家の存亡がかかる極限的状況における核兵器の威嚇や使用については，合法，違法とも結論を下すことができない[37]，と断じたのである。この勧告的意見を読む限り，国家の存亡が岐路に立っている究極的事態から脱するために核兵器の使用に踏み切っても，人道法上，違法とは即断できないことになる。ここで注意すべきは，国家の存亡がかかっている究極的事態については核兵器を保有する国のみに限定しているわけではない点である。したがって，非核兵器国が存亡の危機に陥るような武力攻撃に直面した場合の核報復の可能性，すなわち核の傘を否定してはいないのである。勿論，国際司法裁判所の勧告的意見には法的拘束力がない。しかし，唯一の世界法廷の意見として無視できない政治的，道義的重みを有していることも否定できないのである。

　核兵器の役割を核攻撃の抑止のみに絞り込むことは，冷戦後とみに要求されるようになった核の「先行不使用 (no first use)」体制の構築と同義である。核の先行不使用を制度化できれば，核兵器の役割を核攻撃の抑止に絞り込むのみならず，核軍縮・廃絶へ向けてのはずみとなる可能性も秘めている。すなわち，核兵器の存在意義が核攻撃を抑止することに限定されれば，その論理的帰結として，核兵器国が一律に核兵器を削減，そして全廃しても失うものがないということになるからである。さらに，米英仏露中の NPT 上の 5 核兵器国が合意して核の先行不使用体制を構築すれば，その副次的効果として，非核兵器国は，原則的に 5 核兵器国からの核威嚇や核攻撃を恐れる必要がなくなり，NPT 体制の最も大きな懸案事項である核兵器国と非核兵器国の間の政治・安全保障上の不平等性も緩和され，NPT 体制の安定性や信頼性が格段に向上することになる。このように，核の先行不使用を制度化できれば，核軍縮，ある

39

いは NPT 体制の安定性や信頼性を高めることにも役立つ。

　しかしながら、核の先行不使用体制を構築してもその約束の遵守を強制する術がない。したがって、核の先行不使用の安全保障上の意義は、核の「先行使用（first use）」の誘因をどの程度取り除くことができるかにかかっている。そのためには、まず、生物・化学兵器の廃絶を徹底しなければならない。具体的には、化学兵器禁止条約（CWC）の普遍化を図るとともに、条約の実効性の確保に務めなければならない。また、懸案となっている生物兵器禁止条約（BWC）の査察・検証制度を早期に構築することが求められる。さらには、核兵器による生物・化学兵器攻撃の抑止効果を当面容認するという意味で、「大量破壊兵器の先行不使用」を宣言するなどの過渡的措置を講じて生物・化学兵器を封じ込めて廃絶を追求することも考えられる。以上の施策に加え、地域毎あるいは対立国間の通常戦力バランスを維持する施策も講じなければならない。とりわけ、NPT の枠外で核兵器を保有・配備する国家を抱え、紛争が頻発している中東や南アジア地域においては、他の地域にも増して上述の各施策や地域毎の信頼醸成措置の徹底を図らねばならない。

　核兵器の運用政策は核兵器を保有する国家の専権事項である。しかしながら、非核兵器国が打ち出す政策は、核軍縮も含め核兵器を保有する国家の核兵器政策に大きな影響を及ぼす。上で述べたように、核兵器の意義と役割の極限化や核軍縮を可能とする安全保障環境を作り出すためには、生物・化学兵器の廃絶、さらには通常戦力バランスの維持を図らねばならないが、これらを達成するためには非核兵器国の積極的関与を欠くことができない。また、米国の通常戦力のハイテク化や「軍事における革命（RMA）」の進展など、米国に敵対する国々に核兵器その他の大量破壊兵器の開発・保有を促す新たな事象も現れている。こうした理由による大量破壊兵器の拡散を鎮める根本的な施策は対立関係の解消であるが、これは年月を要し、しかも容易ではない。次善の策として、大量破壊兵器関連の資機材の移転を抑制する従来からの各種輸出規制に依存せざるを得ないが、こうした施策が功を奏するためにも国際社会の多数を占める非核兵器国の積極的な関与が必要なのである。

III 核軍縮と「核の傘」

　いわゆる「核の傘」とは，拡大核抑止とも称され，核報復の威嚇，さらには必要とあらばその後の核エスカレーションの威嚇によって，同盟国・友好国に対する第三国からの武力攻撃を抑止することである。このように核の傘は，核報復と核の応酬のエスカレーションの威嚇を基本とするが，抑止の対象となる脅威の特質や挑戦国によってその機能や在り方が異なる。例えば，脅威の観点からみると，冷戦時代に米国が西欧に供与していた核の傘と日本向けの核の傘は，機能上，異なる特質を有していた[38]。挑戦国の観点からみても，冷戦時代のソ連のような核兵器国と非核兵器国では，核の傘の機能や性格が異なっている。以下，核兵器国と非核兵器国を対象とした核の傘の特質を概観し，核軍縮への意味合いを論ずる。

1 核兵器国が挑戦国の場合の核の傘

　冷戦時代，西欧や日本に大きな脅威をもたらしたソ連はもはや存在しないが，核兵器国が消滅したわけではない。ソ連の核戦力を継承したロシアや中国が核兵器を保有し続けることは疑いない。また，中露ともに，将来，米国および日本や欧州などに軍事的脅威を及ぼすことがないとは言い切れない。したがって，日本や多くの欧州諸国にとって，米国が供与する核の傘の必要性はなくなっていない。
　中露などの核兵器国を抑止の対象とする核の傘は，冷戦時代のソ連を念頭においた核の傘と類似している。核戦争に対する恐怖や核戦争にエスカレートする危惧が，同盟国に対する核攻撃のみならず，他の戦力を用いた武力行使に対しても一定の抑止効果を持つ点は共通しているが，強いて分類すれば2つの見方がある。すなわち，核の傘は核報復の可能性があれば足りるとする見方と[39]，核報復に加え，核の応酬を可能とするエスカレーション能力やそれを制御する能力も必要とする見方である[40]。
　前者の見方は，核兵器が未曾有の破壊力を有していることにその論拠を求める。すなわち，核兵器の巨大な破壊力や殺傷力に鑑み，核報復の危険性が残っ

41

ている限り，挑戦国は自制を余儀なくされるはずとみるわけである。これを米国が供与する核の傘に置きかえると，米国が報復手段として核兵器を使用しないと中露が断定しない限り，中露を対象国とする米国の核の傘は有効と判断するのである。冷戦時代，ソ連を念頭においた米国の核の傘に対し，「米国は，パリを守るためにニューヨークを犠牲にするだろうか」という懐疑論が見受けられた。すなわち，米国が，ソ連からの再報復の危険を冒してまで同盟国を守るために核報復に踏み切るだろうかとの疑問である。米国の核の傘で守られている国の立場に立てば，こうした不安が生じるのはもっともなことであった。しかしながら，その疑問に対しては，米国の同盟国のみならず，ソ連も回答不能だったのである。米国からの核報復で予想される惨禍を考慮すると，米国が同盟国を守る際に核兵器を使用しないと確信できない限り，換言すれば米国が核を用いて対応するかもしれないという一抹の危惧を拭い切れない限りソ連は米国の同盟国に攻撃をしかけることを躊躇せざるを得なかったと考えられる[41]。

　核の傘の機能をこのようにみることに対しては，楽観的に過ぎるとの批判もあろう。しかしながら，戦略レベルで米ソが核エスカレーションの優劣を語ることのできなかった冷戦時代の相互確証破壊態勢において，米国の核の傘で守られていた主要同盟国のいずれもがソ連からいかなる武力攻撃も受けていない歴史的事実を思い起こせば，こうした核の傘の見方は，必ずしも的はずれとは言えない。

　未曾有の殺傷力と破壊力を持つ核兵器を報復攻撃に用いるか否かを特定できないことに核の傘の有効性を見出す上述の立場に立てば，米国が強力なカウンターフォース能力を持った戦略核戦力を大幅に削減して，いわゆる対都市報復能力に依拠する「最小限抑止」戦略をとっても核の傘の抑止効果は残ることになる。こうして見れば，核軍縮と核の傘は両立する場合もあり得るのである。

　ただし，核の傘を供与する国家が核報復に踏み切るか否か特定できないという「不可測性」のみに依拠する核の傘では，同盟国に十分な安心感を与えることができない。こうした欠陥を和らげるためには，核の傘の供与国が，単なる報復能力に留まらず，核の応酬を可能とするエスカレーション能力やエスカレーションを制御する能力を備えておくことが必要となる。そしてこうした能力を担保するものが「損害限定能力」である。なぜなら，核の傘の供与国が，挑

第 2 章　核軍縮と「核の傘」

戦国に比べ損害限定能力の面で優っていれば，それだけ核兵器の投げ合いに踏み切るという威嚇の信憑性が高まるからである。核の傘の供与国にとっての損害限定手段は，挑戦国の核戦力を攻撃・破壊するカウンターフォース能力，とりわけ硬化された相手の戦略攻撃戦力を短時間に攻撃・破壊できる硬化目標即時破壊能力とミサイル防衛などの戦略防衛である。したがって，攻撃戦力の硬化目標即時破壊能力を強化するとともに，ミサイル防衛などの戦略防衛を配備して相手に勝る損害限定能力を確保できれば，それだけ核の傘の信憑性や信頼性を高めることになる[42]。ところが，今日，ミサイル防衛は依然開発中であるため，損害限定手段としてはカウンターフォース能力に依存せざるを得ない。このように，少なくとも軍事力の観点から核の傘を見ると，戦略核戦力のカウンターフォース能力の優劣が核の傘の信憑性や信頼性に大きなインパクトを与えることになる[43]。

　核の傘の信憑性・信頼性がカウンターフォース能力の優劣に依存する状況において，米中露が戦略核の削減を進めた場合，米国の核の傘に如何なる影響を与えるのであろうか。核軍縮を進める際の最も重要な基準は，政治的に極度の対立関係に陥ってもそれが先制核攻撃につながらない状態を意味するクライシス・スタビリティをはじめとする戦略的安定を損なわないことにある。そのためには信頼できる一定程度の報復能力を維持しながら削減を進めることが必要になる。したがって米中露は，脆弱な戦略核戦力，あるいは脆弱になりそうな戦略核戦力を削減対象としていくはずである。こうしたプロセスが進めば，究極的に米中露ともに非脆弱な戦略核戦力のみを配備することになるが，このような状況にあってはカウンターフォース能力の優劣が語れなくなり，その結果，核の投げ合いのエスカレーション能力にも差異がなくなる。つまり，今日のように米国のカウンターフォース能力が中露に対し圧倒的に優位にある場合の核の傘に比べ，そうした状況における米国の核の傘の信憑性・信頼性は低下せざるを得ない。そして米中露が配備する戦略核戦力のすべてが非脆弱なものとなれば，米国の報復核攻撃の目標は，通常戦力を除くと，もっぱら中露の都市・産業施設とならざるを得なく，先に指摘した最小限抑止戦略の下での核の傘と類似の機能を持つことになる。

　こうした対都市報復戦略の下での核の傘は，核の傘に対する挑戦国の認識，すなわち「信憑性」よりも，同盟国が核の傘に寄せる「信頼性」の方が大きく

第2章 核軍縮と「核の傘」

低下する。挑戦国が核の傘に問う信憑性、つまり米国が米国自身に対する挑戦国からの核報復を覚悟して同盟国を守るために挑戦国に対し核攻撃を決断するか否かは、米国と同盟国の2国間関係の在りようや米国内の世論の動向などが大きく作用しようが、基本的には挑戦国も含め何人も確たることは言えないことは既に指摘した。したがって、核の傘の信憑性は残るといえる。他方、米国の核の傘に依存する同盟国の立場に立つと、こうした状況における核の傘は、まさに「米国はパリを守るためにニューヨークを犠牲にするだろうか」という懐疑論が典型的に当てはまるケースであり、米国からの再保証を取り付けようとするに違いない。このように、カウンターフォース能力に差異のない戦略環境における核の傘は、信憑性を維持する余地は残るとしても、同盟国からの信頼性を維持するためになんらかの施策が必要となるものと想定される。

ここで忘れてはならないのが、米国が進めるミサイル防衛計画である。将来、米国が、一定程度の迎撃力を備えるとともに、非脆弱でしかもコスト・パフォーマンスの面で中露の弾道ミサイルを上回る本土ミサイル防衛システムの開発に成功すれば、その防衛システムは、カウンターフォース能力と同様に、強力な損害限定能力を米国に保証する。すなわち、米国が中露に勝る損害限定能力を新たに確保するがゆえに、米国の核の傘の信憑性・信頼性を回復することができるのである。こうして見ると、核の傘の信憑性・信頼性を損なわずに徹底した核軍縮を進めようとするのであれば、米国の本土ミサイル防衛や海外駐留米軍を守る戦域ミサイル防衛の成否がその鍵となるのである。

2 非核兵器国が挑戦国の場合の核の傘

他方、非核兵器国が米国の同盟国（非核兵器国）に武力攻撃を加えようとする際の米国の核兵器の抑止効果については、疑問が残る。先に指摘したように、朝鮮戦争、ベトナム戦争、1973年の第4次中東戦争、1979年の中越紛争、さらには1982年のフォークランド紛争など、非核兵器国が核兵器国に対して武力を行使した事例が散見されるからである。これらの事例に共通しているのは、未曾有の殺傷力や破壊力を有するために使用し難いという核兵器の欠陥をついた点である。他方、核兵器国は、上記の紛争の幾つかにおいて核兵器の使用を検討したこともあったが、いずれのケースにおいても、断念している。こ

第2章　核軍縮と「核の傘」

の事実は，核使用をめぐる道義的，政治的ハードルがいかに高いか，言い換えれば，非核兵器国に対する核抑止の限界を示すことになったのである。

　同盟国に対する通常攻撃を抑止するにあたっては，核兵器よりもむしろ通常戦力の在りようが大きな要素となろう。信頼できる抑止力を構築するための1つの基準は，挑戦国が使用する戦力に匹敵する戦力を整備するとともに，戦闘行為のエスカレーションも含め挑戦国の軍事力行使に相応する戦闘作戦を可能とする態勢を備えることにある。他方，抑止が破綻する最も大きな理由は，挑戦国が抑止を提供する側の意図を見誤った場合である[44]。したがって，核の傘を提供している核兵器国は，保護国と挑戦国の間の通常戦力バランスが不利であれば，バランスを回復すべく，保護国に戦力増強を促すか，あるいは保護国の周辺に自国の通常戦力を展開することが望まれる。

む す び

　これまで述べてきたように，一定の条件の下での核軍縮は，核の傘の機能を大きく損ねるわけではない。核の傘の有効性を核報復の可能性に依拠する立場に立つと，核の傘の供与国は，他の核兵器国と足並みを揃えることや非脆弱な核戦力を一定量配備し続けることなどを条件に，大幅な核軍縮を進めることが可能である。ただし，核の傘で守られる国の立場に立つと，核の傘に対する信頼感が低下するため，同盟国との関係の観点からはこうした核軍縮は困難かもしれない。他方，核の傘の有効性を核報復のみならず，核の投げ合いをエスカレートする能力やエスカレーションを制御する能力に見出す立場に立てば，少なくとも脆弱，あるいは脆弱になりそうな核戦力の削減は可能であるし，また削減することが望ましい。ただし，非脆弱でしかもカウンターフォース能力を有する核戦力は配備し続けることが要請される。

　核の傘を含めた「拡大抑止」という包括的な観点から見ると，拡大抑止の信憑性や信頼性は，戦略レベルよりも拡大抑止で保護されている国家が位置する戦域レベルの軍事バランスや軍備管理の在り方の方が大きなインパクトを持つと言われている[45]。そうであれば，保護国内やその周辺に配備されていた戦術・戦域レベルの核兵器を一方的に撤去することは核の傘の信憑性や信頼性を損ねることになる。しかしながら，米国の核戦力に限って見れば，運用面や爆

第2章 核軍縮と「核の傘」

発威力の観点から見ると，戦略核，戦術・戦域核の区別はもはや明確でない。たとえば，戦略レベルの核戦力と位置づけられている戦略爆撃機搭載巡航ミサイルは，戦術・戦域的にも使用可能である。また，爆発威力の点でも，戦略核弾頭のなかには戦術レベルの核弾頭とほぼ同レベルの爆発威力を有しているものもあると言われている[46]。

核の傘の信憑性は，軍事バランスなどの物理的な能力のみならず，核の傘を供与する国と受益国の間の政治・安全保障，経済・通商面での協力体制の在りよう，さらには文化的，人的絆の軽重などなど，非軍事的要素も大きな決定要因となる[47]。これを日米関係にあてはめると，政治・安全保障協力の緊密化や経済・通商の相互依存の深化は，それだけ米国にとっての日米関係の重要性が高まり，挑戦国から見た米国の対日核コミットメントの信憑性も高まるはずである。米欧関係に比べ，核の傘の信憑性に資すると思われる民族的，文化的，歴史的な共通項や共感の少ない日米関係にあっては，日本側のこうした努力が特に重要であろう。

注

（1） Robert S. Norris & Hans M. Kristensen, "Nuclear Notebook: Global Nuclear Stockpile, 1945-2002," *The Bulletin of the Atomic Scientists,* Vol.58, No.6, November/December 2002, p.103.

（2） Robert S. Norris & Hans M. Kristensen, "Nuclear Notebook: Nuclear Pursuits," *The Bulletin of the Atomic Scientists,* Vol.59, No.5, September/October 2003, p.71. 約3万発に削減された状況にあっても，米露の占める割合は約97％であり，1986年当時と大きな変化はない。また，戦略核，非戦略核を含めた米露の配備量に関しては，米国が6098発，露は8232発となっている。英，仏，中の3カ国に関しては，それぞれ185，348，約400発保有しているが，常時配備している弾頭数については不明。Stockholm International Peace Research Institute, *SIPRI Yearbook 2003: Armaments, Disarmament and International Security,* Oxford University Press, New York, 2003, pp.614-620 を参照。

（3） START IIについては，米露共に署名・批准したが，批准書の交換には至らず，発効しなかった。その理由は，条約の履行期限を新たに5年間延長して2007年12月31日までとする「START II議定書」や戦略弾道ミサイルを迎撃する対弾道ミサイル（ABM）とその他の弾道ミサイルを迎撃するABMの区別を定めた「ABM条約に関する第1，第2合意声明」の取り扱いをめぐって米露の足並みが揃わなかったためであ

る。また，START IIIの枠組み合意に関しては，START IIの発効を条件に条約化交渉が進められることになっていたために，予備交渉の機会はあったものの，本交渉は進められることがなかった。
(4) U.S. White House, "Remarks by the President to Students and Faculty at National Defense University," May 1, 2001 [http://www.whitehouse.gov/news/releases/2001/05/20010501-10.html].
(5) International Institute for Strategic Studies, *The Military Balance 2001-2002,* Oxford University Press, Oxford, 2001, pp.19, 112.
(6) Arms Control Association, "Document: Letter of Transmittal and Article-by-Article Analysis of the Treaty on Strategic Offensive Reductions," *Arms Control Today,* Vol.32, No.6, July/August 2002, p.29.
(7) U.S. Department of Defense, "Findings of the Nuclear Posture Review," January 9, 2002; U.S. Department of Defense, "Special Briefing on the Nuclear Posture Review," *News Transcript,* January 9, 2002 [http://www.defenselink.mil/cgi-bin/dlprint.cgi] (2002年1月11日).
(8) U.S. White House, Office of the Press Secretary, "President Bush, Russian President Putin Sign Nuclear Arms Treaty: Remarks by President Bush and President Putin at Signing of Joint Declaration and Press Availability," May 24, 2002 [http://www.whitehouse.gov/news/releases/2002/05/print/20020524-10.html].
(9) Douglas J. Feith, "Statement of the Honorable Douglas J. Feith," Undersecretary of Defense for Policy, Senate Armed Services Hearing on the Nuclear Posture Review, February 14, 2002.
(10) 同様の見方として，Richard Sokolsky, "Demystifying the U.S. Nuclear Posture Review," *Survival,* Vol.44, No.3, Autumn 2002, p.140.
(11) U.S. Department of Defense, *op. cit.* (注7).
(12) Douglas J. Feith, *op. cit.* (注9).
(13) G8首脳声明「大量破壊兵器および物質の拡散に対するG8グローバル・パートナーシップ」2002年6月27日。
(14) 削減計画の詳細については，Arms Control Association, "Factfile: Comparison of U.S. and Soviet Nuclear Cuts," *Arms Control Today,* Vol.21, No.9, November 1991, p.27 および International Institute for Strategic Studies, *The Military Balance 1992-1993,* Brassey's, London, 1992, p.224 を参照。
(15) "Statement of the Delegation of the Russian Federation at the First Session of the Preparatory Committee for the 2005 NPT Review Conference under Article VI of the Treaty," 2002 NPT Preparatory Committee (PrepCom) 8-19 April 2002,

第2章 核軍縮と「核の傘」

New York [http://www.basicint.org/nuclear/NPT/2002prepcom/C1-Russia.htm] (2003年2月13日).

(16) "Information Paper by the United States Concerning Article VI of the NPT," First Session of the Preparatory Committee for the 2005 Review Conference of the Parties to the Treaty on the Non-proliferation of Nuclear Weapons (NPT), 2002 NPT Preparatory Committee (PrepCom) 8-19 April 2002, New York [http://www.basicint.org/nuclear/NPT/2002prepcom/C1-USA-Art VI.htm] (2003年2月13日).

(17) 米国国防省や CIA の見積もりによる。Stockholm International Peace Research Institute, *SIPRI Yearbook 2003*, p.615.

(18) *Ibid.*

(19) "Intervention by the United Kingdom in Specific Time Attached to Cluster 1, As Delivered by Ambassador Peter Jenkins, Acting Head of Delegation," 2002 NPT Preparatory Committee (PrepCom) 8-19 April 2002, New York [http://www.basicint.org/nuclear/NPT/2002prepcom/C1-Britain-2.htm] (2003年2月13日).

(20) Federation of American Scientists, "France Nuclear Forces," July 9, 1998 [http://fas.org/nuke/guide/france/nuke/] (2004年4月18日).

(21) Stockholm International Peace Research Institute, *SIPRI Yearbook 2003*, p.618.

(22) Robert S. Norris & Hans M. Kristensen, *op. cit.* (注2) p.71.

(23) The U.S., National Intelligence Council, "Foreign Missile Developments and the Ballistic Missile Threat Through 2015," Unclassified Summary of a National Intelligence Estimate, December 2001.

(24) Robert S. Norris & Hans M. Kristensen, "Chinese Nuclear Forces, 2003," *The Bulletin of the Atomic Scientists,* Vol.59, No.6, November/December 2003, p.79.

(25) Stockholm International Peace Research Institute, *SIPRI Yearbook 2003*, p.623.

(26) *Ibid.*

(27) *Ibid.*, p.624.

(28) *Ibid.*

(29) Rodney W. Jones et al. (ed.), *Tracking Nuclear Proliferation: A Guide in Maps and Charts, 1998,* Carnegie Endowment for International Peace, Washington, D.C., 1998, p.205; Joseph Cirincione et al., *Deadly Arsenals: Tracking Weapons of Mass Destruction,* Carnegie Endowment for International Peace, Washington, D.C., 2002, p.225.

(30) Stockholm International Peace Research Institute, *SIPRI Yearbook 2003*, p.627.

(31) たとえば, T.V. Paul, "The Systemic Bases of India's Challenges to the Global

Nuclear Order," *The Nonproliferation Review,* Vol.6, No.1, Fall 1998, pp.1-11 を参照。
(32) 詳しくは, James J. Wirtz, "Beyond Bipolarity: Prospects for Nuclear Stability after the Cold War," T.V. Paul et al. (ed.), *The Absolute Weapon Revisited: Nuclear Arms and the Emerging International Order,* The University of Michigan Press, Ann Arbor, 2000, pp.137-165 を参照。
(33) たとえば, Scott D. Sagan & Kenneth N. Waltz, *The Spread of Nuclear Weapons: A Debate Renewed,* W.W. Norton & Company, New York, 2003, pp.3-45; Kenneth N. Waltz, "The Emerging Structure of International Politics," *International Security,* Vol.18, No.2, Fall 1993, pp.53-54; John J. Mearsheimer, "The Case for a Ukrainian Nuclear Deterrent," *Foreign Affairs,* Vol.72, No.3, Summer 1993, pp.50-66; John J. Mearsheimer, "Back to the Future: Instability in Europe after the Cold War," *International Security,* Vol.15, No.1, Summer 1990, pp.38, 54; Shai Feldman, *Israeli Nuclear Deterrence: A Strategy for the 1980s,* Columbia University Press, New York, 1982, pp.142-175; それに Kenneth N. Waltz, *The Spread of Nuclear Weapons: More May be Better,* Adelphi Papers No.171, International Institute for Strategic Studies, London, 1981, などを参照。
(34) Edward N. Luttwak, "An Emerging Postnuclear Era?" *The Washington Quarterly,* Vol.11, No.1, Winter 1988, p.5.
(35) 同様の見方として, たとえば, Albert Carnesale et al., *Living with Nuclear Weapons,* Bantam Books, New York, 1983, p.190; John J. Mearsheimer, "Disorder Restored," Graham Allison & Gregory F. Treverton (eds.), *Rethinking America's Security: Beyond Cold War to New World Order,* W. W. Norton & Company, New York, 1992, p.229; Marc Trachtenberg, "The Past and Future of Arms Control," *Daedalus,* Vol.120, No.1, Winter 1991, p.205; Sir Michael Quinlan, "The Future of Nuclear Weapons in World Affairs," *The Washington Quarterly,* Vol.20, No.3, Summer 1997, p.138 を参照。
(36) 最近の事例として, 米国については, Jonathan Wright, "US Adopts Clinton Policy on Use of Nuclear Weapons," *Reuters,* February 22, 2002, 英国については, 2002年3月, フーン国防大臣が, 大量破壊兵器を保有している懸念国に対する核使用の可能性を示唆した (Stockholm International Peace Research Institute, *SIPRI Yearbook 2003,* pp.617-618.)。さらにロシアについては, 2000年1月に公表した国家安全保障戦略において, 侵略の態様に言及することなく, 一般的な表現で, 侵略を排除するために必要であれば, 核兵器を使用する権利を有すると述べている。
(37) International Court of Justice, Case Summaries, "Legality of the Threat or Use of Nuclear Weapons," Advisory Opinion of 8 July 1996 [http://www.icj-cij.org/

第2章 核軍縮と「核の傘」

icjwww/idecisions/isummaries/iunanaummary960708.htm]（2001年11月2日）．
(38) 詳しくは，小川伸一「「核の傘」の理論的検討」日本国際政治学会編『転換期の核抑止と軍備管理』国際政治第90号, 有斐閣, 1989年3月, 91-102頁を参照。
(39) この見方に近い議論としては, Joseph S. Nye, Jr., "The Role of Strategic Nuclear Systems in Deterrence," *The Washington Quarterly,* Vol.11, No.2, Spring 1988, pp.46-47; Daniel Frei, *Risks of Unintentional Nuclear War,* U.N. Institute for Disarmament Research, U.N. Publications, New York, 1982, p.106 などを参照。
(40) これに類する議論として, Brent Scowcroft et al., *Report of the President's Commission on Strategic Forces,* U.S. Government Printing Office, Washington, D.C., 1983, pp.16-17. また, Colin S. Gray & Keith Payne, "Victory is Possible," *Foreign Policy,* No.39, Summer 1980, p.16 を参照。
(41) たとえば, Christoph Bertram, "Strategic Defense and the Western Alliance," *Daedalus,* Vol.114, No.3, Summer 1985, pp.293-294; Steve Fetter, "Nuclear Strategy and Targeting Doctrine," Harold A. Feiveson (ed.), *The Nuclear Turning Point: A Blueprint for Deep Cuts and De-alerting of Nuclear Weapons,* Brookings Institution Press, Washington, D.C., 1999, p.53 などを参照。
(42) ただし, 抑止力の基盤を報復能力に求める戦略環境にありながら, カウンターフォース能力や戦略防衛を無制限に強化すると, クライシス・スタビリティを脅かすなど, 相互抑止の不安定化をもたらす危険があることに注意しなければならない。
(43) たとえば, Earl C. Ravenal, "Counterforce and Alliance: The Ultimate Connection," *International Security,* Vol.6, No.4, Spring 1982, p.26 を参照。
(44) Morton H. Halperin, "NATO and the TNF Controversy: Threats to the Alliance," *ORBIS,* Vol.26, No.1, Spring 1982, p.110.
(45) Joseph S. Nye, Jr., *op. cit.* (注39) p.54.
(46) George N. Lewis, "Tactical and Reserve Nuclear Warheads," Harold A. Feiveson, (ed.) *op. cit.* (注41) p.161.
(47) Graham T. Allison, Albert Carnasale, Joseph S. Nye, Jr., (eds.), *Hawks, Doves, and Owls: An Agenda for Avoiding Nuclear War,* W. W. Norton & Company, New York, 1985, p.219; Paul Huth and Bruce Russett, "What Makes Deterrence Work?: Cases from 1900 to 1980," *World Politics,* Vol.36, No.4, July 1984, pp.523-524; それに Paul K. Huth, *Extended Deterrence and the Prevention of War,* Yale University Press, New Haven, 1988, p.217.

第3章 「拡散対抗措置」とブッシュ政権

吉田文彦

まえがき

　伝統的な大量破壊兵器拡散防止対策は，「不拡散（non-proliferation）」方式と呼ばれるものだった。主権国家間で約束ごとを決め，お互いがそれを守ることで拡散を防止するというアプローチであった。だが，冷戦終結後の世界ではこの「不拡散」方式の限界が析出し，拡散防止対策のウィングは広げられた。「拡散対抗措置（counter-proliferation）」と呼ばれるアプローチが新たに提唱され，実践されるようになったのである。では，新興の拡散対抗措置とはどのような特徴を持つ拡散防止対策なのか。どのような背景から誕生したのか。その実践に際して直面する課題とは何か。本稿ではこうした点を概括することにする。

I 拡散対抗措置とは何か

　米国政府が最初に「拡散対抗措置」を打ち出したのはクリントン政権時代の1993年のことであった。この節では，当時のレス・アスピン国防長官の拡散対抗措置に関する演説と，国防次官補として拡散対抗措置の立案に深く関わったアシュトン・カーター氏の議会証言を材料に，拡散対抗措置とは何かをまとめておく。

第3章 「拡散対抗措置」とブッシュ政権

1 アスピン演説

1993年12月7日,米国科学アカデミーで演説したアスピン国防長官は,大量破壊兵器の拡散に対応するために,拡散対抗措置を導入するとの方針を明らかにした。アスピン国防長官は「かつての脅威は,ソ連が保有していた何千もの核弾頭であったが,今は異なる。われわれが直面する新しい核の脅威は,ならず者国家,あるいはテロ集団が手にする一握りの爆発装置である」「しかも脅威は核だけでなく,生物・化学兵器を生産できる諸国も潜在的な脅威である」との見方を示したうえで,「新しい問題を認識した以上,それに見合う形の拡散対抗措置で対処することにする」と表明したのである。

そして,①大量破壊兵器のありかを突き止め,破壊できるような軍事的手段を確保する,②大量破壊兵器を保有する敵への対応に関する新たな戦略を作成する,③大量破壊兵器を保有する国家に関する情報収集能力を向上させる,④大量破壊兵器の拡散に関して新たな積極的な措置が導入されたことを明確にする,⑤大量破壊兵器の拡散防止のための国際協力を調整する,といった諸政策に踏み出す決意を明確にした[1]。不拡散政策による拡散の防止が重要なのは言うまでもないが,もし拡散を防げなかった場合には,軍事的手段を使ってでも大量破壊兵器の脅威を排除しなければならないという戦略へのシフトが,アスピン演説の含意であった。

2 8つのD

では,拡散対抗措置とは具体的にどのような政策体系を示すのだろうか。アスピン氏のもとで政策立案に参画したカーター元国防次官補(現在,ハーバード大学教授)は,「8つのD」で構成される政策体系が拡散対抗措置であるとし,その概要を次のようにまとめている[2]。

第1のDは,dissuasion(思いとどまらせること)である。米国は日本やドイツ,韓国,トルコなどに対して,大量破壊兵器保有という選択よりも米国と同盟を組む方が安全保障に資すると働きかけ,これらの国が保有に動くのを思いとどまらせたとカーター元国防次官補はみる。

第2のDは,disarmament(軍縮)で,その代表例が核不拡散条約(NPT)

である。自分が核保有しなければ近隣諸国も核保有しないという多国間制度を生み出し，核保有という選択に背を向けることがその国の安全保障を高めるという効果を内在させてきた。

　第3のDは，diplomacy（外交）である。第1，第2が奏功しない場合に，大量破壊兵器の保有に傾く国に対して集中的に展開される外交が，拡散防止対策の重要な柱となる。第1のDとは異なって，同盟関係という枠組みにとどまらず，経済・技術協力などの幅広い見返りをツールとして活用しながら，大量破壊兵器保有という選択に背を向けるよう説得する。

　第4のDは，あくまで大量破壊兵器拡散をdenial（拒絶）していくための政策である。具体的には，大量破壊兵器関連技術・物資の輸出入管理，拡散を防止するための秘密工作，旧ソ連の核物質，核兵器が盗難や強奪にあわないようにするための防護措置などがこの範疇に入る。

　第5以降のDは，第1から第4までの政策展開にもかかわらず，実際に拡散が起きてしまった段階での対応策である。拡散対抗措置という命名がなされたのも，第5から第8のDが新たな要素として注目されるようになったが故である。

　まず第5のDは，defusing（危険緩和）措置である。核兵器が実際に拡散してしまった場合には，それが偶発的に使用されることのないように万全を期すことが大切である。たとえばインド，パキスタンの場合，相手が核ミサイルを発射すればすぐに報復攻撃をするような「警報即発射態勢」を解除することが重要である。旧ソ連の核兵器が盗まれた場合を想定すると，暗号の解除なしには起爆できないシステムを完備することが安全性を高めることにつながる。

　第6のDは，意図的な大量破壊兵器の使用に対するdeterrence（抑止）である。大量破壊兵器によって米国やその同盟国が攻撃された場合，「圧倒的かつ破滅的」な報復をする戦略を示している。これによって大量破壊兵器の使用を抑えるねらいであり，核兵器国同士で作用したと米国が考える抑止が新たに大量破壊兵器を保有した相手に対しても，少なくとも一定程度は効果を発揮するとの想定に基づいている。

　第7のDは，抑止が作用せず，実際に攻撃があった場合に備えたdefense（防衛）である。具体的には，化学兵器攻撃を想定した防毒服・マスクや，生物兵器攻撃に備えたワクチン，飛来するミサイルを破壊する対弾道ミサイル

第3章 「拡散対抗措置」とブッシュ政権

(ABM) の配備などの措置がこの分類に入るものである。

最後の第8のDは，先制攻撃も視野に入れた destruction（破壊）である。カーター元国防次官補によると，大量破壊兵器の使用が切迫している場合の，「最後の手段」として想定されたものである。

以上のような，拡散対抗措置を構成する「8つのD」の中には，もともと不拡散政策の類型に属するものが複数存在する。拡散を防止するための第1から第4までのDがそれにあたり，拡散対抗措置という概念が形成された1993年の前には，不拡散政策の一環として実施された政策クラスターである。これに対して，第5から第8のDは先述のように，拡散が起きてしまった場合の対応策であり，拡散対抗措置の特質を体現している部分である。だが，カーター元国防次官補は，第1から第4までのDと，第5から第8のDをふたつのクラスターに分けることなく，ひとつの政策クラスターとしてとらえている。

「8つのD」はどのような相互関係にあるのだろうか。クリントン政権で国防長官を務めたウイリアム・ペリー氏は「大量破壊兵器の拡散対抗措置問題を一発で解決できるような銀の弾丸など存在しない」とし，「何らかの形で，(8つのDに示された) すべての政策ツールが求められる」と強調している[3]。カーター元国防次官補も，①大量破壊兵器を保有しようとする事情や態様は国によって異なっており，多様な対応が求められる，②8つのDが互いの競合関係にあるとの誤解もあるが，現実はそうではなく，8つのDすべてが必要である——として，拡散対抗措置が包括的な性格をもってこそ効果を発揮できることを指摘している[4]。

II 拡散対抗措置を台頭させた背景

上記のような中身を有する拡散対抗措置が台頭した歴史的な背景は何なのか。この節では，伝統的な不拡散政策による対応の限界と，それをもたらした時代的変化を俯瞰しておきたい。

1 伝統的な不拡散政策の限界

冷戦終結後の世界を振り返ると，NPTを軸とする伝統的な核不拡散体制は

第3章 「拡散対抗措置」とブッシュ政権

次々と深刻なチャレンジに直面してきた。まず，NPTに背を向けているインド，パキスタンが1998年に地下核実験を強行したことは，NPTを軸とする「不拡散」方式にとって痛撃だった。やはりNPTに加わっていないイスラエルが核保有しているのは今や，「公然の秘密」となっている。中東和平などでとかくイスラエル寄りの立場をとる米国がこれを黙認する一方で，イラクやイラン，リビアの大量破壊兵器問題に極めて厳しく対応してきたのは「二重基準である」との批判が根強い。

　NPT体制内部からの「造反」も目を覆うばかりだった。湾岸戦争後のイラクにおける国連査察で核兵器の開発計画が明るみに出た。NPT加盟国であるにもかかわらず，極秘のうちに大がかりな計画が進められていたことに，国際社会は衝撃を受けた。北朝鮮の核開発疑惑も「不拡散」方式への痛烈な一撃となった。NPT加盟国でありながら，やはりこっそりと核兵器製造に使えるプルトニウムをため込んでいたからだ。1994年の米朝枠組み合意によってかろうじて，「不拡散」方式による疑惑解消への道が保たれたが，2002年になってこの米朝合意をすり抜けるようにウラン濃縮計画を進めていたことが明るみに出た。こうした一連の「造反」にイランでの核開発疑惑が追い討ちをかけた。NPT加盟国であるにもかかわらず，秘密裏にウラン濃縮装置などを入手していたことが判明し，核開発の疑惑が強まったのである。

　NPTに深刻な「抜け道」があることも，明らかになった。パキスタンにおける核兵器開発の指導者だったカーン博士のグループが，核関連の技術や機器をイランやリビア，北朝鮮に，「闇市場」を通じて横流ししていたことが2004年になって発覚したのである。NPTは加盟国に対して，核兵器拡散をしないことを義務づけているが，あくまで条約を守る主体は国であり，密造，密輸業者やそのネットワークまで規制し切れていない。パキスタンを起点にした「闇市場」はそんな実態を浮き彫りにした大事件であった。

　9.11同時多発テロ後の世界では，テロ集団に大量破壊兵器が渡った場合の脅威が，より切実なものとなった。イラク戦争の前，米国に慎重に行動するよう促した国連査察団長のハンス・ブリクス氏は，コンドリーサ・ライス米大統領補佐官（国家安全保障担当）に「（テロ攻撃による）キノコ雲を実際に見るまで待てというのか」と切り替えされたことがある。「テロ＋大量破壊兵器」という新たな脅威にどう対応するかが焦眉の課題になっている最中に「闇市場」

55

第3章 「拡散対抗措置」とブッシュ政権

事件が発覚し，核爆弾がテロ集団の手に渡る危険が決して仮想のものではないことを印象づけた。

不拡散政策には朗報があったのも事実である。アパルトヘイト（人種隔離）政権に終止符を打った南アフリカが過去に核保有していたことを告白し，核廃棄を宣言してNPTにも加盟した。軍政を脱したブラジル，アルゼンチンもNPTに加わり，不拡散の進展に期待が膨らんだ。ソ連崩壊で独立した際，核兵器を引き継いだベラルーシ，ウクライナ，カザフスタンが核兵器をロシアに移転して，非核兵器国としてNPTに加入したことも大きな前進だった。長年，NPT加盟を拒んできたキューバがNPTに入ったことも，時代の変化を感じさせた。米英による外交折衝が実って，リビアが核廃棄に踏み切ったことも，NPTにとって朗報であった。

地域規模の動きでは，東南アジア非核兵器地帯条約（バンコク条約，1997年発効）とアフリカ非核兵器地帯条約（ペリンダバ条約，1996年署名，未発効）の誕生が目を引いた。すでに締結されていた南太平洋非核地帯条約（ラロトンガ条約，1986年発効），中南米核兵器禁止条約（トラテロルコ条約，1968年発効），南極大陸の非軍事化を定めた南極条約（1961年発効）と合わせて，南半球の非核化が国際法的に担保される展望が開けた[5]。NPTは地球規模の多国間条約であるが，一連の地域的な非核兵器地帯条約への加盟国が増えれば，NPTと地域的条約の二重の鍵で非核を担保する法的枠組みが広がることになる。ペリンダバ条約が発効すれば南半球全体に二重の鍵をかける素地が整うわけで，「不拡散」方式にとって大きな成果であった。

しかしながら，冷戦後のNPTを軸とする不拡散体制を総じて見ると，加盟国の増加という前進があった一方で，核拡散の危険を拭い去ることができないというNPTの弱点が次第に目立つようになったのが実情であった。そうした不拡散体制の「負の側面」のひとつひとつが，拡散対抗措置を台頭させる要因となったのである。

2 冷戦終結がもたらした環境の変化

それにしてもなぜ，冷戦時代には今ほどにNPTの脆弱性が目立たなかったのだろうか。「主権国家からなる無政府状態の世界では，核兵器は究極の自助

第3章 「拡散対抗措置」とブッシュ政権

の手段」[6]であるにもかかわらず，冷戦時代には核拡散にかなり強い歯止めがかかってきたのであろうか。

　ハーバード大学のジョセフ・ナイ教授は理由のひとつとして，新たな核兵器国の出現を防ぐNPTと，査察活動でNPT違反がないかどうかを検証する国際原子力機関（IAEA）の存在を指摘している。イラクや北朝鮮のケースを見るとNPTもIAEA査察も完全な体制ではないことは明らかだが，ナイ教授が指摘するように，核拡散防止において一定の抑止力を発揮してきたのは事実だろう。カーター元国防次官補が示した範疇から考えると，第2のD（軍縮）が，第3のD（外交）と相まって効果を発揮してきたという評価と判断できる。

　だが，ナイ教授の指摘で注目すべき点はむしろ，冷戦期に結ばれた同盟網を通じて，米国とソ連が同盟国の安全を保障した点をあげていることだろう。同盟国が独自に核を持つ代わりに，超大国が「核の傘」を提供して安全を保障するという「拡大抑止」を展開することで，核拡散に歯止めをかけたという構図である。同盟関係にはなくても，安全保障の面で重要な国や地域に対して一定の軍事的な関与を約束することで影響力を発揮し，核不拡散に協力させるという図式もあった。カーター元国防次官補が示した範疇をあてはめて考えると，第1のD（大量破壊兵器の保有を思いとどまらせること）がかなり奏功していたという評価である。

　ナイ教授はさらに，米ソ両国が原子力技術の輸出規制に関するガイドライン設定や，NPT締結などにおいて協調姿勢を保ったことも重視している。イデオロギー的な対立に，軍事戦略上の対立が重なり合った米ソではあったが，核寡占体制を維持するという点では利害を共有していた。したがって，核不拡散体制の安定化のための条約形成や原子力技術の輸出規制などの側面では共同歩調をとったのである。そのきっかけは，1964年の中国による核実験だった。中国の核保有を引き金に核拡散が蔓延するような状況になれば，米ソを頂点とした世界システムが不安定化しかねなかった。そうした事態を何としても防ぐ必要があるという点で，核超大国同士の利害が共鳴したのである。これを，カーター元国防次官補が示した範疇をあてはめて考えると，第2のD（軍縮），第3のD（外交），第4のD（拒絶）が成果を残したという評価である。

　歴史を俯瞰すると，冷戦時代の世界はこのような複数の要因が相俟って核拡

第3章 「拡散対抗措置」とブッシュ政権

散がはびこるような事態を避けることができた，というのがナイ教授の解釈と言えるだろう。しかしながら，冷戦の終結にともなって，こうした政治風景は一変した。大別して以下のような4つの変化が顕著になり，冷戦時代の安定的図式を揺るがせたのである。

第1の変化は，ソ連の崩壊によって，ソ連を中核とした同盟関係，安全保障上の友好関係が音を立てるように崩れ去り，米国と引き続き対立する諸国は自らの力で国家安全保障を確保する必要に迫られたことである。その結果，究極の自助の手段である核保有という選択への誘惑が強まった。冷戦時代から始めていた核開発計画に拍車をかけた北朝鮮の事例が，この範疇に当てはまると考えられる。

第2は，地域問題をめぐる環境の変化である。冷戦時代，米ソ両国は自陣営拡大の目的で地域紛争への関与を繰り返していたが，冷戦終結を受けて，地域紛争への対応はその地域の諸国に委ねられる部分が大きくなった。この変化を投影して，対立する諸国が自力で軍事力を増強するようになり，その延長線上で核保有という政策選択への誘惑も強まった。地下核実験を強行したインド，パキスタンがその典型例で，インドの場合には，未来の核大国である中国に対する安全保障という観点からも，核開発を重視している。

第3に，ソ連の後継国であるロシアの安全保障上の影響力が相対的に低下した結果，米国がほとんど1国で不拡散政策を切り盛りしなければならない事態に陥っていることの弊害が出ている。米国と利害を異にする諸国にとっては，不拡散政策＝米国の戦略と映る傾向があり，米国が進める不拡散政策は国際公益よりはむしろ，米国の国益にかなうものだとの反発が生じやすい。

その一例が，イスラエル問題である。イスラエルはすでに核保有しているとの見方が一般的だが，中東和平などで伝統的に親イスラエルの立場をとる米国政府は，NPTを無視し続けるイスラエルを声高に追及することはしていない。ソ連はアラブ寄りの立場を示すことが多かったことから，仮にソ連が存在していれば，イスラエルの核開発計画に対する強い牽制球を投げ続けたと推定される。だが，現在の国際社会においては，イスラエルの核開発疑惑を追及する声は極めて弱い。こうした歪みがNPT体制の信頼性に傷をつけ，イラクやイラン，リビアを核保有に駆り立てる要因となったことは否めないだろう。

第4の変化としては，グローバリゼーションに内在する「負の側面」の台頭

がある。1990年代半ばから急速に進んだグローバリゼーションはそもそも、冷戦崩壊と密接な関係にある。冷戦時代には世界が自由主義経済圏と社会主義経済圏に分断され、人間や物資、情報、技術の往来には制約がつきまとった。冷戦が終結したことでイデオロギーの壁が崩れ、人間や物資、情報、技術の移動力が飛躍的に高まり、グローバリゼーションをもたらす素因となった。こうした移動力の向上は、経済活動に大きなプラスをもたらしたが、その一方で、国際犯罪組織にも有利に作用することとなった。9.11 同時多発テロを実行した国際テロ組織アルカイダが地下組織のネットワークを張り巡らしている背景にも、パキスタンを起点にした「核の闇市場」ネットワークが地球規模でうごめいた背景にも、グローバリゼーションで高まった移動性の向上がある。その結果、国家と国家の間の約束や規制で大量破壊兵器の拡散を防ぐアプローチは大きな壁に直面することになった。

このように冷戦時代にNPTを支えてきた要因が1990年代になって、大きな変化にさらされ、核不拡散の徹底は一段とむずかしくなってきた。もちろん、大多数の国がNPT、さらにはNPTを軸にした不拡散体制を支持しており、不拡散体制が瓦解の危機に直面していたわけではない。しかしながら、NPTを無視したり、軽視したりする国が続出したことから、櫛の歯が欠けるように不拡散体制が脆弱化する事態が次第に現実味を帯びるようになってきたのである。

III　ブッシュ政権における転換

冷戦後における一連の変化は、カーター元国防次官補が示した範疇における第1から第4のDが、冷戦後の時代のような効能を発揮できなくなったことを意味している。しかしながら、クリントン政権は多国間条約や外交政策を主軸とする「不拡散」方式による拡散防止政策を重視する基本姿勢は変えなかった。米国史上初めて、拡散対抗措置を公式に導入したとはいえ、あくまで「不拡散」方式が主であり、拡散対抗措置は従であるとの位置づけであった。そうした基本姿勢が如実に現れたのが2000年2月に公表された「地球時代における国家安全保障戦略」だった。大量破壊兵器やミサイルの拡散への対応策として伝統的な不拡散政策を中軸に位置づけており、ここでの国防総省による拡散

第3章 「拡散対抗措置」とブッシュ政権

対抗措置への言及は極めて限定的であった[7]。このような路線の具現化が，1994年の米朝枠組み合意であり，1995年のNPTの無期限延長であった。ミサイル防衛システムの導入にほぼ一貫して慎重だっただけでなく，先制攻撃論もあまり前面には出さなかった。

これに対してブッシュ政権は，大量破壊兵器拡散への対応策を大きく軌道修正した。米国国防大学拡散対抗措置研究センターのジェイソン・エリス教授によると，ブッシュ政権下の政策変更は「不拡散の努力が大量破壊兵器の拡散防止に失敗したことに起因する」もので，「不拡散政策だけで，将来にわたって横たわる脅威に対応できるとは信じられなくなった」ことの帰結である。その結果，拡散を防ぐだけではなく，拡散が実際に起きた場合の安全保障対策に重点を置く対策，すなわち不拡散政策だけではなく，拡散後政策も視野に入れた安全保障政策が求められるようになったのである。そうした文脈の中で，拡散対抗措置は，「大量破壊兵器の脅威を減らしたり，脅威から国民を保護したりするための，あらゆる方面の軍事的準備と行動」と位置づけられるようになった[8]。

ブッシュ政権が大きく政策変更に舵を切ったのは，9.11同時多発テロを受けてのことであった。しかしながら，このテロ以前にも変化の兆しは現れていた。そこで，ブッシュ政権がどのような形で政策変更を進めてきたか，その沿革を概観してみることにしたい。

1 9.11同時多発テロ以前の状況

まず，9.11同時多発テロ以前の状況だが，ブッシュ政権は2001年1月の発足当初から，「不拡散」方式を軽視する傾向があった。国際協調による軍縮・不拡散を進める多国間主義に消極的な姿勢を鮮明にし，単独行動主義の色彩を強めたからである。

米国では，大統領選挙の有力候補者のブレーンたちが政策研究グループをつくり，政権をとった時に備えて政策提言することが多い。共和党の候補者だったブッシュ氏も例外ではなく，「新しい米国の世紀プロジェクト」(Project for the New American Century = PNAC) という政策研究グループが結成された。このPNACの発起人にはブッシュ政権の副大統領であるディック・チェイニ

第3章　「拡散対抗措置」とブッシュ政権

一氏，国防長官となったドナルド・ラムズフェルド氏，国防副長官となったポール・ウォルフォウィッツ氏らが名を連ねており，さながらブッシュ政権における安全保障政策形成の予行演習のような形になっていた。

　PNACは安全保障に関する報告書「米国の国防の再建」をまとめた。報告書をめくると，こんな安全保障観が描かれている。いわく——冷戦の終結を受けて，安全保障問題は，すべてのことが変わった。冷戦時代は「2極」であったが，21世紀の世界は，少なくとも当面，世界の唯一の超大国である米国による「1極」世界である。かつての米国の戦略的目的は，ソ連の封じ込めだったが，今は，米国の利益と考えに沿うように国際環境を維持することである。冷戦時代の軍の仕事はソ連の膨張主義を抑えることであったが，「民主的平和の領域」を確保・拡大する目的のために，新しい大国が競争相手として台頭するのを防ぐことが今日の仕事である。また，同じ目的のために，新たなテクノロジーを生かした装備を通じて，欧州や東アジア，中東の重要地域を防衛し，米国の確固たる地位を維持することも今日の軍の仕事である。地域的には，核戦争が起きる危険もあった欧州がかつては戦略的中心地であったが，これからは東アジアが懸案の地域となるだろう[9]。

　ここに描かれた世界観からは，唯一の超大国として「力」への信奉をためらわず，むしろ「力」の優位を確たるものにすることによって，米国の国益を維持拡大していくという戦略がくっきり浮かび上がっている。とくに注目されるのは，米国の戦略的目的を，米国の利益と考えに沿うように国際環境を維持することと位置づけている点で，強者として世界を高みから眺めている心理がよく表れている。そうした世界観を抱いているだけに，PNACは，クリントン時代には前面にせり出した多国間主義についても批判的であった。

　もちろん，PNACのような考えがそのまま，ブッシュ政権の政策，戦略に謄写されるわけではない。だが，そうであるにしても，PNAC的な思潮を持つ人物たちが，政権に入ったり，政権への影響力を持ったりすることによって，クリントン時代に比べて単独行動主義の色彩が濃くなることは容易に予想された。

第3章 「拡散対抗措置」とブッシュ政権

2 CTBTと生物兵器禁止条約議定書をめぐる対応

不拡散政策における単独行動主義の典型例は，包括的核実験禁止条約（CTBT）であった。大統領選挙の期間中から，ブッシュ氏自身もこの条約への批判を口にしていた。だが，批判の背景，理由を明確に記したのは，大統領補佐官（国家安全保障担当）に内定していたスタンフォード大教授のライス氏だった。ライス氏はブッシュ政権が正式に発足する直前，『フォーリン・アフェアーズ』誌に掲載された論文で，外交・安全保障戦略に関する基本的スタンスを明らかにした。この中でライス氏は，「多国間協定や国際機関の支援そのものを目的としてはならない。たしかに強力な同盟関係を持つことは米国の国益に合致するし，国連その他の国際機関や，周到に準備された国際協定によって米国の国益を促進することもできる。だが，クリントン政権は多国間協調型の問題解決に躍起となるあまり，米国の国益に反するような協定に調印することもあった」と指摘した。ライス氏はCTBTに対しても，「悪しき条約」と言い切り，歯に衣着せぬ批判を展開した。「1992年以来，米国は一方的に核実験を自制してきた。この姿勢をつうじて米国は全世界に対して手本を示してきたが，この自制が『永遠』に続くわけではなく，核実験が必要になった場合には実験を再開できる。しかし，核兵器保有に反対する『規範』を求めて政府が合意した条約は，条約違反を防ぐ査察が不可能なうえ，ならず者国家による核兵器開発の脅威にも対処できず，自国が保有する核兵器の信頼性を損ねてしまうものだった。条約が交渉されているときに議会が示した懸念は的を射たものだったが，クリントン政権はこの懸念を無視した」。

1996年9月の国連総会において圧倒的多数で採択されたCTBTは，NPTの無期限延長と密接な関わりを持っていた。1995年のNPT無期限延長会議は，非核兵器国が核を持たないという条約上の義務を無期限に受け入れる代わりに，核兵器国に軍縮努力を促す政治文書の採択を実現した。その文書の中の重要な柱としてCTBTがあり，CTBTの発効は核兵器国の政治的約束でもあった。CTBTは単に核爆発実験を全面的に禁止するという目的にとどまらず，NPTの無期限延長，NPTの求心力維持にとって政治的に重要な意味を持つ条約なのである。にもかかわらずライス氏は，条約の歴史的，政治的意味を軽視したまま，批判の眼を向けるというパターンを繰り返した[10]。

第3章 「拡散対抗措置」とブッシュ政権

　ブッシュ政権は実際に権力の座についた後，CTBTをめぐってどのような対応をしたのだろうか。
　CTBTを「軍縮史のうえでも最も重要な条約」と位置づけたクリントン大統領にとって，米議会上院における1999年の批准拒否は大きな誤算であった。だが，それ以降もCTBTの重要性そのものへの認識は変えなかった。そこで軍のトップである統合参謀本部議長をつとめたシャリカシュビリ氏を委員長とする超党派の専門委員会を発足させ，CTBT批准の是非を改めて検討させた。シャリカシュビリ氏がクリントン大統領に提出した報告書（2001年1月）は，CTBTで米国が得る利点として，①核兵器国である中国やロシアによる核兵器の近代化を阻止できるとともに，非核兵器国による核兵器の開発などを困難にさせる，②米国自身はコンピューターを駆使した模擬核実験で核抑止力を維持でき，CTBTによって整備される検証ネットワークによって他国の核実験の監視能力を高めることもできる，などの諸点をあげた。そして，米国がCTBTに背を向けた際の負の副産物として，軍縮努力に不熱心な米国との印象が強まり，ひいては核兵器国，NPT体制への不信感が増幅するおそれがある，との見通しを示した[11]。
　それは，事実上，CTBTに関するブッシュ政権への「申し送り」であった。だが，選挙戦の最中からCTBT無用論を唱えていたブッシュ氏は，大統領に就任してからもその態度は変えず，CTBTの批准はまったく政治日程にのぼらなかった。それどころか，必要ならば実験を再開するとの姿勢を示すようになった。CTBTを無視することによるNPTへの影響は深刻視されてはいなかった。
　象徴的な動きが，主要国首脳会議（ジェノバ・サミット）の首脳宣言をめぐる米国の対応であった。米紙ニューヨーク・タイムズ紙によると，ブッシュ米政権は2001年7月20日からのジェノバ・サミットの首脳宣言草案づくりの過程において，従来の首脳宣言には盛り込まれていた「CTBTの早期発効」をめざす文言をはずすよう働きかけた。CTBTが事実上死文化していると認めるよう促す試みであった。ブッシュ政権は，米上院で批准のめどが立たないままでいるCTBTからの離脱を検討したが，手続き上不可能なため，事実上の死文化をめざす動きを始めたのだった[12]。サミットの舞台裏でどのようなやりとりがあったのか。その詳細は不明だが，結局，例年うたわれてきた

63

第 3 章 「拡散対抗措置」とブッシュ政権

　CTBTの早期発効は首脳宣言に盛り込まれなかった。共和党内には核実験の放棄は「核抑止力の維持を阻害する」との反発が強いが，サミットにおけるCTBTの死文化への努力は，国際的に条約を葬り去るねらいが透けて見えた。

　生物兵器禁止条約（BWC）にもとづく検証議定書づくりにおいても，ブッシュ政権は単独行動主義を発揮した。1975年に発効した生物兵器禁止条約には，条約が遵守されているかどうかを点検する検証規定がなかった。そこで1994年の締約国特別会議は，検証手段を導入するための議定書の作成にとりかかることを決定した。6年以上にわたって検証議定書交渉が続けられ，議長案が提出された。しかし，米国は2001年7月に開催された締約国会議で，日本や欧州，途上国の多くが賛成していたこの議長案を拒否した。検証によって違反を完全には防げない一方で，検証過程においてバイオ産業などの企業機密が漏れかねないことが，反対の理由であった。

　代わりに米国は，議定書という条約形式をとらずに，政府間で違反行為を検証する方式を提案した。その骨子は，①生物兵器に転用可能な病原体の多くは，自然界にも存在する。そこで，生物兵器として使われた疑いのある症例があった場合，自然発生か否かを見極めるチェック体制をつくる，②疑わしい症例があった場合には，国連のもとで詳しく現地調査をできるようにする，③生物兵器を使ったテロが起きたときに備えて，被害を速やかに調査し，犯人を捕まえる体制を整える，④生物兵器禁止条約の加盟国は兵器使用を違法とする国内法を定め，外国で生物兵器を使った犯人については被害国に引き渡すことにする，といったものである。多国間条約を敬遠し，自国の国益に最も見合う形のアプローチを前面に押し出すという，単独行動主義の色彩が強い政策選択が改めて顕著になった格好である。

　ここでは，CTBTと，生物兵器禁止条約にもとづく検証議定書をめぐるブッシュ政権の政策を取り上げたが，この2つの条約の明確な拒否は，多国間主義に基づく不拡散政策に背を向けることに他ならなかった。一連の政策に対しては多くの批判が浴びせられたが，それでもブッシュ政権は拒否の姿勢を貫いた。こうした基本姿勢は，不拡散政策の大きな柱である第2のD（軍縮）の大幅な後退を意味していたが，拡散対抗措置という大きな文脈の中ではすでに第2のD（軍縮）は優先順位が低くなっていたことの証左でもあった。

3 ABM条約をめぐって

　大量破壊兵器の拡散への対応策を模索するブッシュ政権の単独行動主義は，まだ続く。ミサイル防衛システムを規制するロシアとの対弾道ミサイル（ABM）条約を破棄してでも，大規模なミサイル防衛網を整備する方針を示したことも，単独行動主義のあらわれだった。

　1990年代半ばに入って，大量破壊兵器やミサイルの拡散が次なる脅威として浮上したのを受け，クリントン政権は新たなミサイル防衛構想を打ち出した[13]。米国自身を守る米本土ミサイル防衛（NMD）と，同盟国や海外駐留米軍を守る戦域ミサイル防衛（TMD）の二本立てで，米国が「ならず者国家」と呼ぶ北朝鮮やイラン，イラクなどに対抗するねらいだった。レーガン大統領以来のミサイル防衛信奉者であるブッシュ大統領はクリントン政権のミサイル防衛構想に満足せず，NMDとTMDを一本化した包括的なミサイル防衛（MD）に方針転換した。標的は主として，大量破壊兵器保有が懸念される「ならず者国家」だが，地上，海上，空中に防御手段を配置し，弾道ミサイルの発射直後，宇宙空間，大気圏再突入後の各段階で迎撃する多層防御をめざしている。

　迎撃ミサイルの配備競争は，迎撃網を突き破ろうとする攻撃核の軍拡競争につながる危険が大きい。そこで，1972年に米国と旧ソ連が締結したABM条約は，ごく限定的なABMしか認めないことを定め，核軍拡競争を抑制する役目を担ってきた。にもかかわらず，ABM条約を破棄して，技術的に優位にある米国が一方的にミサイル防衛システムの配備を進めれば，新たな核軍拡の火種となる危険があった。とくに，米国に対抗して核抑止を高める計画を進めている中国が，新型核弾頭，ミサイルの開発・配備の口実に使うおそれもあった。それでもブッシュ政権は，ミサイル防衛推進という選挙公約を後退させることはなかった。それはとりもなおさず，第7のD（防衛）の進化をねらったものであった。

　このようにブッシュ政権は発足前から拡散対抗措置への傾斜を強め，政権誕生後には断固とした態度でその実践に取り組んでいった。

第3章 「拡散対抗措置」とブッシュ政権

IV 9.11同時多発テロ後のブッシュ・ドクトリン

　拡散対抗措置への傾斜が極めて鮮明になったのは，9.11同時多発テロ後に出された，いわゆる「ブッシュ・ドクトリン」で，拡散した大量破壊兵器による脅威，とりわけテロ集団が大量破壊兵器を保有した場合の脅威を取り除くためには，先制攻撃も辞さない戦略を描き出した。

1　新しい脅威への新しい発想

　ブッシュ大統領がこのドクトリンを明らかにしたのは，2002年6月に行われた米国陸軍士官学校（ウェストポイント）の卒業式での演説でのことだった。ブッシュ大統領は，「化学，生物，核兵器や弾道ミサイル技術の拡散が起きてしまえば，弱い国や小さな集団でさえ，大きな国を攻撃する破滅的なパワーを得ることになる。米国の敵対者は米国やその友好国を脅し，傷めつける能力を欲しているが，全力でこれに対抗していく」と述べたうえで，「20世紀の大半，米国の防衛は冷戦時代の抑止と封じ込め戦略に頼ってきた。今なお，その戦略が適用できる場合もあるが，新しい脅威には新しい発想が求められる。（先制攻撃した）国家に対して大量報復で反撃する戦略で相手の行動を抑える抑止は，守るべき国も国民もないテロネットワークには無意味である。常軌を逸した独裁者が大量破壊兵器をミサイルに搭載して発射するのを封じ込めたり，独裁者がこっそりとそれらの兵器を仲間のテロリストたちに供給するのを封じ込めたりすることは不可能である」との認識を示した。そして，こうした時代の国家安全保障政策としては，テロ対策などを含めた本土防衛やミサイル防衛に加えて，必要であれば先制攻撃に打って出る決意が必要だとの考えを明らかにした[14]。こうした「ブッシュ・ドクトリン」を総括する形で2002年9月に発表された米国の「国家安全保障戦略」[15]は，外交的手段を軸にした「不拡散」方式の強化の必要性についても記述しているが，あくまで拡散対抗措置の活性化を前提にしたうえでのことあり，拡散対抗措置のニーズに見合う軍事力の再編を強調している。

　もちろん，ブッシュ政権がこれまで積み上げられてきた「不拡散」方式の政

策をすべて破棄したわけではない。しかしながら，大量破壊兵器テロ防止のための先制攻撃論を刻み込んだ「ブッシュ・ドクトリン」は，年来の「不拡散」方式から拡散対抗措置へと大きく舵を切るものであった[16]。具体的には，ABM条約の破棄を正式に宣言して，ミサイル防衛システムの配備に乗り出したほか，「ならず者国家」の独裁者やテロ集団の地下司令室，武器庫などを破壊する地下貫通型核弾頭・ミサイルの研究にも力点を置くようになった。先制攻撃論と地下貫通型核弾頭・ミサイルの重視は，相手に先制攻撃を思いとどまらせる第6のD（抑止）の意味を持たせるとともに，第8のD（破壊）も念頭に置いた戦略であり，拡散対抗措置の究極の態様とも言えるだろう。

2 広がったウィング

先制攻撃論の採用という形で拡散対抗措置を深化させたブッシュ政権は，拡散対抗措置のウィングを広げることにもエネルギーを注いだ。その一例が，2003年5月に打ち出した「拡散防止構想（PSI）」である。大量破壊兵器の拡散につながる技術・関連物資の輸送を国際協力で阻止しようとする試みで，米国は「拡散防止構想」に関する同年6月のマドリードでの初会合で，大量破壊兵器や関連物資を積んだ飛行機や船舶について，①密輸出の阻止，②自国の領海と領空の通過阻止，③公海上での臨検実施，の3項目を提案した。公海上での拿捕など，より強制力のある体制づくりに関して米国は，最終的に国連決議によって法的根拠を担保することをめざしている。

だが協議の初期段階から，米国が求めた公海上の臨検に対して難色を示す意見が相次いだため，同年7月の豪州での第2回会合では，密輸出阻止と通過阻止の2項目に絞って先行実施する方針が示された。密輸出と通過阻止については強い反対意見はなく，同年9月にパリでの第3回会合で共同文書化された。その意味で，拡散防止構想は米国が当初考えていたよりも，マイルドな中身となった。すでにドイツ主催の国際空港における阻止訓練（2004年3-4月），イタリア主催の地中海における海上での阻止訓練（2004年4月），ポーランド主催の陸上での阻止訓練（2004年4月）などが行われている[17]。

米国は，拡散対抗措置の文脈で，国連安全保障理事会による対応も主導した。安保理は2004年4月28日，大量破壊兵器をテロ組織が入手するのを防ぐ

第3章 「拡散対抗措置」とブッシュ政権

ため，国連加盟国に国内法整備などを義務づける決議（国連安保理決議1540）を全会一致で採択した。ブッシュ大統領が2003年9月の国連総会演説で要請していた決議で，NPTなどの国家間の拡散防止条約では対象にならないテロ組織などの非国家アクター，闇市場への拡散防止を主眼に置いている。この決議は国連加盟国に，①組織や個人が大量破壊兵器を製造したり保有，使用したりできないよう規制する国内法の整備を要請し，②材料となる物質の保管体制の強化や，密輸防止のための有効な国境管理の実施なども求めている。決議には，不履行国に対する罰則や制裁は盛り込まれていないものの，国連憲章第7章に基づく決議であることから，状況に応じて何らかの強制措置をとる選択肢も包含している[18]。

拡散防止構想，国連安保理決議1540とも，カーター元国防次官補が示した範疇をあてはめて考えると，第4のD（拒絶）に属する措置である。その意味では，伝統的な不拡散政策の延長線にある政策であると言えるだろう。ただ，ここで注目すべき点は，グローバリゼーションで物資の往来が激しくなる中で，新たに多国間条約をつくるよりも，拡散防止構想に参加する「有志連合」や，米国が主導した国連安保理決議というツールを通じて大量破壊兵器の拡散を防いでいこうとする基本姿勢である。そうした角度から見ると，拡散防止構想，国連安保理決議1540のいずれもが，ブッシュ政権の特色をよく現した政策選択と考えられる。

ブッシュ政権はNPT体制そのものの軌道修正にも乗り出した。「核の闇市場」問題が表面化したことを受けてブッシュ大統領は2004年2月，核兵器に転用できる高濃縮ウラン，プルトニウムを取り出せる技術，施設の輸出を厳しく規制するとともに，国際原子力機関（IAEA）の査察体制強化を後押しする提案を発表した。その核心部分は，ウラン濃縮施設，プルトニウムを取り出す使用済み核燃料再処理施設をすでにフルに稼動している国には，従来通り核燃料を輸出するが，そうでない国にはこれらの施設の計画を放棄しない限り，核燃料は売らないというものである。

NPTに加盟してIAEAの査察を受けている国は等しく原子力の平和利用を進める権利を有するというのが，NPT体制の大原則である。ブッシュ提案はそこを曲げて，ウラン濃縮施設，使用済み核燃料再処理施設をすでにフルに稼動している国（すなわち日本などの同盟国・友好国）には核燃料サイクルを認め

第3章 「拡散対抗措置」とブッシュ政権

るが,これからウラン濃縮施設,使用済み核燃料再処理施設を持とうとする国(明言していないが,イランや北朝鮮などを想定)は核拡散のリスクを伴うので,技術移転を認めないという「二重基準」を設けるものである。本来ならNPTの改正にもつながりかねない抜本的な軌道修正であるが,ブッシュ提案はそれを求めたりはしない。代わりに,原子力先進国でつくる「原子力供給国グループ」における合意で,技術移転に規制をかけようという趣旨である。これも,多国間条約ではなく,米国を中心とする「有志連合」の行動によって,第4のDに変化をもたらそうとする政策選択で,ブッシュ政権らしいアプローチである。

3 拡散対抗措置としてのイラク戦争

さて,ブッシュ政権の拡散対抗措置において,最も物議を醸し出したのがイラクへの武力行使である。

イラクは,湾岸戦争後の国連安保理決議で,大量破壊兵器の全面的破棄を義務づけられた。イラクに関する主な国連安保理決議は,①イラクのクウェートからの撤退を命じ,多国籍軍に武力行使を授権した国連安保理決議678,②イラクの大量破壊兵器破棄と査察を決定した国連安保理決議687,③イラクに重大な違反があることを認識したうえで,即時,無条件に査察に応じるようイラクに要求した国連安保理決議1441,である[19]。米国は,イラクがこれらの国連安保理決議に背き,たびたび国連査察団を欺いて大量破壊兵器計画や関連施設を隠蔽してきた,と主張した。9.11同時多発テロ後のブッシュ大統領は,「悪の枢軸」(イラク,イラン,北朝鮮)がテロ組織と連携して,米国を標的にすることを恐れていた。そこでイラクの大量破壊兵器疑惑が改めてクローズアップされ,武力でイラク政権をたたきつぶす先制攻撃論が強まった。その延長線で米国などは開戦を決断し,英国などの「有志連合」とともにイラク攻撃を開始した。イラク戦争は,サダム・フセイン体制を崩壊させ,長年の独裁政治にピリオドを打った。しかしながら,大規模な戦闘終結をブッシュ大統領が宣言し,サダム・フセインを拘束した後も,イラクでの混乱はやまず,米国が当初想定していた占領政策は崩れ去ってしまった。加えて,米国などが開戦の「大義」にしていた大量破壊兵器はイラク各地を探しても見つからなかったこ

69

第3章 「拡散対抗措置」とブッシュ政権

とが，戦争の正当性をめぐる論議を再燃させることになった。

イラク戦争の正当性にはもともと，大きな疑問が投げかけられていた。独仏，ロシアなどは開戦の前に，明確に武力行使を容認する決議が必要と主張した。これに対して，米英などは既存の決議で開戦は正当性があると主張した。米国内には，先制攻撃は自衛の範囲内との意見もあった。だが，武力行使を明確に承認する新たな国連安保理決議がないまま開戦したことへの批判は消えず，正当防衛の根拠となる急迫不正の脅威があったのかどうかについても，疑問，批判が相次いだ。戦後も大量破壊兵器が発見できないことがこうした疑問，批判に拍車をかけたのである。

果たして，イラク戦争は正当化できたのだろうか。ハンス・ブリクス氏は回想録の中で次のように記している。「1990年にイラクがクウェートを侵略した時がそうであったように，武力攻撃があった場合の自衛権は認められるものであり，必要でもある。9.11同時多発テロ後のブッシュ政権は，国家は場合によっては，攻撃が予想される段階で武力を行使する権利，すなわち先制攻撃する権利を有するべきであると主張するようになった。このことは，一体どのようにして，実際に攻撃がありそうなのかを判断するのかという問題を引き起こす。事情によっては，そうした判断を明確にすることが可能で，（これを防ぐための先制攻撃の権利も）一般的に受け入れられるかも知れない。しかし，事情が異なれば，たとえば切迫した脅威が見出せない場合には，先制攻撃の権利は問題視されるだろう。もし，事前情報が不十分な状態で先制攻撃を実行すれば，その国は自衛権濫用のそしりをまぬがれないだろう。イラクに対する2003年の軍事行動は，先制攻撃する権利への賛同を強めることにはならなかった」[20]

イラク戦争への評価は今後，長い時間をかけて論議されると予想されるが，ひとつ確かなことがある。大量破壊兵器の脅威に対する予防戦争の色彩が強いイラク戦争は，ブッシュ・ドクトリンに盛り込まれた先制攻撃論の最初の実践であり，拡散対抗措置の中でも最も侵襲的な第8のD（破壊）の初の実行でもあった，ということだ。この最初の試みで，拡散対抗措置が大きな躓きに直面したことは，今後の実践に影響を与えずにはおかないだろう。ブリクス氏が指摘するように，相手に攻撃されることが明白な場合には，これを防ぐための先制攻撃の権利も一般的に受け入れられる余地があるかも知れない。それだけ

第3章 「拡散対抗措置」とブッシュ政権

に，先制攻撃という選択肢が拡散対抗措置のひとつとして国際的に容認されるかどうかは，先制攻撃の是非を判断する基準と手順をどのように確立していくかにかかるところが大きいと考えられる。その議論はまだ始まったばかりであり，先行きは不透明である。

む　す　び

　以上，本稿では，新興の拡散対抗措置とはどのような特徴を持つ拡散防止対策なのか，拡散対抗措置が進展してきた背景は何なのか，について記した後，ブッシュ政権における拡散対抗措置の実践と，直面する課題について考察してきた。

　すでに明らかなように，拡散対抗措置は冷戦後の新たな脅威に対応するために生み出された安全保障戦略に基づく政策群であり，その意味において時代の落とし子でもある。冷戦期の核抑止とは異なって，多分野の多様な政策を組み合わせることによって最大効果を狙う戦略であるだけに，実際の運用においては試行錯誤を避けられない。ただ，ここで大事なのは，先述のように，カーター元国防次官補が，①大量破壊兵器を保有しようとする事情や態様は国によって異なっており，多様な対応が求められる，②8つのＤが互いの競合関係にあるとの誤解もあるが，現実はそうではなく，8つのＤすべてが必要である——との視座から，拡散対抗措置が包括的な性格をもってこそ効果を発揮できると指摘している点である。

　イラク戦争において米国などは，武力行使をしたあげくに，大量破壊兵器を発見できないという皮肉な事態に直面した。他方，リビアに関しては，米英が外交努力を通じて大量破壊兵器計画の廃棄を決断させることに成功した。北朝鮮の核開発問題に関しては，ブッシュ大統領は外交的解決を前面に押し出しているし，イランの核開発疑惑に関しても，英独仏の外交による打開策の成り行きに注目している。イラク戦争がリビア，北朝鮮，イランの問題にどのようなインパクトを与えたかは諸説紛々の状態であるが，個々のケースの実態に応じて具体的な拡散対抗措置を検討し，ベストミックスを選択していかなければ実効性を高めることはできない。

　軍事的手段への偏重がもたらす弊害についても付言しておきたい。伝統的な

71

第3章 「拡散対抗措置」とブッシュ政権

　不拡散政策の根底をなす NPT はそもそも,「非核兵器国は永遠に核兵器を持たない。そのかわりに核兵器国は核廃絶を究極的目標としつつ核軍縮を進める」という約束のうえに成り立っている。だからこそ,核兵器国と非核兵器国という2種類の締約国が存在する不平等性が受け入れられたのだが,ブッシュ政権は CTBT に背を向け,ABM 条約を廃棄するなど,非核兵器国の期待に十分には応えてこなかった。NPT のもとで本来は平等であるはずの原子力平和利用に関しても,「二重基準」を導入しようとしていることへの反発もある。そこへもって,ブッシュ・ドクトリンの延長線上で自国の論理を振りかざして軍事的手段に偏重するようなことになれば,米国と,米国に不満を持つ非核兵器国との溝が深まると予想される。そうした負のベクトルが拡大すれば,NPT を軸とする不拡散の政策体系は一段と求心力を失い,拡散対抗措置を駆使してもとても対応できないような事態となりかねない。

　拡散対抗措置が定着するかどうか,あるいは定着させるべきかどうか。定着させるにしてもどのような運用をはかっていくのか。今後,一般論としても,個別の政策選択の段階においても,濃密な議論が展開される公算が大きい。その過程で忘れてならないのは,先述の「大量破壊兵器の拡散対抗措置問題を一発で解決できるような銀の弾丸など存在しない」というペリー氏の警句だろう。米国は決して,単独行動主義的な発想で,「銀の弾丸」さがしに突き進まないこと。拡散防止を徹底させていくために欠かせない国際協調を維持するうえで,それは,最低限満たされなければならない条件と認識されるべきである。

注

(1) アスピン国防長官演説の概略は,http://www.fas.org/news/usa/1993/45215398-45219581.htm 参照。
(2) カーター氏の米国議会上院外交委員会での証言（2004年3月10日）で示された見解に基づく。証言の内容は,http://foreign.senate.gov/testimony/2004/CarterTestimony040310.pdf 参照。
(3) ペリー氏の米国議会上院外交委員会での証言（2004年3月10日）。証言の内容は,http://foreign.senate.gov/testimony/2004/PerryTestimony040310.pdf 参照。
(4) カーター氏の『前掲証言』（注2）。
(5) 非核地帯条約の解説は,http://www.mofa.go.jp/mofaj/gaiko/kaku/n2zone/

sakusei.html 参照。
(6) この引用と，冷戦時代に核拡散に歯止めがかかってきた理由については，ジョセフ・ナイ著，田中明彦・村田晃嗣訳『国際紛争——理論と歴史』有斐閣，2002年，270-271頁を参照。
(7) *A National Security Strategy for a Global Age,* U.S. Government Printing Office, 2000, pp.2-3.
(8) Jason D. Ellis, "The Best Defense: Counterproliferation and U.S. National Security," *The Washington Quarterly*, vol.26, No.2, Spring 2003, pp.115-116 [http://www.twq.com/03spring/docs/03spring_ellis.pdf].
(9) Thomas Connelly, *Rebuilding America's Defense,* Project for the New American Century, 2000, pp.2-3.
(10) コンドリーサ・ライス「国益に基づく国際主義を模索せよ」『フォーリン・アフェアーズ anthology vol.8 米国の覇権と国際協調の行方』，フォーリン・アフェアーズ・ジャパン編，2002年，6-7頁。
(11) 「シャリカシュビリ報告書」[http://www.state.gov/www/global/arms/ctbtpage/ctbt_report.html]。
(12) 2001年7月7日付ニューヨーク・タイムズを参照。
(13) 大量破壊兵器やミサイルの拡散の脅威を分析した代表的報告書は，以下の通り。
米国中央情報局（CIA）作成の Unclassified Report to Congress on the Acquisition of Technology Relating to Weapons of Mass Destruction and Advanced Conventional Munitions, 2000 [http://www.cia.gov/cia/publications/bian/bian_sep_2001.htm]，現在は国防長官をつとめるラムズフェルド氏が委員長としてまとめた議会への報告書 Report of the Commission to Assess the Ballistic Missile Threat to the United States, 1998 [http://www.fas.org/irp/threat/bm-threat.htm]。
(14) ウェストポイントにおけるブッシュ演説 [http://www.whitehouse.gov/news/releases/2002/06/20020601-3.html]。
(15) 「国家安全保障戦略」[http://usinfo.state.gov/topical/pol/terror/secstrat.htm]。
(16) ブッシュ政権の「拡散対抗措置」については，Jason D. Ellis, op. cit.（注8），が詳しい。
(17) PSI の概要は，http://www.mofa.go.jp/mofaj/gaiko/fukaku_j/psi/psi.html 参照。
(18) 国連安保理決議1540 [http://ods-dds-ny.un.org/doc/UNDOC/GEN/N04/328/43/PDF/N0432843.pdf?OpenElement] 参照。
(19) イラクに関する一連の国連安保理決議は，http://www.fas.org/news/un/iraq/

第3章 「拡散対抗措置」とブッシュ政権

　sres/ 参照。
(20)　Hans Blix, *Disarming Iraq,* Pantheon, 2004, p.274.

第4章　ミサイル防衛と「軍備管理」の終焉

石　川　　卓

まえがき

　ABM条約がなければ，まず間違いなく，米ソ双方またはいずれかが弾道ミサイルに対する広範な防御網の構築を試みていただろう。そして，それは翻って，より高度な攻撃システムをもたらしていただろう[1]。

　ジェラード・スミスは，自身が米国首席代表を務めた第1次戦略兵器制限交渉 (SALT I) の過程を綴った回顧録の中で，このように対弾道ミサイル (ABM) 条約の重要性を論じた。SLAT Iでスミスを補佐したレイモンド・ガーソフも，レーガン政権が打ち出した戦略防衛構想 (SDI) の推進派によるABM条約批判が強まりを見せる中で，「軍備管理の領域における1960年代から70年代の最重要成果は，ABM条約であった」と述べている[2]。SDIを巡る論争の中では，スミスやロバート・マクナマラなど，いずれも政府要職を経験した「4人のギャング」がABM条約を擁護するという一幕も見られた[3]。

　一部では厳しい批判を受けながらも，以上のように，広く冷戦期に結ばれた最も重要な軍備管理条約と評価されてきたABM条約は，冷戦の終結後，その「遺物」として，よりいっそう厳しい批判にさらされることになる[4]。しかし，クリントン時代には，たとえば以下のように，米国政府もその重要性を強調しつづけた。

　　このABM条約再検討会議の参加国は，同条約が効果的に機能しつづけることを支持し，国際安全保障を強化し，戦略攻撃戦力のさらなる削減のプロセスを促進する上で，戦略的安定の礎石である同条約がもつ根本的重要性を再確認した[5]。

第4章 ミサイル防衛と「軍備管理」の終焉

　このように，ABM 条約の常設協議委員会（SCC）の共同声明でわざわざ条約の重要性を強調したことは，それだけ米国内での ABM 条約批判，これに対するロシアの懸念が強まっていたことを反映している。後述するように，クリントン政権は議会から本土ミサイル防衛（NMD）の推進を強く求められていた。しかし周知のように，2000 年夏に予定されていた配備決定をクリントンは先送りにした。その直後，ロシア大統領ウラジミール・プーチンとともに ABM 条約の重要性を再確認したことは[6]，NMD 問題を巡ってクリントンが米国内で窮地に陥っていたことを物語っていたといえる。

　しかし，ブッシュ政権は，2001 年 12 月 13 日，ABM 条約からの脱退を発表した。20 世紀後半で「最も重要な軍備管理条約」の多分にあっけない幕切れであった。その目的がミサイル防衛計画に対する障害を除去することにあったことは論を待たない。そして，今日，最も初歩的な迎撃システムはすでに運用段階に入り，より高度なシステムの配備も実現されつつある。その効果は別として，いよいよ世界は「核時代」「ミサイル時代」を経て，「ミサイル防衛時代」に突入しようとしているのである。その幕開けが「最も重要な軍備管理条約」の幕引きとほぼ時を同じくし，あるいは後述するように若干重なりを見せていることは，ミサイル防衛と軍備管理との密接な関係を象徴しているといえる。

　本稿では，まだその先行きが不透明・不確実であるとはいえ，ミサイル防衛時代の始まりが，軍備管理というものにいかなる影響を与えているのかを問い，その回答として，軍備管理の終焉というものを提示することとしたい。まず，第Ⅰ節では，特に冷戦終結後の米国のミサイル防衛政策を概観することで，ミサイル防衛時代がいかに始まったのかを確認しておくこととしたい。第Ⅱ節では，ミサイル防衛が台頭する背景として，不拡散という目的あるいは規範の重要性が高まった点を指摘し，ミサイル防衛を重要な柱とする「拡散対抗」を重大な契機として，1990 年代以降，米国の不拡散政策，そして国際的な不拡散レジームが変質・変容してきたことを論じる。続く第Ⅲ節では，その結果として軍備管理と不拡散との乖離が進み，不拡散とは対照的に軍備管理が終焉に向かっていく過程を描き，最後に，今日の国際システムにおける軍備管理およびミサイル防衛の位置づけにも触れながら，今後の展望および日本の役割を簡単に述べることとしたい。

第4章　ミサイル防衛と「軍備管理」の終焉

I　ミサイル防衛計画の推移

1　クリントン政権の弾道ミサイル防衛政策

(1)　TMD優先のBMD政策

　1980年代末までに，SDIはすでに予算を削られ，縮小傾向を示すようになっていた。スカッド・ミサイルが使われた湾岸戦争を契機に，ブッシュ政権（第41代）は，「限定攻撃に対するグローバル防衛」(GPALS)へとSDIの縮小を進めた。続くクリントン政権は，1993年5月，戦域ミサイル防衛(TMD)とNMDの二本柱からなる「弾道ミサイル防衛」(BMD)計画を発表し，SDIに終止符を打った[7]。これによって，拡散が加速している戦域ミサイルをより切迫した脅威とみなし，これに対処するためのTMDの開発を最優先するという方向性を改めて示したのである。

　しかし，クリントン政権のTMD優先姿勢は，NMDを重視する議会の共和党勢力から厳しい非難を浴びることとなる。とくに1994年の中間選挙の結果，上下両院で共和党が多数派を占めるようになると，議会からのNMD推進圧力はより激しくなっていった。これを受けて，政権側は，1996年2月，一種の妥協策として「3+3計画」を打ち出した。これは，3年間の研究開発後，脅威の状況や技術水準などに応じ配備の是非を判断し，配備決定が下された場合には，その後3年間で配備能力を達成するというものであった。この計画の始動は，政権のNMDに対する積極化を示していたとも考えられる。しかし，1999年になって，配備能力の達成時期を2年延長するよう修正したことを踏まえると，自発的な積極化というより，国内政治の力学により強いられた積極化であったといえよう[8]。

　また，クリントン政権は1997年9月に，ABM条約で許容されるTMDを明確化する「ABM／TMDディマーケイション合意」をロシアと結んだ[9]。この合意は，BMD反対派からは，TMDの名の下にNMDの研究開発を許すものであるという批判を受け[10]，他方NMD推進派からは，NMDを過度に制約するものであるという非難を浴びたが[11]，結果的には，クリントン政権のTMD優先姿勢を反映するものであったといえる。同政権は結局，この合

77

意やABM条約に違反してまで,NMD計画を進めることはなかったからである。

1999年には,前述した3+3計画の修正が行われた。ウィリアム・コーエン国防長官は,この修正を発表した際,初めてNMD配備も想定した長期計画予算を計上し,ABM条約改正に向けた対露交渉を進める意向を示した。たしかにこれはNMDへの積極化ともとれる動きであったが,同時にコーエンはこれが配備決定を意味しないことを強調しつつ,翌年に予定される配備決定に際しては,技術の進展状況,脅威の状況,コスト,軍備管理への影響の4点を考慮すると述べ[12],拙速な配備決定を避けるための歯止めも示していた。

(2) NMD配備決定の先送り

結局,クリントンは,翌2000年9月,NMDの配備決定先送りを発表した。その要因としては,まずNMDへの国際的な批判が強まっていたことがあげられる。3+3計画に基づく2000年夏という配備決定期日が近づくにつれ,従前からNMDに反対しつづけてきたロシアや中国は,より強烈な反NMDキャンペーンを展開するようになった。それが奏効してか,西欧諸国までもがNMDに批判的な姿勢を示すなど,米国は2000年夏までに孤立化の様相を呈するようになっていたのである[13]。

また,配備決定先送りは主に技術的要因によると説明されたが,これも単なる口実ではなかったと思われる。2000年7月に実施された3回目のNMD迎撃実験は,1月の第2回実験に続いて失敗し,8月にはNMD配備に関して技術的な理由から批判的な結論を下した「コイル報告」も提出されていた。また,1999年11月には「第2次ウェルチ報告」が提出され,NMDの開発スケジュールが過度に圧縮されているとの警告も発せられていた[14]。

このように,国際的な反発の高揚と技術面の問題といった要因が,従来から見られたクリントン政権のNMDへの消極性をさらに強め[15],結局,配備決定を次期政権に委ねるという結果をもたらしたといえる[16]。ただし,NMDはすでに共和党勢力による政権批判の材料となっており,これが相当に苦しい決断であったことは想像に難くない。大統領選の最中にあったアルバート・ゴア副大統領にとっても,ブッシュ陣営に新たな攻撃材料を差し出すようなものであった。実際ブッシュは,決定先送りを「クリントン゠ゴア政権の失策の象

徴」と非難し，改めて強力なミサイル防衛網の早期配備という公約を強調した。対するゴアも，先送りは技術的な現実を政策に投影したにすぎないと弁明する一方で，従来通り限定的な NMD 配備を実現するという方針を改めて強調せざるをえなかったのである。

2 ブッシュ政権のミサイル防衛政策

(1) ミサイル防衛計画の加速化と拡大

そもそも BMD の推進は，米国内では政治的というより原理・原則の問題であるともいわれ[17]，技術的可能性さえあれば，所詮は誰も止められないものかもしれないが，上に見たように，大統領選を通じて NMD がますます政争の道具と化した結果，いずれの候補が勝っても，その推進は不可避になっていたといえる。とはいえ，やはりブッシュ政権の誕生が BMD 計画の加速化と拡大を促したことは否定しがたい。BMD 支持派が多く政権の要職を占め，ことあるごとに BMD の積極的推進を主張した。同時に政権発足当初から，ロシアが米欧の離間を試みる中で，西欧諸国の NMD への懸念を緩和する努力も見られた。

2001 年 5 月 1 日の国防大学演説は，そうした動きの集大成であった。この演説でブッシュは，地球規模のミサイル防衛網構築と核戦力の大幅削減を打ち出す一方で，国際社会に対する相当の配慮も示したのである。「戦域」と「本土」の区別を廃したことは，西欧諸国の「ディカップリングの不安」に対する配慮であり，ブースト段階迎撃（BPI）の強調は，その戦略核の無効化を懸念する中露への配慮であったといえる。また，同盟国やロシアとも協議しながら計画を進めていくことも強調された。とはいえ，その力点は，ミサイル防衛を重要な柱として「新戦略枠組み」を形成し，BMD 支持派が非難してきた相互確証破壊（MAD）状況を脱するという点にあった。防御力を重視する新戦略枠組みは，大量破壊兵器およびミサイル（WMD&M）の取得動機を低減するという不拡散効果を発揮すると同時に，米国の抑止力を強化すると説明された。そして，ブッシュは，防御力強化の障害となりうる ABM 条約の改廃の必要性を改めて強調したのである[18]。

その後，ブッシュ政権は各国の理解・協力の確保に努め，ABM 条約改廃を

第4章　ミサイル防衛と「軍備管理」の終焉

巡る対露交渉にも従事した。他方，新戦略枠組みを意識した軍事戦略の変更も具現化されはじめる。6月には，「2つの大規模戦域戦争」(2MTW) というクリントン政権の打ち出した戦略または戦力水準指標の放棄が発表された。これは，ドナルド・ラムズフェルド国防長官の推進する軍事改革の一環であり，9月末の「4年毎国防見直し」(QDR) で正式に示される，特定の脅威主体を想定しない「能力ベース・アプローチ」への伏線であったといえる。そして，さらにこれが，ミサイル防衛に代表される防御力を一支柱とする「新三本柱」を打ち出した「核態勢見直し」(NPR) へと繋がっていくことにもなる。

技術面でも，7月に約1年ぶりのNMD迎撃実験が成功するなど進展が見られた。ちょうどこの頃，アラスカに迎撃基地を新設する計画が発表されていたことを受け，NMD計画が2002年中にはABM条約と抵触することになるという可能性を巡り，議会では激しい論争が起こっていた。推進派は，実験成功を受けて，だからこそABM条約を廃棄すべきだという論調をますます強めていった。

対露交渉は継続されていたものの，具体的進展は見られず，ブッシュ政権は次第に苛立ちを募らせていく。8月には，ジョン・ボルトン国務次官が，11月のクロフォード会談がABM条約改廃に関する米露合意の実質的期限になると発言した。この発言は直ちにラムズフェルドによって否定されたが，その直後，ブッシュは米露合意がなくても，「米国に都合の良いタイミングで」条約を脱退する可能性があると述べたのである[19]。

(2)　9.11効果とABM条約脱退

このように，ABM条約の改廃が具体性を帯びはじめる中で，9月11日の同時多発テロが米国を襲った。テロとミサイル防衛の関連性は本来極めて薄いにも拘わらず，9.11は結果的にブッシュ政権のミサイル防衛計画の推進にとって追い風になったといえる。

9.11後まもなく通過した国防予算案は，1980年代半ば以降最大となる前年度比7％の増加率を示し，ミサイル防衛予算も大幅に増大した。この予算案の審議過程では，民主党側からABM条約に違反する実験を禁じる修正条項案が提出されたが，9.11を契機に共和党側が民主党議員らの説得に成功し，修正条項案が却下されるという一幕もあった。

第 4 章　ミサイル防衛と「軍備管理」の終焉

　対テロ戦争の遂行には「国際協調」が不可欠との観点からいえば，国際的な反発を惹起しうるミサイル防衛の推進を米国がある程度自制するという可能性も考えられたが，実際には，9.11 を契機に国際社会の側が米国に対して歩み寄りを見せることになったといえる。事件直後に出された QDR でも，いわば遠慮することなく，ミサイル防衛の積極的推進が繰り返し強調された[20]。さらに，QDR では前述した「能力ベース・アプローチ」が打ち出されたが，これには，政治化しがちな脅威評価を巡る論争からミサイル防衛計画を解放するという目的もあったといえる。無論，具体的にミサイル拡散の脅威も強調されてはいたが，能力ベース・アプローチは，少なくとも理論的には，その脅威が消滅・後退した後でも，WMD&M の技術が存在する限り，これに対抗するために多大な費用を要するミサイル防衛計画の継続を可能にするものだったからである[21]。

　ABM 条約を巡る対露交渉も続けられ，11 月のクロフォード首脳会談の直前には楽観的な予測も見られたものの，結局合意には至らなかった。そして，冒頭でも述べたように，12 月 13 日，ABM 条約脱退通告の発表となるわけであるが，ブッシュ政権は，9.11 後のロシアの歩み寄りを巧みに利用して，予想よりはるかに小さな政治的コストで条約脱退を実現したといえる[22]。これを「誤り」と呼んだプーチンの批判はかなり抑制されたものであり，恐らくそれを受けて，中国や西欧諸国からもさほど厳しい批判は見られなかった[23]。

　これによって，条約が失効する 2002 年 6 月以降，米国は事実上ほぼ際限なくミサイル防衛計画を推進していけることとなった。2002 年 1 月には早速，計画の再編が発表された。弾道ミサイル防衛機構（BMDO）はミサイル防衛庁（MDA）へと格上げされ，早期配備と漸進的増強を前提とした「ブロック・アプローチ」が強調されることとなった。その直後には，NPR が発表され，ミサイル防衛を軸とする防御力が，攻撃力，柔軟な防衛基盤と並ぶ「新三本柱」と位置づけられた。夏以降，イラク情勢が緊迫化してくると，地対空誘導弾パトリオット（PAC-3）生産の加速化も報じられるようになった。12 月には，国家安全保障大統領指令 23 号（NSPD-23）で，PAC-3 の追加，陸上・海上・宇宙のセンサー配備に加え，本土防衛用の地上配備ミッドコース（GMD）および海上配備ミッドコース（SMD）迎撃システムの 2004 年度運用開始も決定された。NSPD-23 では，以上の要素を，戦域高高度広域防衛（THAAD）や

81

第4章　ミサイル防衛と「軍備管理」の終焉

エアボーン・レーザー（ABL）の初期配備，複数の BPI システムの開発，宇宙配備システムの開発・実験などで補強し，多層防衛の実現をめざすとされ，配備については固定的な最終目標を設定しないという方針も示された[24]。

2003 年 3 月からのイラク戦争では，実際に PAC-3 が使用された。その評価は依然定まっていないが，恐らく湾岸戦争時の PAC-2 ほどではないにせよ，当初報じられたような「成功」であったとは考えがたい[25]。しかし，それもさほど問題にならないという点に，運用と改良を並行していく「進化的アプローチ」に基づくブロック・アプローチというものの真髄が窺える[26]。実際 4 月には，PAC-3 の生産が MDA から陸軍の管轄下に移されたが，同時に「さらなる開発」という任務も委譲されていたのである[27]。

他方，本土防衛用の GMD については，2004 年度の運用開始は困難という見方もある。前出の「コイル報告」で知られるフィリップ・コイル元国防省運用実験評価局長は，NSPD-23 後も開発・実験のペースはあがっておらず，2004 年秋までに運用開始が可能なシステムは「案山子」同然であると酷評している[28]。しかし，政府内には，大統領選に間に合わせるという思惑もあって，GMD の運用開始を 2004 年夏に繰り上げる試みがあるともいわれ[29]，その行末は定かではないとはいえ，ミサイル防衛時代は着実に進みはじめているといえよう。周知のように，日本も 2003 年 12 月，1999 年以降の日米共同技術研究の継続に加え，PAC-3 と SMD の導入を決定し，ほかにも関心を示す国が増えてきている。

無論，クリントン政権が示した 4 つの基準のうち技術という要因が，ミサイル防衛計画の進展を遅滞させる可能性は今後も常に存在する。コストおよび脅威という要因は，前述のように，とくに 9.11 後，計画推進を抑える力を低下させたが，いずれその力を回復する可能性は完全には否定できない。しかし，第 4 の基準，すなわち軍備管理への影響という要因は，ABM 条約の消滅とともに，その力をほぼ失ったといえるのではないだろうか。

第4章　ミサイル防衛と「軍備管理」の終焉

II 「不拡散」の突出と変質

1 脅威認識の変化

　前節で見たように，米国のミサイル防衛計画は1990年代以降，急速な進展を遂げてきた。その背景として重要だったのは，冷戦終結後，WMD&Mの不拡散が極めて重要な政策課題であると認識されるようになったことである。当然ながら，それは脅威認識の変化に強く促されたものであった。

　東欧革命からソ連崩壊に至る国際システムの構造変容の中で発生した湾岸危機・戦争は，米国および国際社会が「ならず者国家」への脅威認識を強める契機となった。湾岸戦争では実際に弾道ミサイルが使用され，戦争後にはイラクの核開発が予想以上に進展していたことが発覚した。まもなく，従前から懸念されていた北朝鮮の核開発疑惑に加え，ミサイル脅威も顕在化し，WMD&Mの保有志向，大規模な通常戦力の保有，テロリズム支援を特徴とし[30]，現状変革志向をもった，ならず者国家を冷戦後の主要脅威と捉える見方が一般化することとなった。当然，そこにはソ連脅威の大幅な後退という背景もあった。

　他方，ソ連では，湾岸戦争後まもなくクーデター未遂事件が起こり，それを機に連邦崩壊の過程も加速していく。こうした国内の不安定化は，ソ連のWMD管理に対する強い懸念を生むこととなった。核技術者，核関連の技術や物質などの「核流出」，より容易といわれる生物・化学兵器（BCW）の流出が懸念されるようになったのである。「ナン＝ルーガー法」など議会主導で始まった米国の対応は，当初は米ソ／米露間の核削減の勢いを維持することを重視するものであったが，ならず者国家やテロ組織にWMD&Mとその関連技術が流出することへの強い懸念も存在していた。すなわち，旧ソ連が新たな拡散源となることへの脅威感が高まり，これがならず者国家への脅威感と密接に結びつき，WMD&Mの拡散が冷戦後の主たる脅威として強く意識されるようになったのである[31]。

83

第4章　ミサイル防衛と「軍備管理」の終焉

2　不拡散政策・不拡散レジームの変容

こうした脅威認識の変化を受けて，ブッシュ政権（第41代），続くクリントン政権は，不拡散政策ならびに不拡散レジームの強化を図っていった。その特徴は，まず，WMD&M の拡散が切迫した脅威と認識された結果，軍事戦略の中で不拡散という目標が従前以上に高い位置づけを与えられたことにあるといえる。前述のように，ミサイル防衛計画は，ブッシュ政権末期には，ならず者国家の保有する短・中射程の弾道ミサイルへの対処をより緊要な目的とするものへと修正された。クリントン政権では TMD が最優先され，その不拡散効果も強調された[32]。また，WMD&M の拡散への軍事的な対処方法がブッシュ時代から検討されてきたが，クリントン政権はこれを引継ぎ，1993年12月，拡散対抗イニシアチブ（CPI）を打ち出した[33]。CPI は，伝統的な不拡散政策の強化も重視していたが，武装解除用の攻撃力やミサイル防衛などの防御力といった軍事的手段を偏重するものであった。

また，多国間の不拡散枠組みも次々と強化された。1992年の原子力供給国グループ（NSG）のロンドン・ガイドライン改訂，ミサイル技術管理レジーム（MTCR）のガイドライン改訂，1993年の化学兵器禁止条約（CWC）成立，国際原子力機関（IAEA）の「93＋2計画」，1995年の核不拡散条約（NPT）無期限延長など，枚挙に暇はないが，ここでは，多国間枠組みの強化といった，いわば伝統的な不拡散政策が軍事的手段と明確に関連づけられるようになった点が重要であった。軍事的手段が，とくに CPI を介して，多国間枠組みの不拡散効果を高めるという位置づけをより明示的に与えられることとなったのである。逆に多国間枠組みの強化は，違反行為をより明確化し，その違法性をより際立たせることで，武力行使も含めた制裁措置の正当性を高めるものであった。そして，クリントン政権は，前出の 2MTW に象徴されるように，地域紛争への介入を重視した戦略および軍事態勢の整備に努め，時折，実際にその軍事力を行使することを通じて，結果的にではあれ，軍事的手段のもつ不拡散効果の維持・向上も図ってきた。ここではイラク空爆だけではなく，ボスニアやコソボの場合など，WMD&M の不拡散を目的とはしない軍事介入も一役買っていたといえる。そして，ミサイル防衛は，とくに相手がミサイル保有国である場合，こうした軍事介入に際して損害限定を図るための重要な手段であり，

それゆえ武力行使の威嚇の信憑性を高める上でも不可欠な要素と位置づけられるものであった[34]。

3 ブッシュ政権による変容の加速化

　以上のように，1990年代を通じ，米国は，不拡散政策，そして多国間枠組みを柱とする不拡散レジームが本来的に備えている強制・強要的な性格を一貫して強化してきたといえる。一般的にはクリントン政権との対照性が強調されがちだが，現ブッシュ政権の不拡散政策も，冷戦終結以降の趨勢の延長線上にあり，これを加速化させたにすぎないと捉えられる。たしかに多国間枠組みを軽視する傾向は強まったかもしれないが，国内政治の結果であったとはいえ，包括的核実験禁止条約（CTBT）の批准拒否など，かかる傾向はクリントン時代の米国にもすでに見られるものであった。多国間枠組みは，不拡散という課題の性質上，一般的には極めて重要であるといえるが，所詮は1つの手段にすぎない。とくに単独で強制力を増強することにとって，多国間枠組みの形成・強化がむしろ障害になると判断されれば，たとえそれが不拡散規範を強制・強要するための枠組みであったとしても，程度の差はあれ，軽視される可能性は常に存在してきたといえるのである。

　ブッシュ政権は，前述したように，ミサイル防衛計画をより積極的に推進し，また9.11後には「先制攻撃ドクトリン」を打ち出すなど，より単独行動主義的な姿勢を強めながら，不拡散政策の強制・強要の側面をさらに強化してきたといえる。ただし，それは不拡散レジームを支える米国の力の大きさに呼応して，レジーム全体の強制・強要的性格を強化するものであり，また，そのレジームの変容は1990年代からの趨勢に逆行するものでもなかった。核使用も否定しない先制攻撃ドクトリンも，冷戦後の趨勢に9.11効果が加味された結果と捉えられる。1990年代を通じ，米国は，ならず者国家が大規模報復の威嚇だけでは抑止できないとの認識から，より攻撃的な軍事態勢を整えることで，抑止効果の維持・強化を図ってきた。そこにさらに抑止困難なテロ組織が，ならず者国家と密接な関係をもつ存在として，従前以上に脅威視されるようになったことで，強化されてきた軍事態勢を活用する姿勢をより鮮明化したにすぎないのである。そもそもクリントンの打ち出したCPIも，先制または

予防攻撃となりうる外科的爆撃を想定に含めるものであったし[35]、ブッシュ・ドクトリンの意義はその可能性を公然と強調したということにあったといえよう。

他方、振幅はあるものの、ブッシュ政権は特定の多国間枠組みを重視する姿勢も示してきた。2003年5月に示された拡散防止構想（PSI）は、その典型であろう。この背景には、9.11後の対テロ戦争が本来的に一定の国際協調を必要とするということに加え、イラク戦争という究極的な不拡散政策が、一方ではリビアのWMD開発放棄のように効果を発揮しつつ、他方では戦争終結後にその限界をも示すに至っているということがあったものと考えられる。つまり、強制的武装解除という不拡散政策は容易に活用できる選択肢ではないということが、戦争後のイラク情勢によって露呈していると思われるのである。2004年2月のブッシュの不拡散強化提案には[36]、そうした限界をPSIやその他の多国間枠組みの強化で補完し、不拡散政策としてのイラク戦争を、「WMDが発見されない」という批判がはびこる状況下で、異なる角度から正当化しようという意図があったものといえる。

要するに、米国にとって重要なことは、多国間か単独かではなく、その手段が不拡散規範を徹底する上で効果的か否かという点にある。また、たとえ多国間であっても、不拡散規範を強制・強要するという性格が際立つ場合もある。たしかに、ブッシュ政権には、かなり短期的な視野で手段の有用性を判断する傾向が見受けられる。しかし、それがかなり短期間で一定の成果を生んでいるということもまた否定できない。その効果をさらに高めるべくミサイル防衛計画の加速化を図る動機の一端も、ここにあるといえよう。

III 「軍備管理」の後退と終焉

1 「軍備管理」としての「不拡散」

以上のように、冷戦終結後、不拡散の重要性が認識され、またとくにCPIを通じて、不拡散政策が軍事的手段または軍事戦略と密接に関連づけられたことに伴い、ミサイル防衛の推進がより緊要な課題であるとの認識も強まっていった。こうして不拡散の重視と変質が進む中で、「軍備管理」の重要性は漸進

第4章　ミサイル防衛と「軍備管理」の終焉

的に低下していくこととなった。

　無論，しばしば並列されるにも拘わらず，一般的には不拡散は軍備管理に含まれるものと解されがちである(37)。しかし，とくに冷戦後の変質を受けて，不拡散は本来の軍備管理とはますます異なるものになったと考えられる(38)。ただし，両者の乖離は必ずしも冷戦後に始まったものではない。そもそも軍備管理という概念の理論的研究が進みはじめたのは1960年代初めにかけてであり，当時，国際社会が取り組んでいたのは，部分的核実験禁止条約（PTBT）の形成など，まさに今日「不拡散レジーム」と呼ばれるものの基盤作りであった。つまり当初は，不拡散は軍備管理に内包されるものであったといえるのである。ここでは，それがいかに相異なるものとなっていったかを簡単に振り返ることとしたい。

　まず，代表的な軍備管理の定義を確認しておこう。トーマス・シェリングとモートン・ハルペリンは，「戦争の可能性を低下させ，戦争が起こった場合にはその範囲と暴力性を抑え，また戦争準備に要する政治的・経済的コストを軽減するという目的に適った，潜在敵国間におけるあらゆる種類の軍事的協力」と定義し，その本質的特徴は「共通利益の認識と，各々の軍備に関して潜在敵国同士であっても相互主義および協力の可能性があるということの認識である」と述べている(39)。また，ヘドレー・ブルは，「最も広義には，敵対する国家が，たとえ対立する目的を追求して争いながらであっても，共通の目的を追求すべく協力して行う軍事政策に関わるすべての行為」と規定している(40)。そして，ドナルド・ブレナンは，簡潔に「軍備政策への協調的あるいは多角的アプローチ」と定義している(41)。

　いうまでもなく，いずれも1960年代前半の軍備管理研究の先駆的業績からの引用であるが，比較的最近の研究にもその影響は強く，定義に関しては，とくにシェリングとハルペリンの影響が圧倒的に大きかったように見受けられる(42)。無論，詳細には様々な相違も見られるが，相互核抑止の安定化に突出した関心があったという点では，ブルやブレナンもシェリングらと共通している(43)。ブレナンとハルペリンが，新規核保有の危険性よりも，とくに限定核戦争との関連で米ソの核戦力の質的改善がもたらす危険性を憂慮して，当時懸案となっていた核実験の制限を支持しているのは象徴的であったといえる(44)。

　そして，実際，1950年代末以降の核実験禁止を巡る交渉で米ソが最も対立

第4章　ミサイル防衛と「軍備管理」の終焉

したのは検証に関してであり、とくに米国が固執したのは、新規核保有よりもソ連の秘密実験を防ぐための検証制度であった(45)。その対立の熾烈さは、結局、検証に不確実性の残る地下核実験を対象外とするPTBTが成立したということにも示されている。無論、米ソが西独や中国の核保有阻止に死活的利益を見いだしたという点も、PTBTの成立には重要であったが(46)、少なくとも米国が実験の制限が水平的拡散に加え、垂直的拡散の減速にも役立つと見ていたことも否定しがたい(47)。続くNPT交渉の際に米ソ間で最大の争点となったのは、米国の多角的核戦力（MLF）構想であった(48)。ソ連は、西独への水平的拡散を懸念し、MLFに強く反対していたが、これも、MLFが進めば、米国または西側との相互核抑止関係において劣位に陥る可能性を憂慮したと捉えられる。つまり、米ソともに相互核抑止関係の安定化という目的を果たすための手段として新規核保有の阻止を追求していたといえるのである。

2　「軍備管理」と「不拡散」の乖離

このように、1960年代に進んだ不拡散レジームの形成過程は、まさに上述した軍備管理の定義に当てはまるものであった。新規核保有の禁止は戦争の可能性を低下させるものと捉えられており、とくに非核兵器国にとっては戦争準備のコスト低減にも繋がりうるものであった。また、地球環境が重視される今日、PTBTにより大気圏内実験の「コスト」が削減されたことは改めて高く評価されるべきだろう。しかし、結果的には、戦略的安定を米ソ自身が損なう可能性を封じることはできなかったという意味で限定的であったとはいえ、第三国によってそれが害される可能性を極小化すべく、米ソという「潜在敵国」同士が「協力」したという側面があったことも看過すべきではない。かつてジョセフ・ナイは、米ソ間の安全保障レジーム形成に際し、「核に関する学習」（nuclear learning）が重要であったと論じたが(49)、その観点からいっても、限定的とはいえ米ソが協力できたことは、両者の関係が必ずしもゼロサム的ではないとの認識を生み(50)、戦略的安定の確保をより直接的な目的とした、その後の米ソ軍備管理交渉に道を開くものであったといえる。

そして、そのSALT Iでは、周知のように、米ソの戦略核に一定の制限が課せられ、ABMは事実上無意味化された。軍備管理研究の先駆者たちの間で

第 4 章　ミサイル防衛と「軍備管理」の終焉

は，すでに戦略的安定を確保する方法を巡り分裂が生じていたが，ABM 条約の締結は，シェリングらの定義でいえば，「戦争の可能性低下」という第 1 の目的を最優先する戦略的安定の捉え方が正当化されたことを意味していた。ブレナンは，「損害の限定」という第 2 の目的を重視することが第 1 の目的にも適うことになるという立場に傾いていったが，ABM のような損害限定手段は，逆に先制攻撃と軍拡の誘因を高めるという，シェリングやハルペリンなど，いわゆる「軍備管理論者」(arms controllers) の主張に事実上敗れたのである[51]。無論，それが最終的な敗北ではなかったことは，前述したミサイル防衛計画の推移からも明らかであるが[52]，こうして軍備管理は，上述したような意味での戦略的安定と密接な繋がりをもつこととなり，その繋がりは大きく ABM 条約によって担保されることとなったのである。

　他方，不拡散については，その呼称通り，次第に新規保有の阻止がより強調されるようになっていった。1970 年代半ばには，インドの核実験を契機に NSG が形成され，不拡散レジームは強化されると同時に，その差別性を増すこととなった。たしかに NPT 調印国であれば，調印自体が「協力」であり，また IAEA と保障措置協定を結び，査察を受け入れていれば，それも「協力」である。しかし，いわゆる「もてる国」が一定の技術を「もたざる国」に移転しないという性格をもつ枠組みの対象には，必然的にこれに同意していない国も含まれる。そこには，「協力」または「共通利益の認識」や「共通の目的の追求」というより，一方的に価値を強制する構図が生じうる。もてる側の「協力」が密であるほど，もたざる側に対する強制の度合いも増す。そもそもインドの核実験は差別的な NPT への異議申立という性格ももっていたが，「核の平等を求める国々にとっては，さらに悪いことに，それはまもなく明確な差別性をもった国際的な規制努力の台頭を促すこととなった」のである[53]。1980 年代半ばに形成されたオーストラリア・グループ (AG) や MTCR も，その産物であった。しかも，AG や MTCR は，NSG とは異なり東側への技術移転の規制も目的としており，米ソの「協力」すら欠くものであった。

　以上のように，軍備管理は特有の意味を帯び，他方，不拡散は「協力」としての側面を弱めていくこととなり，両者の乖離が進んでいったのである。それでも冷戦期には，新規保有の阻止と戦略的安定の確保とのあいだには，繋がり，または重複が残っていたと考えられる。その繋がりや重複を担保していた

のは，核兵器国に軍縮交渉義務を課したNPT第6条，そして，それ以上にMADを制度化したABM条約であった。相互脆弱性を大前提とするMAD状況は，新規保有が戦略的安定を損なう可能性を高め，それゆえ米ソが「協力」してこれを阻止する必要性をも増すものであったが，同時に，米ソいずれかが一方的に不拡散レジームの強制力を高めることを抑制するものでもあった。そして，その歯止めは，不拡散を軍備管理との関係において従属的な地位に留めるものでもあったのである。

3 「軍備管理」の終焉

しかし，冷戦が終結し，MADが政治的な意義を大きく低下させると，その歯止めの効果も弱まることとなった。それゆえ，米国は，ソ連の核脅威に代わってWMD拡散の脅威が台頭してくる中で，前述したように，不拡散政策およびレジームの強制・強要的な側面を従前以上に強化していくことができたのである。無論，米国内にも多様な意見があり，また前述したように国際社会の反発や抵抗もあったため，道のりはそれほど平坦であったわけではないが，かなりの速度で強制的武装解除にまで行き着いたといえよう。

米国は，代理戦争的な性格をもつ地域紛争や内戦への介入が米ソ戦争に繋がる可能性のあった冷戦期とは異なり，MADへの導火線となることをほとんど懸念することなく軍事介入ができるようになったことを受け[54]，軍事的手段を重視するCPIを打ち出し，ロシアの反対がある場合にも武力行使を実践してきた。また前述のように，ミサイル防衛計画の推進によって，武力行使オプションの不拡散効果を高めようと努めてきた。ミサイル防衛そのものが戦略的安定を脅かす危険性も，MAD状況の喪失を主張する人々にとっては何の歯止めにもならなかった。国際社会には，米国の武力行使やミサイル防衛の推進を単独行動主義と非難する動きもあったが，誰もそれを物理的に止める術をもたなかった。米国の単独行動主義を懸念する国々，人々にとっては，ABM条約はほぼ最後の拠り所であったといえるが，だからこそ米国では逆にこれを障害と捉える見方が強まっていった。

そして，前述したように，米国はABM条約を一方的に脱退し，「最後の拠り所」も失われた。残ったのは，2013年までに戦略核兵器を2200から1700

第4章　ミサイル防衛と「軍備管理」の終焉

発にまで削減するという曖昧で不確実なモスクワ条約くらいであった。ロシアの欲した同条約の成立経緯や内容を踏まえると，ロシアがこれを梃子に，米国のミサイル防衛計画やそれを一手段とする不拡散レジームの変容を抑制できる見込みはほぼ無いものと考えられる。冷戦期のように力でそれを強いることも，当面はできそうにない。

　NPT第6条は今日でも残っているが，米国が主導した条約の無期限延長によって，非保有国側にとって，その有用性は大幅に低下することとなったといえる[55]。「新アジェンダ連合」のように核軍縮を求める動きもあるが，それが米国を核削減，ましてや核軍縮交渉へと向かわせる可能性は小さい。そもそも，不拡散レジームの存在がもたざる国も含めた大多数の国の利益に適っている以上，米国がその維持を目的として誠実交渉義務にコミットする必要性は本来的に低いのである。

　すでに米露間には10年をかけて戦略核を削減するという合意があり，少なくとも当面は米国がそれ以上の対露軍備管理交渉に強い関心を示すようになる見込みは極めて低いと見られるが，ほかに米国にとって軍備管理の相手になる存在となると，これもまた見当たらない。米中間で軍備管理交渉が結実する可能性は，少々一般通念に囚われすぎかもしれないが，戦力格差の大きな主体間では軍備管理は難しいということを踏まえると，やはり極めて低いものといえよう。だからといって，軍備管理を成功させるために，米中がMAD状況に近づくべきというのは，いうまでもなく本末転倒でしかない。

　このような状況下で，もし米国の核削減が今日予定されている以上に進むとすれば，それは，ミサイル防衛支持派が主張してきたように，防御力の拡充に伴って攻撃力に余剰が生じたと判断される場合に限られる可能性が高く，またかりに防御力の増強が実際に進んだとしても，中露の核戦力に上昇圧力がかかることになるため，モスクワ条約の規定する範囲を超えて，かように判断される可能性が高いとは考えにくい。つまり，それが潜在敵国間の協力という形で起こる可能性は低く，一方的措置として起こる蓋然性もさほど高くないと考えられるのである。以上のように，米国が軍備管理に従事する可能性は著しく低くなっているといえよう。

　他方，不拡散の重要性の一根拠となっていたMADの意義が否定されようとも，米国の脆弱性が残存しているという現実までもが直ちに否定されるわけ

91

第4章　ミサイル防衛と「軍備管理」の終焉

ではない。ミサイルの拡散はWMDよりもはるかに進展度が高い。したがって，拡散の脅威性は否定されえず，前述したように，不拡散の重要性の認識がむしろ強まることにもなったのである。そして，それは上述したような軍備管理の地位低下を相対的に促すものでもあったのである。

前述したように，戦略的安定の確保を至上命題とし，新規保有の危険性を高める一方で，これに対処する方法に制約を課していたのは，MADであった。倫理的な観点からも批判の的となってきたMADの意義喪失が主張できるような環境が生じた以上，軍備管理は終焉に向かわざるをえず，その是非は別として，冷戦終結以降の米国のミサイル防衛計画とABM条約を巡る論争は，その「産みの苦しみ」であったと捉えられよう。そして，「軍備管理の終焉」は，制約なきミサイル防衛計画の推進を可能にした米国のABM条約脱退によって，かなり決定づけられることとなったといえるのではないだろうか。

むすび

米ソの緊張が高まっていた1983年，ブルは，軍備管理の古典的理論から現実が大きく乖離していると主張し，その最重要要因として，「苦労して築かれた恐怖の均衡，あるいは相互核抑止，そしてこれを含むより広義の概念であり，同じく苦労して築かれた勢力均衡」が米国を中心に否定されるようになっていることを批判的に指摘した。そして，「相互核抑止関係の安定化は，軍備管理の当面の主たる目的であり，われわれはこれに立ち返る必要がある」と主張した[56]。また，シェリングもSDI論争の最中，軍備管理が道を踏み外しているとし，「抑止の均衡」を「恐怖の均衡」と同一視するSDI支持派の議論を批判した[57]。

いずれもMADを大前提とする見解であったといえる。今日そのMADが意味を失ったとすれば，もはや軍備管理に「立ち返る」必要も，「均衡」に甘んじる必要もない[58]。冷戦後の米国では，このような見方が急速に強まった。そして米国は，軍備管理と不拡散の主従関係を逆転させはじめ，とくに9.11以降は，「従」としての軍備管理にもほとんど意義を見いださなくなるに至った。それに伴って，強制・強要的な側面を強めた米国の不拡散政策および不拡散レジームは，それなりに成果も生み出してきた。ならず者国家ならびに

第4章　ミサイル防衛と「軍備管理」の終焉

　WMD拡散の脅威を意識した新戦略枠組みの形成過程は，とくに9.11後，急速にその防御力という柱の具現化を図る段階に入っていった。そして，ABM条約脱退は，新戦略枠組みの想定通り，防御力の柱が立っているとは到底いえない段階で，すでにかなり大幅な戦略核削減を取り決めたモスクワ条約という産物ももたらしたのである。

　戦略核の削減が進むと，今度は大量に存在する戦術核の危険性に注目が集まり，「軍備管理」の新たな対象として強調されるというのは，いかにも米国の学界らしいところであるが，その中には，戦術核に関する対露軍備管理交渉が必要だという主張も見られる。デヴィッド・コートライトらは，そのためには制裁をちらつかせるといった1990年代の不拡散政策とは異なり，協調的脅威削減（CTR）計画のように誘因を活用した政策が有用だと論じている。実際に，そのような米露交渉が進み，結実する可能性もあると思われるが，それは戦争の可能性低下を第一義的目的とした潜在敵国間の協力として行われるものではないだろう。米国がそうした交渉を進めるとすれば，それはまず流出阻止のためであろう。コートライトらも，彼らの唱導する「誘因戦略は，核兵器の拡散を防ぐ上で重要な役割を果たせることを実証してきた」と述べている[59]。無論，それが一般的に戦争可能性低下に繋がる可能性は高く，その点は不拡散レジームの前提になっているともいえるが，そこでの「協力」の本質は，「潜在敵国」というより，むしろ一定の同質性をもった主体同士による，その同質性を共有しない主体に対する価値・規範の強制を目的としたものといえる。

　いわゆる「安全保障共同体」の中では軍備管理は不要になるともいわれるが[60]，米国と一定の同質性を共有する諸国家間では，まさにそうした状況が生じているといえる。これは，田中明彦の新中世論でいえば[61]，「新中世圏」の中で，またバリー・ブザンのいう，先進諸国を中心とする同心円状の国際構造でいえば[62]，その中心部では，軍備管理の必要性が著しく低下していると換言できよう。代わりに，新中世圏から近代圏，または内円から外円に対する不拡散規範の強制・強要の重要性が高まっているのである。しかも，そこでは米国が軍事的単極をなし，「勢力均衡」も「抑止の均衡」もさほど重要性をもたない状況が生じており，その意味でも，軍備管理の必要性は大きく低下しているといえる。

　前述してきたように，ミサイル防衛は，そうした国際構造の中で，米国の圧

第4章　ミサイル防衛と「軍備管理」の終焉

倒的優位をさらに確固たるものとすることを通じて，「中心」から「周辺」への価値の強制・強要をより効果的に実践する上で，重要な役割を果たすものと位置づけられているといえる。そして，たとえ効果的な防御網がすぐには構築されないとしても，恐らくその追求が止むことはなく，それゆえ軍備管理の必要性が著しく低下した状況も続いていくものと推察される。それは，まさに「軍備管理の終焉」と呼ぶに相応しいものといえよう。

　無論，上述の戦術核軍備管理に加え，今後，近代圏あるいは外円部で地域的な軍備管理が進んでいく可能性も理論的には否定できない。しかし，現実にはその可能性が高い特定の関係がそれほどあるようには見受けられず，かりに実現されるとしても，地域的な文脈に留まる可能性が高い。米国がそうした地域的な軍備管理を積極的に促すことがあるとすれば，それはやはり不拡散という目的に適う場合に限られる可能性が高く，軍備管理が少なくとも「周辺化」されているといえる状況に変化はないだろう。とはいえ，それが地域レベルでの安定化に繋がるものであるとすれば，その重要性も否定できない。かりに米国がさほど関心をもたないケースがあるとすれば，そこに日本の役割を見出すこともできる。

　また，たとえ「軍備管理の終焉」を促したとしても，不拡散が重要な課題であることは論を待たず，日本が米国とは異なる方法でその実現を促していく余地はそれなりにあるだろう。さらには，強制・強要的な側面の強化という米国のやり方が，前述したように，たとえ米国にとっては戦略的安定を損なうものにはならないとしても，他の国々にとっては深刻な事態を招くことになるという可能性もある。ミサイル防衛で積極的に米国との協力を進める日本にとっては，そうした事態を未然に防ぐよう努めることが1つの責務であるといえ，また，たとえば米国の政策に中国が戦略核・戦域核戦力の増強で対抗するようなことがあれば，それは必然的に重要な課題になるものといえよう。

注

(1) Gerard Smith, *Double Talk: The Story of SALT I,* Doubleday, Garden City, 1980, p.455.

(2) Raymond Garthoff, "Strategic Defences and United States-Soviet Relations," John Holdren and Joseph Rotblat (eds.), *Strategic Defences and the Future of the*

第4章 ミサイル防衛と「軍備管理」の終焉

Arms Race: A Pugwash Symposium, St. Martin's Press, New York, 1987, p.105.
(3) McGeorge Bundy, George F. Kennan, Robert S. McNamara, Gerard Smith, "The President's Choice: Star Wars or Arms Control," *Foreign Affairs,* Vol.63, No. 2, Winter 1984/1985, p.274. また，米ソ軍備管理交渉に詳しい高名なジャーナリストの評価も高い (Strobe Talbott, *Endgame: The Inside Story of SALT II,* Harper & Row, New York, 1979, p.22; John Newhouse, *War and Peace in the Nuclear Age,* Vintage, New York, 1988, p.421)。
(4) 賛辞同様に批判も多々あるが，The Heritage Foundation's Commission on Missile Defense, *Defending America: A Plan to Meet the Urgent Missile Threat,* The Heritage Foundation, Washington, D.C, 1999; James H. Anderson, *America at Risk: The Citizen's Guide to Missile Defense,* The Heritage Foundation, Washington, D.C., 1999, pp.41-48 など。
(5) Standing Consultative Commission, "Joint Statement on the Fifth ABM Treaty Review," October 14, 1998, The Department of State [http://www.state.gov/www/global/arms/factsheets/missdef/fifth.html #1].
(6) The Office of the Press Secretary, "Strategic Stability Cooperation Initiative Between the United States of America and Russian Federation," The White House, September 6, 2000, The Department of State [http://www.state.gov/www/global/arms/factsheets/missdef/000906_fswh_tmd.html].
(7) ただし，これは SDI の不人気な部分を除去し，その実質を救うものであったともいわれる。
(8) 実際，NMD 推進派はこの修正を酷評している。たとえば，Jack Spencer, *The Ballistic Missile Threat Handbook,* The Heritage Foundation, Washington, DC, 2000, p.41 など。
(9) この合意については，"Standing Consultative Commission of September 26, 1997," The Department of State [http://www.state.gov/www/global/arms/factsheets/missdef/scc_page.html]；小川伸一「米国の戦域ミサイル防衛計画」森本敏編『ミサイル防衛——新しい国際安全保障の構図』日本国際問題研究所，2002年，69-73頁，などを参照。なお，この合意は発効せずに終わった。
(10) Lisbeth Gronlund and David Wright, "Missile Defense: The Sequel," *Technology Review,* Vol.100, No.4, May/June 1997, pp.28-36; George N. Lewis and Theodore A. Postol, "Future Challenges to Ballistic Missile Defense," *IEEE Spectrum,* Vol.34, No.9, September 1997, pp.60-68 などを参照。
(11) Baker Spring, "The ABM Treaty—Not Political Pressure—Causes Risks in Ballistic Missile Defense," *Executive Memorandum,* The Heritage Foundation, No.

521, April 3, 1998; Mark T. Clark, "The Clinton Legacy on Ballistic Missile Defense," *Comparative Strategy,* Vol.19, No.3, July-September 2000, p.206 など.

(12) 梅本哲也「本土ミサイル防衛の展開」森本敏編『前掲書』(注9) 45頁; Donald R. Baucom, "National Missile Defense (1993-2000): An Overview," December 2000, Missile Defense Agency [http://www.acq.osd.mil/bmdo/bmdolink/html/nmdhist.html].

(13) 石川卓「日米中関係と弾道ミサイル防衛――『国家安全保障』への後退?」『海外事情研究所報告』第35号, 2001年3月, 174-176頁.

(14) ただし, 2000年6月の「第3次ウェルチ報告」では批判は緩和していたといわれる ("Report of the National Missile Defense Independent Review Team," *Arms Control Today,* Vol.30, No.6, July/August 2000 [http://www.armscontrol.org/act/2000_07-08/welchjulaug.asp]).

(15) ジェームス・ゴールドガイヤーは, クリントンがNMDを嫌悪していた点に尽きると述べている (筆者とのインタビュー, 2002年3月11日, ワシントンD.C.).

(16) また, 国防省が2000年4月にNMDの開発・配備コスト試算を上方修正し, その直後に議会予算局がこれを上回る試算を示すなど, コスト面でも消極化せざるをえなかったといえる.

(17) Frances Fitzgerald, *Way out There in the Blue: Reagan, Star Wars and the End of the Cold War,* Simon & Schuster, New York, 2000, p.499.

(18) George W. Bush, "Remarks by the President to Students and Faculty at National Defense University," May 1, 2001, The White House [http://www.whitehouse.gov/news/releases/2001/05/20010501-10.html].

(19) *The Washington Post,* August 24, 2001, p.A1.

(20) *Quadrennial Defense Review Report,* September 30, 2001, pp.6-7, 18, 25, 42, The Department of Defense [http://www.defenselink.mil/pubs/qdr2001.pdf].

(21) 能力ベース・アプローチとミサイル防衛との関係については, 戸﨑洋史「能力ベース・アプローチに基づく米国のミサイル防衛計画――軍備管理および不拡散の重要性」『国際安全保障』第29巻第4号, 2002年3月, 19-39頁; 高橋杉雄「米国のミサイル防衛構想とポストMADの国際安全保障」『国際安全保障』第29巻第4号, 2002年3月, 1-18頁, などを参照.

(22) James M. Lindsay and Michael E. O'Hanlon, "Missile Defense after the ABM Treaty," *The Washington Quarterly,* Vol.25, No.3, Summer 2002, p.163; Strobe Talbott, *The Russia Hand: A Memoir of Presidential Diplomacy,* Random House, New York, 2002, p.418.

(23) James M. Lindsay and Michael E. O'Hanlon, op. cit. (注22), p.171.

第4章　ミサイル防衛と「軍備管理」の終焉

(24) "National Security Presidential Directive 23," December 16, 2003, The White House [http://www.fas.org/irp/offdocs/nspd/nspd-23.htm].

(25) 湾岸戦争では当初迎撃率が誇張されて発表されたが, イラク戦争でも, 使われたのは主に改良型PAC-2で, PAC-3は4発使われ, 短射程ミサイル2基を迎撃したとされる (Wade Boese, "Patriot Scorecard Mixed: PAC-3 Use Limited," *Arms Control Today,* Vol.33, No.4, May 2003 [http://www.armscontrol.org/act/2003_05/pac3_may03.asp])。

(26) 進化的アプローチについては, Coordinated by Steven A. Hildreth, "Missile Defense: The Current Debate," CRS Report for Congress, August 21, 2003 [http://lugar.senate.gov/CRS%20reports/Missile_Defense.pdf], pp.13-16を参照。

(27) "Patriot Advanced Capability-3," *MDA Facts,* January 30, 2004, Missile Defense Agency [http://www.acq.osd.mil/bmdo/bmdolink/pdf/pac3.pdf].

(28) Philip E. Coyle, "Is Missile Defense on Target?" *Arms Control Today,* Vol.33, No.8, October 2003 [http://www.armscontrol.org/act/2003_10/Coyle_10.asp].

(29) *The Washington Post,* February 2, 2004, p.A10.

(30) Raymond Tanter, *Rogue Regimes: Terrorism and Proliferation,* St. Martin's Press, New York, 1998, p.40; Robert S. Litwak, *Rogue States and U.S. Foreign Policy,* Woodrow Wilson Center Press, Washington, D.C., 1999, pp.96-97.

(31) 拡散脅威論の台頭や後述する不拡散政策・レジームの変容については, 石川卓「大量破壊兵器の拡散と米国——ポスト冷戦期における不拡散政策と不拡散レジームの変容」『国際安全保障』第29巻第2号, 2001年9月, 41-58頁を参照されたい。

(32) Ballistic Missile Defense Organization, *1994 Report to the Congress on Ballistic Missile Defense,* The Department of Defense, July 1994, chap.1; National Security Council, *National Security Strategy for a New Century,* The White House, May 1997, Part II.

(33) CPIの検討過程については, Henry D. Sokolski, *Best of Intentions: America's Campaign against Strategic Weapons Proliferation,* Praeger, Westport, 2001, chap.6; Barry R. Schneider, *Future War and Counterproliferation: U.S. Military Responses to NBC Proliferation Threats,* Praeger, Westport, 1999, chap.3などを参照。

(34) 軍事介入と不拡散, ミサイル防衛との関係については, 石川卓「前掲論文」(注13); 石川卓「冷戦後の抑止態勢と弾道ミサイル防衛」森本敏編『前掲書』(注9) 207-231頁を参照されたい。

(35) Barry R. Schneider, *op. cit.* (注33), p.47; Stephen J. Cimbala, "Conclusion," Stephen J. Cimbala (ed.), *Deterrence and Nuclear Proliferation in the Twenty-First Century,* Praeger, Westport, 2001, p.168. ただしクリントン政権末期には, この点で消

極的な姿勢が強まり,拡散対抗の後退も見られた (Henry D. Sokolski, op. cit. (注33), pp.96-97)。

(36) George W. Bush, "Remarks by the President on Weapons of Mass Destruction Proliferation," February 11, 2004, The White House [http://www.whitehouse.gov/news/releases/2004/02/20040211-4.html]。

(37) 軍備管理を,軍備管理・不拡散・軍縮・信頼醸成措置・戦争法規と,軍備管理を含め5つに分類する見方もある (Aran S. Krass, *The United States and Arms Control: The Challenge of Leadership,* Praeger, Westport, 1997, pp.4-6)。

(38) 不拡散問題の専門家ヘンリー・ソコルスキーは,不拡散と軍備管理はまったく異なると明言している(筆者とのインタビュー,1997年11月5日,ワシントンD.C.)。

(39) Thomas C. Schelling and Morton H. Halperin, *Strategy and Arms Control,* The Twentieth Century Fund, New York, 1961, p.2.

(40) Hedley Bull, *The Control of the Arms Race: Disarmament and Arms Control in the Missile Age,* 2nd ed., Praeger, New York, 1965, p.xiv. なお同書初版では,より一般的に定義されていた。

(41) Donald G. Brennan, "Setting and Goals of Arms Control," Donald G. Brennan (ed.), *Arms Control, Disarmament, and National Security,* George Braziller, New York, 1961, p.30.

(42) 具体例としては, Jennifer E. Sims, *Icarus Restrained: An Intellectual History of Nuclear Arms Control, 1945-1960,* Westview Press, Boulder, 1990, p.14; Nancy W. Gallagher, "Bridging the Gaps on Arms Control," Nancy W. Gallagher (ed.), *Arms Control: New Approaches to Theory and Practice,* Frank Cass, London, 1998, p.3; Michael E. Brown, "The 'End' of Nuclear Arms Control," *Arms Control,* Vol.14, No.1, April 1993, p.44; 小川伸一『「核」軍備管理・軍縮のゆくえ』芦書房,1996年,18-22頁,など。なお,Michael Krepon (ed.), "Has Arms Control Worked?" *Bulletin of the Atomic Scientists,* Vol.45, No.5, May 1989, pp.26-45なども参照。また,シェリングらの定義を批判する際にも同様の定義が前提とされる (Emily O. Goldman, "Arms Control: The Continuation of Politics by Other Means," *Diplomacy & Statecraft,* Vol.4, No.2, July 1993, p.259など)。

(43) Phil Williams, "Nuclear Weapons and Arms Control," John Baylis and N. J. Rengger (eds.), *Dilemmas of World Politics: International Issues in a Changing World,* Clarendon Press, Oxford, 1992, p.210など。

(44) Donald G. Brennan and Morton H. Halperin, "Policy Considerations of a Nuclear-Test Ban," Donald G. Brennan (ed.), *op.cit.* (注41), chap.12. ここでは,戦略的安定への効果がグローバルな効果より優先されていたとの論評もある (Jennifer E.

Sims, *op. cit.* (注42), p.228)。

(45) Nancy W. Gallagher, *The Politics of Verification,* The Johns Hopkins University Press, Baltimore, 1999, chap.5; William B. Vogele, *Stepping Back: Nuclear Arms Control and the End of the Cold War,* Praeger, Westport, 1994, pp.37-40 など。

(46) Andreas Wenger and Jeremi Suri, "At the Crossroads of Diplomatic and Social History: The Nuclear Revolution, Dissent and Detente," *Cold War History,* Vol.1, No.3, April 2001, p.9. また1963年春頃までに, ケネディ大統領の懸念は新規保有に移っていたとの指摘もある (George Bunn, *Arms Control by Committee: Managing Negotiations with Russians,* Stanford University Press, Stanford, 1992, p.34)。

(47) この点でのPTBTの効果は乏しかったが, 爆発効果に関する不確実性を高め, 核戦争遂行計画の立案を難しくしたとの見方もあり (Thanos P. Dokos, *Negotiations for a CTBT 1958-1994: Analysis and Evaluation of American Policy,* University Press of America, Lanham, 1995, p.71), 後述する「軍備管理論者」の重視する戦略的安定にPTBTが直接寄与する部分もあったといえる。

(48) 木村修三・佐藤栄一『核防条約——核拡散と不拡散の論理』日本国際問題研究所, 1974年, 13-20頁；Roger K. Smith, "The Marginalization of Superpower Arms Control," *Security Studies,* Vol.1, No.1, Autumn 1991, pp.44-46; Susanna Schrafstetter and Stephen Twigge, "Trick or Truth? The British ANF Proposal, West Germany, and US Nonproliferation Policy, 1964-1968," *Diplomacy & Statecraft,* Vol. 11, No.2, July 2000, pp.171-177.

(49) Joseph S. Nye, Jr., "Nuclear Learning and U.S.-Soviet Security Regimes," *International Organization,* Vol. 41, No. 3, Summer 1987, pp.371-402.

(50) Thanos P. Dokos, *op. cit.* (注47), p.70.

(51) この対立関係は,「拒否的抑止」と「懲罰的抑止」との対立関係にほぼ対応するが, この点については, 石川卓「前掲論文」(注34), を参照されたい。

(52) 軍備管理論の後退については, 石川卓「『軍備管理論』と軍備管理——モートン・H・ハルペリンの主張を中心に」『海外事情』第44巻第9号, 1996年9月, 60-73頁, を参照されたい。

(53) Henry D. Sokolski, *op. cit.* (注33), p.56.

(54) 冷戦期には米ソの「核二極構造が基本抑止と拡大抑止を否応なく結びつけていた」が, 冷戦後にはそうではなくなっている (Stephen J. Cimbala, *Nuclear Strategy in the Twenty-First Century,* Praeger, Westport, 2000, p.86)。

(55) 黒沢満『核軍縮と国際平和』有斐閣, 1999年, 49頁を参照。

(56) Hedley Bull, *Hedley Bull on Arms Control,* Macmillan, London, 1987, pp.125-126.

第4章 ミサイル防衛と「軍備管理」の終焉

(57) Thomas C. Schelling, "What Went Wrong with Arms Control?" *Foreign Affairs*, Vol.64, No.2, Winter 1985/86, p.225.
(58) ゆえに軍備管理概念の再構築も主張される (Kerry M. Kartchner, "The Objectives of Arms Control," Jeffrey A. Larsen and Gregory J. Rattray (eds.), *Arms Control Toward the 21st Century,* Lynne Rienner, Boulder, 1996, pp.19-34; Emily O. Goldman, op. cit. (注42), など)。
(59) David Cortright and Andrea Gabbitas, "Incentives for Nuclear Restraint: The Role of Inducement Strategies in Controlling Russian Tactical Nuclear Weapons," Brian Alexander and Alistair Millar (eds.), *Tactical Nuclear Weapons: Emergent Threats in an Evolving Security Environment,* Brassey's, Washington, D.C., 2003, p. 153.
(60) Trevor Taylor, "The Arms Control Process: The International Context," Jeffrey A. Larsen and Gregory J. Rattray (eds.), *op. cit.* (注58), p.44.
(61) 田中明彦『新しい「中世」——21世紀の世界システム』日本経済新聞社, 1996年。
(62) Barry Buzan, "From International System to International Society: Structural Realism and Regime Theory Meet the English School," *International Organization,* Vol.47, No.3, Summer 1993, pp.327-352. またブザンは, ソ連崩壊前から, 冷戦後は, 従属論のいう「中心＝周辺」間の兵器移転管理と核不拡散レジーム強化が中心諸国にとって極めて重要な課題になると論じていた (Barry Buzan, "New Patterns of Global Security in the Twenty-First Century," *International Affairs,* Vol.67, No.3, July 1991, pp.443-445)。

第5章　核兵器拡散問題の動向と課題

戸　﨑　洋　史

まえがき

　「1970年までに10カ国，そして1975年までに15-20カ国の核兵器国が存在することになるかもしれない(1)」というケネディ大統領の1963年の警告は，幸いなことに現実のものとはならなかった。現在，核兵器を保有しているのは，核兵器国5カ国（米国，ロシア，英国，フランス，中国）と「事実上の核兵器国」3カ国（インド，イスラエル，パキスタン）の計8カ国であり，1-3発程度の核兵器を保有しているとみられる北朝鮮を加えても，10カ国に満たない。
　これは，ケネディ大統領の予測が悲観的に過ぎたということを意味するものではない。国際社会は，1968年に核不拡散条約（NPT）を成立させ，これを中心とする核不拡散体制を構築し強化していった。核兵器取得の意思を持つとみられる国に対しては，個別の働きかけもなされた。そうした努力の結果，多くの国が核兵器オプションを放棄して核不拡散義務を受諾し，遵守してきている。NPT締約国は189カ国（2004年4月現在）にのぼり，残る未締約国は「事実上の核兵器国」3カ国のみである。
　しかしながら，核兵器拡散問題をめぐる現状を楽観視するわけにはいかない。北朝鮮は「事実上の核兵器国」に近づきつつあり，他にも核兵器の取得を模索する非核兵器国がある。「事実上の核兵器国」を含め，これらの国が核兵器を取得あるいは保有する意思は強く，核兵器拡散問題の解決は，容易ではない。本稿では，冷戦終結後，ならびに2001年9月11日の米国における同時多発テロ（以下，9.11）後の核兵器拡散問題の動向を概観したうえで，その課題

第5章 核兵器拡散問題の動向と課題

と対応について考察する。

I　冷戦後の動向

1　冷戦終結と核兵器拡散問題

　冷戦の終結，すなわち米ソ2極構造の終焉という国際システムの変容は，一方では冷戦に起因する核兵器拡散問題を好転に向かわせた。南アフリカ共和国は，南部アフリカ地域からソ連やキューバといった共産主義勢力が撤退したことなどを背景に，保有していた核兵器を全て廃棄し，1991年に非核兵器国としてNPTに加入した。NPT締約国数は，1990年再検討会議時の138カ国が，1995年再検討・延長会議時には179カ国に増大した。その新規加入国に，冷戦期には核不拡散体制を米国，英国およびソ連による支配体制と見なしていたフランスおよび中国が含まれたように，冷戦の終結は締約国の増加に一定の影響を与えた。

　他方で，冷戦の終結は，核不拡散体制に大きな動揺ももたらした。ソ連崩壊は，旧ソ連諸国の政治的・経済的混乱のなかで，その核兵器，核分裂性物質および技術者などが第三国に流出するのではないかとの懸念を高めた。1991年の湾岸戦争後，イラクが秘密裏に核兵器開発を進めていたことが明らかになり，1993年には北朝鮮の核兵器開発疑惑およびNPT脱退通告をめぐって緊張が高まった。イラクおよび北朝鮮の事例は，NPT締約国による条約への重大な違反であるとともに，技術力が高くない国でも核兵器を製造し得ることを国際社会に示した。冷戦期には，核不拡散体制に加えて，米ソによる同盟国や友好国への安全の保証や行動の管理といった「大国による関与」を通じて，それら非核兵器国による核兵器取得の防止を確実にしていたが，冷戦後，とくに「大国による関与」が縮小または終了した地域では，米露のかつての同盟国や友好国が核兵器の取得を模索しても，冷戦期のようには阻止できない可能性が懸念された。

　1980年代以降，核兵器拡散に関する主たる懸念国は，第三世界諸国となっている[2]。これら核兵器拡散懸念国が核兵器の取得や保有を模索する動機には，抑止力や戦争遂行能力の確保による国家安全保障の強化，大国としての地

第5章 核兵器拡散問題の動向と課題

位や地域的覇権の確立など政治的目的の達成，あるいは国内政治情勢への対応などがあげられるが[3]，その多くは地域問題と密接に関連していた。さらに，第三世界諸国が取得し得る極めて限定的な核戦力では，国際安全保障全体に直ちに重大な脅威を及ぼすものとはなりにくい。このように，多分に地域的な問題としての性格が強いにもかかわらず，冷戦後の核兵器拡散問題が世界的な問題として取り扱われたのは，米国の安全保障政策によるところが大きかった。

2極構造の終焉に伴う国際秩序の再構築には，唯一の超大国となった米国が主導的な役割を担うと考えられた。その冷戦終結後，地域紛争が激化したり，地域的な覇権の確立や影響力の強化を模索する地域諸国が現れたりする傾向が強まるなかで，米国が国際秩序再構築の障害とみなしたのが，米国に敵対的で，重要な地域において米国の利益を脅かす地域諸国，すなわち「ならず者国家」であった[4]。軍事力をはじめとして米国よりも圧倒的に劣勢な「ならず者国家」が米国の主要な挑戦国となり得る重要な要因の1つは，それらの多くが化学兵器や生物兵器を保有し，さらに核兵器の取得を模索しているとみられたことである。「ならず者国家」は，核兵器を含む大量破壊兵器使用の威嚇によって，それらが関係する地域紛争への米国の関与や介入を抑止できるかもしれない。だからこそ米国は，「ならず者国家」の大量破壊兵器の脅威を低減する必要があると考え，なかでも核兵器の拡散防止を最優先課題に位置付けたのであった。

2 核不拡散体制の制度的強化

こうした安全保障上の課題に対応するため，クリントン政権は1993年12月，拡散対抗政策を打ち出した[5]。拡散対抗政策は，大量破壊兵器の拡散を防止する予防手段と，拡散した大量破壊兵器の使用を抑止し，使用された場合には防御する防護手段とで構成されたが，その中心は防護手段に含まれた軍事的手段であり，「究極的には拡散国に対する軍事力行使によって，強制的な武装解除を行うことを想定[6]」したものと捉えられた。

他方で，米国の積極的なイニシアティブの下，国際原子力機関（IAEA）保障措置強化のための「93+2計画」の推進や原子力供給国グループ（NSG）による輸出管理ガイドラインの拡充など，核不拡散体制の制度的強化が推進され

第5章　核兵器拡散問題の動向と課題

たことも，事実であった。そうした制度的強化のクライマックスともいえるのが，1995年NPT再検討・延長会議[7]における，条約の無期限延長の決定であった。核不拡散体制の中心であるにもかかわらず失効する可能性を有していたNPTが，この決定により永続的に効力を有することとなった。

5核兵器国によるNPT無期限延長の支持は，核兵器が拡散して自国の安全保障上の利益が損なわれるという可能性を低減できること，ならびに少なくとも予見し得る将来にわたって核兵器国としての特権的な地位が保証されることを考えると，当然であった。これに対して，条約交渉過程ではNPTの無期限条約化に懸念を示したにもかかわらず，1995年の会議で多くの非核兵器国が無期限延長を支持したのは，主に冷戦後の安全保障環境が背景となっていた。冷戦期よりも核兵器拡散の危険が高いと考えられた冷戦後の安全保障環境において，多くの非核兵器国が懸念したのは，核兵器国による核攻撃よりも，自国周辺に新たに核兵器を取得する国が出現することであった。そうした脅威を低減する最も効果的な方法の1つは，NPTを中心とする核不拡散体制の維持および強化である。多くの非核兵器国は，NPT無期限延長を自国の安全保障上の利益に資すると考えたのであった[8]。

東南アジアおよびアフリカにおける非核兵器地帯の設置，1996年の包括的核実験禁止条約（CTBT）採択，さらには1997年のIAEA保障措置協定モデル追加議定書（INFCIRC/540）の採択と続いた核不拡散体制の制度的強化は，核兵器拡散防止の観点からもちろん重要であったが，同様に重要だったのは，制度的強化の過程で，核兵器拡散懸念国の存在が改めてクローズアップされていったことである。大多数の国が，程度の差はあれ制度的強化を支持し，その義務を受諾および遵守するなかで，核兵器拡散懸念国は義務の受諾や遵守を拒んだためである。また核不拡散体制の制度的強化が進展するのと並行して，国際社会の主たる関心は，核兵器拡散問題から核軍縮問題へと移っていった。核兵器廃絶論が高まり，これに向けた現実的な方途を提案する報告書が次々と発表された[9]。

制度的強化が順調に進んでいた核不拡散体制が，一転して「危機[10]」に陥る契機となったのは，1998年5月のインドおよびパキスタンによる地下核爆発実験の実施，ならびに核兵器保有の公表であった。パキスタンの核実験実施は，インドのそれに対抗するものであった。他方，インドの核実験実施は，そ

の国内政治情勢の影響を少なからず受けたものであったが，NPT無期限延長およびCTBT成立により法的にも技術的にも不平等性が固定化されることに，異議を申し立てたのだという見方もなされた[11]。それだけ，核不拡散体制の制度的強化が進んだとみることもできよう。

その後，核兵器問題の議論の中心は，米露間の戦略兵器削減交渉（START）の停滞，米国の国家ミサイル防衛（NMD）計画に対する中露の反対と核軍備増強の懸念，ジュネーブ軍縮会議における兵器用核分裂性物質生産禁止条約（FMCT）交渉開始の遅滞，ならびに米国上院のCTBT批准否決など，核軍縮問題へと戻っていった。NPT無期限延長後最初の2000年NPT再検討会議[12]でも，核軍縮問題が中心的な課題となった。会議では，「最終文書」がコンセンサスで採択され，条約の条文，ならびに前文のパラグラフに沿って，条約の運用状況，ならびに将来に向けた目標および措置が記されたが，その最大の成果に位置付けられたのは，核軍縮に向けた13項目の実際的措置，なかでも「核兵器国による核兵器の全面廃絶に関する明確な約束」が明記されたことであった。

II 「ポスト冷戦後」の核兵器拡散問題

1 アフガニスタンにおける「テロとの戦い」

コリン・パウエル米国務長官は，9.11を境に，「冷戦後の時代が終わった[13]」と述べた。もちろん，「ポスト冷戦後」に国際社会のすべてが変わったわけではない。しかしながら，9.11が米国の脅威認識および安全保障政策に大きな影響をもたらし，これが国際安全保障の様々な側面に重要なインプリケーションを持ったことは間違いない。核兵器問題も，核軍縮問題から，とくに「ならず者国家」の核兵器拡散問題へと焦点が移行していった。これは，後述するように，米国の政策の動向，ならびに重大な核兵器拡散問題の浮上によるものであったが，アフガニスタンにおける「テロとの戦い」も，そうした焦点の移行を促すものとなった。まずは，この点を概観しておきたい。

米国は，9.11を実行したアルカイダ，ならびにこれを庇護したアフガニスタンのタリバン政権に対する武力攻撃を遂行するにあたって，それまでタリバ

第5章　核兵器拡散問題の動向と課題

ン政権を支援してきたパキスタンとの協力関係の構築を必要とした。さらに，パキスタンにおけるイスラム原理主義政権樹立の防止も，緊急の課題となった。こうした状況を受けて米国は，1998年5月の印パ核実験などに関して両国に課していた経済制裁を，2001年9月22日に解除した[14]。

「テロとの戦い」においてパキスタンがタリバン政権側についた場合，パキスタンの核兵器がタリバン政権に移譲される恐れがあった。タリバン政権に同調するパキスタン内の原理主義勢力がクーデターを起こし，原理主義政権の手に渡った核兵器がタリバン政権のみならず他のイスラム諸国や原理主義勢力に移譲される可能性，さらにはカシミール紛争において使用される可能性も懸念された。対パキスタン制裁の解除は，パキスタンによるタリバン政権支援の停止，ならびにパキスタンにおける政情不安定化やクーデター勃発の防止によって，南アジアにおける核兵器拡散問題の一層の悪化を防止することにも資するものであった。

他方，米国による対インド制裁の解除は，9.11以前から検討されていた[15]。米国は，この制裁解除がインドに核兵器国の地位を与えるものではないとしたものの，少なくともインドは，米国の制裁解除をインドの核兵器保有が黙認されたシグナルであると捉えたし[16]，米国もその後，インドとの戦略関係の強化に向けた動きを加速させていった。

ブッシュ政権は，核兵器を含む大量破壊兵器拡散問題への対応にあたり，兵器が悪いのではなく，「ならず者国家」が大量破壊兵器を持っていることが問題であるという見方を強調していく。こうした見方は，米国がイスラエルの核兵器保有を長年黙認してきたように，新しいものではない。しかしながら9.11以降，米国は，「テロとの戦い」で米国に協力する国，あるいは米国の国益に資する国に関しては，その核兵器の保有を黙認する，少なくともその廃棄を強くは求めないという姿勢を，従前以上に明確化させている。

「テロとの戦い」との関連でもう1つ重要だったのは，米露協調関係が急速に強化されていったことである。これは，「テロとの戦い」でロシアの支持や協力を不可欠とした米国と，米国をはじめとする西側諸国との関係強化，ならびにチェチェン紛争での支持を欲したロシアの，双方の利害が一致したことによるものであった。米露協調関係の強化は，米国による2001年12月の対弾道ミサイル（ABM）条約脱退通告が，予想されていたような2国間関係の悪化

や軍拡競争に至らなかった要因の1つとなった。米露両大統領はまた，2002年5月24日，戦略攻撃力削減条約（モスクワ条約）に署名した。これは，両国が（実戦）配備する戦略核弾頭数を2012年までに1700-2200発に削減することだけを定めた条約であり，戦略兵器削減条約（START）とは異なり，削減のペース，運搬手段の削減，あるいは検証措置などは規定されていない。しかしながら，米露が条約署名に際して「新しい戦略関係」への移行を謳ったこともあり，1990年代末期以降，2国間の重大な懸案であった戦略核削減問題およびミサイル防衛問題に，一応の決着がつけられたとの印象を与えた[17]。

2 核兵器テロ問題

9.11では，大量破壊兵器が使用されたわけではなかった。しかしながら，想像を絶する大量殺戮テロに直面した国際社会は，今後のテロに大量破壊兵器が使用されるのではないかとの脅威認識を一気に高めた。9.11の直後に出された米国の「4年毎国防見直し（QDR）」では，テロ組織など非国家主体への「化学・生物・放射能・核・強化高性能爆薬（CBRNE）兵器」拡散の脅威が早くも強調された[18]。それまで，生物・化学テロと比べて核テロ，とりわけ核兵器を用いたテロ（核兵器テロ）が発生する可能性は低いとみられ，さほど強い注意が払われていたわけではなかったが[19]，アルカイダが核兵器の取得に高い関心を示していたこともあり[20]，9.11以降，核兵器テロへの懸念も高まった。

テロ組織など非国家主体による核兵器取得には，これを独自に製造する方法と，国家から入手する方法とがある。核兵器製造のプロセスで最も困難なのは，兵器級核分裂性物質の生産であるが，非国家主体がその生産施設を秘密裏に建設し稼動させるのは非常に困難である。むしろ，非国家主体が兵器級核分裂性物質を国家から盗取や不法取引などによって入手する可能性のほうが高く，これを入手できれば初歩的な核爆発装置を製造するのは不可能ではないとされる[21]。非国家主体が核兵器自体を国家から入手する可能性も以前から指摘されており，核発射統制装置（PAL）などの安全装置が内蔵されていない核兵器であれば，非国家主体でも使用できるかもしれないと考えられている[22]。

兵器級核分裂性物質や核兵器の流出元として懸念されてきたのが，ロシアを

第5章　核兵器拡散問題の動向と課題

はじめとする旧ソ連諸国である。ソ連崩壊後,国内的な混乱や経済危機により,同諸国内の核分裂性物質,核関連技術,さらには核兵器の管理の不備が問題となっており,核分裂性物質の流出・密輸事件もたびたび報じられている[23]。また,後述するようにパキスタンの核管理の不備が明らかになるなかで,その核兵器が非国家主体に流出する危険も指摘されている[24]。

3 「悪の枢軸」の核兵器拡散問題

ブッシュ政権は9.11以降,国家からの流出だけでなく,国家の「支援」を得て非国家主体が核兵器を含む大量破壊兵器を取得する可能性があることを強調していった[25]。大量破壊兵器を「テロリストに供給するかもしれ」ず,「同盟国を攻撃したり,米国を脅迫しようと試みたりするかもしれない」として,ブッシュ大統領に「悪の枢軸」と名指しされたのが,北朝鮮,イラクおよびイランであった[26]。

これら3カ国は,大量破壊兵器を実際に非国家主体に供給するか否かは別として,「ならず者国家」のなかでも,とくに米国に敵対的であるとともに,核兵器取得の強い意思を持ち,そのための積極的な努力を続けているとみられてきた。ブッシュ政権は,その発足前より,これら3カ国の拡散問題を最優先で対応すべき課題の1つにあげてきたが,9.11によってこれが一層強調されることとなった。そして,ブッシュ政権は,「米国の国家安全保障戦略」や「大量破壊兵器に対抗するための国家戦略」で,敵対国家や非国家主体の大量破壊兵器の脅威に対して,必要であれば先制行動や体制変革を含む軍事力の行使も厭わないという,「ブッシュ・ドクトリン」を明確にした[27]。

米国は,「悪の枢軸」のなかでも,まずイラクに対する軍事的圧力を強めていき,2003年3月にイラク戦争を開始してフセイン政権を崩壊させた。核兵器拡散問題との関連では,米国は開戦前,イラクが遠心分離機に使用できる硬化アルミニウム管を入手しようとしたり,核関連技術・物質などへのアクセスを増大させたりしており,「兵器級核分裂性物質を海外から調達できれば,1年以内に核兵器を製造でき得る」し,「核兵器製造に要する時間を大幅に短縮できるウラン濃縮能力を取得したかもしれない」との分析を公表した[28]。イラク戦争後,核兵器を含むイラクの大量破壊兵器能力に関する米国の分析や評

第5章　核兵器拡散問題の動向と課題

価が必ずしも正確ではなかったことが明らかになりつつあり[29]、イラク戦争の正当性に疑問を投げかける要因となっている。ただ、「ブッシュ・ドクトリン」の具現化、すなわち拡散懸念国に対して軍事力を行使し、武装解除を強制するという前例の設定が、後述するような他の核兵器拡散問題に少なからず影響を与えたであろうということは、留意する必要がある。

「冷戦後」から指摘されてきた北朝鮮およびイランの核兵器拡散問題も、「ポスト冷戦後」に喫緊の課題となっていった。その契機は、「テロとの戦い」と直接的に連関するものではなかった。9.11後、両国は米国に敵対的な発言や行動を控えていたし、米国は、「悪の枢軸」発言にもかかわらず「テロとの戦い」の戦線を両国にまで拡大する意図はなかったように思われる。しかしながら、2002年8月、イラン反体制派組織が、イランの秘密裡の核活動、すなわちIAEAに未申告でウラン濃縮施設や重水製造施設を建設していることを暴露した。2002年10月には、北朝鮮が米朝協議で、米国よりウラン濃縮施設建設計画の証拠を示され、これを認めたのみならず、核兵器開発を継続していることを明らかにした。国際社会は、両国の核兵器拡散問題への対応を迫られることになった。

北朝鮮はその後、危機をエスカレートさせていき、2002年12月にIAEA査察官を国外退去させ、2003年1月10日、「NPTからの脱退の自動的かつ即時発効」を通告した[30]。北朝鮮は、さらに5MW原子炉、続いてプルトニウム再処理施設の再稼動を発表するとともに、「核抑止力の保有」をたびたび公言した。北朝鮮は、ブッシュ政権の敵対的な態度をこうした核政策の口実にあげ[31]、米国に対して不可侵の保証、米朝外交関係の確立、エネルギー支援の実施、ならびに米朝2国間協議の開催を要求した[32]。

国際社会は、北朝鮮の瀬戸際外交を受け入れない姿勢を保っている。北朝鮮のNPT脱退通告に対しては、国際社会は当然ながら北朝鮮を非難し、その撤回を求めているが、他方でその脱退が成立したか否かに関する法的議論は行わないとした[33]。2003年4月末に開催されたNPT再検討会議準備委員会では、冒頭、議長が北朝鮮のネームプレートを「預かる」ことで、北朝鮮のNPT上の法的地位の問題を曖昧化した。

北朝鮮のNPT脱退が成立しているか否かの判断は、北朝鮮にNPTの下での核不拡散義務が適用されるか否かが決定されるという意味で、重要なはずで

ある。脱退が成立しているとすれば，北朝鮮は，核不拡散義務に拘束されることなく，核兵器関連活動を自由に行うことができる。「長期的な視点で見た場合，……NPT という最も重要な軍備管理条約上の義務の有無を意図的に曖昧なままにしておくということであり，それは軍備管理条約上の義務の軽視……にも繋がり兼ねない悪しき前例を作ることにならないか[34]」という懸念も示されている。しかしながら，国際社会は，法的問題よりも北朝鮮に脱退通告をカードとして活用させないという政治的な考慮を重視し，北朝鮮による NPT からの脱退を「政治的」に認めず[35]，こうした対応を NPT 準備委員会の場で追認したといえる。

また米国は，北朝鮮の違反や脅しに見返りを与えることになるとして，北朝鮮が求める2国間協議ではなく多国間協議の開催を要求し，北朝鮮に対して「核計画の完全かつ検証可能で不可逆的な廃棄（CVID）」を求めた。その多国間協議は，2003年8月および2004年2月，6者協議という形で実現した。しかしながら北朝鮮は，「核兵器計画の完全な放棄」の用意があると表明したものの，日米韓が求めた「CVID」を受け入れず，北朝鮮の核問題は解決には至っていない。

他方，イランは 2003 年 2 月，核燃料サイクル確立計画を公表しつつ，すべての核活動は平和目的で核兵器開発の意図はないと表明した。しかしながら，その後も秘密裡の高濃縮ウラン生産疑惑など，IAEA に未申告の核関連活動が明らかになった[36]。イランは，その核活動に対する疑念や批判が高まるなかで，2003 年 10 月，平和目的の核燃料および核関連技術の提供と引き換えに，IAEA 保障措置協定追加議定書に署名すること，ならびにウラン濃縮およびプルトニウム再処理活動を停止することを，英仏独と合意した[37]。

イランは，同年 12 月に追加議定書に署名し，これに準じた査察を受け入れたものの，その核問題が解決したわけではなかった。IAEA に未申告の核活動が新たに発覚したからである。2004 年 3 月の IAEA 報告には，イランが，核兵器の起爆物質にも利用されるポロニウムを製造していたこと，高性能遠心分離機（P2）の設計図を外国から入手して研究，製造および実験していたことなどが，IAEA に申告されていなかったという事実が記された[38]。イランは，引き続き平和目的の核活動を推進する意図を明示しているが，これを隠れ蓑にして核兵器開発に必要な能力を獲得しようとしているのではないかとの懸念は

消えていない。

　国際社会は，依然として両国の核兵器拡散問題を解決できずにいる。ブッシュ政権は，イラク問題に関しては強硬策も辞さないという姿勢でまとまっていたが，北朝鮮およびイランに対しては，圧力を掛けつつも対話を行う余地を多分に残していた[39]。ブッシュ政権は，すでにアフガニスタンおよびイラクとの戦争を遂行し，その復興支援も途上にある。北朝鮮およびイランに対する軍事力行使は，大量破壊兵器を用いた反撃の恐れもあってリスクが高く，外科的爆撃でも両国の全ての核関連施設を破壊するのは難しい。このため現状では，米国が軍事力を行使して両国に核兵器オプションの放棄，あるいは体制変革を強制する可能性は低いとみられる。北朝鮮およびイランは，その間に，様々なカードを駆使し，また時間稼ぎをしつつ，交渉や安全保障環境を自国に有利に運び，さらに核兵器の開発や製造を急ごうとしているのかもしれない。

　「ブッシュ・ドクトリン」やイラク戦争は，両国に対しては核兵器オプションを放棄させる圧力として，現状では必ずしも効果的には機能していないようにみえる。両国は，逆にイラク戦争から，イラクの抑止力の弱さ，とりわけ核兵器を保有していなかったことが米国による先制行動や体制変革を許したという教訓を引き出し，米国を抑止するために核兵器能力の取得や増強に固執しているとも考えられる[40]。ただ，「ブッシュ・ドクトリン」やイラク戦争が，好ましいインプリケーションを全く持たなかったわけではない。その1つは，後述するように核の闇市場の存在が発覚し，両国が闇市場を活用して秘密裡の核活動を推進してきたことが明らかになったことであった。

4　リビアの核兵器開発放棄と闇市場の発覚

　国際社会の注目が北朝鮮およびイランの核兵器拡散問題に向かうなか，2003年12月，リビアは米英との間で，核兵器を含む大量破壊兵器計画をすべて廃棄し，国際機関による査察を受け入れることに合意した。リビアは，IAEA査察を受諾して核計画の全容を開示し，2004年3月にはIAEA保障措置協定追加議定書に署名した。

　リビアはこれまで，核兵器を取得する意思はあるものの，財政的および技術的な問題から，核兵器開発はほとんど進んでいないとみられていた。実際に

第5章　核兵器拡散問題の動向と課題

は，リビアの能力は，核兵器を製造できるレベルには到達していなかったが，国際社会が推測してきたよりは速いペースで開発が進んでいた。リビアが，IAEA に未申告の国内 12 施設で核兵器開発計画を遂行していたこと，秘密裡に旧式および新型の遠心分離機を入手していたこと，核兵器製造には十分な量ではないが，極めて少量のプルトニウムを抽出していたこと，さらに核兵器の設計図も入手していたことなどが，IAEA の報告書によって明らかになった[41]。

　リビアが核兵器開発を放棄した要因の1つは，長年課されていた経済制裁の解除や，国際的孤立からの脱却を求めたことであった[42]。こうした外交的圧力に加えて，イラク戦争という「ブッシュ・ドクトリン」の具現化，すなわち大量破壊兵器の保有が米国による先制行動や体制変革を含む軍事的な武装解除を招きかねないという前例が，リビアのムアマル・カダフィ大佐に軍事的圧力として働いたことは間違いない[43]。北朝鮮やイランとは異なり，軍事力も弱体で，米国にカダフィ大佐自身の命も狙われたこともあるリビアは，米国に抵抗するのではなく屈服し，核兵器を含む大量破壊兵器計画を放棄するほうが，カダフィ政権の安全が保証されると考えたのであろう。2003 年 11 月，リビア向けの遠心分離機の部品が拡散防止構想（PSI）によって差し押さえられたことが，おそらく最後の一押しとなった。リビアに対する外交的および軍事的圧力が，米英の外交努力と効果的に結びつき，軍事力の行使を伴わない「平和的」な武装解除をもたらしたといえる。

　リビアの核兵器開発放棄は，核の闇市場の存在が暴露される契機になったという意味でも，極めて重要であった。その闇市場の中心は，パキスタンの核兵器開発に従事したアブドル・カーン博士とカーン研究所のスタッフであり，リビア，イラン，そしてカーン博士自身によって，その実態が明らかにされつつある。

　カーン博士らは，ドバイでコンピューター会社を経営する B.S.A. タヒルを仲介役として，イラン，リビアおよび北朝鮮と核取引を行った。PSI を通じて発覚した前述のリビアのケースでは，カーン博士が遠心分離機の部品（汎用品）を設計してマレーシアのスコミ社に発注し，製造後，偽のエンドユーザー証明を作成してドバイに輸送し，そこからリビアへ密輸した。カーン博士らからイラン，リビアおよび北朝鮮に供給されたのは，遠心分離機，その設計図や

構成部品，さらには核兵器の設計図などであった(44)。

カーン博士らからの供給が開始されたのは，1980年代後半から1990年代初めにまでさかのぼる。こうした闇市場を活用して推進された北朝鮮およびイランの秘密裡の核活動が，平和利用を目的としていたとは考えにくい。また北朝鮮は，一度は認めたウラン濃縮計画の保有を，その後否定していたが，その主張が闇市場の発覚で崩れた。さらに，リビアが持っていた核兵器の設計図には中国語の書き込みがなされており，長く疑われていた核兵器開発に関する中国とパキスタンとの協力関係の一端が明らかになった(45)。

カーン博士は，核技術供給の目的を，金銭を得ることとともに，核兵器を拡散させてパキスタンの核兵器問題から国際社会の目をそらすことであったとし，パキスタン政府の承認なく個人的に行ったと述べた(46)。パキスタンのパルヴェーズ・ムシャラフ大統領も，国家としては核の闇市場には全く関与していないと明言し，パキスタンが二度と拡散源にならないことを誓約した。しかしながら，20年もの長期にわたって，政府が全く知ることなく，一部の科学者によって核技術が他国に供給されていたとは考えにくい。仮に個人の行為であったとすると，パキスタンの核管理が劣悪であったということになる。

核の闇市場の発覚は，国家以外の個人や組織が核兵器拡散に深く関与しうること，ならびに汎用品の軍事目的への転用を防止するのは容易ではないことを明らかにした。さらに，パキスタンから他にも核兵器関連技術や資機材が移転された国や非国家主体があるのではないか(47)，国際社会には核の闇市場が他にいくつも存在しているのではないか，あるいはパキスタンの核管理が不十分だとするとその核兵器自体が流出したのではないか，などといった懸念が高まっている。

III 核兵器拡散問題の課題と対応

核兵器拡散懸念国は，「事実上の核兵器国」であるインド，イスラエルおよびパキスタン，ならびに核兵器の取得が懸念される「疑惑国」の北朝鮮およびイランに，ほぼ絞られてきたようにみえる。これは一方では，核不拡散の規範が高いレベルで維持されていることを意味しているといえよう。大多数の非核

第5章 核兵器拡散問題の動向と課題

兵器国は，核兵器拡散に強く反対し，自国が核兵器を取得するオプションも明確に放棄している。核兵器の取得は，国際社会からの強い非難や制裁を受ける可能性があり，さらに国際秩序を乱す「ならず者」の行為であるとの印象が強まっていることとも相俟って，大多数の非核兵器国にとって，核兵器は手が出しにくい兵器になっている。

他方で，核兵器拡散懸念国が，核兵器オプションを放棄する兆しはみえない。核兵器の拡散は，近隣諸国にとって安全保障の重大な脅威である。懸念国の行為が罰せられず黙認あるいは容認されていく場合，核兵器オプションを現状では放棄している近隣諸国も，そうした政策を再考しかねない。核兵器の開発や製造には多大なコストや時間，高度な技術や知識，あるいは多くの施設が必要であるが，グローバル化の進展や汎用品などを含む核関連資機材・技術の拡散などにより，核兵器開発の技術的障壁は低くなっていると指摘されている[48]。そうした技術的障壁は，旧ソ連諸国，さらに近年ではパキスタンや核の闇市場などからの核関連資機材，技術，あるいは科学者の流出といった事態により，一層低下するであろう。核兵器拡散の敷居は，政治的にも技術的にも，実は考えられているよりも低いのかもしれない。だからこそ核兵器の一層の拡散を防止し，すでに拡散した核兵器の廃棄をもたらすための努力を継続し強化することが不可欠である。

そうした努力として，通常，まず提案されるのは，核不拡散体制のさらなる制度的強化である。制度や措置の不備や欠陥を補い，よりよい体制に近づけるという努力は，核兵器の拡散を防止するために必要である。ただ，核不拡散体制を支えるグローバルな制度や措置は，これまでに相当程度強化されてきた。核兵器拡散懸念国は，グローバルな制度や措置が強化されたとしても，引き続き核兵器取得・保有の強い意思を持ち，そうした制度や措置の受諾を拒否したり，受諾しても違反したりするであろう。核不拡散体制の制度的強化が，直接的に拡散懸念国の問題を解決に導くとは限らないのである。逆に，そうした強化によって，核不拡散義務を誠実に遵守する国が，正当な活動の制限，あるいは義務の受け入れにかかるコストの増加などといった不利益を被ることになりかねない。

モハメド・エルバラダイIAEA事務局長は，民生用の核計画におけるプルトニウムおよび高濃縮ウランの利用，ならびに再処理および濃縮によるそれら

第5章 核兵器拡散問題の動向と課題

の生産を，多国間管理の下での施設に限定するという提案を行った[49]。原子力平和利用は，NPT 第4条で認められている締約国の権利であるが，核分裂性物質を取り扱うノウハウや核関連資機材を取得することが可能になり，平和利用を隠れ蓑にした秘密裡の核兵器開発に悪用されかねないということは，NPT 成立当初より懸念されていた。エルバラダイ構想は，北朝鮮やイランの核兵器拡散問題によって現実化したそうした懸念への対応を主眼としたものである。しかしながら，ごく一部の国の問題に対応するために，NPT の義務を誠実に遵守している日本などが行うような，正当な原子力平和利用活動まで阻害されかねないという問題がある。

さらに，グローバルな制度や措置が成立するまでには，交渉に時間を要し，妥協を重ねることが少なくなく，核兵器拡散懸念国の問題に適切に対応できる強化となるかは疑問が残る。こうしたことを考えると，核兵器拡散懸念国がほぼ絞られてきた現状では，制度的強化よりも，そうした国々に焦点を当てた対応が，まず求められているように思われる。

これには，国家が核兵器の取得や保有を模索する動機を除去していく，いわゆるディマンド・サイド・アプローチが含まれよう。これまでに，安全の保証や経済的利益の促進などによって，多くの非核兵器国が，核兵器取得の動機を緩和・除去され，核兵器オプションを放棄してきた[50]。ただ，核兵器拡散懸念国が持つ核兵器取得・保有の極めて強い動機を緩和し除去するのは，容易ではない。

とりわけ，「事実上の核兵器国」による，近い将来の核兵器保有の放棄，ならびに非核兵器国としての NPT 加入は望めないであろう。当面は，CTBT や FMCT ——それらの成立あるいは発効前には核実験や兵器用核分裂性物質生産のモラトリアム——などを通じて，核兵器能力の質的・量的増強を抑制すること，核兵器管理の厳格化により偶発的な核兵器の使用や，他国への流出を防止することが求められる。9.11 後の印パへの対応のように，核兵器拡散問題よりも他の安全保障問題が優先されることもあろうし，「事実上の核兵器国」がすでに核兵器を保有しているという事実を踏まえた現実的な対応が不可欠であるが，同時に「事実上の核兵器国」に核兵器国としての地位は与えず，NPT への加入を求め続けることが，核不拡散の規範を維持する上でも必要である。

第5章 核兵器拡散問題の動向と課題

　疑惑国に対しては，たとえばリビアのケースのように，「事実上の核兵器国」よりは，国際社会との関係改善や経済支援などといったインセンティブ，あるいは経済的・軍事的な制裁などのディスインセンティブの活用が機能するかもしれない。しかしながら，軍事力の実際の行使を除き，こうしたアプローチの目に見える成果が現れるまでには時間を要することが少なくない。また，北朝鮮およびイランのみならず，今後新たに明らかになるかもしれない疑惑国に対しても，軍事力の行使は容易にとり得るオプションではない。疑惑国が核兵器を取得し増強すれば，これに対する軍事力の行使は一層難しくなるであろう。このため，サプライ・サイド・アプローチを通じて核兵器取得や増強を少しでも難しくして脅威の増大を抑制する努力を重ね，ディマンド・サイド・アプローチの成果が出るのを根気強く待つこと，あるいは核不拡散義務の強制を可能にする状況を保つことが必要だといえる。

　このうち輸出管理は，もとより核関連資機材や技術の拡散を完全に防止できるものではないが，グローバル化が進むなかで十分な管理が難しくなりつつある。NSGメンバー国ではないマレーシアから輸出された汎用品が，闇市場に流れ，秘密裡の核兵器開発に利用されていた。そうした闇の取り引きには，NSGメンバー国の企業も含まれていた。米国は，核兵器を含む大量破壊兵器および運搬手段の拡散を防止するために，効果的な輸出管理の実施など，各国が国内実施体制を強化するよう求める国連安保理決議を提案していたが[51]，2004年4月に安保理決議1540として採択された。

　またブッシュ大統領は2004年2月，NSGメンバー国がウラン濃縮および再処理に関わる資機材や技術を，すでに機能しているフル・スケールの濃縮および再処理プラントを保有していない国には供与しないよう求めた[52]。エルバラダイ構想よりは，核燃料サイクルの構築に一定の柔軟性を持たせたものであるが，原子力平和利用にかかる不平等性が拡大することには変わりなく，この観点から非核兵器国より批判されるかもしれない。核燃料サイクルを推進してよい国とよくない国とを分ける基準の設定は容易ではないが，原子力平和利用計画の全体像を勘案しつつ，IAEA保障措置協定追加議定書の下での査察を受諾し，核不拡散義務を誠実に遵守していることを，推進を認める最低限の条件とし，重大な違反を犯した国には全面禁止するというのも一案であろう。

　国家からの核兵器，核関連資機材などの流出を防止するという観点では，パ

第5章 核兵器拡散問題の動向と課題

キスタンのみならず，従来から指摘されている，旧ソ連諸国の核管理の強化が課題である。これまでのところ，旧ソ連諸国の核問題と闇市場とのつながりが明らかになっているわけではないが，そうした点にも注意を払う必要があり，旧ソ連諸国に対する非核化支援や「大量破壊兵器および物資の拡散に対するG8グローバル・パートナーシップ」の重要性は，一層高まるであろう。また北朝鮮が，兵器級核分裂性物質や核兵器の一定の製造能力を取得した場合，外貨獲得，あるいは核兵器の一層の拡散による戦略環境の複雑化などを目的として，核関連資機材や核兵器自体を他国や非国家主体に供給するかもしれない。北朝鮮の核兵器問題に関しては，北朝鮮からの輸出が現段階での最も深刻な脅威であり，その防止が最優先課題であるとの主張もある[53]。

そうした不法な供給や流出を防止する施策の1つが，大量破壊兵器およびミサイル，ならびにそれらの関連資機材などを積載する疑いのある船舶や航空機を臨検するというPSIである。ブッシュ大統領が2003年5月末に提唱して以来，PSIは，各種会合の開催，「拡散阻止原則宣言[54]」の採択，参加国による演習や訓練の実施，そして時折報じられる実際の臨検および押収活動というように，急速に進展している。PSIは，現状では既存の国際法および参加国の国内法の下で実施されるため，その効果には限界が生じ得るが，不法な供給や流出を少なからず難しくすること，ならびにPSIの1つの成功事例から新たな拡散ルートの発覚や闇市場の摘発が可能になることなどが期待される。

こうしたサプライ・サイド・アプローチに加えて，物理的防護措置が強化されることは，核兵器テロ防止にも資するであろう。国家あるいは非国家主体への核兵器の拡散防止には，個々の国家による国内実施体制の強化が，これまで以上に重要になってきているといえる。

む す び

核兵器拡散問題は，「冷戦後」および「ポスト冷戦後」という国際秩序の変動期に，国際社会が対応すべき焦眉の課題となった。なかでも米国は，核兵器の，とくに「ならず者国家」への拡散が，米国の主導する国際秩序再構築の障害になると強く認識しており，この問題への対応に高い優先順位をおいてきた。

第5章　核兵器拡散問題の動向と課題

　核兵器拡散防止のための様々な取り組みがなされ，核兵器拡散懸念国も絞られてきた。核不拡散体制は，もちろん完璧なものではないが，その制度的強化はかなりの程度まで進んでおり，同体制の規範や義務も広く受け入れられている。こうしたなかで，核兵器拡散問題への対応は，核不拡散体制の制度的強化よりも，核兵器拡散懸念国に焦点を当てて核不拡散規範・義務の受諾や遵守を求め，必要であれば法執行や強制措置を実施していくという，「より能動的，革新的かつ進歩的なアプローチ[55]」が優先される段階に至ったように思われる。法執行や強制措置の実施は，個々の核兵器拡散問題に対応するだけではなく，核不拡散規範・義務の実効性を保つ上でも重要である。

　そこでも，米国が引き続きイニシアティブをとることは間違いないであろう。米国の圧倒的なパワーなしには，核不拡散規範・義務の執行や強制は難しく，米国の積極的な関与は欠かせない。米国にとっても，核兵器拡散防止は，その国益に資するものである。

　留意しなければならないのは，米国の国益が強く反映され，米国の優先課題が優先される形で世界の核兵器拡散問題への対応がなされていくとすると，米国の国益，あるいは米国との関係によって，核兵器の取得・保有が罰せられる国と黙認・容認される国とが分別されていくという点である[56]。5核兵器国による核兵器の保有が一時的であるにせよ認められている一方で，それ以外の国は核兵器の保有が禁止されるという，本来的に不平等的性格を持つ核不拡散体制に，新たな不平等性が加わることになりかねない。

　ブッシュ政権はまた，「NPTの中心的な目的は核兵器の拡散防止」であり，核不拡散義務を定めた「条約第1，2および3条に，より高い優先順位が置かれなければならない[57]」と主張する一方で，非核兵器国の原子力平和利用の権利に一定の制限を課すことを模索し，またCTBT批准拒否，新型核兵器の研究の再開，あるいは核兵器を重視するような核戦略の構築など，核軍縮の促進に反するような言動を繰り返している。これらは，「ポスト冷戦後」の核兵器拡散問題への対応を目的としているという側面はあるが，「NPTを主軸とする核不拡散体制を当初から支えてきた（非核兵器国による核兵器の取得を禁止する一方で，原子力平和利用の権利を認め，核兵器国は核軍縮の促進に努めるという）『核の取引』には相当の変更がもたらされることになる[58]」（括弧内筆者）。

　核不拡散体制における不平等性の拡大が，核兵器拡散問題にどのような影響

を与えるかは分からない。大多数の国は，同体制の不平等性を認識した上でこれに参加しているのであり，不平等性が多少拡大したとしても，その国益が大きく損なわれない限りは，核不拡散体制に留まり続けるであろう。ただ，不平等性の拡大が核兵器の一層の拡散や，核兵器国による核軍縮の停滞，あるいは核兵器の質的または量的増強につながっていく場合，多くの非核兵器国が国益に反すると捉え，非核兵器国の地位を再考しないとは限らない。不平等性の拡大は，核不拡散の規範が損なわれていくことにもつながりかねず，そうした規範の上に成り立つ「より能動的，革新的かつ進歩的なアプローチ」の効果も低下するであろう。

　ケネディ大統領の警告が，「ポスト冷戦後」に現実のものとなる可能性は，皆無ではない。核不拡散規範を高いレベルで維持することは，核兵器拡散問題への対応が短期的にも中長期的にも効果的であるために不可欠である。その鍵の1つは，核不拡散体制が持つ不平等性に適切な手当てを施していくことであり，同体制を主導する米国が，この点でもイニシアティブをとらなければならない。この米国とともに，「より能動的，革新的かつ進歩的な」アプローチを含めて核兵器拡散防止のための様々な努力を引き続き重ねることが，日本にとって国益に資することはいうまでもない。同時に日本にとって，米国の同盟国として，必要であれば米国に不平等性を緩和するための取り組みを促し，求めていくことも，一層重要となっている。

注

(1) John F. Kennedy, "News Conference," State Department Auditorium, Washington D.C., March 21, 1963 [http://www.cs.umb.edu/jfklibrary/jfk_press_conference_630321.html].

(2) Peter R. Lavoy, "Predicting Nuclear Proliferation: A Declassified Documentary Record," *Strategic Insights,* Vol.III, Issue 1, January 2004 [http://www.fas.org/man/eprint/lavoy.pdf] を参照。

(3) 国家が核兵器取得を模索する要因を分析したものとして，Tanya Ogilvie-White, "Is There a Theory of Nuclear Proliferation?: An Analysis of the Contemporary Debate," *The Nonproliferation Review,* Vol.4, No.1, Fall 1996, pp.43-60; Scott D. Sagan, "Why Do States Build Nuclear Weapons? Three Models in Search of a Bomb," *International Security,* Vol.21, No.3, Winter 1996/97, pp.54-86; Bradley A.

第5章 核兵器拡散問題の動向と課題

Thayer, "The Causes of Nuclear Proliferation and the Utility of the Non-Proliferation Regime", Raju G. C. Thomas (ed.), *The Nuclear Non-Proliferation Regime: Prospect for the 21st Century*, London: Macmillan Press, 1998, pp.75-129; Scott D. Sagan, "Rethinking the Causes of Nuclear Proliferation: Three Models in Search of a Bomb," Victor A. Utgoff (ed.), *The Coming Crisis: Nuclear Proliferation, U.S. Interests, and World Order*, Cambridge, MA: MIT Press, 2000, pp.17-50; Kurt M. Campbell, "Nuclear Proliferation beyond Rogues," *The Washington Quarterly*, Vol. 26, No.1, Winter 2002-03, pp.9-15 を参照。

(4)「ならず者国家」に関しては、Anthony Lake, "Confronting Backlash States," *Foreign Affairs*, Vol.73, No.2, March/April 1994, pp.45-55; ロバート・S・リトワク（佐々木洋訳）『アメリカ「ならず者国家」戦略』窓社、2002年を参照。

(5) 拡散対抗政策については、Les Aspin, "Remarks to the National Academy of Science," December 7, 1993; William J. Perry, Secretary of Defense, *Annual Report to the President and Congress*, February 1995 [http://www.defenselink.mil/execsec/adr95/cp_.html] を参照。

(6) 石川卓「大量破壊兵器の拡散と米国：ポスト冷戦期における不拡散政策と不拡散レジームの変容」『国際安全保障』第29巻第2号、2001年9月、48頁。

(7) 会議の概要については、Rebecca Johnson, "Indefinite Extension of the Non-Proliferation Treaty: Risks and Reckonings," *ACRONYM*, No.7, September 1995 を参照。また会議参加者へのインタビューを掲載したものとして、Susan B. Welsh, "Delegate Perspectives on the 1995 NPT Review and Extension Conference: A Series of Interviews Conducted by Susan B. Welsh," *The Nonproliferation Review*, Vol.2, No. 3, Spring-Summer 1995, pp.1-24 を参照。

(8) NPT無期限延長が決定された背景に関しては、たとえば、浅田正彦「ポスト冷戦期の核不拡散体制」納家政嗣、梅本哲也編『大量破壊兵器不拡散の国際政治学』有信堂、2000年、85-91頁。Tariq Rauf and Rebecca Johnson, "After the NPT's Indefinite Extension: The Future of the Global Nonproliferation Regime," *The Nonproliferation Review*, Vol.3, No.1, Fall 1995, pp.31-34 を参照。無期限延長を支持する非核兵器国が拡大した要因には、米露によるSTART II条約署名や、ジュネーブ軍縮会議におけるCTBT交渉の進展など、核軍縮が一定の前進を見せたこと、米国をはじめとする無期限延長推進国による反対国への圧力や働きかけがあったこと、あるいは無期限延長への反対が核兵器取得のオプションを維持していると疑われる可能性があったことなどもあげられる。

(9) たとえば、The Henry L. Stimson Center, *An Evolving US Nuclear Posture*, Washington D.C.: Henry L. Stimson Center, December 1995; Canberra Commission

on the Elimination of Nuclear Weapons, *Report of the Canberra Commission on the Elimination of Nuclear Weapons,* Canberra: Commonwealth of Australia, 1996; Committee on International Security and Arms Control, National Academy of Science, *The Future of U.S. Nuclear Weapons Policy,* Washington D.C.: National Academy Press, 1997 を参照。

(10) Japan Institute of International Affairs and Hiroshima Peace Institute, *Facing Nuclear Dangers: An Action Plan for the 21st Century,* Tokyo: Japan Institute of International Affairs, 1999; George Bunn, "The Nonproliferation Regime under Siege," *Working Paper,* Center for International Security and Cooperation, Stanford University, September 1999 などを参照。

(11) たとえば, T. V. Paul, "The Systemic Bases of India's Challenge to the Global Nuclear Order," *The Nonproliferation Review,* Vol.6, No.1, Fall 1998, pp.1-11 を参照。

(12) 2000年再検討会議に関しては, 登誠一郎「2000年NPT運用検討会議を振り返る」『外交フォーラム』第145号, 2000年9月, 34-39頁。黒沢満「2000年NPT再検討会議と核軍縮」『阪大法学』第50巻, 第4号, 2000年11月, 515-559頁。Rebecca Johnson, "The 2000 NPT Review Conference: A Delicate, Hard-Won Compromise", *Disarmament Diplomacy,* No.46, May 2000, pp.2-20; Rebecca Johnson, "NPT 2000: Implementing the Disarmament Pledges," *Disarmament Diplomacy,* No.48, July 2000, pp.3-9; Tariq Rauf, "Interview: Ambassador Abdallah Baali on the 2000 NPT Review Conference", *The Nonproliferation Review,* Vol.7, No.3, Fall-Winter 2000, pp.1-9; Norman A. Wulf, "Observation from the 2000 NPT Review Conference", *Arms Control Today,* Vol.30, No.9, November 2000, pp.3-9 を参照。

(13) Colin L. Powell, "Remarks at the Business Event," Shanghai, China, October 18, 2001 [http://www.state.gov/secretary/rm/2001/5441.htm].

(14) 米国はさらに, 10月27日に, 対パキスタン制裁のさらなる解除に関する時限立法 (S.1465) を成立させた。日本も10月26日に,「今次テロとの戦いにおいてパキスタンの安定と協力はきわめて重要であり, ……国内的に大きな困難を抱えている同国を中長期的な観点から支援して行くことが必要である」こと,「同時に, 今後のテロへの取り組みおよび南西アジア地域の安定化のために大きな役割を果たすことが期待されているインドに対して, ……積極的な関与を深めて行く必要がある」ことから, 両国に課していた1998年5月の核爆発実験に関する制裁を停止した (「インドおよびパキスタンの核実験に対するわが国の措置の停止に関する内閣官房長官の談話」2001年10月26日 [http://www.kantei.go.jp/jp/tyokan/koizumi/2001/1026danwa.html])。

(15) Robert D. Blackwill, Ambassador to India, "Remarks to the Indo-American Chamber of Commerce and Indo-American Society," Mumbai, India, September 6,

第5章　核兵器拡散問題の動向と課題

2001 [http://www.state.gov/p/sa/rt/index.cfm?docid=4850] では，米国政府内で制裁解除に向けた検討がなされていることが示唆された。

(16) "Roundtable on the Implications of the September 11, 2001, Terrorist Attacks for Nonproliferation and Arms Control," *The Nonproliferation Review*, Vol.8, No.3, Fall-Winter 2001, p.12.

(17) とくに米露間軍備管理問題を題材として，冷戦後および9.11以後の2国間の戦略関係，ならびにモスクワ条約の背景，意義および問題点などを論じたものとして，戸﨑洋史「米露間軍備管理問題：『新しい戦略関係』への移行と課題」松井弘明編『9.11事件以後のロシア外交の新展開』日本国際問題研究所，2002年，27-59頁を参照。

(18) Department of Defense, United States of America, *Quadrennial Defense Review Report*, September 30, 2001, p.5.

(19) たとえば，Karl-Heinz Kamp, "Nuclear Terrorism Is Not the Core Problem," *Survival*, Vol.40, No.4, Winter 1998-99, pp.168-171; Office of the Secretary of Defense, *Proliferation: Threat and Response*, January 2001, pp.61-66 を参照。

(20) たとえば，Christiane Amanpour, "Mysterious, Ominous Documents," *CNN*, November 16, 2001 [http://www.cnn.com/2001/WORLD/asiapcf/central/11/16/ret.amanpour.otsc/index.html]; Mike Boettcher and Ingrid Arnesen, "Al Qaeda Documents Outline Serious Weapons Program," *CNN*, Janurary 25, 2002 [http://www.isis-online.org/publications/terrorism/cnnstory.html] を参照。

(21) Morten Bremer Maerli, "Relearning the ABCs: Terrorists and 'Weapons of Mass Destruction,'" *The Nonproliferation Review*, Vol.7, No.2, Summer 2000, pp.111-114; David Albright, Kevin O'Neill and Corey Hinderstein, "Nuclear Terrorism: The Unthinkable Nightmare," *ISIS Issue Brief*, Institute for Science and International Security (ISIS), September 13, 2001 を参照。

(22) Leonard S. Spector, "Testimony before the Subcommittee on International Security, Nonproliferation, and Federal Services, U.S. Senate Committee on Governmental Affairs," November 14, 2001 [http://cns.miis.edu/pubs/other/lstest.htm] を参照。

(23) 旧ソ連諸国からの核分裂性物質の流出事件をまとめたものとして，"Confirmed Proliferation-Significant Incidents of Fissile Material Trafficking in the Newly Independent States (NIS), 1991-2001," *CNS Report*, Center for Nonproliferation Studies (CNS), Monterey Institute of International Studies (MIIS), 30 November 2001 [http://cns.miis.edu/pubs/reports/traff.htm] を参照。

(24) Nicholas D. Kristof, "A Nuclear 9/11," *The New York Times*, March 10, 2004 [http://www.nytimes.com/2004/03/10/opinion/10KRIS.html] を参照。

第5章 核兵器拡散問題の動向と課題

(25) たとえばジョン・ボルトン国務次官は、「テロ支援国家と大量破壊兵器拡散の間の強い結びつきは明らかになって」おり、「わずかの例外を除き、テロ組織は、国家の支援なしには大量破壊兵器を取得できない」として、「ならず者国家」と大量破壊兵器テロとの結びつきを強調した。John R. Bolton, "The New Strategic Framework: A Response to 21st Century Threat," *U.S. Foreign Policy Agenda: An Electronic Journal of the U.S. Department of State*, Vol.7, No.2, July 2002, p.5.

(26) George W. Bush, "The President's State of the Union Address," Washington D. C., January 29, 2002 [http://www.whitehouse.gov/news/releases/2002/01/20020129-11.html].

(27) United States of America, *The National Security Strategy of the United States of America*, September 2002; United States of America, *National Strategy to Combat Weapons of Mass Destruction*, December 2002.

(28) Director of Central Intelligence, *Iraq's Weapons of Mass Destruction Programs*, October 2002, pp.5-6.

(29) たとえば、"Hearing of the Senate Armed Services Committee Subject: Iraqi Weapons of Mass Destruction Programs," January 28, 2004 [http://www.ceip.org/files/projects/npp/pdf/Iraq/kaytestimony.pdf] ; Joseph Cirincione, Jessica T. Mathews and George Perkovich, *WMD in Iraq: Evidence and Implications*, Washington D.C.: Carnegie Endowment for International Peace, 2004 を参照。

(30) "Statement of DPRK Government on Its Withdrawal from NPT," *Korean Central News Agency*, January 10, 2003 [http://www.kcna.co.jp/item/2003/200301/news01/11.htm#1].

(31) たとえば、北朝鮮外務省の李根は、「クリントン政権の間、核問題解決のための米朝交渉の結果、米国の北朝鮮政策は、純粋な敵対から部分的な関与へと移行する兆候を示した。……しかしながら、ブッシュ政権が2国間政治対話を終結させ、「悪の枢軸」と発言し、北朝鮮を先制核攻撃のターゲットと指定し、核問題は出発点に立ち戻ってしまった」と述べている (Li Gun, Deputy Director-General, Bureau of US Affairs, Ministry of Foreign Affairs, DPRK, "[Various] Requisites for Resolving the Nuclear Question," paper for the Center for National Policy, December 16, 2003)。

(32) たとえば、"Statement of DPRK Government on Its Withdrawal from NPT," *op.cit.*（注30）を参照。

(33) たとえば米国は、「政府は、北朝鮮の脱退通告が第10条の要件を満たしているか否かについて特定の立場をとらない。現在のところ、北朝鮮の4月10日以降のNPT上の法的地位に関して、合意する必要はないと考える。この法的問題に関する議論は、安保理および地域における、進行中の多国間協議を本筋からそらすおそれがある。真の戦

123

第5章　核兵器拡散問題の動向と課題

略的問題，すなわち北朝鮮の核兵器計画の完全かつ検証可能で不可逆的な廃棄を得ることに焦点を当てておくのが重要である」とした。U.S. Department of States, "Daily Press Briefing, Richard Boucher, Spokesman," April 9, 2003 [http://www.state.gov/r/pa/prs/dpb/2003/19470.htm].

(34)　浅田正彦「北朝鮮をめぐる国際法上の問題点：核兵器問題を中心に」『法学教室』第274号，2003年7月，55-56頁。

(35)　また，黒澤満「北朝鮮の核兵器問題」『国際公共政策研究』第8巻第2号，2004年3月，23頁には，「脱退の権利の性質に関して，……重大な違反を自ら犯しながらその責任を逃れるために条約から脱退することは，その違反の責任を果していないことから，脱退の権利を行使できない」という主張があると記されている。

(36)　"Implementation of the NPT Safeguards Agreement in the Islamic Republic of Iran," International Atomic Energy Agency, GOV/2003/81, 26 November 2003.

(37)　2002年8月以降のイラン核問題の動向については，Sharon Squassoni, "Iran's Nuclear Program: Recent Developments," *CRS Report for Congress,* RS21592, updated November 12, 2003 を参照。

(38)　"Implementation of the NPT Safeguards Agreement in the Islamic Republic of Iran," International Atomic Energy Agency, GOV/2004/11, 24 February 2004. モハメド・エルバラダイ IAEA事務局長も，イランのこうした対応を強く批判した。Mohamed Elbaradei, "Introductory Statement to the Board of Governors," IAEA Board of Governors, Vienna, 8 March 2004 [http://www.iaea.org/NewsCenter/Statements/2004/ebsp2004n002.html].

(39)　たとえば，Colin L. Powell, "Testimony at Budget Hearing before the Senate Foreign Relations Committee," February 5, 2002 [http://www.state.gov/secretary/rm/2002/7806.htm].

(40)　François Heisbourg, "A Work in Progress: The Bush Doctrine and Its Consequences," *The Washington Quarterly,* Vol.26, No.2, Spring 2003, pp.84-86 などを参照。

(41)　"Implementation of the NPT Safeguards Agreement of the Socialist People's Libyan Arab Jamahiriya," International Atomic Energy Agency, GOV/2004/12, 20 February 2004.

(42)　こうした見方を強調するものとして，Flynt L. Levertt, "Why Libya Gave up on the Bomb," *New York Times,* January 23, 2004 [http://www.brookings.edu/views/op-ed/fleverett/20040123.htm] を参照。

(43)　イラク戦争の影響を含めて軍事的圧力がもたらした意義を強調するものとして，Thomas Donnelly and Vance Serchuk, "Beware the 'Libyan Model,'" *National Security Outlook,* American Enterprise Institute for Public Policy Research, March

第5章 核兵器拡散問題の動向と課題

2004 を参照。
(44) George W. Bush, "Remarks by the President on Weapons of Mass Destruction Proliferation," Fort Lesley J. McNair, National Defense University, Washington D. C., February 11, 2004 [http://www.whitehouse.gov/news/releases/2004/02/20040211-4.html]. Gaurav Kampani, "Proliferation Unbound: Nuclear Tales from Pakistan," *CNS Research Story,* CNS, MIIS, February 23, 2004 [http://cns.miis.edu/pubs/week/040223.htm]; David Albright and Corey Hinderstein, "The Centrifuge Connection," *The Bulletin of the Atomic Scientists,* Vol.60, No.2, March/April 2004, pp.61-66.
(45) Joby Warrick and Peter Slevin, "Libyan Arms Designs Traced Back to China: Pakistanis Resold Chinese-Provided Plans," *The Washington Post,* February 15, 2004 [http://www.washingtonpost.com/ac2/wp-dyn/A42692-2004Feb14] を参照。
(46) John Lancaster and Kamran Khan, "Pakistani Scientist Apologizes: Nuclear Assistance Unauthorized, He Says," *The Washington Post,* February 5, 2004 [http://www.washingtonpost.com/wp-dyn/articles/A11527-2004Feb4.html].
(47) David Albright and Corey Hinderstein, "Documents Indicate A.Q. Khan Offered Nuclear Weapon Designs to Iraq in 1990: Did He Approach Other Countries?" ISIS, February 4, 2004 [http://www.isis-online.org/publications/southasia/khan_memo.html].
(48) Leonard Spector, "Nuclear Proliferation," Jeffrey A. Larsen (ed.), *Arms Control: Cooperative Security in a Changing Environment,* Boulder, Colorado: Rienner, 2002, pp.124-126 を参照。
(49) Mohamed ElBaradei, "Statement to the Fifty-Eighth Regular Session of the United Nations General Assembly," 3 November 2003, New York [http://www.iaea.org/NewsCenter/Statements/2003/ebsp2003n023.html].
(50) たとえば、T. V. Paul, *Power Versus Prudence: Why Nations Forgo Nuclear Weapons,* Montreal: McGill-Queen's University Press, 2000 を参照。
(51) "Draft Resolution on Non-Proliferation," March 24, 2004 [http://www.reachingcriticalwill.org/political/WMD_SCRes.pdf].
(52) Bush, "Remarks by the President on Weapons of Mass Destruction Proliferation," *op. cit.* (注44).
(53) William J. Perry, "Crisis on the Korean Peninsula: Implications for U.S. Policy in Northeast Asia," presentation for a Brookings Leadership Forum, The Brookings Institution, January 24, 2003; Center for Strategic and International Studies, *Bold Sentinel,* May 21,2003; Ashton B. Carter, "The Korean Nuclear Crisis: Preventing

第5章 核兵器拡散問題の動向と課題

the Truly Dangerous Spread of Weapons of Mass Destruction," *Harvard Magazine,* September-October 2003, p.41; Ian Bremmer, "The Art of the Bluff: Why Kim Is Not Saddam," *The National Interest,* No.73, Fall 2003, p.36 を参照。

(54) "Proliferation Security Initiative: Statement of Interdiction Principles," The White House, Office of the Press Secretary, September 4, 2003 [http://www.state.gov/t/np/rls/fs/23764.htm].

(55) Paul Bracken, "Thinking (Again) about Arms Control," *Orbis,* Vol.48, No.1, Winter 2004, p.159.

(56) こうした点を批判したものとして,George Perkovich, "Bush's Nuclear Revolution: A Regime Change in Nonproliferation," *Foreign Affairs,* Vol.82, No.2, March/April 2003, pp.2-8; Joseph Cirincione, "How Will the Iraq War Change Global Nonproliferation Strategies?" *Arms Control Today,* Vol.33, No.3, April 2003 [http://www.armscontrol.org/act/2003_04/cirincione_apr03.asp] を参照。

(57) Stephen G. Rademaker, Assistant Secretary of State for Arms Control, "Taking Stock of the Atoms for Peace Model," remarks to the Symposium on "Atoms for Peace after 50 Years: New Challenges and Opportunities," Lawrence Livermore National Laboratory, Livermore, California, November 13, 2003 [http://www.state.gov/t/ac/rls/rm/2003/26816.htm].

(58) 梅本哲也「核不拡散体制の現状と展望:『核の取引』は維持されるか」『国際問題』第529号,2004年4月,30頁。

第6章　北朝鮮の米朝「枠組み合意」離脱と「非核化」概念——新たな核開発問題と地域的解決の摸索——

倉　田　秀　也

まえがき——「二重査察構造」と北朝鮮

　核不拡散に関する朝鮮半島固有の取極めとして，2つの文書を挙げることができる。その1つは，「朝鮮半島の非核化に関する共同宣言」(1991年12月31日仮署名，1992年2月19日発効，「南北非核化共同宣言」) である。この文書で大韓民国（韓国）と朝鮮民主主義人民共和国（北朝鮮）は，核兵器の「実験，製造，生産，接受，保有，貯蔵，配備，使用しない」(第1条) という原則を確認した上で，平和利用を含む核燃料の再処理，ウラン濃縮施設の放棄を誓約した。これは核兵器のみならず，それを製造しうる施設の保有も放棄した点で，他の地域にはみられない内容となっていた。もっとも，南北双方はここで，相互査察を実施することを謳っていたものの，それは「相手側が選定し双方が合意する対象」(第4条)[1]に限られ，結局査察受け入れについて合意が成立せず，一度も実施されていない。しかし，「南北非核化共同宣言」は，朝鮮半島「非核化」を議論する上で依然として不可欠な文書の1つとなっている。
　振り返ってみれば，「南北非核化共同宣言」が採択されてから発効に至る過程で，北朝鮮はそれまで拒んでいた国際原子力機関（IAEA）との保障措置協定に署名し，国際核不拡散レジームに関与する姿勢をみせた。たしかに，「南北非核化共同宣言」には核不拡散条約（NPT）に関連する言及はなく，相互査察にもIAEAは介在しない。しかし，相互査察は南北双方がIAEAの保障措置を受け入れることを前提とするものであって，代替するものではなかっ

第6章 北朝鮮の米朝「枠組み合意」離脱と「非核化」概念

た。したがって,「南北非核化共同宣言」の相互査察が実施されなかったのは,北朝鮮が1993年3月12日,IAEAによる特別査察の要求に抵抗しNPTからの脱退を宣言したのに対して,米国がNPTを代表する形で北朝鮮との高官協議に臨み,北朝鮮のNPTへの残留を議論したことによるところが大きい。

米朝第1ラウンド協議(1993年6月2日-11日,於ニューヨーク)以降,約1年半に及ぶ協議の末,米朝第3ラウンド協議(第2セッション,於ジュネーヴ)で署名された米朝「枠組み合意」(1994年10月21日)も,核不拡散に関する朝鮮半島固有の取極めである。ただし,米朝「枠組み合意」は,NPTからの脱退を宣言し,1994年6月にIAEAからも脱退した北朝鮮に対して,米国が代替エネルギー支援及び軽水炉事業と並行して,経済制裁の緩和から大使級関係樹立に至る2国間関係改善の措置を段階的にとることで,北朝鮮をNPTに残留させ,保障措置協定の履行を要求する内容となっていた(第IV章-1)。さらに,米朝「枠組み合意」は,軽水炉事業の「主要な部分が完成する際に,ただし,重要な原子力部品の引渡しが行われる以前に」,北朝鮮が「冒頭報告の正確性及び完全性の検証に関しIAEAとの協議を行った後,IAEAが必要とするすべての措置をとることを含め,IAEAの保障措置協定(INFCIRC/403)を完全に履行する」(第4章-3)と記していた[2]。すなわち,米朝「枠組み合意」の履行それ自体が,北朝鮮がNPTに引き続き残留し,IAEAの保障措置協定を受け入れるかを決定することになる。

したがって,「南北非核化共同宣言」は南北双方が国際核不拡散レジームに関与することを前提とした文書であるのに対し,米朝「枠組み合意」はその前提に関わる取極めと捉えることができる。しかも,IAEAの保障措置が軍事施設を対象外とすることを想起するとき,「南北非核化共同宣言」による相互査察はIAEAの保障措置を補完する上でも有用と考えられた。実際,米朝「枠組み合意」には,北朝鮮が「南北非核化共同宣言」履行のための措置を絶えず講じていく(第3章-2)と記されており,IAEA査察と相互査察は連動していた。朝鮮半島は核不拡散の取極め上,「二重査察構造」にあったといってよい。

2002年10月初旬,ケリー国務次官補(アジア・太平洋担当)がブッシュ大統領の特使として訪朝した際,北朝鮮が認めたという高濃縮ウラン(HEU)計画は,平和利用を含むウラン濃縮を禁じた「南北非核化共同宣言」に違反するばかりか,米朝「枠組み合意」にも違反する。HEU計画の発覚がその後,米

第6章　北朝鮮の米朝「枠組み合意」離脱と「非核化」概念

朝「枠組み合意」に波及していったのはむしろ自然であった。北朝鮮は当初,核問題解決の取極めとして米朝不可侵条約を提案したが[3],米朝「枠組み合意」によって組織され,軽水炉支援と重油提供の任務を担った朝鮮半島エネルギー開発機構(KEDO)が重油提供を停止することを決定したのに対し,北朝鮮も米朝「枠組み合意」で凍結されていた核施設の再稼動と中断されていた核施設の建設の再開を宣言し,2003年1月10日に再度NPTからの脱退を表明したのである。

他方,北朝鮮の事例を含め,国際核不拡散レジームに挑戦すること自体が大量破壊兵器(WMD)製造の動機になっているわけではない。クリントン政権末期,北朝鮮政策調整官の任にあったペリー元国防長官が言うように,WMD製造の動機は通例局地的なものであり,それゆえ拡散防止にも局地的な努力が伴わなければならない[4]。今日の北朝鮮の核問題も,2003年4月の米朝中3者会談を経て,8月末には6者会談が実現したように,多国間協議で解決が試みられている。これは今日の核問題が地域次元での分析が必要とされる所以でもあるが,本稿はこれらの取り組みにも配慮しつつ,その国際核不拡散レジームとの関連を中心に論じ,朝鮮半島「非核化」について若干の展望を試みてみる。

I　「先制行動論」の中のHEU計画
―― 米朝「枠組み合意」と核開発の両立

1　HEU計画の起源

2002年10月2日から5日にかけケリーが訪朝した際,姜錫柱外務省第1副相との間で,どのような議論が展開されたかには不明の部分が多い。北朝鮮外務省代弁人は当初,ケリーが「何らかの『懸案事項』なるものを持ち出し」たが,それは米国の「対朝鮮敵視政策の所産」[5]であると述べるにとどまり,HEU計画には言及していなかった。北朝鮮がそこでHEU計画を認めたことが公式に発表されたのは,ケリー訪朝から約10日後のバウチャー米国務省報道官の記者会見であった[6]。しかし,北朝鮮のHEU計画の存在が指摘されたのは,これが初めてではなかった。クリントン政権末期の1999年10月,ギル

第6章　北朝鮮の米朝「枠組み合意」離脱と「非核化」概念

マン米下院外交委員会委員長らは議会に提出した報告書で，北朝鮮がHEU計画を推進していることを指摘した上で，そこにパキスタンが深く関連していることに注意を喚起していた[7]。

両者の協力関係はパキスタンへの北朝鮮のミサイル技術の供与という形で，1990年代初頭から始まり，1993年5月の「ノドン」発射の際にはパキスタン技術者も参観したという[8]。それ以前，パキスタンはインドとの対抗上，中国から「東風-11 (DF-11/M-11)」（射程約300キロメートル，ペイロード約800キログラム）を導入していたが，それが射程内に収めるのはインド西部の都市に限られていたため，長射程のミサイルを必要としていた。またその頃，米国が中国に対しミサイル技術管理レジーム（MTCR）スタンダードによるミサイル輸出の規制を求めたことも，パキスタンが北朝鮮からミサイル技術を入手しようとする動機になっていた。これらの北朝鮮＝パキスタン間の協力関係がHEU計画を介在したのは，米朝「枠組み合意」署名後の1997年頃と推測される。1997年に北朝鮮の外交官はパキスタンで，ウラン濃縮の際に円筒に用いられるマレージング鋼をロシアから入手するための活動を行っていた。それが間もなく，パキスタンがHEUによる核開発計画の進展に伴い，ウラン濃縮技術を北朝鮮に提供することになったと考えられる[9]。

ブッシュは政権発足後間もない2001年6月11日，クリントン政権の対北朝鮮政策を批判的に再検討する「北朝鮮政策見直し」を発表し，その1つとして米朝「枠組み合意」の「改善された履行」を掲げた。パウエル米国務長官はそれが特別査察と使用済み核燃料の国外搬出の早期実現を意味することを指摘していたが[10]，その約1年後にはHEU計画が対北朝鮮政策を展開する上で大きな問題となっていた。2002年6月，中央情報局（CIA）は「防護所要区分情報資料（SCI）」で，北朝鮮がHEU計画を推進していると指摘し，その資料をブッシュにも回付していた。そこではギルマンが主張していたように，1997年から北朝鮮がパキスタンにミサイル技術を供与し，その代償としてパキスタンから高速遠心分離機を入手し始めたと記されていたという[11]。

もちろん，米朝「枠組み合意」は，北朝鮮が国際核不拡散レジームに関与し続けることを明記しており，HEU計画が核兵器製造に結びつく核物質の生産計画である以上，それは明確な違反行為にあたる。北朝鮮もこの計画を秘密裏に推進しようとしたことから，これが米朝「枠組み合意」に抵触することは知

第6章　北朝鮮の米朝「枠組み合意」離脱と「非核化」概念

悉していたであろう。しかし北朝鮮は，米朝「枠組み合意」の「秘密覚書」に「新たな黒鉛減速型原子炉及び関連施設の建設を一切行わない」と明記された以上，プルトニウム関連施設を建設することは米朝「枠組み合意」に直接抵触すると判断し，迂回的なHEU計画に着手したものと考えられる。しかも，米国が米朝「枠組み合意」に明記された経済制裁を大幅には緩和せず，KEDOによる軽水炉事業が遅延していたことで，北朝鮮は米国こそが米朝「枠組み合意」に違反していると非難していた。北朝鮮が米朝不可侵条約を提案した外務省代弁人談話によると，姜錫柱はケリーに対し「(北朝鮮も)核兵器をもつ権利がある」(括弧内は引用者)と発言したというが，それは米国こそが米朝「枠組み合意」に違反しているという認識を前提としている。

　バウチャーがHEU計画を北朝鮮が認めたと発表したのに対し，北朝鮮は上述の外務省代弁人談話を通じて「米特使は何の事実証拠もなしに，われわれが核兵器製造を目的に濃縮ウラン計画を推進して，朝米基本合意文(米朝『枠組み合意』を指す)に違反しているとの言いがかり」(括弧内は引用者)をつけたと述べ，「朝鮮半島の核問題」は米国が「対朝鮮敵視政策」を追求し，「核兵器で威嚇」したため生じた問題であると批判した。姜錫柱がいったんケリーにHEU計画の存在を認めたことが事実とすれば，その計画を放棄する代償として，米国に関係改善のための措置を要求しようとしたのかもしれない。しかし，この談話はそこから一転して，米国の主張を「言いがかり」と非難しつつ，それを米国の「対朝鮮敵視政策」と「核兵器で威嚇」することを撤回する根拠とし，HEU計画を温存したまま，むしろ米国こそが，米朝「枠組み合意」に違反していると非難した。

　さらにこの談話は，軽水炉事業が遅延したことにより北朝鮮が莫大な電力喪失を被ったことを指摘していた。これはブッシュが「北朝鮮政策見直し」を発表したとき，電力補償を求めた対米非難を想起させる[12]。しかし，この談話が従来の対米非難と異なるのは，それがあえて米朝「枠組み合意」の「秘密覚書」の一部を公表することに踏み切ったことにある。そこでは，北朝鮮が「秘密覚書」に第7項に従って「軽水炉のタービンと発電機を含む非核部分の納入が完全に実現した後に核査察を受けることになっている」ことを根拠に，それを米国が怠っている以上，北朝鮮側が特別査察を受ける義務はないことが正当化されていた。たしかに，「秘密覚書」の第7項は「軽水炉事業の主要な部分」

第6章　北朝鮮の米朝「枠組み合意」離脱と「非核化」概念

に関する制度的・技術的措置を列挙しているが，それは全て KEDO 側の行う措置であった。すなわち，北朝鮮は「秘密覚書」の KEDO 側の措置に関する部分のみ公表することで，軽水炉事業の遅延を非難し，自らの立場を正当化しようとしたのである。

2　「先制行動論」と2国間 NSA

これと並んでこの談話は，米朝「枠組み合意」が「米国が朝鮮民主主義人民共和国に対して，核兵器の脅威または使用しないという保証を与える用意」（第3章-1）を盛り込んでいたことを強調していた。この一文は，通例 NPT 内部で議論される「消極的安全保障（NSA）」という一般原則にあたるが，クリントン政権は米朝第1ラウンド協議の「共同声明」（1993年6月11日）でこの原則に触れて以来，北朝鮮に対しては例外的にこの原則を2国間関係に読み替える形で与えてきた。これに対してブッシュは 2002 年 1 月，一般教書演説で北朝鮮がイラク，イランとともに「悪の枢軸」を構成していると批判したのに続き，米国防総省による「核態勢の見直し（NPR）」では，対テロリズムとの関連で「先制行動」が示唆され，その機密部分では北朝鮮が核攻撃による「先制行動」の対象となっていると報じられた。さらに NPR に示された「先制行動論」は，2002 年 9 月に「米国の国家安全保障戦略」に体系化され，それは後に「ブッシュ・ドクトリン」と呼ばれることになった[13]。

「先制行動論」はあえて遡れば，クリントン政権第1期，アスピン国防長官による年例報告書に言及された「拡散対抗（counter-proliferation）」の概念に端を発する。アスピンは「不拡散」の更なる努力を訴える一方，それにもかかわらず WMD の拡散が起きてしまった場合に備え，ミサイル防衛などの防御的措置の推進を主張しつつ，移動式・地下目標を破壊する攻撃的措置を正当化していた[14]。もちろん，「拡散対抗」が直ちに核兵器による「先制行動」を正当化したわけではない。アスピンを引き継いだペリーが述べたように，当時の米国防総省も「大規模地域紛争（MRC）」を通常兵力によるものと捉えていた。しかも，5キロトン以下の小型核兵器の研究開発は，1994 会計年度に設けられた「スプラット・ファース条項（Spratt-Furse Law）」で禁止されていた。しかし，これに対してブッシュ政権は，「悪の枢軸」発言後，「拡散対抗」の攻

第6章 北朝鮮の米朝「枠組み合意」離脱と「非核化」概念

撃的側面が核攻撃の可能性を含むことを示唆していた。実際，米エネルギー省のゴードン核安全保障局長は上院軍事委員会公聴会でNPRについて報告を行い，新型核弾頭研究に着手すると発表していた[15]。NPRが核態勢の「新三本柱」の1つとして「非核と核の攻撃戦力の結合」を挙げていたこと，ならびに「拡散対抗」概念が移動式・地下目標を破壊する攻撃的措置を正当化していたことを考えると，ブッシュ政権はこの時点で，「拡散対抗」の攻撃的側面に核使用を加える道を開こうとしていたといってよい。

もっとも，北朝鮮がパキスタンの協力を得てHEU計画に着手したのはブッシュ政権の発足以前のことであり，ブッシュ政権発足後見直された核態勢をHEUによる核開発の動機とするのは妥当ではない。しかし，ブッシュ政権の新たな指針が，結果的にせよ北朝鮮に対して，米国が米朝「枠組み合意」にも記されたNSAに背馳していると非難する根拠を与えてしまったことは確かである。NPRの機密部分が報じられたとき，外務省代弁人は米朝「枠組み合意」とNSAを「やぶれた草履のように捨て去った」[16]と批判し，小型核兵器の開発に対しても，「実質的措置を講じるしかない」[17]と警告していた。

しかしながら，米国が米朝「枠組み合意」に背馳したとしても，北朝鮮が率先してそれを破棄することは，代替エネルギー，軽水炉だけではなく，米朝関係改善の機会を失うことを意味する。事実，「平壌放送」は米朝「枠組み合意」について「死文化したものとみている」としながらも，「合意自体がなくなったのではないので，今からでも米国がわれわれに対する敵対視をやめ，態度を改めるのなら合意は履行できるかもしれない」[18]と述べ，北朝鮮側から米朝「枠組み合意」を破棄する意図がないことを示唆した。さらに，北朝鮮外務省は代弁人談話を通じて，ブッシュ政権は「核先制攻撃を政策化することにより核不拡散条約の基本精神を完全に蹂躙し」たと批判しつつ，米朝「枠組み合意」を「完全に無効にした」と述べた。「核不拡散条約の基本精神」がNSAを指すとすれば，北朝鮮が指摘したのは，NPTの一般原則であり米朝「枠組み合意」にも記載されたNSAと，「先制行動論」というブッシュ政権の国防政策上のドクトリンとの間の「矛盾」であったと考えてもよい。北朝鮮は，「先制行動論」を定式化し米朝「枠組み合意」を「無効」にした米国に対し，「完全に蹂躙された」NSAを回復した上で，より広範な「安全の保証」を求めた。事実，ここで提案された米朝不可侵条約は「核不使用を含む不可侵を法

的に確約する」(傍点は引用者)とされたように，非核手段による攻撃も行わない確約も含んでいた。

　他方，北朝鮮が本来IAEAの保障措置に加え「南北非核化共同宣言」の相互査察を受け入れなければならない「二重査察構造」にあったことを想起すれば，この談話で北朝鮮が「南北非核化共同宣言」をいかに認識していたかが検討されなければならない。その点で，この談話が，ブッシュ政権は「北南非核化共同宣言を白紙に戻してしまった」と述べたことは強調されるべきである。もっとも，寧辺の核施設には送電線すらなく，1993年2月にIAEAが特別査察の根拠として未申告のプルトニウム抽出の可能性を挙げていたように，その時点で北朝鮮は核再処理施設の保有を禁じた「南北非核化共同宣言」に違反していたと考えてよい。ただし，米朝「枠組み合意」の「秘密覚書」は「再処理の禁止」が明記されながらも，その施設については北朝鮮の主張通り「放射化学研究所」と記されていた。しかし，ここで「南北非核化共同宣言」が「白紙」に戻ったとすれば，北朝鮮はその文書で放棄した核再処理とウラン濃縮の自由を得ることになる。この談話は米国が米朝「枠組み合意」を「無効」にしたことに対応して「実質的措置」を講じると警告していたが，その「実質的措置」には核再処理だけではなく，ウラン濃縮も含まれることになる。

II 「保障措置の継続性」概念と米朝「枠組み合意」からの離脱

1 「保障措置の継続性」概念の位相

　北朝鮮が自ら米朝「枠組み合意」の破棄を望まなかったように，米国もまたこれを容易に破棄できない理由があった。ここでは米国が北朝鮮に対して，5 MW(e)の実験用黒鉛型減速炉を凍結した上で，「秘密覚書」に記されるように「部品と装備がもはや使用されることがない」形で解体，破壊することを要求できる形になっていた。いうまでもなく，IAEAの保障措置は非核兵器国の「原子力の平和利用活動」を対象とし，その「核兵器または他の核爆発装置への転用防止」を目的とする。したがって，IAEAには非核兵器国の原子炉を特定の型に転換したり，その解体を要求したりする権限はない。つまり，米朝「枠組み合意」によって，米国はIAEAの権限を越える権限を与えられたこと

第6章　北朝鮮の米朝「枠組み合意」離脱と「非核化」概念

になる。

　しかし問題は，米朝第1ラウンド協議の「共同声明」で北朝鮮が一時的にNPT脱退宣言の効力を停止したことからNPTとの関連で「特殊な地位」にあると主張し，全面的な保障措置は受け入れられないとの立場をとったことにあった。そこで，黒鉛型減速炉の活動を監視するために米国が案出したのが「保障措置の継続性」の概念であった。これにより，IAEA査察官は寧辺の核施設に立ち入り，監視機器のフィルムと電池を交換できた[19]。もっとも，「保障措置の継続性」について米朝間に一致した認識があったわけではなかった。1994年4月，米朝高官協議の北朝鮮側代表の姜錫柱外交部第1副部長（当時）が，燃料再装塡と使用済み燃料棒を取り出す計画を伝えたとき，米国側代表のガルーチ国務次官補（政治軍事問題担当）は「保障措置の継続（性）」（括弧内は引用者）に触れ，その計画が実行されれば「恐るべき結果」を招くと警告せざるをえなかった[20]。北朝鮮がIAEAの監視なく燃料棒を取り出せば，過去の運転記録が不明とならざるをえない。ところが北朝鮮は，IAEA査察官の派遣を要請する一方で，取り出し停止を求める国連安保理声明を無視して作業を加速させ，IAEAの監視なく燃料棒を取り出した。これをうけ，IAEA理事会が制裁措置を決議すると，北朝鮮は6月13日，IAEAからの即時脱退を発表し（正式脱退は6月14日），寧辺の核施設からIAEA査察官を追放すると発表した[21]。

　しかし興味深いことに，北朝鮮はサンプル採取を拒絶しながらも，抜き取られた燃料棒については「保障措置の継続性」の下に，「徹底的にIAEAの封鎖と監視下に置く」[22]と明言していた。またその直後，危機状態の打開のため訪朝したカーター元大統領がIAEA査察官を駐留させることの重要性を指摘すると，金日成は姜錫柱に対しIAEA査察官の駐留を命じた[23]。かくして，北朝鮮にとって「保障措置の継続性」は対米協議をすすめる上での恣意的な概念となった。北朝鮮が核開発の進展を誇示するときは，サンプル採取は「保障措置の継続性」の範疇外であるとし，米国に融和的な対応を求めるときには，その概念を動員しIAEA査察官の駐留を許可した。何よりも，北朝鮮がIAEAから脱退しながらその査察官の駐留を許す変則的な措置を下したことは，「保障措置の継続性」概念をIAEAとの関係よりも対米関係に位置づけていることをよく示している。

第6章　北朝鮮の米朝「枠組み合意」離脱と「非核化」概念

「保障措置の継続性」概念は，米朝間で合意が成立する上で一定の役割を果たした。米朝第3ラウンド協議（第1セッション）で発表された「米朝合意声明」では，「核活動の凍結を保つとともに保障措置の継続性を維持する」と記された[24]。さらに，米朝「枠組み合意」では，IAEAが黒鉛型減速炉と関連施設の凍結を監視することを認められ，北朝鮮も「全面的に協力」することが記された（第1章-3）。それに加え，軽水炉供給協定が締結され次第，保障措置協定に従い凍結対象以外の施設についても「特定及び通常査察を再開する」だけではなく，同協定締結以前にも「保障措置の継続性維持のためIAEAが必要とする査察が凍結対象以外の施設に対して引き続き行われる」（第4章-2）と謳われた。しかし，「保障措置の継続性」が北朝鮮にとって対米協議をすすめるための恣意的な概念であったことを考えれば，査察受け入れが米朝「枠組み合意」の他の項目に依存したのは当然であった。IAEAは1995年9月，北朝鮮が冒頭報告の正確性及び完全性を検証する査察の受け入れを求める決議[25]を採択し，北朝鮮にそれを迫る詳細な文書を手渡したが，北朝鮮はそれを「検討はするが議論はしない」との態度をとったのである[26]。

さらに，同年12月15日，軽水炉供給協定が締結され，その附則第3条(6)に凍結対象以外の施設について米朝「枠組み合意」第4章-2が再確認されたにもかかわらず[27]，ついに北朝鮮がそれを受け入れることはなかった。後に朝鮮原子力総局渉外部長の玄英万は，IAEAの活動は凍結対象の施設監視に限られるべきであると主張し，IAEAは凍結対象以外の施設について包括的保障措置を課す権限はないと強調した。さらに玄英万は，1995年にIAEAが北朝鮮に手渡した文書に触れ，IAEAは米朝「枠組み合意」の精神を無視して一方的に保障措置協定を履行しようとしていると反駁したという[28]。軽水炉供給協定は米朝「枠組み合意」と条件関係にあることを明記しているが，北朝鮮は冒頭報告の正確性及び完全性の検証については，米朝「枠組み合意」第4章-3の軽水炉事業との関連でのみ許容するとの姿勢を貫き，それを特別査察と同列に位置づけた。すなわち，北朝鮮は「保障措置の継続性」を使用済み核燃料の保管を含む寧辺の実験用黒鉛型減速炉と関連施設の凍結監視に限定することで，米朝「枠組み合意」を遵守していると主張したのである。

北朝鮮がその立場を変える契機となったのが，2002年11月14日，KEDO理事会が「北朝鮮の核兵器計画」が米朝「枠組み合意」，NPT，IAEA保障措

第6章　北朝鮮の米朝「枠組み合意」離脱と「非核化」概念

置協定，そして「南北非核化共同宣言」への明確かつ深刻な違反行為であることを指摘し，重油供給を翌12月から停止する決定を下したことであった[29]。これによって，HEU計画の発覚に端を発した核問題は，ついに米朝「枠組み合意」に波及し，IAEA理事会も北朝鮮にあらゆる核開発計画の放棄を求める決議を採択した[30]。ただし，この時点でKEDOの決定はもう1つの任務である軽水炉事業には言及していなかった。KEDOは，軽水炉事業をあえて継続することで，北朝鮮がHEU計画を放棄し米朝「枠組み合意」を遵守する誘因を残したのである。

2　「保障措置の継続性」の断絶

KEDOの決定に対して，北朝鮮は米朝「枠組み合意」から離脱することで対抗した。外務省代弁人談話はKEDOによる重油供給が「核凍結」の「前提」であったことを指摘し，その凍結解除と核施設の建設再開を宣言したのである[31]。ここで改めて指摘すべきは，北朝鮮が批判したのは米朝「枠組み合意」を「踏み躙った」米国であって，米朝「枠組み合意」それ自体ではなかったことである。この談話も米朝「枠組み合意」における自らの立場の正当性を主張し，HEU計画についても「論ずる必要を感じていない」と述べていた。この談話が「核施設を再び凍結する問題は全面的に米国にかかっている」と述べたように，米国が米朝「枠組み合意」に復帰する姿勢みせれば，北朝鮮としても同様の対応を行う意思は残されていた。しかし，朝鮮原子力総局長の李済善はエルバラダイIAEA事務局長宛ての2通の書簡で，米朝「枠組み合意」が「同時行動措置」で成り立っていたと指摘しつつ，寧辺の核施設の封印と監視カメラを撤去することを通告した[32]。さらに，李済善はIAEA査察官の国外追放を告げ[33]，「保障措置の継続性」は一旦断絶することになった。

「保障措置の継続性」が使用済み核燃料の保管を含んでいた以上，それが断絶することは北朝鮮が再処理に着手することを意味した。米朝「枠組み合意」には，北朝鮮が「使用済み燃料棒を安全に保管」し，国内で「再処理を行わず同燃料を安全な方法で処理する方法を探るために協力する」（第1章-3）と記され，「秘密覚書」でも使用済み核燃料の国外搬出が可能となる保管方法を決定するとされながら，国外搬出は軽水炉第1号基の重要な原子力部品の引渡し

137

第6章　北朝鮮の米朝「枠組み合意」離脱と「非核化」概念

とともに開始するとされていた。当時、軽水炉事業は本体建屋の基礎工事に着手したばかりであり、米朝間で使用済み核燃料を安全に保管する「缶詰」作業が2000年4月に完了したものの、その国外搬出には至っていなかった。

北朝鮮は再処理について、「核開発と何ら関係はなく電力生産のため」[34] と主張していたが、そもそも北朝鮮は「南北非核化共同宣言」によってウラン濃縮、核再処理は禁じられている。北朝鮮は上述の米朝不可侵条約を提案した外務省代弁人談話で、「南北非核化共同宣言」は「白紙化」されたと述べていたが、この論評で北朝鮮はそれを行動に移したといえるかもしれない。しかし、米朝「枠組み合意」で放射化学研究所と言及されながらも、「秘密覚書」で「再処理の禁止」が明確に約束されたのは、それが核兵器開発に直結すると懸念されたからに他ならなかった。かつて、北朝鮮は軽水炉事業が遅延していたことに関連し、「自立的核動力工業」という語を用いて寧辺の核施設の再稼動に言及していたが[35]、北朝鮮は「南北非核化共同宣言」の「白紙化」という既成事実を設定した上で、電力生産の口実で寧辺の核施設の再稼動を正当化しようとしたと考えられる。

さらに2003年1月10日、北朝鮮は政府声明でNPT脱退を表明した。ここで北朝鮮は、米朝第1ラウンド協議「共同声明」でNPT脱退宣言を「一時停止」した経緯から、NPTが定める90日の猶予期間は1日しか残っていないため、2003年1月11日からNPT脱退が成立するとの解釈をとった[36]。その解釈には議論の余地があるが、正式脱退まで新たに90日の猶予期間があるとしても、その後北朝鮮が政府声明を翻す言動をとることはなかった。また、北朝鮮がNPT第10条に規定される脱退に必要な手続を踏まなかったとしても、NPT締約国はそれについて問題提起をしなかった。それは北朝鮮が脱退の正式手続を踏めば、北朝鮮がNPTに復帰する手続が複雑化するとの判断によるものであろう[37]。

したがって、北朝鮮のNPT脱退表明との関連で取り上げるべきは、北朝鮮のNPT上の法的地位よりは、その翌日から正式脱退が成立するとした北朝鮮の政治的判断となる。上述の政府声明は、NPT脱退表明に至った直接の理由として、北朝鮮が保障措置協定に違反する行動をとったことを「遺憾とする」IAEA理事会決議[38]を挙げていたが、それを「米国の唆し」としたように、米朝「枠組み合意」を「乱暴に違反した」米国が非難の対象であった。この声

第6章　北朝鮮の米朝「枠組み合意」離脱と「非核化」概念

明は，米国が「新たな『核疑惑』を持ち出し」たとし，HEU計画を改めて否定するとともに，米国が「核による威嚇の中止と敵対意思の放棄を公約した義務を一方的に放棄した」と非難した。留意すべきは，ここで「現段階でわが方の核活動は専ら電力生産をはじめとする平和的目的に限られるであろう」（傍点内は引用者）とし，「平和的目的」の「核活動」を時間的に限定するとも受け取れる表現が用いられたことである。この声明は「米国がわが方に対する敵視圧殺政策を中止して核の威嚇を止めるのなら，核兵器を生産しないことを朝米間に別途の検証を通じて証明することもできる」と述べたが，これはその後，「核活動」が「平和的目的」から逸脱する可能性を示していたとも考えられる。

このように，北朝鮮はHEU計画を否定したまま，米国に「対朝鮮敵対政策」の放棄を迫る交渉を求めていた。『労働新聞』が米朝「枠組み合意」の「破棄を防ぎ」，核問題の平和的解決のため米朝不可侵条約を提案したと述べたように[39]，北朝鮮は米国に米朝「枠組み合意」への回帰を求めつつ，より広範な「安全の保証」として米朝不可侵条約を位置づけた。北朝鮮が米朝「枠組み合意」だけでは「今日の核問題の根本的解決はできない」[40]と述べたのもこれを意味する。北朝鮮はHEU計画を否定しつつ，かかる取り決めに米国を導くためには，NPT脱退を既成事実化する「瀬戸際外交」が有効と判断したのである。

III　核問題の地域的解決の枠組み——「凍結対補償」と「完全」核放棄

1　集団的安全保障の地域的機能

本来，IAEAは憲章12条C項に従って，保障措置協定に違反行為があったとき，それを国連安保理と総会に報告する権限をもつ。その場合，国連安保理常任理事国とNPTの核兵器国が同一であることからいえば，国連安保理常任理事国は核不拡散の立場から一致した政治的判断を下すことが予定されている。実際，「第1次核危機」の際，国連安保理はIAEAの報告に従い，北朝鮮にIAEAとの協議を奨励する議長声明[41]を発表したのに続き，NPT脱退宣言の再考を促すなどの内容の決議[42]を採択した。今回も，IAEA理事会は2003年2月12日の決議で，それ以前に採択された2つの決議文を再確認し[43]，そ

139

第6章 北朝鮮の米朝「枠組み合意」離脱と「非核化」概念

れを国連安保理に報告した。しかし，それをうけて国連安保理がこの非公式会合をもったことはあっても，本格審議を行うことはなかった。

そこには，今次の核問題の構造的な特徴が作用している。「第1次核危機」は，IAEAによる特別査察の要求に北朝鮮が抵抗してNPT脱退宣言を発表したことに端を発していたのに対し，今次の核問題は米国が独自に入手したHEU計画に関する情報をもとに，北朝鮮にそれを認めるよう迫ったことが直接の契機となっている。たしかに，北朝鮮の保障措置協定違反を追及するIAEAの立場は米国とも共有されている。しかし上述の通り，北朝鮮は「保障措置の継続性」を含め，核問題において対米関係を独立変数と捉えていた。また，HEU計画に関しても独自の情報を有していた米国が，北朝鮮の保障措置協定違反に対応する上で他の国連安保理常任理事国と比べて圧倒的な発言力をもったのは当然であった。

さらに，米国は「先制行動論」をイラクで実践したこととは対照的に，北朝鮮の核問題については平和的解決の必要性を強調し，多国間協議を提案した。NPTから脱退を表明した北朝鮮に対し，国連安保理でその核問題を審議すれば，経済制裁から軍事制裁を求める議論に発展しかねなかった。もちろん，多国間協議構想は国連安保理での審議の可能性を排除したわけではなかった。この構想が中国，ロシアという安保理常任理事国を含んでいたことを考えるとき，米国は北朝鮮が核開発にさらに固執すれば，国連安保理で審議するという可能性を提示し，それが多国間圧力として北朝鮮に作用することを意図していた。米国の多国間協議構想は，国連安保理との連動性を保ちつつも，その前段階で核問題の地域的な解決を試みる集団的安保協議と捉えてもよい。

しかし他方，北朝鮮にとって多国間協議は，「先制行動論」が実践されたイラクとの差別化を図る上で有効な枠組みとなった。イラク開戦に至る国連安保理審議が示しているように，中国とロシアが「先制行動論」に否定的である以上，両国を含む多国間協議は米国の「先制行動」を牽制できる枠組みとなるからである[44]。イラク開戦に至る過程で，国連安保理を離れて当該地域で会議が開かれなかったことを考えると，北朝鮮の核問題について国連安保理を離れた多国間協議が関連諸国の間で開かれること自体，イラクとの差別化を意味する。実際，イラク開戦前の3月7日，中国は北朝鮮に特使を派遣し米朝中3者会談を提案し[45]，これに対し北朝鮮も中国を通じて多国間協議を原則的に受

第6章　北朝鮮の米朝「枠組み合意」離脱と「非核化」概念

諾することを日米両国に伝えたという(46)。また，米国が多国間協議を通じて，国連安保理での審議の前段階で核問題の地域的な解決を試みたことは，翻れば，多国間協議が開かれる限り，核問題が国連安保理で審議されることはないことを意味する。米朝2国間協議に固執していた北朝鮮が4月12日，外務省代弁人談話を通じて「対話の形式には拘泥しない」との立場をとったのは(47)，上のような判断が作用したと考えてよい。

かくして，2003年4月23日から25日にかけ，北京で米朝中3者会談が開かれた。そこで北朝鮮の李根外務省米州局副局長は，「新しい寛大な提案」と呼ばれる核問題の段階的解決の方法を提示した。さらに李根は米国代表のケリーに対し，核保有を非公式に告げたほか，約8000本の使用済み燃料棒の再処理をほとんど終了したと述べ，それを「物理的に立証」するか「移転する」のは米国次第であると伝えたという(48)。すでにそれ以前，北朝鮮は外務省代弁人声明を通じて「強大な軍事的抑止力を備えてこそ戦争を防ぎ国と民族を守ることができる」(49)と述べていたが，この会談の後，「核抑止力」に言及した(50)。

このように，北朝鮮が米国に対して核開発の進展を誇示できたのは，多国間協議が開かれている間は，国連安保理で審議されることはないとの判断があったからであろう。しかも，北朝鮮がこの種の発言を行った時期，米国を含む関係国は，日本と韓国を含む5者会談，あるいはそれにロシアを加える6者会談の構想を展開していた。実際，7月には北朝鮮国内で，燃料棒を切断し硝酸で溶解する再処理工程で放出される放射性のクリプトン85（kr-85）が検出されたという。これが事実であれば，北朝鮮が再処理に着手したことになり，やがてプルトニウムを蓄積することになる(51)。

2　「完全」核放棄の多義性

問題解決の緊急性からいっても，米国の関心は再稼動した寧辺の核施設の（再）凍結に注がれた。それをよく示すが，「検証可能かつ不可逆的」という原則であった。この原則の「検証可能」の部分では，まず北朝鮮は2002年末まで寧辺の核施設に駐留していたIAEA査察官を現場復帰させ，凍結状態の監視を受け入れなければならない。これは北朝鮮が，米朝「枠組み合意」に明記された「保障措置の継続性」を限定的にせよ回復することを意味する。また，

第6章　北朝鮮の米朝「枠組み合意」離脱と「非核化」概念

この原則の「不可逆的」の部分では，北朝鮮が米朝「枠組み合意」の「秘密覚書」にも「部品と装備がもはや使用されることがない」形でと記されたように，核施設の解体に同意しなければならなかった。

　上述の通り，北朝鮮は対米批判を展開する過程でも，米朝「枠組み合意」それ自体を批判していたわけではなかった。したがって，北朝鮮が核問題解決の方法論として，米朝「枠組み合意」の内容に触れたのはむしろ自然である。8月27日から29日にかけ北京で，第1回6者会談が開催されたとき，北朝鮮代表の金永日外務省副相は基調演説で4段階からなる「同時行動順序」を提示したが，その第1段階で米国が重油提供を再開し人道支援を拡大する代わりに「核計画」放棄を宣布することを提案し，その第2段階で米朝不可侵条約の締結し電力損失を補償する代わりに「核施設と核物質の凍結及び監視査察」を許容すると述べていた。さらに金永日は，第3段階で米朝・日朝外交関係樹立と「ミサイル問題」を妥結したあと，第4段階で軽水炉完工の時点で核施設を解体すると明言した(52)。第1段階で示された重油提供の再開は，米国が2002年11月のKEDOの決定を取り下げることを意味する。また，第2段階で言及された「核施設と核物質の凍結及び監視査察」とは，米朝「枠組み合意」で凍結対象とされた施設について「保障措置の継続性」を回復することを指す。さらに第3段階の米朝外交関係樹立，第4段階の軽水炉完工と核施設の解体は，いずれも米朝「枠組み合意」に明記された項目である。

　しかし，それらは米国が北朝鮮のいう「対朝鮮敵視政策」を撤回することと同時にとられる措置とされ，米国がそれに同意しない限り実現しない。実際，王毅中国外交部副部長が参加代表の「共通認識」を列挙した議長総括では，北朝鮮が主張した「同時行動」ではなく，「段階的・同時並行」と言及された。ここから，米国が段階的解決に理解を示しつつも，北朝鮮が提示した核問題解決の方法論に従って行動をとる用意がなかったことが読み取れる。米国は「脅威を与えず，侵略・攻撃する意図もなく，体制転換を要求しない」(53)と述べたが，それは北朝鮮が求めた「対朝鮮敵視政策」の撤回には及ばなかった。

　いうまでもなく，以上の経緯は米国がHEU計画を軽視したことを意味しない。第1回6者会談で金永日はHEU計画を改めて否定したが，米国にとって北朝鮮のHEU計画の放棄は核問題解決という全体像の不可分の一部であった。北朝鮮に全面的な核開発の放棄を求めるのは，HEU計画が発覚して以

第6章　北朝鮮の米朝「枠組み合意」離脱と「非核化」概念

来，米国の一貫した姿勢であり，その原則にどのような形容詞をつけるかによって，米国の姿勢が変わるわけではない[54]。しかしこの時期，米国が従来の「検証可能かつ不可逆的」という原則に「完全」との文言を追加したのは，HEU計画の放棄を迫る立場を明らかにするためでもあった。

しかしその後，「完全」という文言は多様な文脈で用いられるようになった。その1つはKEDOの軽水炉事業に関連する。KEDO理事会は2003年11月21日，同年12月1日から1年間，軽水炉事業の停止を決定し，重油供給の停止に続いてその任務の全てを停止した[55]。これについてエレリ米国務省副報道官は，軽水炉に「未来はない」[56]と述べ，米国に軽水炉事業を再開させる意思がないことを強調しつつ，それは北朝鮮の核計画に「検証可能かつ不可逆的で完全な」終結をもたらす目的のためであると述べた[57]。

他方，「完全」という原則は，北朝鮮が独自に「平和的核動力工業」の名目で推進する計画の放棄を迫る際にも用いられた。北朝鮮は寧辺の核施設を再稼動させたとき，それらが電力生産のためと主張していながら，後に再処理で得られたプルトニウムの用途を「核抑止力を強める方向に変更した」[58]と述べた。しかし，北朝鮮は外務省代弁人談話で「同時行動順序」の第1段階として「凍結対補償」との新たな原則を提示したのに続き[59]，その「直接的行動」としてとられる凍結措置の対象に「平和的核動力工業」を加えた[60]。

「平和的核動力工業」が何を意味するのかには議論の余地がある。以前，KEDOの軽水炉事業が遅延するなか，「自立的核動力工業」の名目で寧辺の核施設の再稼動を仄めかしたことは指摘した通りである。今回も北朝鮮が同様の手法をとっているとすれば，再処理施設はともかく，実験用黒鉛型減速炉を「平和的核動力工業」とし，それを凍結することで米国からの譲歩を得ようとしたと考えられる。あるいは，「凍結対補償」の原則からいえば，北朝鮮は「平和的核動力工業」の範囲をあえて曖昧にし，最小限の「凍結」範囲で最大限の「補償」を得ようとしたのかもしれない。いずれにせよ，これに対して米国は「完全で検証可能かつ不可逆的」という原則に触れた上で，「平和利用」を含む核放棄の必要性を強調した[61]。かくして，「完全」な核放棄とは，HEU計画はいうまでもなく，軽水炉事業という外部から提供される核エネルギーの「平和利用」の停止に加え，その名目で北朝鮮が推進するあらゆる核計画の放棄も意味するに至ったのである。

143

第6章　北朝鮮の米朝「枠組み合意」離脱と「非核化」概念

む す び――朝鮮半島「非核化」概念の再検討

　HEU 計画の発覚後，北朝鮮は国際核不拡散レジーム，米朝「枠組み合意」から離脱し，「南北非核化共同宣言」も「白紙化」させた。本来，朝鮮半島「非核化」とは，核兵器だけではなく，平和利用も含む核再処理，ウラン濃縮の施設も存在しないことを指していた。しかし，HEU 計画に加え，北朝鮮が非公式に核保有を仄めかし，抽出されたプルトニウムを「核抑止力を強める方向に変更した」と発表することで，朝鮮半島「非核化」概念は動揺し，それを検証する「二重査察構造」という規範も過去のものになりつつある。

　これに対し，米国をはじめとする関係国は核問題の地域的解決を試み，6者会談を制度化しようとしている。しかし，寧辺の核施設を凍結から解体に導いた上で，北朝鮮に HEU 計画を放棄させない限り，6者会談は北朝鮮の核開発に時間的な猶予を与える枠組みに堕すことにもなりかねない。実際，2004 年 2 月 25 日から 29 日にかけ，第 1 回会談から半年ぶりに第 2 回 6 者会談が開かれたが，北朝鮮代表の金桂冠外務省副相は，HEU 計画を否定した上，凍結の対象を「核兵器計画」に限定する姿勢を明らかにした。その結果，王毅による議長総括では「核兵器のない朝鮮半島の実現」と言及され，むしろ朝鮮半島「非核化」という当初の目標から後退してしまった[62]。王毅が「核放棄の定義と範囲については共通認識に至っていない」[63]と述べたように，凍結対象を核兵器計画に限定しようとする北朝鮮と HEU 計画を含む「完全で検証可能かつ不可逆的」な核放棄を要求する米国との間の溝はむしろ広がったともいえる。しかも，金桂冠はそこで，寧辺の実験用黒鉛型減速炉を「平和利用」とし，凍結対象から除外しようとしたという[64]。今後，北朝鮮は「凍結対補償」原則を主張しつつ，「平和利用」の名の下で実験用黒鉛型減速炉を凍結する用意を表明する代わりにより大きな代償を求めるであろう。HEU 計画についても低濃縮ウランによる「平和利用」計画として正当化するかもしれない。

　他方，米国が主張する「完全で検証可能かつ不可逆的な核放棄」という原則は，その頭文字をとった CVID（Complete, Verifiable, and Irreversible Dismantlement）として定着したといってよい。すでに米国は KEDO による軽水炉事

第6章　北朝鮮の米朝「枠組み合意」離脱と「非核化」概念

業を再開する意思のないことを明らかにし，朝鮮半島「非核化」とは「あらゆる核計画，あらゆる濃縮計画，あらゆる核兵器計画を除去する」[65]ことと明言している。米国は北朝鮮の核問題の解決にあたって「リビア方式」を提唱しているが[66]，北朝鮮に軽水炉を提供しないとすれば，CVIDは北朝鮮に従来の「非核化」に加えて原子力発電も許さないことになる。そうなれば，「非核化」概念が北朝鮮にのみ拡大し，すでに原子力発電が電力供給上不可欠となっている韓国の「非核化」概念との間で格差が生まれることになる。

　しかし，北朝鮮は米朝「枠組み合意」から離脱しながら，「保障措置の継続性」を限定的にせよ回復する用意をみせ，軽水炉の完工とともに核施設の解体を主張するなど，米朝「枠組み合意」の再履行を通じて核問題の解決を図っている。米国もまた，寧辺の核施設をIAEAの検証を伴って凍結させた上で解体しようとしているが，それに文書上の根拠を与えているのは米朝「枠組み合意」に他ならない。

　その文脈から，軽水炉事業を一時停止するKEDOの決定が，韓国の積極的同意を得て下されたわけではないことは強調されるべきである。事実，韓国軽水炉事業企画団の張瑄燮は，軽水炉事業の「一時停止」が「再開を前提とする」ことを強調していた[67]。韓国がその事業の継続を希望した背景には，米朝「枠組み合意」を部分的にせよ再履行し，軽水炉事業を再開することで，核問題の解決を図ろうとする判断があったに相違ない。したがって，軽水炉事業をめぐる米韓間の齟齬は，1年間の停止期限が近づくにつれ，朝鮮半島「非核化」概念をめぐる齟齬に発展しうる。

　HEU計画の発覚に示されるように，北朝鮮が核開発の明確な意図をもっている以上，国際不拡散レジームへの関与が完全になくなれば，核開発をさらに推進することは明白である。IAEAが「93＋2」と呼ばれる保障措置の強化を講じ始めた1994年に北朝鮮はIAEAから脱退し，1997年に採択された追加議定書にも署名していない現状を考えるとき，北朝鮮に対し，NPT，IAEAへの再加盟と追加議定書への署名を条件に，軽水炉事業再開の期待感を与えるべきかもしれない。軽水炉事業の停止を含んでCVIDを厳格に適用することによる北朝鮮の核開発のリスクと，核不拡散レジームへの関与を条件として軽水炉事業を再開することによる核開発のリスクとを比較検討する作業が求められている。

第6章　北朝鮮の米朝「枠組み合意」離脱と「非核化」概念

注

(1) 「南北非核化共同宣言」については，倉田秀也「北朝鮮『核問題』と南北朝鮮関係――『局地化』と『国際レジーム』の間」『国際問題』第403号，1993年10月。なお，「南北非核化共同宣言」の全文は，"Joint Declaration of Denuclearization of the Korean Peninsula," *Intra-Korean Agreements,* Seoul: National Unification Board, October 1992 による。

(2) "Agreed Framework between the United States of America and the Democratic People's Republic of Korea, Geneva, October 1994" [http://www.armscontrol.org/documents/af/asp]. 以下に引用する非公開の「秘密覚書(confidential minutes)」を含む米朝「枠組み合意」は，ケネス・キノネス（伊豆見元監修／山岡邦彦・山口瑞彦訳）『北朝鮮――米国務省担当官の交渉記録』中央公論新社，2000年，487-498頁に掲載の「関連資料」を参照して訳出したものである。ただし，「秘密覚書」は李東馥『統一の小径を開く2』，ソウル，サムクァクム社（発行年不詳）からの転載である。

(3) 「朝米間の不可侵条約締結が核問題解決の方途である――朝鮮民主主義人民共和国外務省代弁人談話」『労働新聞』2002年10月26日。以下，この外務省代弁人談話からの引用はこの文献による。

(4) "Standing at the Brink in North Korea: The Counterproliferation Imperative," Ashton B. Carter and William J. Perry, *Preventive Defense: A New Security Strategy for America,* Washington, D.C.: Brookings Institution Press, 1999, p.139.

(5) 「米国大統領特使がわが国を訪問したことに関連した朝鮮民主主義人民共和国外務省代弁人回答」『労働新聞』2002年10月8日。

(6) "Press Statement, Richard Boucher, Spokesman, Washington D.C., October 16, 2002" [http://www.state.gov/r/pa/prs/ps/2002/14432.htm].

(7) "US House of Representatives, International Relations Committee, North Korea Advisory Group, Report to the Speaker" [http://www.house.gov/international_relations/nkag/report.htm].

(8) Joseph S. Bermudez, Jr, *A History of Ballistic Missile Development in the DPRK, Occasional Paper No.2,* Monterey: Monterey Institute of International Studies, 1999, pp.17-23.

(9) Gaurav Kampani, "Report: Second Tier Proliferation: The Case of Pakistan and North Korea," *The Non-proliferation Review,* Vol.9, No.3, Fall-Winter 2002, p. 110.

(10) "U.S. Foreign Policy East Asia and Pacific: Challenges and Priorities for the Bush Administration, Hearing before the Subcommittee on East Asia and Pacific of

第6章　北朝鮮の米朝「枠組み合意」離脱と「非核化」概念

the Committee on International Relations, House of Representatives, One Hundred Seventh Congress, First Session, June 12, 2001" [http://comodocs.house.gov./committees/interlrel/hfa73067.000/hfa73067_0.html].

(11) Seymore Hersh, "The Cold Test: What the Administration Knew about Pakistan and the North Korean Nuclear Program," *The New Yorker,* January 27, 2003. 2004年2月, パキスタンのカーン博士が過去, 北朝鮮にウラン濃縮技術を提供した事実を告白した (See, John Lancaster and Kamran Khan, "Pakistani Confesses to Aiding Nuclear Efforts: Scientist Helped N. Korea, Libya, Iran," *Washington Post,* February 2, 2004). そこにパキスタン政府の関与があったか否かについては必ずしも明らかではないが, ブット元首相は, ムシャラフ首相がカーン博士の活動を知っていたと述べた (See, "Musharraf Knew About A. Q. Khan's 'Private' Proliferation," *New Perspective Quarterly,* Vol.21, No.4, Spring 2004)。なお, これを踏まえた上で北朝鮮＝パキスタン間のミサイルと核技術に関する相互作用を考察した報告として, see, Sharon A. Squassoni, *Weapons of Mass Destruction: Trade Between North Korea and Pakistan; Updated March 11, 2004,* Washington D.C.: Congressional Research Service, 2004.

(12) 「朝米会談では軽水炉提供遅延による電力喪失補償問題がまず先に論じられなければならない――朝鮮民主主義人民共和国外務省代弁人談話」『労働新聞』2001年6月19日。

(13) 「先制行動論」への北朝鮮の認識については, 倉田秀也「北朝鮮の『核問題』と盧武鉉政権――先制行動論・体制保障・多国間協議」『国際問題』第518号, 2003年5月, 15-17頁を参照。

(14) Les Aspin, *Annual Report to the President and the Congress,* Washington D.C.: Department of Defense, January 1994.

(15) "Statement of John A. Gordon, Undersecretary for Nuclear Security and Administrator, National Nuclear Security Administration, U.S. Department of Energy, Before the Committee on Armed Service, U.S. Senate, 14 February, 2002. なお, 後に米上下院は「スプラット・ファース条項」を撤廃して小型核兵器の研究を解禁する国防権限法案を可決し, 同年10月にブッシュもこれに署名した。

(16) キム・ジョンソン「またしても露となった核狂信者の正体」『労働新聞』2002年3月15日。

(17) ブッシュ政権の小型核兵器の研究再開に対する北朝鮮の批判は, キム・ナムヒョク「人類抹殺を企図する凶悪な殺人鬼」『労働新聞』2002年3月16日を参照。

(18) 「平壌放送2002年10月21日」『北朝鮮FAXニュース』2002年10月22日。なお, 2002年11月初旬にグレッグ元駐韓米大使らが訪朝したとき, 姜錫柱は, 米朝「枠

147

第6章 北朝鮮の米朝「枠組み合意」離脱と「非核化」概念

組み合意」は「糸一本でぶら下がっている(hanging by a thread)」と述べたという (See, Paul Eckert, "N. Korea Still Recognizes '94 Pact with U.S., Ex-Envoy Says," *Washington Post,* November 7, 2002)。

(19) 「保障措置の継続性」概念が案出される経緯については, see, Don Oberdorfer, *The Two Koreas: A Contemporary History,* MA: Addison Wesley, 1998, p.292（ドン・オーバードーファー／菱木一美訳『二つのコリア——国際政治の中の朝鮮半島』, 共同通信社, 1998 年, 342-343 頁)。

(20) キノネス『前掲書』(注2), 290 頁。

(21) 「われわれは国際原子力機構書記局の傲慢無礼な策動を決して容認しないであろう——朝鮮民主主義人民共和国外交部代弁人声明」『労働新聞』1994 年 6 月 14 日。

(22) 「われわれの炉心燃料交替作業は燃料棒の事後測定のための技術的可能性を十分に保存する方法で進行している——朝鮮民主主義人民共和国原子力総局代弁人談話」『労働新聞』1994 年 6 月 3 日。

(23) Oberdorder, *op. cit.* (注 19), p.328 (邦訳, 363-364 頁).

(24) 「米朝合意声明」では, この文言の前に「1994 年 6 月 20 日 - 22 日に姜錫柱外交部第 1 副部長とロバート・L・ガルーチ国務次官補の交換書簡で合意された通り」との一文が冠されていたが, 管見の及ぶ限りその書簡を掲載した文献はない。

(25) GC(39)/35, 20 September 1995, Agenda Item 24.

(26) GC(40)/16, 20 August 1996; *IAEA Press Release,* 1995/13 (18 September, 1995). なお, IAEA が北朝鮮に手渡したという「朝鮮民主主義人民共和国の冒頭報告の正確性及び完全性を検証するためのIAEA が必要とする情報」は, 邦訳の上, ケネス・キノネス (伊豆見元監修／山岡邦彦・山口端彦訳)『北朝鮮 II——核の秘密都市寧辺を往く』中央公論新社, 2003 年の巻末資料に掲載されている。

(27) *Agreement on Supply of a Light-Water Reactor Project to the Democratic People's Republic of Korea between the Korean Peninsula Energy Development Organization and the Government of the Democratic People's Republic of Korea,* New York: December 15, 1995, p.3.

(28) キノネス,『前掲書』(注 26), 414-415 頁。

(29) "KEDO Executive Board Meeting Concludes, November 14, 2002" [http://www.kedo.org/news_detail.asp?NewsID=10].

(30) GOV/2002/60, 29 November 2002.

(31) 「朝鮮民主主義人民共和国外務省代弁人談話」『労働新聞』2002 年 12 月 13 日。以下, この外務省代弁人談話からの引用はこの文献による。なお, ここでいう建設が再開された核施設とは, 米朝第 3 ラウンド協議（第 1 セッション, 1994 年 8 月 5 日 - 12 日, 於ジュネーヴ）の「米朝合意声明」に言及された寧辺の 50 MW(e) と泰川の 200 MW

第6章　北朝鮮の米朝「枠組み合意」離脱と「非核化」概念

(e)の原子炉を指す。これらの施設の建設中止は米朝「枠組み合意」本文には言及されなかったが，その「秘密覚書」で再確認された。
(32)　「核施設監視カメラの撤収をIAEAに要求（朝鮮原子力総局長の手紙，12.12, 14）」『朝鮮民主主義人民共和国月間論調』2002年12月，5-6頁。
(33)　「原子力総局総局長が国際原子力機構総局長に書簡を送った」『民主朝鮮』2002年12月28日。
(34)　「一度決心したら必ず実行する（朝鮮中央通信論評2002.12.28）」『朝鮮民主主義人民共和国月刊論調』2002年12月，9頁。
(35)　キム・ジョンオク「いつまでも無駄な時間を費やせない」『労働新聞』1996年9月20日を参照。
(36)　「朝鮮民主主義人民共和国政府声明」『労働新聞』2003年1月11日。以下，この政府声明からの引用はこの文献による。なお，白南淳外相が国連安保理議長に宛てた同日の書簡も，このことを指摘していた（「外務相，国連安全保障理事会議長に書簡を送った」『労働新聞』2003年1月11日）。
(37)　この議論の詳細は，浅田正彦「北朝鮮をめぐる国際法上の問題点——核兵器問題を中心に」『法学教室』第274号，2003年7月を参照。See also, Jean du Preez and William Potter, "North Korea's Withdrawal from NPT: A Reality Check" [http://cns.miis.edu/pub/week/030409.htm].
(38)　GOV/2003/3, 6 January 2003.
(39)　キム・ジョンソン，リ・ヒョンド「朝鮮半島に最悪の事態をもたらした張本人は米国」『労働新聞』2003年1月16日。
(40)　「ケリーは証拠を示さなかった——呉成哲朝鮮外務省局長」『朝鮮新報』2003年1月25日。
(41)　S/25562, 8 April 1993.
(42)　S/825, 11 May 1993.
(43)　GOV/2003/14, 12 February 2003.
(44)　倉田秀也「単極構造と北朝鮮——『不拡散』と『対拡散』の地域的交錯」『国際安全保障』第31巻第1-2合併号，2003年9月，57頁。
(45)　「胡錦濤致函金正日打開六方会談大門」『信報』2003年8月28日。
(46)　『毎日新聞』2003年4月17日。See also, Ming Liu, "China and the North Korean Crisis: Facing Test and Transition," *Pacific Affairs*, Vol.76, No.3, Fall 2003, p. 360.
(47)　「朝鮮民主主義人民共和国外務省代弁人回答」『民主朝鮮』2003年4月13日。
(48)　その後，「朝鮮中央通信」が論評で，「爆弾発言」との語に触れた。これについては，「『体制保障』『代価提供』は政治的無知のき弁（朝鮮中央通信論評2003.4.29）」

149

第6章 北朝鮮の米朝「枠組み合意」離脱と「非核化」概念

『朝鮮民主主義人民共和国月間論調』2003年4月, 13頁。なお, パウエルも上院歳出委員会でそれを裏づける発言を行ったという。See, Paul Kerr, "North Korea Ups the Ante in Nuclear Standoff, *Arms Control Today*, Volume 33, Number 5, June 2003.

(49)　「朝鮮民主主義人民共和国外務省代弁人声明」『労働新聞』2003年4月7日。

(50)　「朝鮮民主主義人民共和国外務省代弁人回答」『労働新聞』2003年6月7日。

(51)　クリプトン85は寧辺ではない別の山岳地帯から放出されたともいわれ, 北朝鮮が別の再処理施設を保有している可能性が指摘されている。See, "Krypton Clue to North Korean Nuclear Progress, 21 July, 03" [http://www.newsscientist.com/news/news.jsp?id=ns9993960]。朴吉淵国連大使はプリチャード朝鮮和平担当大使に対し, 使用済み燃料棒の再処理を終えたことを通告していた (David Sanger, "North Korea Says It Has Materials for Atom Bombs," *New York Times*, July 15, 2003)。

(52)　「一括妥結図式と同時行動原則示す――朝米間の核問題に関する6者会談開催 (朝鮮中央通信8.29)」『朝鮮民主主義人民共和国月間論調』2003年8月, 15頁。以下, 議長総括を含む第1回6者会談の分析は, 倉田秀也「6カ国協議と北朝鮮核放棄への道筋――多国間協議持続の『仕掛け』を」『世界週報』2003年10月7日を参照。

(53)　「六方会談中国代表団長王毅挙行中外記者招待会 2003/8/29」[http://www.fmprc.gov.cn/chn/zxxx/t25501.htm]。

(54)　"Daily Press Briefing, Richard Boucher, Spokesman, Washington D.C., November 7, 2003" [state.gov/r/pa/prsdpb/2003/26041.htm]。

(55)　"KEDO Executive Board Meeting, November 21, 2003" [http://www.kedo.org/news_detail.asp?NewsID=13]。

(56)　"Daily Press Briefing, Adam Ereli, Deputy Spokesman, Washington, D.C., November 20, 2003" [http://www.state.gov/r/pa/prs/dpb/2003/26502.htm]。

(57)　"Daily Press Briefing, Adam Ereli, Deputy Spokesman, Washington, D.C., November 4, 2003" [http://www.state.gov/r/pa/prs/dpb/2003/25915.htm]。

(58)　「朝鮮民主主義人民共和国外務省代弁人談話」『民主朝鮮』2003年10月3日。

(59)　「朝鮮民主主義人民共和国外務省代弁人回答」『労働新聞』2003年12月10日。See also, Li Gun, "Various Requisites for Resolving the Nuclear Question," *People's Korea*, February 28, 2004.

(60)　キム・ナムヒョク「われわれの同時一括妥結案を受け入れなければならない」『労働新聞』2003年12月15日。以下, この論評からの引用はこの文献による。

(61)　"Daily Press Briefing, Richard Boucher, Spokesman, Washington, D.C., December 9, 2003" [http://www.state.gov/r/pa/prs/dpb/2003/26998.htm]。

(62)　Chairman's Statement for the Second Round of Six-Party Talks (February 28th 2004). 第2回6者会談の分析については, さしあたり, 倉田秀也「描けなかった北

第6章　北朝鮮の米朝「枠組み合意」離脱と「非核化」概念

朝鮮『核放棄』のプロセス——残された時間は多くない」『世界週報』2004年3月23日を参照されたい。なお，議長総括は中国文では「朝鮮半島非核化（無核化）」となっているが，王毅はそれが「核兵器のない」状態を意味すると述べていた。これについては，「王毅澄清"朝鮮半島無核化"概念」［http://news3.xinhuanet.com/newscenter/2004-02/28/content_1336706.htm］。

(63)　「王毅談第二輪北京六方会談：三個特点五項発展」［http://news3.xinhuanet.com/newscenter/2004-02/28/content_1336830.htm］。なお，「第2次6者会談実質的合意には至らず——同時行動を忌避した米国，依然残された対決の火種」『朝鮮新報』2004年3月2日も併せて参照。

(64)　"The Bush Administration's Nonproliferation Policy: Successes and Future Challenges, Testimony by Under Secretary of State for Arms Control and International Security, John Bolton to the House International Relations Committee, 30 March 2004" ［http://wwwc.house.gov/international_relations/108/bolt033004.htm］。なお，1月初旬に寧辺を訪問した米調査団に対して金桂冠は，「いかに凍結するか」「その後の措置は何か」については，第2回6者会談で議論する姿勢を明確にしていた（*North Korea: Status Report on Nuclear Program, Humanitarian Issues and Economic Reforms; A Staff Trip Report to the Committee on Foreign Relations, United States Senate, One Hundred Eighth Congress, Second Session,* Washington D. C.: U.S. Government Printing Office, February 2004, p.1）。

(65)　"Daily Press Briefing, Richard Boucher, Spokesman, Washington, D.C., February 25, 2004" ［http://www.state.gov/r/pa/prs/dpb/2004/29884.htm］。

(66)　"Ensuring a Korean Peninsula Free of Nuclear Weapons: James A. Kelly, Assistant Secretary of State for East Asian and Pacific Affairs, Remarks to the Research Conference—North Korea: Toward a New International Engagement Framework, Washington, D.C., February 13, 2004" ［http://www.state.gov/p/eap/rls/rm/2004/29396.htm］。

(67)　『中央日報』2003年11月13日。

第7章　脅威管理体制の変容と協調的関係の構築
―― 冷戦後のロシアの大量破壊兵器不拡散をめぐる国際協調 ――

秋　山　信　将

まえがき

　2002年5月,米国とロシアは「戦略攻撃力削減条約(モスクワ条約)」に署名した。そして同時に署名された「新しい戦略関係に関する共同宣言」によって,米露は「お互いを戦略的脅威とみなす時代」の終焉を正式に宣言したのである[1]。これは,冷戦期に構築された,戦略核戦力を軸にした米ソの相互確証破壊(MAD)に基づく2極構造の崩壊と,大量破壊兵器による世界大戦の危機の縮小が確認されたことを意味する。

　しかし,この米ソ(米露)の戦略関係の変容によって核戦争の脅威が縮小するプロセスは,冷戦後の世界に新たな形の核の脅威を生み出した。戦略環境の変化によって不要になった核兵器やその他の大量破壊兵器,そしてそれらに関連するインフラの管理・削減,あるいは平和利用への転換が適切になされなければ,核拡散や環境汚染といった深刻な脅威がもたらされる可能性が生まれたのである。余剰核兵器の問題はその多面的な重要性ゆえ,冷戦後を通じて包括的かつ迅速な対処がロシアのみならず国際社会にも求められてきたのである。

　余剰核兵器にまつわる問題の根源は戦略環境の変化だけではなかった。旧ソ連諸国の国内要因にも注目する必要がある。米ソの戦略関係の変化とともに冷戦の終焉を意義付ける重要な構造的変化はソ連の解体である。それによってもたらされた社会的,経済的混乱の中でロシアをはじめ,新たに独立国となった旧ソ連共和国には,それらの国々に残された大量破壊兵器の処理を進めるだけ

第7章　脅威管理体制の変容と協調的関係の構築

の財政的，行政能力的な余裕がなく，また政治的な意思にも欠けていた。

そして，2001年9月11日の米国同時多発テロによって大量破壊兵器とテロリズムのリンケージが国際の平和と安全に対する脅威として従来にも増してクローズアップされるようになると，ロシアにおける余剰の大量破壊兵器や物質のあり方がテロリストやならず者国家への拡散源としてさらに注目を集めるようになった。この問題に対する国際社会の取り組みは，2002年のカナダ・カナナスキスにおけるG8サミットでのグローバル・パートナーシップの形成というかたちで強化・促進が図られるようになったのである。

米国の協調的脅威削減（CTR）プログラム[(2)]をはじめとする2国間協力やG8グローバル・パートナーシップなどの枠組みでこれまで実施されてきた国際支援によって，旧ソ連諸国の非核化，大量破壊兵器の削減には一定の進捗が見られたものの，そのペースはロシア国内の制度的，政治的制約，国際社会の問題意識の不足，技術的，制度的困難などから必ずしも順調とはいえなかった。

本稿は，冷戦の負の遺産であるロシアをはじめとする旧ソ連諸国の大量破壊兵器不拡散をめぐる国際政治の展開を米露戦略関係の変質と核軍縮・不拡散の関係性に着目しつつ概観し，今後国際社会がこの問題に対処していくうえで取り組むべき課題について述べることを目的とする。そのために，冷戦の終結に伴って注目を集めるようになったロシアと旧ソ連諸国の大量破壊兵器をめぐる問題点を米露の戦略関係の変質を軸に述べ，さらに2001年の同時多発テロ後の同問題に対する影響を踏まえながら軍縮をめぐる国際政治の流れの中での同問題の意義を理解する。次にこれまで実施されてきた国際社会による対露協力の取り組みを評価し，いくつかの事例から明らかになった構造的，政策的な問題点について述べる。そして最後に今後国際社会が取り組むべき課題について提言する。

I　冷戦の終焉と米露戦略関係の変容：軍備管理・軍縮の変質

1　MADからモスクワ条約へ：軍備管理の役割とその変容

冷戦の終焉によって，米露の戦略関係は大きく変化した。この戦略関係の変

第 7 章 脅威管理体制の変容と協調的関係の構築

容を理解することは、いわゆる「協調的な脅威削減」における対露協力という政策分野が、どのような文脈から重要性を持つようになったのかを把握する上で非常に重要な意味を持っている。

冷戦期に軍備管理条約によって米ソの戦力の均衡を規定してきた「制度化された MAD」は、冷戦の終焉によって変容期を迎えた[3]。グローバルな規模で「平和の配当」としての軍縮を求める動きが加速し、米ソ間の軍備管理が2国間の枠を超え、多国間外交のアジェンダとしても意味を持ち始めたのである。国際社会は、核保有国に対し真摯に核軍縮に取り組むことを求めた。

さらに、ソ連の解体とそれに伴う社会、経済の混乱によって、旧ソ連の大規模な核戦力の維持・管理が困難になったのみならず、このような混乱が核戦力の指揮系統（コマンド・アンド・コントロール）を正常な状態に保つことを困難にする恐れが発生したのである[4]。詳細な軍縮条約の規定によって「制度化された MAD」は、ロシアの戦略核戦力の相対的低下によって米露の戦略バランスが崩れ、また核戦力を統制する政治・統治体制が崩壊することによって機能不全に陥り、戦略的安定性が大きく損なわれる可能性が生じる。そこで「制度化された MAD」に代わって戦略的安定を支える新しい制度的、政策的基盤（あるいは新しい戦略概念）を確立するか、あるいは当面の間 MAD の崩壊を食い止め、米露の戦略バランスが存在するかのごとく振舞えるような外交の枠組みが必要となった。

実際、米露両国の間では軍事的能力のバランスに依存してきた従来の戦略的安定のあり方を修正し、新たな関係を確立する必要性があるような戦略戦力の非対称性の存在はすでに明らかである。しかしモスクワ条約は従来の MAD 依存型戦略的安定に大きな変更を加えることなく、また軍備管理が戦略的安定を支えるという既存の枠組みも維持されたまま戦略的安定の維持を図ろうとしているように見える[5]。戦略兵器削減交渉では第2次交渉では条約が批准されず、また第3次に至っては交渉が開始されなかったという状況に陥る一方、米露は 2002 年 5 月にわずか半年の実質的な交渉の後、たった5カ条、具体的な削減の取り決めもないモスクワ条約に署名した。これは、条約の内容そのものよりも核戦力制限に関する交渉を行い条約を結ぶというプロセスが、核戦力のバランスによる米露の戦略的安定の維持という従来の規範を表面的にせよ担保する、という意味で重要性を持っていることの証左であろう。

155

第7章　脅威管理体制の変容と協調的関係の構築

　その一方，モスクワ条約と同時に出された「新しい戦略関係に関する共同宣言」には，両国間の政治，経済における協力や大量破壊兵器の拡散防止などにおける協力が謳われている。その意義は，9.11 米国同時多発テロ後米露の協調関係（対テロ戦争などにおける利害の一致など）の緊密化の流れの中で両国の新しい戦略的関係の確立にあたって，軍事的バランスを重視してきた既存の軍備管理的規範では不完全な部分（あるいは不安定性）を補う役割を果たしているところにある。

　以上から，ロシアの戦略核戦力の劣化が戦略的安定に与える影響を低減し，戦略関係の変容を管理するという，協調的な脅威削減が，ロシアの余剰核兵器の削減プロセスの共同管理という意味を持つことが理解できよう。

2　軍縮から不拡散へ：米国におけるプライオリティーの変化

　もう1つの冷戦終焉期の大きな変化は，こうした国際社会の軍縮を求める流れとは別に，米国の政策レベルでの変化として，核軍縮よりも不拡散を重視するようになったことがあげられる。1991年の湾岸戦争後に明らかになったイラクによる大量破壊兵器や弾道ミサイルの開発，さらに北朝鮮の核開発は，不拡散重視の流れを決定付ける役割を果たした。いわゆる「ならず者国家」が核をはじめとする大量破壊兵器を取得することで，米国の国益や，米国の国益にとって重要な地域の安全を脅かし，こうした地域への米国の介入を抑制する効果を持つ[6]。また，こうした「ならず者国家」による大量破壊兵器取得の試みは，グローバルな不拡散体制の強化の努力に対する重大な挑戦であり，体制の有効性を低下させる動きとして米国は深い懸念を持つようになったのである。こうした流れの中で米国は，1990年代前半のグローバルな多国間の不拡散体制強化のアプローチから次第に，懸念国に対する個別的対応と，「ならず者国家」などの大量破壊兵器の脅威に対抗する拡散対抗（counter-proliferation）重視へと政策を移行させていった。

　従来の多国間の不拡散体制との違いは，いわゆる普遍性と実効性の追求の過程にある。核不拡散条約（NPT）や包括的核実験禁止条約（CTBT）などでは，各国に包括的な条約への加盟を促し軍縮・不拡散の国際規範の強化によって不拡散の促進を目指してきた。ところが，拡散防止構想（PSI）や海上コン

第7章　脅威管理体制の変容と協調的関係の構築

テナー安全対策（CSI）[7]、さらに輸出管理体制の強化は、そうした枠組みへの参加国の増加を目指しながらも、有志連合の間で政策の実効性を高めていく、つまり政策の実践を通じて普遍性と有効性を獲得していくという、従来のグローバルな不拡散レジームとは異なるアプローチを取っている。G8グローバル・パートナーシップによる対露非核化支援の強化も、この文脈の中で捉えれば有志連合による実施重視の不拡散強化の一環として、米国の対大量破壊兵器戦略の重要な一部として重みを持つということができよう[8]。

以上見てきたように、ロシアにおける大量破壊兵器（核兵器）の管理・処分における協力（協調的な脅威削減）は、第1に不安定に陥る可能性もある過渡期の米露戦略関係、とりわけロシアの核戦力縮小のプロセスを米露が共同で管理する安定化装置としての役割を果たしており、第2に軍縮の不可逆性を担保し、米露のグローバルな不拡散問題への対処（とりわけG8グローバル・パートナーシップ）を通じて協力関係を構築する意義も持つ[9]。このような米露戦略関係の文脈から協調的な脅威削減政策の重要性を確認したところで、次節では実際にどのようなリスクや脅威がロシアの余剰大量破壊兵器から発生しているのかを概観する。

II　冷戦終焉後におけるロシアの大量破壊兵器からの拡散リスクの実情

1　核弾頭の削減から発生するリスク

戦略兵器に関する軍備管理交渉（START Iなど）の成果、そして財政的問題から維持・管理が困難になった核兵器の老朽化もありロシアの戦略核、戦術核は冷戦期のピーク時に比べ大幅に削減された。1991年に米ソ両国により署名されたSTART Iでは、大陸間弾道ミサイル（ICBM）、潜水艦発射弾道ミサイル（SLBM）、および戦略爆撃機の総数を1600に削減し、戦略核弾頭数は6000発に制限された（1994年12月に発効）。2001年12月に米露両国の核弾頭が6000発以下に削減されたことを受け、両国は条約の義務の履行完了を宣言した[10]。また、旧ソ連時代最大で1万5000から2万発程度あったとされる戦術核弾頭の数も、2000年には3500から4000発にまで減少した[11]。これらの

戦略核，戦術核の削減によって生じた余剰核弾頭は約2万発にのぼり，それらを管理するための貯蔵施設への移送や管理の安全性の確保の必要性が生じたのである。

また，冷戦期，ソ連はロシアに加え，ウクライナ，カザフスタン，ベラルーシに戦略核兵器を配備していた。しかし，冷戦の終結とともに各国が独立を果たすと，核保有国の増加を望まない米国をはじめとする国際社会はロシア以外の各国に，非核兵器国としてNPTに加盟することを求め，各国から総計3300発の戦略核弾頭を撤去しロシアに移送することが決められた（リスボン議定書）[12]。それによってこれらの核弾頭をいかに安全にロシアに移送するかについても非常に重大な安全保障上の関心が持たれるようになった。

このような核兵器・核弾頭の廃棄に伴って生じる核物質の量は，プルトニウムが120から150トン，高濃縮ウランが1000から1350トンと見積もられている[13]。高濃縮ウランに関しては，核弾頭の廃棄から発生したものに加え，それを扱う実験用などの原子炉がロシア以外にも，ウクライナ，カザフスタン，ベラルーシ，ラトビア，ウズベキスタンに存在している。核兵器製造に利用可能なこれらの核物質の管理における盗難防止や不正持ち出しの阻止といった安全を確保する措置と核物質の処分は，潜在的核開発国や核兵器の入手を目論むテロ組織などへの核不拡散の観点からは非常に重要な課題である。

2 弾頭削減に付随して発生するリスク

そして，核戦力の縮小には核弾頭の運搬手段の廃棄も伴う。1990年には約2500基あったICBM，SLBM，戦略爆撃機は，2001年7月の時点で約1120基にまで削減された[14]。これらの廃棄やミサイル燃料の廃棄のための施設の建設が必要とされたのである。また，退役した戦略型原潜や攻撃型原潜の解体も大きな課題であった。退役し解体を待つ原潜は北洋艦隊，太平洋艦隊の基地に120隻以上存在する（2002年3月現在。すでに解体された原潜は70隻）。これらの原潜の多くは基地に係留・放置され，そのうちのいくつかは核燃料の抜き取りも済んでいない状態にある[15]。また，北海では，放射性廃棄物のみならず，事故を起こした動力用の原子炉がそのまま海洋投棄されるなどで周辺海域に環境汚染に対する深刻な懸念を引き起こしているという報告もある[16]。さ

第7章　脅威管理体制の変容と協調的関係の構築

らに，解体が済んだ原潜においても，1隻あたり2基搭載されている原子炉の解体が未着手のものも存在する。それに加え濃縮ウラン核燃料の処理や解体に伴って排出される放射性廃棄物（固形，液体双方）の処理も重要な課題である。

　大量破壊兵器の削減は，同時にこうした兵器の開発に従事していた科学者や技術者の失業や生活環境の悪化をもたらしたが，潜在的な拡散源としての彼らの取り扱いという問題にも対処する必要性を生じさせた。ロシアでは，1990年代半ばには約6万人の科学者や技術者が大量破壊兵器の設計や開発，輸送に従事しており，そのうち約1万5000人程度が兵器の開発において重要な専門知識を保有していたといわれる[17]。彼らの多くが兵器の開発に従事する軍事産業都市，いわゆる「閉鎖都市」の予算は，冷戦の終結とともに大幅に削減され，失業や生活環境の悪化に直面することになった。そのため，仕事を失った科学者や技術者が海外に仕事を求めたり，専門知識を拡散懸念国などに売り渡すといったことにより，大量破壊兵器に関する重要知識や技術を，核開発を疑われる国や組織が取得する可能性（「頭脳流出」）も懸念されるようになったのである。

III　協調的な脅威削減政策の展開：9.11までの各国の対応

1　米国の協調的脅威削減（CTR）計画の形成と発展

　1991年に発生したゴルバチョフ大統領（当時）に対するクーデターを契機に，米国では議会（特にサム・ナン上院議員（民主党）とリチャード・ルーガー上院議員（共和党））を中心にロシアにおける核戦力の管理体制への懸念が高まった。1991年11月には，いわゆるナン＝ルーガー法として国防省の予算にロシアの大量破壊兵器の移送，貯蔵，廃棄への支援を計上することが超党派で上院にて可決され，12月にはブッシュ大統領（第41代）が法案に署名した。この法案が可決されるに当たっては，予算が軍縮あるいは核兵器の解体に適切に利用され，軍の近代化などに資することのないことなどを大統領が毎年確認することや，議会の4つの委員会の承認を受けることなど，厳しい条件がつけられた。当初，ブッシュ政権が必ずしも熱心でなかったこともあり，プログラムの執行状況は遅れがちであった。

159

第7章　脅威管理体制の変容と協調的関係の構築

しかし，米国の安全保障政策において旧ソ連の大量破壊兵器を捉える戦略的文脈は，相互抑止体制を支える軍備管理からロシアとの協調を基にした国際的不拡散政策へと転換した。そうした流れを受けてクリントン政権は，ナン＝ルーガー法を「協調的脅威削減（CTR）」プログラムとしてより包括的に安全保障政策の文脈の中で重視し，国防総省だけでなくエネルギー省，国務省の予算にも対旧ソ連諸国支援が計上され，またその規模も拡大していった[18]。それ以上に，国防総省以外の省庁，とくにエネルギー省が実施するプログラムを重視するようになったのである。

2004年度までのCTRへの予算総額は，62のプログラムにまたがって47億3200万ドル以上にのぼる[19]。CTRは，原潜を含む戦略兵器の削減（解体），大量破壊兵器の貯蔵，輸送の安全確保，生物，化学兵器関連施設の安全確保と解体，化学剤の処理を主要な目的としていた。とりわけ，1990年代前半には，ロシア以外の旧ソ連諸国からの核兵器のロシアへの移送における安全の確保，核弾頭や核物質の管理における安全性，透明性の確保に重点が置かれており，たとえば解体された核兵器から出る兵器級プルトニウムの処分などは，1996年までは処分オプションについての共同研究が主であり，その後処分方法などについて国際的な検討（専門家会議など）がなされてきたが，現在もまだ最終的な決定に至ってはいない。

また，こうした大量破壊兵器や関連インフラの解体に伴って発生する「頭脳流出」の問題に対しては，米国国務省が中心となって国際科学技術センター（ISTC）をモスクワに設立し，大量破壊兵器関連の専門家の民生転換（再雇用）を支援したり，ロシアの科学者が国際的な科学コミュニティーの基準に適合できるよう再訓練したり，といった対策を実施した[20]。また，同様に米国エネルギー省は，アメリカの核研究者と産業界は旧ソ連核保有諸国（ロシア，ウクライナ，カザフスタン，ベラルーシ）の核科学者との間にビジネス・パートナーシップを結ぶ試みとして，「拡散防止イニシアティブ（IPP）」を1994年に立ち上げた。現在このイニシアティブには，100社もの米国企業が技術の商業化に向けてかかわっており，2002年6月現在商業化に成功したプロジェクトで700以上の雇用を創出している[21]。エネルギー省はこのほか，「閉鎖都市イニシアティブ」を実施していたがIPPへの統合がなされた。

第7章　脅威管理体制の変容と協調的関係の構築

2　日欧の政策動向

　欧州各国を見てみると，当然ながらそれぞれの関心によってその重点領域は異なるが，たとえば1990年代前半の英国，フランス，ドイツによる支援は，ロシア以外の諸国の非核化という緊急課題を反映して核物質の輸送時や貯蔵におけるセキュリティの確保に重点が置かれていた。しかし次第に，プルトニウム処分や核関連施設（民生原子炉を含む），化学兵器貯蔵施設の保安に関心が移行していった。これは，このような施設においていったん事故が発生すればチェルノブイリの際のような欧州全体を揺るがす環境問題を引き起こす懸念が高まったためである。欧州においては，ロシアの大量破壊兵器の問題は安全保障上の拡散の懸念よりも，このような環境問題としての意味合いが強かったのである。このほかノルウェーでは，原潜解体への支援を積極的に行っているが，これも退役したロシアの原潜が放射能漏れなどを起こして実際に深刻な海洋汚染を引き起こしているという事情による。また，欧州連合による支援は，軍事技術等の民生転換を中心としており，ISTCへの支出が最大の割合を占める。

　日本は，1993年の東京サミットに先立って開催された「ロシア支援に関するG7合同閣僚会議」において約1億ドルの無償供与を旧ソ連諸国の核兵器廃棄事業に対し行う旨表明した。それを受けてロシア，ウクライナ，カザフスタン，ベラルーシ各国と2国間の協定を結び，核兵器廃棄協力委員会（ベラルーシのみ核不拡散協力委員会）を設立した。日本は，被爆国，非核兵器国としての立場から，そして原子力先進国としての技術や知識が活用できる，保障措置，医療，軍民転換，環境，解体プルトニウムの処分，原潜解体の分野での協力を進めてきた[22]。

　そのなかでも，最初の主要なプロジェクトとなった液体放射性廃棄物処理施設は，環境問題としての側面が色濃く反映されている。1993年，ロシア太平洋艦隊によって放射性廃棄物が日本海に投棄される現場がNGOによって撮影されその模様がテレビ放映された。それをきっかけに日本国内では日本海の海洋汚染や漁業への風評被害の懸念が急速に高まった。こうした国内世論の動向を受け，日本政府は対露非核化協力の最初のプロジェクトとして液体放射性廃棄物処理施設「すずらん号」の建造に取り組むこととなった[23]。この施設は1997年の完成後，ロシア側の環境規制の変更などもあって稼動が遅れたが，

2001年にロシア側に引き渡された。

　また，極東における攻撃型原潜の解体への支援を実施することが取り決められた。この支援策では，サイトへのアクセスや免責条項，免税などの措置をめぐってロシア側との交渉がまとまらずに早期実施が待たれていたが，2003年11月にはパイロット・プロジェクトとしてビクターIII級1隻の解体を実施するためのすべての必要な契約を完了し，12月にプロジェクトに着手した（「希望の星」プロジェクト）(24)。日本政府は，2002年のカナナスキス・サミットにおいて，2億ドルの拠出を約束したが，そのうちの半分が原潜解体に振り向けられている。また，解体された核兵器から取り出されたプルトニウムの処分には，日露の科学技術協力の側面もあり，現在ロシア側の技術である振動充填方式（バイパック方式）でMOX燃料を製造し，BN 600という高速増殖炉で燃焼させる方式についての「研究」が行われている。プルトニウムの処分については，現在，米国が従来の方式（ペレット方式）で製造されたMOX燃料を軽水炉で燃焼させるオプションをロシア側と検討し，主要な処分方法として採用が有力視されているが(25)，いまだ最終的な決定には至っておらず，日本の提案する方式についても処分シナリオの一部として採用が検討されている(26)。

　このように各国はさまざまな利害を持ちながらも各自の対露支援政策の枠組みを持っていたのである。しかし，政策執行の遅延は程度の差こそあれ支援国側が共通して抱える悩みであった。たとえば日本でも実施され完成した主要なプログラムは，上述のように「すずらん号」の建設だけであり，原潜の解体では協定，契約で免税措置や免責条項，サイトへのアクセスなどに関しての合意が得られず，実施が大幅に遅延した。ロシアとの支援実施をめぐる協定締結のための交渉の遅れやロシア側の受け入れ態勢，省庁間の調整の不備などによるが，割り当てられた予算の執行が滞ったり，あるいは顕著な成果が上がらなかったなどの理由で対露支援への関心の低下と停滞を招いていたのである。

　しかし，9.11米国同時多発テロは，このような停滞気味の国際支援体制に，そして不拡散問題のアジェンダ形成にも大きな変化をもたらした。

IV 9.11米国同時多発テロのインパクト：拡散源としてのロシア

1 9.11によるアジェンダの変化と国際協調体制の形成

　2001年にニューヨークとワシントンで同時に発生したテロ攻撃は，大量破壊兵器こそ利用されなかったものの，テロによる大量破壊の脅威を米国ならびに国際社会に対して再確認させるのに十分な衝撃をもたらした。この事件によって，テロ組織やテロ支援国家による大量破壊兵器の取得が，国際社会の平和と安全に対する重大な脅威との認識が定着したのである[27]。とりわけ米国は，テロ組織や「ならず者国家」が大量破壊兵器を利用して米国本土を攻撃するかもしれないという脅威にさらされる可能性を深刻に受け止めた。安全保障における不拡散問題の優先順位を一気に最上位にまで引き上げる効果を持ったのである。ブッシュ政権は，同時多発テロ発生前の2001年4月に，エネルギー省の2002年度「防衛核不拡散」予算を8億7500万ドルから一気に1億ドルにまで削減することも盛り込んだ予算案を提示している。ところが，テロ後の2003年度予算要求では，エネルギー省予算(核分裂性物質の処分や核物質防護，保障措置等（MPC&A）関連のプログラムなど)を中心に大幅な増額を求めたのである。

　当然ながら，米国以外でもロシアが保有する余剰の大量破壊兵器や物質，それに技術や知識に端を発する拡散の懸念は事件以降大きな高まりを見せ，さらに国際社会が一致して取り組もうという機運が米国主導のもと醸成された。国際社会における大量破壊兵器拡散に対する危機意識は，2002年カナダのカナナスキスで開催されたG8サミットにおいて「大量破壊兵器及び物質の拡散に対するグローバル・パートナーシップ」という形の国際協調体制の構築に結実した。このグローバル・パートナーシップは，テロリストまたはそれをかくまう者が，核，化学，放射性及び生物兵器，ミサイル，並びに関連物資，機材及び技術を取得または開発することを防止することをG8としてコミットすることを宣言するものであり，10年間にわたり，このような事業を支援するために200億ドルを上限に資金調達することを約束した[28]。この首脳声明にもあるとおり，またこの声明が「テロリストまたはテロリストをかくまう者による大量破壊兵器または物質の取得を防止するための原則」という文書と共に出さ

第7章 脅威管理体制の変容と協調的関係の構築

れたことから伺えるように，大量破壊兵器の拡散防止はテロ対策の中心的な課題の1つとして位置づけられるようになったのである。また，グローバル・パートナーシップのもうひとつの意義は，上記のような資金拠出を促す国際的な枠組みにとどまるのではなく，あくまで政策の実施の強化を視野に入れた政策協調の枠組みであるという点である。グローバル・パートナーシップの下には高級事務官グループ（SOG）が組織され，参加諸国間の協調を図り，各国の政策実施状況についての情報交換を行っている[29]。また，2003年のエビアン・サミットでもグローバル・パートナーシップの重要性が確認され，新たに5カ国が参加への関心を示した[30]。

　テロリズムと大量破壊兵器拡散問題のリンケージは，各国がロシアとの2国間で取り組んできた支援における力点にも変化をもたらした。テロリストにとって核物質を入手しようとすれば最も狙いやすいのが輸送時であり，また事故による放射能漏れなどの可能性も否定できない。そのため，米国は2000年度から2002年度までは一時減少傾向にあった核弾頭輸送時の安全確保への援助額を，2003年度には増額するように議会に要請している[31]。これは，明らかに2001年の同時多発テロ後のテロリズムに対する警戒の高まりを反映しているといえよう。

　潜在的核開発国やテロ組織などによる核兵器開発の懸念という点では，リビアの事例にも見られるように，より洗練された技術が必要なプルトニウムを利用した核兵器の開発よりも，比較的洗練度の低い技術で開発が可能な高濃縮ウランを利用した核兵器の開発が最近懸念されている。上述のように，核兵器解体に伴って発生した高濃縮ウランは1000トン以上で，そのうち600トン以上がすでに核弾頭から取り外されている。この高濃縮ウランは米国において濃度を薄められ原子炉の燃料とする支援プログラムが実施されているが，さらなる貯蔵・管理の安全確保，早期処分についても関心が高まっている。

　さらに，テロリストにとって核物質よりも扱いや製造が容易でコンパクト，そして使用によって核によるテロと同様に社会をパニックに陥れるだけのインパクトを持つ大量破壊兵器として生物兵器にも注目が集まっている。米国は，旧ソ連諸国からの生物兵器不拡散への取り組みの強化に着手し，CTRの枠組みの中に新たに生物兵器拡散防止（BWPP）プログラムを設け，支援を行っている。

第7章　脅威管理体制の変容と協調的関係の構築

2　ロシア国内の不拡散体制整備：不正流出阻止と輸出管理

　こうした米国などの拡散懸念に対しロシア側は，核兵器・核物質の貯蔵においては外部からの進入などの脅威に対する防護の信頼性は高いと考えており，また，国境から遠く離れた場所に貯蔵されている化学兵器が盗難に遭い国外に持ち出される可能性は低いと考えている。そうした可能性よりもより大きな拡散脅威として注目されているのは，いわゆる「ヒューマン・ファクター」である。失業状態にあったり，あるいは低い賃金しか得られない科学者，技術者の海外流出や，彼らによって技術や物質が不正に国外に持ち出されることによる拡散の懸念のほうがより深刻に認識されているのである[32]。

　ロシアにおける拡散防止は，イランのミサイル開発のプロセスにおいてロシアの科学者の果たした役割[33]やイラクへのミサイル技術供与への関与[34]などの報道から，非常に脆弱性が高いと推察される（ただし（上記のような自己認識とは別に）ロシア側関係者はこうした報道について，アメリカ側の憶測やロシアに対する不信感の結果に過ぎないと反論する[35]）。また，最近では，イランが保有していた36％にまで濃縮されたウランは，ロシアあるいは旧ソ連諸国から盗み出されたか不正に持ち出され闇市場に出されたものをイラン自身が濃縮したものではないか，という推測がなされている[36]。

　核物質等の密輸・不正流出の問題は，1990年代前半から懸念されていた。さまざまな核物質の不正流出の問題は1990年代数多く報告されているが，核兵器に利用可能なプルトニウムや高濃縮ウランといった核分裂性物質のそれはそれほど多くない。国際原子力機関（IAEA）が1993年に構築したデータベースによれば，2001年12月末までに明らかになった核物質の不正流出事件は181件を数えるが，そのうち，プルトニウムか高濃縮ウランに関わるものは17件に過ぎず（米国エネルギー省他のデータへの参照もあわせれば20件），しかもそのほとんどが微量なものである[37]（このうちの数件では，「サンプル」として持ち出された可能性もあるが，他のケースではその可能性も疑問である）。

　しかし，そのうちの多くが旧ソ連地域や東欧で摘発，あるいは物質の出所としてそれらの地域が特定されている。17件のうち半数以上が1992年（データ収集開始時）から1995年までに発生しており，残りは1999年から2001年の間に発生している[38]。この数値の傾向が実際の事件発生のトレンドを示して

第 7 章　脅威管理体制の変容と協調的関係の構築

いるかどうかは，サンプル数が少なく，また摘発を免れたケースの数値の予測がつかないため判断は難しい。しかしながら，1990年代前半の数字は，核物質の管理体制や国境管理の不備からそのような事件が頻発したのではないかと推察される。また1999年以降の増加は，米国をはじめとする各国の不拡散に対する関心の高まりの中で発生しており，核管理体制への懸念を掻き立てる結果となっている。1990年代を通じ，大量破壊兵器関連物資の密輸や不正流出を防止するために輸出管理や国境管理への支援がなされてきたものの，これらの事件の中で水際での摘発は一件もなく，すべてが警察による摘発である[39]。したがって，輸出管理や国境管理など大量破壊兵器関連物資の密輸を阻止するという意味で支援の成果はあがっているとは言い難い。

ロシアや旧ソ連諸国自身による大量破壊兵器不拡散の取り組みとしては関連物資の輸出管理体制の強化が挙げられるが，それには国内の法・規制体系の整備，輸出許可制度の確立，国際的な輸出管理レジームへの参加といった側面がある。ロシアは，ソ連の崩壊後その地位を受け継ぎ，原子力供給国グループ（NSG）の創設メンバーとして引き続きNSGに参加している。また，ミサイル技術管理レジーム（MTCR）には1995年に加盟し，対共産圏輸出規制委員会（COCOM）の後を引き継ぐ形で設立されたワッセナー・アレンジメント，またザンガー委員会にも参加している。化学兵器に関する輸出管理レジームであるオーストラリア・グループには参加していないが，化学兵器禁止条約（CWC）加盟の約束を履行すべく化学兵器の廃棄を進めている。

旧ソ連諸国では，ウクライナ，ラトビア，ベラルーシ，カザフスタンがNSGに加盟しており，ウクライナはそのほかMTCR，ワッセナー・アレンジメントにも加盟している。また旧ソ連諸国は，大量破壊兵器やその運搬手段に利用できる物質や技術，サービスの輸出管理問題における協調に関する協定，いわゆるミンスク合意を結び，国内の輸出管理体制の整備促進を図ろうという意図が見られるが，この合意に基づく具体的な施策はほとんど実施されていない[40]。

法律や輸出許可制度といった国内体制という点では，ロシアは1999年に制定された輸出管理法など，輸出管理（輸出許可）の基盤整備を進めている[41]。しかし，問題点もある。手続きが頻繁に変更されたり，規制をめぐる解釈が非常に難解で，モスクワの経済開発貿易省（管轄官庁）の手助けが必要になるど

ころか，担当部門でも当該技術が規制対象に当たるのかどうか理解するのが困難な場合もある。さらに，汚職やロビー活動によって体制が侵食されている。もう1つ，ロシアがCIS諸国と防衛協力の枠内で技術協力を行う場合は，この輸出管理体制の対象外となっているが，これが体制の抜け穴となりロシアからの技術流出が起きていることが懸念されている[42]。

このような制度面での整備の遅れだけでなく，ロシアの長い国境線やロシア南部に広がる中央アジア諸国のそれをどのように管理するのかという物理的な問題も存在する。また，核物質の不法な移動を探知するという行為そのものにも困難が伴う。医療用などに使用される放射性物質は放射能レベルが高く，検知が比較的容易なのに対し，核兵器に利用可能な物質，特に高濃縮ウランは放射能レベルが比較的低レベルのために検知が難しいといわれており，放射能探知機などの利用に熟練や知識が求められるという[43]。しかし，国境の税関職員はそのような訓練を十分受けているとは言いがたい。それ以前に，国境などに備えられた放射線探知機が稼動していないところさえも存在するという報告もある[44]。

モントレー国際大学の不拡散研究センターによれば，2003年に旧ソ連諸国で発見された核物質・放射性物質の不法取引は40件を数える[45]。そのうち，高濃縮ウランに関するものは1件もなく，プルトニウムに関する事案は2件のみ，しかもごく微量に過ぎず，核兵器開発につながる懸念はほとんどない。その一方，25件はセシウム137など放射性アイソトープに関するもので，これらは放射性物質をばらまく爆弾，いわゆるダーティー・ボムに利用が可能なものである。また，地域分布を見てみるとやはりロシアが17件でトップを占め，依然として核物質の不正取引や密輸の取り締まりに関しては深刻な状況にあるといえる（以下，ウクライナ，カザフスタン，グルジアの順）[46]。米国は，核物質の密輸や不正な流出を阻止するため，1992年度から2001年度までに6つの政府機関を通じて総額8610万ドルを旧ソ連諸国や東欧諸国での輸出管理，国境管理の強化に支出しているが[47]，支援プログラムや支援されて構築された管理システムは米国会計検査院の報告書のタイトルが示唆するとおり，「さらなる改善が必要」である[48]。

2001年のテロ事件はテロリズムと核をはじめとする大量破壊兵器拡散の関連性への注目度や，核テロに対する脅威の認識をさらに高めることとなった。

第7章　脅威管理体制の変容と協調的関係の構築

リビアの核放棄を検証するプロセスで明らかになった, パキスタンのカーン博士が鍵となる核関連物資の闇市場の問題で核開発関連物資や技術・知識の流出に対する関心がさらに高まることは必至であろう。また, 社会的なインパクトを与えるという意味ではダーティー・ボムの脅威も看過できないが, これは核分裂性物質の管理だけではなく, 他のあらゆる放射性物質, 放射性廃棄物などの管理を強化する必要性を示している。そして, 旧ソ連諸国には実験炉や研究炉だけでなく多くの医療機関, 産業においてこうした核物質が取り扱われており, ずさんな国境管理や輸出管理の不備, また放射性物質の計量管理などの保障措置の不完全性など, 拡散を懸念する要素は非常に多い。

むすび

冷戦の終焉とソ連の解体は, 核兵器による大国間の戦争の脅威を低減させ, 冷戦期に確立された,「制度化された相互確証破壊 (MAD)」に変質をもたらした。しかし新たな米露の軍備管理と戦略関係のあり方はモスクワ条約によって暫定的な形を与えられたに過ぎない。このような不安定な米露の新しい戦略関係において, 余剰の大量破壊兵器の廃棄の管理, そして核戦力体制の管理は, 不拡散・軍縮と安全保障戦略の両面から非常に重要な課題であった。9.11以後, 米露のパートナーシップの重要性が認識されるようになった中, 不拡散とテロの問題は米露共通の課題として両国の協調の緊密化をうながす契機ともなった。この2つの文脈から, ロシアとの協調的な脅威削減政策は, 戦略関係の変容プロセスの管理をある程度補完する役割を果たしてきた。しかし, 核弾頭を含む大量破壊兵器の廃棄のプロセスの確実な実施は, 米露の「協調的」戦略関係の不可逆性を担保する意味でも非常に重要な意味を持ってくる。モスクワ条約が核戦力の柔軟性を重視し, 核兵器の廃棄については規定していない状況で, 核兵器, 核弾頭の廃棄は将来店晒しになる可能性もある。また, 2000年の「プルトニウム処分に関する米露協定」では, 核兵器の廃棄は相互主義に則り, 米露双方は相手が了解する方法で相互が監視しながらプルトニウムの処分を行うことが決められている[49]。ロシア側の核兵器が廃棄されなければ, 米国側の核兵器も廃棄されないのである。逆もまた同様である。そのような場合, 核の脅威を温存し, 米露間の新たな軍備管理・軍縮規範の確立に不確実性

第7章　脅威管理体制の変容と協調的関係の構築

を残すことになる。核兵器に利用可能な核分裂性物質の廃棄によってはじめて軍縮プロセスが完成（物理的な意味での兵力削減）すると考えれば，協調的な脅威削減政策は，軍縮の次のステップに対する確固としたつなぎになるだけでなく，確実に将来のリスクを低減し，また戦略関係が安定化するまでの間の不測の事態を避けるという意味でのリスク管理としても大きな意義があるといえよう。

　また，CTRの成果として核管理についてはある程度の効果が上がってきているといえるが，ロシア，旧ソ連諸国における大量破壊兵器拡散の懸念は近年（9.11以降特に），兵器そのものというよりも，兵器をめぐる技術的インフラ（貯蔵，輸送の安全，技術，知識の流出防止）や社会的インフラ（科学者，技術者の社会環境）の問題が非常に大きな比重を占めてきている。最近リビアの核計画放棄を巡る一連の調査によって，核開発の技術や核物質の国際的な闇市場が存在することが明らかになっている。ロシアは，この闇市場に対する大量破壊兵器関連の物質ならびに知識・技術の最大の供給者となりえる潜在的な可能性を持っている。ロシア社会の問題，たとえば歪んだ経済構造やマフィアの存在，それに科学者の地位・収入の不安定性などは，大きな懸念材料といえよう。すでに指摘したように，大量破壊兵器の拡散におけるヒューマン・ファクターの重要性に鑑み，大量破壊兵器関連施設や科学者・技術者をめぐる社会経済環境の改善にもより多くの資源を投入する必要もあると考えられる[50]。

　また，ロシアが輸出管理レジームをはじめとする不拡散政策に対し，より積極的な協調を促進するように国際社会が一致して働きかけることも重要である。最近ロシアはPSIへの参加を表明したが，そうした流れを強化するとともに，ロシアのみならず，南アジアや中東への物質の密輸の経由地となる可能性がある中央アジア諸国などに対しても輸出管理や国境管理の強化を働きかけ支援していく必要がある。

　また，さらに指摘されるべきなのは，政策実施体制の整備の遅れである。大量破壊兵器の処理をめぐる対露支援には，非常に多くの国や機関が関与しているために，資金利用を含む資源の有効活用という点で重複や無駄があることは否定できない。上述の免責条項や免税，アクセスなどロシア国内の法律改正を必要とする，つまりロシアの国内政治プロセスを必然的に巻き込まざるを得ない問題点に関しては，対ロシアの支援国側のバーゲニング・パワーという観点

第7章　脅威管理体制の変容と協調的関係の構築

からは，各国が個別にロシア側と交渉することは得策ではなく，共同歩調でロシア側に当たる必要がある。現在は，グローバル・パートナーシップの下に高級事務官グループ（SOG）が設置され，参加諸国間の協調を図っているが，プロジェクトに関する交渉は個別に行われているのが現状である。

　さらに政策実施を支える法的・制度的枠組み（アクセス，免責条項，免税条項）の確立が早急になされる必要がある。現在ロシアと欧米諸国の間でこうした点について包括的な取り決めを結ぶ努力がなされているが，国際協調体制の確立が今後の政策の実施をより円滑に進める上で重要となる。その意味では，「ロシア連邦における多国間核環境プログラム（MNEPR）協定」の妥結は重要な前進といえる。現在このような条項についてロシア側，具体的にはロシア国会の承認が遅れているのは，彼らが西側はロシアを被援助国（つまりは二等国）として扱っているという被害者意識をもち，また，MADに基づく抑止関係が米露の対等な戦略的関係の拠り所だったとすれば，核戦力の縮減そのものに加え，そのプロセスに米国をはじめとする旧潜在敵国の支援を仰ぐことが，彼らのナショナリズムを刺激していることも一因にあげられよう。ロシア側が，こうした意識を乗り越え，脅威の削減という共通の目的を遂行するパートナーとしての自覚を持つように促すことは重要である。

　また，支援国側においても，世論や政治の関心の欠如からこれらの支援に対する予算措置が不十分であったり，また例えばロシアが，自国の安全保障に影響を与える可能性のある新型原潜を新たに建造する一方でなぜ退役原潜の解体に税金を投入して支援する必要があるのか，とか，ロシアの軍需産業に携わる科学技術者を支援するならばそれを自国民の厚生の向上に使うべきだ，あるいは経済が上向いているロシアを自国の経済が苦しいときになぜ支援するのか，という議論に対し，安全保障上の意義，環境上の意義などをグローバルな文脈で国民に理解を得る理論構築も必要であるし，またこうした支援国における国内の議論をロシアとも共有し，プロジェクトの実施などを通じてより良好かつ円滑な2国間関係の構築など更なる付加価値をこの対露協力につけていく必要性も最後に指摘しておきたい。

第7章 脅威管理体制の変容と協調的関係の構築

注

（1） 「モスクワ条約」，「新しい戦略関係に関する共同宣言」のテキストは，以下のホームページを参照。Bureau of Arms Control, U.S. Department of State, Treaty between the United States and the Russian Federation On Strategic Offensive Reductions, May 24, 2002 ［http://www.state.gov/t/ac/trt/18016.htm］。

（2） 本稿では，米国の政策枠組みを表す固有名詞としての「協調的脅威削減（CTR）プログラム」に加え，一般的にロシアとの協調の中で大量破壊兵器拡散の脅威を削減するという意味での一般名詞としては「協調的な脅威削減」を使用している。これは，後者に当てはまる適当な一般呼称を思いつかなかったためである。

（3） 戸﨑洋史「第2章 米露間軍備管理問題——「新しい戦略関係」への移行と課題」，松井弘明編『9.11時件以後のロシア外交の新展開』日本国際問題研究所，2003年，27-59頁。

（4） 米国のサム・ナン元上院議員は，いわゆるナン＝ルーガー法の提案の発端を，1991年11月にソ連を訪問した際に，ソ連の核戦力の指揮体系（コマンド・アンド・コントロール：C&C）の崩壊を目の当たりにした（正確にはゴルバチョフ大統領（当時）が，ナン上院議員のC&Cを問う質問に回答できなかった）ことであると述べている。(*The Nunn-Lugar Vision 1992-2002*, p.5. 同誌は，Nuclear Threat Initiative のパンフレット。)

（5） ブッシュ政権（第43代）になって，新たなロシアとの戦略的関係構築が謳われ，2001年11月の米露首脳会談（クロフォード会談）でのブッシュ大統領による米国の戦略核弾頭を削減するとの宣言を受けて交渉を重ねた結果，2002年には米露の間で戦略攻撃力削減条約（「モスクワ条約」）が署名され，1700-2200発に削減することに同意した。削減された弾頭に関しては，老朽化する弾頭の維持管理に苦心するロシア側は条約において廃棄の取決めを望んだものの，結局廃棄は義務付けられず，米国は在庫として保管する計画である。また，ABM条約の失効を受けてSTART IIが発効することがなくなったために，ロシアにはMIRV化ICBMの廃棄をする必要がなくなった。これにより，ロシアは戦略核戦力の更新（MIRV化ICBMの廃棄とそれに代わる核弾頭，弾道ミサイルの配備）にかかるコストの低減が可能になり，数字上とはいえ米露の戦力バランスは維持されることになったのである。

同時に米国は，軍備管理の手法などに関する取決めが非常に緩やかなモスクワ条約と，ABM条約脱退をロシアに認めさせることによって，戦略核戦力に関する柔軟性を担保するという，実を取った形となった。

（6） たとえば，Anthony Lake, "Confronting Backlash States," *Foreign Affairs,* Vol. 73, No.2, March/April 1994; Keith B. Payne, *Deterrence in the Second Nuclear Age,*

171

第7章　脅威管理体制の変容と協調的関係の構築

University Press of Kentucky, 1996 など参照。
（7）　海上コンテナーに隠匿して運ばれた大量破壊兵器を米国内で爆発させるなどのテロを未然に防止するために，米国税関職員を米国向けコンテナーの積出港に派遣し，当地の税関と協力して危険性の高いコンテナーを特定するなどの施策を盛り込んだ政策。(U.S. Department of State, International Information Programs, Washington File, *Fact Sheet: U.S. Customs Service's Container Security Initiative,* February 22, 2002 [http://usinfo.state.gov/topical/pol/terror/02022505.htm].)
（8）　これは，後述のように9.11前後の予算措置の動きを見れば明白である。
（9）　ゴッテモラーは，米露の新たな戦略協力実現のためには，米露の間に従属関係ではなく，パートナーシップを確立することが重要である，と述べている (Rose Gottemoeller, "Arms Control in a New Era," *The Washington Quarterly,* Vol.25, No.2, Spring 2002, p.56.)。
(10)　その後，START IIは，1993年1月に更なる戦略核弾頭の削減を盛り込んで署名され（1997年9月に議定書署名）たが，米国議会の議定書批准拒否によって条約は発効せず，また米国の対弾道ミサイル（ABM）条約からの脱退などを受けロシアが条約義務を負わないことを宣言している。START IIIは，97年にSTART IIが発効し次第交渉を開始することや交渉内容が共同声明として出されたが，その後は交渉はなされていない。
(11)　戦術核弾頭数に関する公式なロシア政府の統計は公表されていないが，各国の研究機関による見積りによる。*SIPRI Yearbook 2001: Armaments, Disarmament and International Security,* Oxford University Press, 2001, p.466 など参照。
(12)　START Iの規定によれば，1991年時点で各国に存在する戦略核弾頭の数は以下のとおりであった。ウクライナ1804，カザフスタン1410，ベラルーシ81。(*SIPRI Yearbook 1994,* Oxford University Press, 1994, pp.288-289.) なお，カザフスタンは1995年5月，ウクライナは1996年6月，ベラルーシは1996年11月にそれぞれの核弾頭のロシアへの移管を完了している。
(13)　"Nuclear Nonproliferation: Security of Russia's Nuclear Material Improving; Further Enhancements Needed," *Report No. GAO-01-312,* U.S. General Accounting Office, February 28, 2001, p.1.
(14)　"Current Nuclear Forces of the Former Soviet Union," *Fact Sheet,* Arms Control Association, October 2002 [www.armscontrol.org/assorted/sovforces.asp].
(15)　"Decommissioned Subs Pose Risk of an Accident: Report," *Associated Press,* March 4, 2002.
(16)　Nils Boehmer, Aleksandr Nikitin, Igor Kudrik, Thomas Nilsen, Michael H.

第7章　脅威管理体制の変容と協調的関係の構築

McGovern, and Andrey Zolotkov, *Bellona Report 3: 2001 The Arctic Nuclear Challenge,* The Bellona Foundation, June, 2001, Chap. 4, and "Laid-up Submarines Environmental Risks," [http://www.bellona.no/en/international/russia/navy/northern‒fleet/decommissioning/28321.html].

(17) Henry D. Sokolski and Thomas Riisager (eds.), *Beyond Nunn-Lugar: Curbing the Next Wave of Weapons Proliferation Threats from Russia,* Strategic Studies Institute, U.S. Army War College, 2002, p.118, p.122.

(18) John Brook Wolfsthal, Cristina-Astrid Chuen, Emily Ewell Daughtry (eds.), *Nuclear Status Report,* No.6, June 2001, 47-48; *Cooperative Threat Reduction Act of 1993,* Public Law 103-160, November 30, 1993 [www.fas.org/nuke/control/dtr/docs/hr2401.html].

(19) *Cooperative Threat Reduction Annual Report to Congress For Fiscal Year 2005,* January 2004, p.10.

(20) 1992年には，米国，ロシア，欧州連合，日本がその設立に合意し，1994年には運営が公式に開始された。

(21) Robert J. Einhorn and Michele A. Flourney (eds.), *Protecting Against the Spread of Nuclear, Biological, and Chemical Weapons: An Action Agenda for the Global Partnership, Vol.2: The Challenges,* CSIS, 2003, p.15.

(22) 日本の対露非核化協力の詳細については，Tsutomu Arai and Nobumasa Akiyama, "Japan," in Robert J. Einhorn and Michele A. Flourney (eds.), *Protecting Against the Spread of Nuclear, Biological, and Chemical Weapons: An Action Agenda for the Global Partnership, Vol.3: International Responses,* pp.109-122 参照。

(23) 外務省関係者へのインタビュー。

(24) この原潜解体プロジェクトを進めるにあたっては，促進のためのインフラの整備（周辺施設の充実）を行い，そのボトルネック解消に努めることも求められるであろう。たとえば原潜から抜き取られた使用済み核燃料の中間貯蔵施設，さらに最終処分場までの輸送を担う鉄道といった周辺インフラの整備は，今後の解体のペースアップには必要不可欠な措置である。現状は，このような燃料貯蔵の施設が不十分なために核燃料が抜き取られないまま多数の原潜が海軍基地に係留されたままの状態になっている。こうした状況は，拡散の懸念を放置し，また環境汚染の可能性も高めることにもつながる。また，液体，固形放射性廃棄物の処分施設の拡充，使用済み核燃料の最終処分場への輸送（鉄道）の能力向上も望まれる。

(25) 2002年7月の米露調整委員会の場で提案され，2002年12月の会合で大枠合意がなされた。

(26) 2004年5月末現在。ただし，そのためには，BN 600バイバック方式のコスト効率

第 7 章　脅威管理体制の変容と協調的関係の構築

（これは計算方式にもよるが）や技術の合理性に対する理解を関係諸国から獲得することが必要である。

(27)　すでにテロと大量破壊兵器を結びつける認識はオウム真理教による地下鉄サリン事件などもあって 1990 年代から存在してはいたが，国際政治の文脈でより現実性を持った脅威として社会の幅広い層から認識されるようになったのは，米国自身が攻撃された 2001 年の同時多発テロ事件によるところが大きいと思われる。

(28)　外務省訳「G 8 首脳声明大量破壊兵器及び物質の拡散に対するグローバル・パートナーシップ」（平成 14 年 6 月 27 日）[http://www.mofa.go.jp/mofaj/gaiko/summit/kananaskis02/g8_fukakusan1.html]．この資金枠組みは，「10 プラス 10 オーバー 10」と呼ばれ，10 年間の間に米国が 100 億ドル，その他の諸国で 100 億ドルを拠出しようというものである。

(29)　なお G 8 は，それ以前からも「不拡散専門家グループ（NPEG）」を組織し，その下部組織として「プルトニウム処分グループ（PDPG）」を設置し，処分の計画や技術選定，資金調達などについて検討してきた。

(30)　外務省仮訳「大量破壊兵器及び物質の拡散に対する G 8 グローバル・パートナーシップ行動計画」（平成 15 年）　[http://www.mofa.go.jp/mofaj/gaiko/summit/evian_paris03/gp_z.html]。

(31)　Robert J. Einhorn and Michele A. Flourney (eds.), *Protecting Against the Spread of Nuclear, Biological, and Chemical Weapons: An Action Agenda for the Global Partnership, Vol.4: Russian Perspectives and Priorities,* CSIS, 2003, pp.33-34.

(32)　*Ibid*, pp.5-6.

(33)　"A Story of Iran's Quest for Power: A Scientist Details the Role of Russia," *The Washington Post,* January 13, 2002.

(34)　"Russian Engineers Reportedly Gave Missile Aid to Iraq," *The New York Times,* March 5, 2004

(35)　*Ibid.*

(36)　"Uranium Traveled to Iran via Russia, Inspectors Find," *The New York Times,* February 28, 2004.

(37)　*Report No. GAO-01-312, op. cit.*（注 13），pp.31-33.

(38)　*Ibid*, pp.31-33.

(39)　*Ibid*, p.32.

(40)　Wolfsthal et. al., *Nuclear Status Report, No.6, op.cit.*（注 18），p.182.

(41)　このほか，ウクライナでも 1990 年代を通じて輸出管理法体制の整備が進められた。

(42)　Einhorn and Flourney, (eds), *Vol.2: The Challenges, op. cit.*（注 21），p.135-136.

(43)　*Report No. GAO-01-312, op.cit.*（注 13），p.5.

第 7 章　脅威管理体制の変容と協調的関係の構築

(44)　*Ibid*, pp.15-24.
(45)　Center for Nonproliferation Studies, Monterey Institute of International Studies, *NIS Export Control Observer,* December 2003/January 2004, p.18. 情報ソースなどの関係から，IAEA の統計と必ずしも一致するわけではない。
(46)　*Ibid*, pp.18-19.
(47)　*Ibid*, p.6.
(48)　*Report No. GAO-01-312, op. cit.* (注 13)，タイトル参照。
(49)　*The White House Office of the Press Secretary, United States-Russian Federation Plutonium Disposition Agreement,* June 4, 2000　[http://www.clw.org/pub/clw/coalition/summit050400pu.htm]．
(50)　米国の CTR プログラムでは，ロシアの軍需産業関係者の厚生充実のために予算を投じることが 1998 年に禁止された。これは，米国の納税者のお金を，米国の軍人や軍需関係者の福祉の向上ではなく，ロシアでのそれに投入することに対する政治的抵抗があったためである。しかし，より大きな枠組みで捉えれば，ロシアからの拡散を防止するためには，その最大の拡散源であろう科学者，技術者が拡散に協力する誘惑に駆られないようにすることは重要である。

第8章 国際保障措置強化に向けて

菊 地 昌 廣

まえがき

　核兵器の出現と同時に，為政者を襲ったのは，核拡散の脅威であった。冷戦時には，米ソによる東西諸国への管理政策と，国際機関による保障措置活動を介した拡散防止策が，核拡散の脅威に対して一定の効果を上げた。しかし，冷戦終了後，イラクのような覇権を求める国や北朝鮮のような自国の体制維持のための手段を求める国の核兵器開発が発覚し，最近では，イランやリビアへの保障措置活動により，核兵器開発技術や資機材の国際的ブラックマーケットの存在も指摘されるようになってきている。今や，国際保障措置を強化するための新たな手段や新たな枠組みの導入が希求されている。

　現在，保障措置実施の概念として支配的なものは，米国における核物質防護・管理及び計量 (MPC&A)，ユーラトム (欧州原子力共同体) における地域保障措置，そして，国際原子力機関 (IAEA) による国際保障措置である。これらは，それぞれの時代の核拡散の脅威に対抗すべく，個別の目的で構築され，また時代の要請に応じてその適用概念を変容させてきた。核不拡散対策は，脅威に対して常に時宜を得たものでなければ，十分な効果を得ることはできない。

　本稿では，まず，特徴的な保障措置の概念を歴史的に概括し，それぞれが果たしてきた役割と対応について分析する。ついで，冷戦終了後の核拡散の脅威に対するIAEAによる保障措置強化策を整理し，その効果を分析する。最後に，最近の新たな核拡散の脅威について触れ，今後の対応策を議論する。な

第8章 国際保障措置強化に向けて

お，本稿では，「ニュークリア」の概念を軍事利用の可能性を含む場合には「核」，平和利用に限った場合には「原子力」という用語を使用して記述する。

I 米国の保障措置政策

1 平和のための原子力（Atoms for Peace）以前

　米国における保障措置政策は，太平洋戦争終了の翌年，リリエンソールらによる核エネルギーの国際的な管理に関する報告から始まった[1]。この報告に先立ち，1945年11月15日にワシントンで行われた米，英，加の首脳会議において，核エネルギーに関する3カ国共同宣言が出された。この中で，すべての国が相互に平和目的の基本的な科学文書の交換を推進すること，そしてこのときには，すべての国が受諾可能で効果的な，かつ，相互間に強制執行可能な保障措置を設置することが合意された。そして，創設間もない国際連合がこの問題を取扱うように提言した[2]。リリエンソールらの報告は，米国が国連に対して提案する核エネルギーの国際管理問題について研究したものであった。この報告において，核兵器を使用しないとする国際約束の違反とその義務の回避を抑止し，かつ，これらを検知するための国際機関による査察システム創設に，政策を傾注すべきであるとしている[3]。

　この報告を受けてバルーク・プラン[4]が，国連原子力委員会に米国から提案された。バルーク・プランは，「国際原子力開発機構（IADA）を創設し，その機構に，核エネルギーの開発と利用に関するすべての段階を委ね，世界の安全保障にとって潜在的に危険なすべての核エネルギー活動に関する運営管理権あるいは所有権をもたせ，核エネルギー活動の管理，査察及び認可権限を与え，核エネルギーの有益な利用のための育成の義務を課し，そして，調査研究の責務を課す」というものであった。この提案に対して，当時，ソ連はことごとく反対し，まず，米国の核兵器を廃絶することが先決で，国際管理はその後の議論であるとの主張を繰り返した[5]。

　当時，米国は2つの政策の間で揺れ動いていた。ひとつは，バルーク・プランのように核エネルギーの利用を開放し，その代わりしっかりとした国際管理下に置くというもの，もうひとつが，やはり核エネルギーは米国が引き続いて

第8章　国際保障措置強化に向けて

独占すべきであるというものであった。国連原子力委員会の議論が停滞していた1946年7月に，米国議会は，有効な保障措置が確立するまで核エネルギーを非公開とし，すべての平和目的の開発協力を否定し，禁止するというマクマホン法[6]を可決してしまった。これで，国連におけるバルーク・プランは棚上げされた。つぎに国連で核エネルギーの国際管理の議論が再開されるのは，ソ連と英国がそれぞれ1949年と1952年に核爆発実験を行い，米国の核エネルギーの独占が破れた後の1953年に行われた，アイゼンハワーによる「平和のための原子力」に関する国連演説[7]以降である。

2　原子力開放政策

米国は，アイゼンハワー演説のあと，1954年に国内法を改定し，米国内の民間人及び民間組織に核エネルギーの平和利用の門戸を開放した[8]。米国の核の独占が敗れたことによる大きな政策転換であった。この法律により，核エネルギー利用は，米国内の民間事業者のみならずその他の国との協力協定を締結する可能性も示唆した。核エネルギー分野での国際協力の大いなる機会をもたらすことになった[9]。

1958年に，世界中の核物質管理実務を進歩させるための科学的，教育的な組織として設立された核物質管理学会（INMM）の第7回総会に招待された米国原子力委員会国際局部長のマイロン・クラッツアは，米国の保障措置についての視点を，国内問題と国外問題に分けて整理している[10]。すなわち，国内問題として想定される核物質の目的外使用への転用は，小規模であり，少数の人間によって試みられる可能性があり，このために，事業者は施設で雇用されている職員の管理や事業者における核物質への物理的な防護措置を国内法で要請していると述べている。また，国外問題は，関連する国そのものが，核兵器開発のために核物質の目的外への転用を試みる可能性を示唆し，これは，米国と関連国との核物質や資機材の貿易に関する2国間協定あるいは国際協定などによって対応すべきであると述べている。国内では核物質防護・管理及び計量（MPC&A）システムを確立し，国際的にはIAEA保障措置を強化するという2つの政策を，この時点で明らかにしている。

3 核不拡散法

インドが、カナダから輸入した重水炉と米国から輸入した重水を使ってプルトニウムを生産し、これを使った「平和目的の核爆発実験」を 1974 年 5 月に行った。インドは、現在も核不拡散条約（NPT）に加盟しておらず、IAEA の保障措置も限定的にしか適用されていない。自国から輸出された重水がプルトニウム生産に使用され、かつ、平和目的の原子炉で生産されたプルトニウムが核爆発実験に使用されたことに大きな衝撃を受けた米国は、1978 年に核不拡散法（NNPA）[11]を制定して、このような国への核不拡散対策を強化した。

1954 年の原子力法は平和利用の協力と輸出に門戸を開放した法律であったが、NNPA は、原子力平和利用の協力と核不拡散に関する最も包括的かつ重要な立法であったとローレンス・シャインマンは評価している。そして、NNPA は IAEA による保障措置活動を強化し、より効果的なものとすべきであるとの決意を表明したものであり、さらに、NNPA は、NPT の有効性を評価しつつも、保障措置のみに頼る核不拡散体制だけでは、核拡散の阻止には不十分であるとの米国議会の意思を反映したものであるとも述べている[12]。

この NNPA を受けて、核拡散に直結する原子力技術の民間への開放の是非を再検討することを目的として、1975 年に、原子力資機材の輸出管理のためのガイドラインを供給国間で作成するための会合の開催を提案し、1977 年に、国際核燃料サイクル評価（INFCE）の開催を国際社会に提案した。

このように、これまで、米国の核不拡散政策は、国際的な核拡散の脅威に柔軟に対応してきており、必要に応じて、政策を見直しし、効果的な対策を採るための活動を国際的に働きかけてきている。

II 地域的安全保障担保手段としての保障措置

1 ユーラトムの成立

第 2 次世界大戦の戦禍からヨーロッパが立ち直ってきた 1940 年代の後半に、「ひとつのヨーロッパ」を目指したさまざまな共同体が作られた。特に、1950 年に成立したヨーロッパ石炭鉄鋼共同体（ECSC）は、ヨーロッパ最初の共同

第 8 章 国際保障措置強化に向けて

体として特筆される。これは，ヨーロッパの復興に必要となるエネルギー資源や経済基盤をなす資機材の使用について，共同体加盟国内の産業間の協調と管理を目的としたものであった。すなわち，ヨーロッパをめぐる大戦の根幹には，域内のエネルギー資源などを確保するための国境紛争が常に存在したために，このような要因を地域内の協調関係の樹立によって排除しようとしたものであった。

ユーラトム設立の議論は，1955 年から開始された。1953 年の「平和のための原子力」演説を受けて，ヨーロッパ内の原子力産業に平和利用に限って原子力の利用を開放するための枠組みが作られた。

1957 年 3 月成立したユーラトム条約[13]に規定されているその主な目的は，以下の通りである[14]。

i) 技術情報の調査と普及の保証
ii) 作業員及び一般公衆の健康を防護するための標準的な安全基準の策定と実施の保証
iii) 投資の促進と保証，特に，企業として奨励された投機による共同体内の原子力エネルギー開発のために必要な基本的な設備の建設
iv) 共同体内のすべての利用者が，鉱石及び核燃料を定常的及び均等に供給されることの保証
v) 適切な管理により核物質が当初の目的以外の目的のために転用されることが無いことの確認
vi) 特殊核分裂性物質の所有権の行使
vii) 特定された物質及び資機材の共有市場の創設，原子力エネルギー分野の資本投資の自由化，及び，共同体内専門家の雇用の自由による広範な商取引及び最良技術への接近の保証
viii) その他の国及び関連する国際機関との連携による原子力エネルギーの平和利用の更なる促進の創設

原子力エネルギーについても，石炭，鉄鋼と同様に機会均等な協調関係による利用の促進を目指したが，一方で，共同体国内での軍事目的への転用を回避する措置も併せて設ける必要があった。特に，冷戦が始まったこの時期に，ヨーロッパ内で，自国の安全保障確保のために，核兵器開発を模索する国も存在したことから，共同体内の結束と保証を強化する必要があった。ユーラトム保

第8章 国際保障措置強化に向けて

障措置は，条約のⅦ章に取決められている。第77条に，共同体の義務として，次の2つの事項が明記されている。

 i) 鉱石，原料物質及び特殊核分裂性物質が使用者によって申告された使用目的から転用されないこと
 ii) 供給に関する規定及び第三国あるいは国際機関と合意した協定に基づき，共同体が責任を有する保障措置実施の義務は遵守されること

2　ユーラトムの活動

2004年3月の段階でユーラトムに加入している国は，15カ国である。最近のユーラトムの保障措置活動は2002年のユーラトム年報[15]で詳細に述べられている。年報によるとユーラトムの保障措置下にある核物質は，2002年末現在で，プルトニウムが569トン，高濃縮ウランが10トン，低濃縮ウランが5万8500トン，天然ウランが4万7700トン，劣化ウランが21万2500トンである。これらの核物質に対して，7291人日の査察（非核兵器国：2348人日，フランス：2539人日，英国：2404人日）が実施されている。

ここで，注目すべきことは，査察の実施に関して核兵器国，非核兵器国の差別が無いことである。IAEAによるNPTに基づく保障措置では，ほとんどの査察業務量は非核兵器国に割り当てられているが，ユーラトムでは，非核兵器国への査察業務量以上が核兵器国であるフランスと英国に割り当てられている。これは，核兵器国でありかつ原子力大国であるフランス及び英国を含めた加入国の核物質が，使用者により申告された使用目的から転用されていないことを，ユーラトムが保証する義務を持っているからである。この機能は，結果として英仏両国が，民生利用の核物質を軍事目的に転用することによる軍事拡張を実施していないことを相互監視する機能も果たしているということができる。

実際の保障措置活動は，原子力活動を行う個人あるいは事業者に対して規定している。保障措置実施に関する権限取決めでは，ユーラトムが，加入国政府ではなく，加入国内の原子力活動を行う個人あるいは事業者に対して，直接保障措置の義務を課しているところに注目される[16]。

また，条約第83条には，制裁措置についても規定していることにも注目さ

第8章　国際保障措置強化に向けて

れる。保障措置の義務に違反した個人あるいは事業者に対して，4つの段階の制裁措置を発動することを規定し⁽¹⁷⁾，加入国政府に対して，このような制裁に関する国内法の整備を助言している。

3　ユーラトムの将来

興味深いのは，最近ユーラトムが，その活動の見直しを開始したことである。通貨統合による共通経済圏の確立などにより「ひとつのヨーロッパ」，すなわち欧州連合（EU）が醸成されてきており，共同体内諸国の核兵器保有の懸念が大きく低下してきたという国際情勢の変化による。

ヨーロッパ共同体の決定により，2001年6月に見直しのための高レベルの専門家グループ（HLEG）が設置され，検討結果が2002年2月に公表された⁽¹⁸⁾。この結果報告では，これまでのユーラトムの役割は，①EU域内の原子力施設の原子力安全の確保，②目的外への転用のために核物質が盗取されていないことを保証する計量管理によるセキュリティの確保，③核兵器を製造しないとの国際約束に基づく保障措置の実施であったとし，この役割を，次のような視点で再検討すると述べている。

 i) 最近の社会環境を斟酌したユーラトムの役割及び活動目的の見直し
 ii) ユーラトムの任務文書及び定期的な改定手順の作成
 iii) ユーラトム活動理論と査察手順の分析及び評価理論の特定
 iv) 保障措置実施にかかるユーラトムの義務と関連する資源の費用対効果
 v) ユーラトムと共同体との間のより効果的で透明性の高い報告システムの提案
 vi) ユーラトムと公衆との間の改善されたコミュニケーションシステムの提案
 vii) ユーラトムとIAEAとの間の査察活動に関するよりよい相補性の評価
 viii) これらの提案の可能性に関する文書の作成

これらの事項に関して，項目毎に報告が行われているが，この中で特筆すべき事項を以下に挙げる。

 i) ユーラトムの役割は，域内の施設から盗取された核物質が域外へ不法に移動することが無いことを保証するためのセキュリティに関する高レベ

ルの基準を維持することとした。もはや核不拡散のための厳密な役割は喪失され，以前の「信用すれど検証する（Trust, but verify）」との原則を維持するべきでないと結論した。
ii) 事業者を核物質セキュリティのための最初の実施担当者と位置づけ，ユーラトムは，事業者システムの品質保証や管理機能を実施すべきであるとした。共同体内の最適なセキュリティを確保するためのユーラトムによる検認アプローチを模索すべきであると結論した。
iii) IAEA は核不拡散制度として活動し，一方，ユーラトムは，核物質の検認システムを維持するための支援を行うとした。これを受けて，IAEA との相補性について IAEA と検討を開始した。

このような結論は，「最近のヨーロッパ共同体内では，共同体を構成する国による核兵器保有を意図する拡散は起こりえない」という国際環境を反映したもので，「ユーラトムは，不法移転や盗取された核物質が域外でその他の目的のために転用されないことを保証するセキュリティのための活動に中心を移すべきである」との新たな流れが創出されたと見るべきである。国際環境の変化を受けて，域内国間の相互監視という当初の目的から，ひとつのヨーロッパとしてセキュリティ機能を果たそうとする，大きな変化であるといえよう。

III 核不拡散条約（NPT）による普遍化と国際化

1 NPT 以前の IAEA 保障措置

1952 年のアイゼンハワーによる「平和のための原子力」国連演説を受けて国際的な原子力機関創設の動きが開始された。同氏は，（米国の核の独占が破れ），国際的な核兵器開発競争が核戦争の可能性を増長する危険性を指摘し，核兵器による惨禍を回避するために，国際社会が核エネルギーの管理を委ねる国際機関を設立し，核エネルギーを平和目的に役立てることを目的に活動させるとともに，受入れ可能な国際的な査察及び管理システムを運用させることを提案した[19]。

これを受けて 1957 年 7 月に国際原子力機関憲章が発効し，IAEA が発足した[20]。IAEA は，原子力の平和利用を促進するための活動，及び，IAEA が供

与したもの等が軍事目的に利用されていないことの確認のために，また国からの依頼による保障措置活動を行うことになった[21]。この時点では，保障措置が適用された対象物は少数であったが[22]，保障措置の目的は，憲章に「平和利用物質（核物質だけでなく資機材も含まれている）が軍事利用のために使用されていないことを確認するため」であると明記されている。

最初の包括的な保障措置システムは1965年に開始された。IAEA 文書 INFCIRC/66.Rev2 に基づくシステムである。このシステムは，憲章の精神を忠実に反映させたものであった[23]。すなわち，核物質や資機材に対して，次の3つに分類される査察権限を有するというものであった。

 i）IAEA が加盟国に供給した核物質や資機材に対する査察
 ii）受領国と供給国との間の2国間の原子力協定によって，両国の合意の下に IAEA が依頼を受けた供給物に対する査察
 iii）核不拡散の透明性向上の立場から加盟国が IAEA に要請した核物質や資機材に対する査察

2　NPT 保障措置

NPT は，1970年に発効し，これまでに189カ国が加入している。核の水平拡散防止に関する NPT の大きな特徴は，第2条で，加入する非核兵器国が核兵器や核爆発装置を受領せず，製造せず，取得せず，さらに製造のための援助を受けないことを国際社会に対して約束していることである。

また，保障措置は，第3条1項にて規定され，原子力が平和的利用から核兵器その他の核爆発装置に転用されることを防止するため，加盟国のこの約束履行の義務を確認することを目的として IAEA に付託された。保障措置の手続きは，「原料物質又は特殊核分裂性物質[24]につき，それが，主要な原子力施設において生産され，処理され若しくは使用されているか又は主要な原子力施設の外にあるかを問わず，遵守しなければならない」とされ，さらに，保障措置は，「当該非核兵器国の領域内若しくはその管轄下で又は場所の如何を問わずその管理の下で行われるすべての平和的な原子力活動に係るすべての原料物質及び特殊核分裂性物質につき適用される」と記載されている。

ここで注目すべき事項は，非核兵器国は，まず，第2条で核兵器の開発，製

第8章 国際保障措置強化に向けて

造,取得をしないことを約束していることから,この国の原子力活動には,軍事目的(艦船の動力利用は除く)が無い,すなわち,すべての原子力活動は平和利用目的に限定され,この国内にあるすべての原料物質及び特殊核分裂性物質は,平和利用のみに供されているとの前提に立っていることである。

包括的保障措置協定は,NPT第3条1項の規定を受けて,IAEAとNPT加入国とが締結する協定のモデルとして準備された[25]。この協定における保障措置の目的は,当然のことながらNPTの目的を援用しており,その国の領域内及び管理下にあるすべての核物質を対象としている。そして,保障措置は,費用対効果のある実施を目指し,適切な枢要点[26]において装置や技術を使用することにより保障措置対象となる核物質の移動に注目して,核兵器あるいはその他の核爆発装置を生産することができるような核物質の生産,処理,使用あるいは貯蔵を含む核燃料サイクルのそれぞれの段階に検認手順を集中し,IAEAによる保障措置の実施が妨げられないことを条件として,その他の核物質に対する検認手段を最小化する方法を適用するとしている[27]。

また,協定では締約国の国内計量管理制度(SSAC)の確立と維持を求めている[28]。これは,IAEAが核物質の転用が発生していないということを確証するに当たり,NPT加入国自身による国内制度の認定(英文はfindings,締約国の責任においてきちんとした核物質計量がなされ,その結果の会計内容の説明)を検認することが可能となるような保障措置を適用するためである。NPT加入を受けて,その国の条約履行責任により設立されたSSAC活動を基本として保障措置が,実施されることに留意すべきである[29]。

包括的保障措置協定では,協定の第2部以降で,これらの原則を実施するための具体的な手順を特定した[30]。保障措置の目的として第28条に,「有意量の核物質が平和目的から核兵器あるいはその他の核爆発装置あるいは不明な目的に転用されることを適時に検知すること,及び,早期の転用検知によりそのような転用を抑止すること」と記載されている[31]。また,核物質計量管理を基本的に重要な手段として位置付け,検認活動の技術的な結論は,それぞれの物質収支区域における物質収支で説明できない量(MUF)の大きさと申告された(計量された)核物質量の測定精度の限界との比較によって,MUFの大きさの妥当性が定量的に検認される。

1980年代の後半までは,「NPT加入国は,その約束を真摯に履行し,保障

措置協定に従ってその履行状況を IAEA に申告し，IAEA は独立した計量測定手段等によりその申告の正確性を確認する」という論理によって保障措置が実施されてきた。善良である締約国の領域内あるいは管理下にあるすべての核物質に関する正確な申告こそが，保障措置実施の前提であった。換言すれば，NPT に加入し，核物質を平和目的のためにのみ利用するとした国際約束の履行状況を，包括的保障措置協定に基づき IAEA が客観的に検認するというものであった。

IV 冷戦終了後の核拡散の脅威とその対応

1 冷戦終了後の核拡散の脅威

冷戦終了の兆しが見えるようになってきた1980年台の後半から，地域的な覇権確保や，自国の体制の存続・維持のために，核兵器を保有し，優位性を確保しようとする国が出現し始めた。イラク及び北朝鮮問題を契機として，新たな核拡散の脅威が認識された。

(1) イラクの事例
① オシラク炉爆撃

イラクの核兵器開発疑惑は，1980年代当初から，国際的に認識されていた。1981年にイスラエル空軍が，バグダッド郊外のアル・ツワイサ原子力研究センターに建設中であった研究炉を爆撃し，破壊した。この研究炉はオシラク炉と呼ばれ，フランスからの技術導入によって建設されていたものである。イスラエルが，この研究炉にて秘密裏に劣化ウランを照射し，プルトニウムを生産しようとしているとの疑惑を持ったことによる[32]。

② クライストロン密輸事件

1990年3月下旬，ヒースロー空港で核爆発装置の着火装置に使用することができるクライストロン（速度変調管）を，イラク人が密輸出しようとしたのを，英国当局がおとり捜査によって検挙した[33]。

③ 遠心法ウラン濃縮技術輸入事件

1990年8月に旧西ドイツの企業が，遠心法ウラン濃縮に使用するマレージ

第8章　国際保障措置強化に向けて

ング鋼等の材料をイラクに輸出した疑いで当局に取り調べられている，と報じられた[34]。遠心法ウラン濃縮施設が秘密裏に建設されていたことは，湾岸戦争後の国連イラク特別委員会（UNSCOM）とIAEAとの共同査察によって明らかにされた。

④ 電磁法ウラン濃縮技術開発

湾岸戦争以前に，電磁法によるウラン濃縮技術をイラクが開発していた事実は，この時点で余り知られていなかった。しかし，湾岸戦争後のイラクの核兵器開発に関するテレビ報道で，すでに公開された映像として，カルトロン[35]による濃縮工場の内部情報を西側報道機関が入手していたと報じた。

⑤ IAEA保障措置との関連

包括的保障措置協定では，このようなウラン濃縮施設の建設計画が推進されていても，核物質が搬入されていなければ，協定違反にはならない。協定第42条で，新たな原子力施設の設計情報の提出時期は，協定の補助取極で特定されるとし，新規施設に核物質が搬入される以前に，可能な限り早く提供されることが要請されている。一般的な補助取極では，核物質搬入の180日前までに新規施設の情報を提供することになっており，建設中あるいはそれ以前に，IAEAに通報する義務は，この時点では無かった。IAEAは，締約国からの補助取極に基づく設計情報の提供を受けてはじめて，その施設への検認活動（設計情報の検査及び検認）を実施できる[36]。締約国が，設計情報の提出を故意に遅らせれば，IAEAとしては，検認活動を開始することはできなかった。

通常査察は，イラクがIAEAに申告した施設に存在し，計量報告を提出した核物質に対してのみ実施されており，この時点の検認結果は，IAEAの査察実施基準を満足するものであった。

IAEAは，以前から年次報告書で「(IAEAが検認した活動の範囲では)転用を示す兆候は発見されなかった」との結論を導出していた。これは，IAEAが検認の対象とした物からの転用は見出されなかったことを意味しており，同時に，検認対象となっていない核物質が存在した場合は，何ら結論を導出できないことを意味している。申告の正確性（correctness）を保証することはできるが，申告の完全性（completeness）を保証するための活動権限を，IAEAはこの時点で有してはいなかった[37]。

第 8 章　国際保障措置強化に向けて

(2) 北朝鮮の事例

　2002 年末に，北朝鮮がミサイル技術の供与とのバーターでウラン濃縮技術をパキスタンから入手しようとしていたことが報道された。これを受けて，朝鮮半島エネルギー開発機構 (KEDO) の枠組みが破棄されたとする米国は，重油などの燃料供給を停止し，北朝鮮は，凍結されていた核開発を，一気に推し進めることによる瀬戸際外交を展開し始めた。2003 年 1 月 6 日に，IAEA の緊急理事会は，北朝鮮に対し保障措置実施に関する義務の履行を求め，現状を懸念する内容を含む決議を採択した。

　IAEA 理事会における北朝鮮の保障措置に関する決議は，これが最初ではない。1989 年末から 1994 年中盤にかけて，北朝鮮の核兵器開発疑惑が取りざたされた。1989 年 11 月に外務省が，北朝鮮で原子力発電以外の計画，すなわち，再処理施設を建設している疑いがあると発表した。この報道を皮切りに現在に至るまで，北朝鮮の核兵器開発疑惑は，解決されていない。

① 保障措置の開始

　北朝鮮は，1985 年 12 月に NPT に加入した。NPT 第 3 条 4 項では，加入後 180 日以内に IAEA との間で保障措置協定締結のための交渉を開始し，交渉開始後 18 カ月後までに，発効させなければならないとしている。北朝鮮が，保障措置協定を発効させたのは，1992 年 4 月である。

　1992 年 5 月から冒頭報告[38]が開始された。当初の冒頭報告は，熱出力 5 メガワットの実験炉と臨界実験装置，電気出力 5 メガワットの実験発電炉，建設中の 50 メガワットの発電炉，建設中の 200 メガワットの発電炉，ウラン製錬施設及びウラン鉱山を対象としていた。この時点で，疑惑の再処理施設（北朝鮮は放射化学研究所と称している）は冒頭報告には含まれていなかった。しかし，その後，この研究所も報告の対象とし，ここで抽出された少量の酸化プルトニウムも冒頭報告に加えてきた。そしてこれら冒頭報告の内容確認のために，特定査察[39]が開始された。

② 疑惑の未解明と IAEA 理事会の活動

　特定査察の当初から，プルトニウムの抽出実績に関し，多くの疑問があることが明らかになった。1992 年 6 月の IAEA 理事会に，事務局は，「冒頭報告や査察実施結果の説明によって，北朝鮮の核開発計画がかなり明らかになると思われるが，現時点（第 1 回の特定査察終了後）では，全容を見極めることは困難

189

第8章　国際保障措置強化に向けて

である」と報告している。その後，5回の特定査察が，放射化学研究所を中心に行われたが，5メガワットの実験発電炉の何体かの使用済燃料を既に再処理し，ここで回収したプルトニウムが未申告の状態にあるのではないかとの疑惑は，結果として解消されなかった。1993年1月から2月にかけて行われた第6次の特定査察に先駆けて，IAEAは特別査察[40]実施のための協議を北朝鮮と開始した。しかし，北朝鮮は，1993年3月に国の自主権を主張し，その権利を守るためと称して特別査察受入れ拒否を表明すると共に，NPTから脱退する意向を各国に伝えてきた。この段階でIAEA事務局は，北朝鮮への対応策がすべて尽きたと判断し，国連安全保障理事会にこれまでの経緯を説明すると共に，その後の対応を付託した[41]。

③　特別査察問題

一連の北朝鮮への対応で，IAEA事務局が直面した問題は，特別査察実施の可能性である。イラクの場合，湾岸戦争終了時の安保理決議があったので，国家主権を超える査察検証活動を展開することができたが，北朝鮮の場合は主権国家とIAEAとの法的な権利義務関係の中でのみ査察活動が実施される。このために，特別査察の実施には，北朝鮮当局の合意が必要となる。

特別査察は，いわゆる伝家の宝刀であると思われていたが，それを使おうとしたとき，IAEAは締約国の合意という難関に直面した。IAEAの保障措置活動に協力的な国でなければ，所詮，伝家の宝刀を使用することは困難であることが明らかとなった。

2　国際保障措置強化の機運と追加議定書の成立

(1) IAEA理事会による保障措置の強化策

IAEA事務局は，1992年の時点で，イラクの事例から包括的保障措置協定に基づく活動の不備を認識し，理事会は，いくつかの保障措置強化に関する決議を行っている[42]。概要は以下のとおりである。

ⅰ）IAEAは，締約国から申告された核物質の検認の正確性を保証するだけでなく，申告の完全性，すなわち，未申告状態のあるものの存在に対しても保証する義務を有すること。

ⅱ）IAEAは，特別査察を実施する権利を，最大限活用すること。

第 8 章　国際保障措置強化に向けて

iii）締約国は，設計情報の提供を，従来の提出タイミングについての解釈を変更して，早期に提供すること。すなわち，建設計画が正式に俎上に載った時点，建設段階，及び，核物質搬入 180 日前の 3 段階に分けて，新規施設の設計情報を提出すること。

iv）核物質及び特定資機材の輸出入に関して，締約国が IAEA に報告すること。

これらは，いずれもイラクの保障措置協定違反を湾岸戦争以前に検知し，認定することができなかった IAEA 事務局の活動の限界から決議されたものであった。また，理事会は「特別査察実施権限を最大に活用すること」を事務局に助言した。しかし，その後，締約国が受入れを合意しなければ実施できないという大きな限界があることが，北朝鮮の事例から判明したことは上述の通りである。

(2)　93＋2 計画

IAEA 事務局長の諮問機関である保障措置実施に関する常設諮問委員会（SAGSI）は，1991 年から 93 年にかけて事務局が経験した問題を解決するような保障措置の強化策案を，1995 年の NPT 再検討延長会議までに検討するようにと答申した。これを受けて，事務局内に 93＋2 計画[43]を発足させ，検討が開始された。

この検討結果は，1995 年 3 月に IAEA 理事会へ報告された。申告の完全性を保証するための新たな保障措置の方向性は，理事会において承認されたが，この報告には，従来の保障措置協定の法的権限で実施可能な活動と，新たな法的権限を必要とする活動が混在していると指摘されたことから，1995 年 6 月に，これらの活動内容の背景となる法的権限を整理した報告が理事会に提出された[44]。

この報告を受けて，強化された保障措置活動を実施するために必要な，新たな法的権限に関する検討を行う検討委員会が理事会の下に設置された。この特別委員会は Committee 24 と称されている。会合は，合計 4 回もたれ（1996 年 6 月，10 月，1997 年 1 月，4 月），70 カ国以上が参加した。この議論を経て，新たな法的権限は，「包括的保障措置協定の追加議定書のモデル」[45]として，1997 年 5 月に公開された。

191

第8章　国際保障措置強化に向けて

1980年代の後半から1990年代の前半にIAEAが経験した包括的保障措置協定による保障措置の弱点を補い，国際保障措置を強化するために，包括的保障措置協定の追加議定書という形態を採りながらも，国際社会は結果として新たな国際取り決めの創設を選択した。

3　追加議定書

(1)　追加議定書と保障措置協定の関係

この追加議定書の特徴は，核不拡散条約に基づく包括的保障措置協定と一体不可分の法的権限とされているところである。既に，包括的保障措置協定では保障措置の対象は「協定の条件に従って締約国の領域内のすべての原料物質もしくは特殊核分裂性物質に対して保障措置が適用される」とされており，この条項を受けて，申告済みあるいは未申告であるに拘わらず，締約国内の平和利用下のすべての核物質に対して，IAEAの保障措置が実施される。

追加議定書の第1条には，保障措置協定の各条項は，内容が両立する限り，追加議定書にも適用されることとしており，もし，条項の解釈や適用において疑義が発生した場合には，追加議定書の条項が適用されると規定されている。これは，従来の包括的保障措置協定が，まず基本的な法的権限を有するが，追加的な法的権限を施行する上で，新たな解釈が必要となる場合には，追加議定書の取り決めが優先されることを意味している。

(2)　追加議定書の概要

① 情報の提供

第2条に新たに提供を求められた情報の内容が，第3条にその情報提供のタイミングが規定されている。第2条a項には，次の内容を含む情報の提供が求められている。

第1項に国が資金提供したあるいは国からの委託を受けて実施されている核物質を含まない核燃料サイクル関連研究開発活動に関する一般的な説明とその場所を特定する情報の提供が要請されている。情報提供対象施設は，第18条a項で，核物質の転換，濃縮，燃料加工，原子炉，臨界施設，再処理，高レベル廃棄物処理に関連するものと定義されている。

第8章　国際保障措置強化に向けて

　第2項では核物質が通常使用されている施設及び施設外箇所（LOF）における保障措置関連の操業について，IAEAと締約国が合意した情報の提供が求められている。これは，例えば，軽水炉における燃料取扱いクレーンの運転に関する情報である。従来の操業関連情報は，事業者の操業スケジュールに関連するものが中心であったが，今後，無通告査察[46]の実施を踏まえて，査察に供する機器の情報も提供が求められる。

　第3項にサイト[47]内の建屋の使用目的を含む一般的な説明や，必要に応じて建屋の内容物に関する説明が求められている。これは，サイト内のこれまで申告された場所（主要測定点や枢要箇所）以外の場所での申告外活動の可能性を払拭するためで，一般に，サイト内のすべての建屋の情報提供が求められる。

　第4項では追加議定書の付属書Ⅰにて規定されている活動の場所の操業規模に関する説明が求められている。付属書Ⅰには，ウラン濃縮技術や，プルトニウム生産に関連する装置や機器の組み立て，生産されたプルトニウムを回収する再処理技術に関連する特殊機器の製作に関連する活動が挙げられている。このように，直接的に，核物質を使用しなくとも，これら核兵器に組み込むことが可能な核物質の生産に関連する機器や装置を製造している施設に関する情報提供の義務が生じた。

　第5項と第6項に，これまでは計量管理報告の義務が無かった，ウラン鉱山や，天然ウランに関する情報の提供が求められている。

　第7項では，保障措置の適用が免除された核物質の使用目的やその箇所やその量が，また，第8項では，保障措置が終了された廃棄物に関する情報の提供が求められている。包括的保障措置協定では，保障措置の対象外とされた核物質の情報も新たに加えられている。

　第9項では，特定された機微な機器や装置，非核物質の輸出入に関する情報の提供が求められている。報告対象となる機器や装置は付属書Ⅱに記載されているが，この付属書Ⅱは，ロンドン・ガイドラインのトリガーリストを完全に援用したものである。

　第10項には，締約国の今後10年間の原子力開発利用計画の提供が求められている。

　このように，追加議定書では，従来の核物質の種類や量及びその取扱施設に

第8章 国際保障措置強化に向けて

特化した情報の提供だけではなく，核兵器に組み込むことができる核物質生産の可能性を特定することを目的とした，幅広い原子力活動の情報提供が求められる。これは，イラクの経験から，締約国の原子力活動全般と申告された原子力活動との整合性を確認することにより，未申告活動を検知する手段を導入したことによる。

② 補完的なアクセス

第4条に補完的なアクセスが規定されている。IAEAは，すでに核物質を取り扱っている箇所，すなわち，主要測定点や枢要点における検認活動を実施しており，補完的なアクセスとは，核物質を取り扱わない箇所へ接近することにより，申告の完全性を確認するために実施される検認活動である。

補完的なアクセスの目的には大きく3つある。ひとつは，追加議定書に基づき未申告の核物質や原子力活動が無いことを確認するためであり，もうひとつは，IAEAが実施した情報分析の結果，提供された情報の正確性や完全性に関する疑義や当該情報の不整合を解決するためである。このために接近できる箇所として規定されているのは，第2条で申告の対象となった箇所，例えば，サイト内のすべての場所や，ウラン鉱山や天然ウラン加工施設，免除されたあるいは廃棄された核物質が保管されている箇所である。さらに，デコミッショニングされた施設や施設外箇所への補完的なアクセスも規定されている。これは，施設がその運用目的を終え核物質が撤去された後でも，設備そのものには処理能力が残存していることから，施設の機能が失われるまで，たとえそこに核物質が存在しなくとも検認対象として残留することを意味している。

包括的保障措置協定成立時点の議論では，事業者への査察による障害を最小限にし，保障措置の実施を効果的かつ効率的なものとすべく，IAEA査察官の接近箇所を厳密に限定するとしたが，追加議定書では，未申告活動を検知するために，先の精神を大きく超えて，補完的なアクセスの接近箇所を拡大した。さらに注意すべき点として，環境サンプリングを実施するために，IAEAは国内のすべての場所に接近する権限を有していることである。これにより，IAEAは，情報分析の結果その国の原子力活動に疑義を持ち，これを解決する必要がある場合には，締約国内のどこでも立ち入ることができるようになった。

第8章　国際保障措置強化に向けて

(3) まとめ

　1990年代の前半から，1970年代に成立した保障措置の実施に綻びが見えてきた。包括的保障措置協定に基づく保障措置実施の前提であった，「NPT加盟国は善良であり，領域内のあるいは管理下にあるすべての核物質を申告している」という前提が崩れてしまった。IAEAは，申告されていない核物質が存在するかもしれないとの前提に立った新たな検認活動が必要となった。保障措置を実施するに当たって，従来からの「申告された核物質の軍事利用への転用は発生していない」との仮説に加えて，「申告されていない核物質や原子力活動は存在しない」との仮説を立て，この仮説を棄却するような事実が存在するかどうかを，技術的な客観性を持って検認する必要が発生してきたのである。

　現在IAEA年報では，保障措置の結論を2つに分けて導出している[48]。ひとつは，従来からの核物質の計量検認に基づく活動を基礎とした「保障措置下におかれた核物質の転用及び保障措置下におかれた施設及び設備ないしは非核物質の誤用を示す事実は発見されなかった」という結論，もうひとつが，追加議定書による活動により「未申告の核物質や原子力活動を示す事実を発見できなかった」という結論である。これら結論の導出によってはじめて，本来の包括的保障措置協定の目的が達成される。

　2004年6月のIAEA理事会において，エル・バラダイIAEA事務局長が日本に対して実施していた保障措置活動の結果として，上記2つの結論を得るに到った旨報告した。これは，日本が国際機関により，日本における核兵器開発活動が見出されなかったとの公的な結論を得たことを意味する。海外からの日本の核兵器開発疑惑を公に払拭できる根拠を得たことの意義は大きい。

V　最近の新たな核拡散の脅威と今後の対応策

1　イラン及びリビアへの保障措置活動からの派生

　イランに対して行ったIAEAの一連の保障措置活動により，イラン政府の保障措置対応の不備が発見され，2003年になって幾度か理事会に報告されている。また，米国がならず者国として挙げていたリビアは，2003年12月に国際協調政策に転じて，国際保障措置を積極的に受入れるようになった。このイ

第8章 国際保障措置強化に向けて

ラン及びリビアには,追加議定書に基づく強化された保障措置が適用され,同国のこれまでの核開発計画が徐々に明らかになってきている。

IAEAは,2003年3月の理事会においてイランの原子力活動に不整合があることをはじめて明らかにした。この時点では,内容を明らかにしていない。しかし,この後,2003年6月,9月,11月及び2004年3月の理事会において詳細な報告がなされ,この理事会文書は,公開されている[49]。

イランは,核燃料サイクルのフロントエンドのすべての施設を含む原子力活動を行っている。すなわち,ウラン鉱山探鉱,ウラン精錬転換施設,ウラン濃縮施設(遠心法濃縮だけでなくレーザ濃縮も含む),燃料加工施設,重水製造施設,軽水研究炉,関連R&D施設を既に保有している。これらの施設の存在及びこれらの施設の活動は,これまでほとんどIAEAに申告されていなかった。特に,大規模な遠心法ウラン濃縮施設を建設しており,この施設や濃縮装置製造会社において高濃縮ウランが検出されたことは,国際社会に衝撃を与えた。これら高濃縮ウランは,供給国から装置に付着したまま輸入されたものであるとイランは弁明している。また,これらの施設を未申告の状態に置いた理由を,中東に特異な地域的,政治的な環境に起因するとしている[50]。

2004年3月のIAEA理事会で,イランの協定違反の非難決議と,更なるIAEAへの協力を求める決議が行われた[51]が,現時点では,国連安全保障理事会への報告には至っていない。イランは,1992年のIAEA理事会における設計情報の早期提供に関する決議を受け入れ,さらに追加議定書による保障措置実施を受け入れている。また,ウラン濃縮計画を中断する旨表明している。しかし,検出された高濃縮ウランの製造について解明されておらず,遠心法ウラン濃縮用装置の供給元についても,まだ解明されていない。IAEAは,輸出国(供給国)に情報の提供を慫慂している。

一方,IAEAは,リビアの保障措置活動について2004年3月の理事会に報告している[52]。リビアは,1980年代の早い時期から12の原子力サイトにて秘密の原子力開発計画を開始していたが,その規模は,必ずしも大きいものではなかった。しかし,リビアへの保障措置活動で注視されたものは,ウラン濃縮計画であった。リビアは,1995年7月からウラン濃縮計画を開始した。1997年に200台以上の遠心法ウラン濃縮装置を輸入したと最近申告し,2003年12月のIAEAによる査察においては,1万台分以上の濃縮装置の部品が発見され

た。
　イランやリビアにおいて発見された未申告の遠心法ウラン濃縮装置は，過去にヨーロッパの濃縮施設において開発された装置の設計に基づくものであり，2004年2月はじめに，両国への検認活動を通して，核兵器開発技術に関する巧妙で複雑なブラックマーケットが国際社会に暗躍していることを突き止めたとIAEA事務局長が警告を発した[53]。そして，ブラックマーケットには，国家が関与している兆候は見られないものの，複数の個人や団体が核物質や機微な資機材の密輸に関与しており，これらの技術が，ブラックマーケットを介してその他の国に拡散することが懸念されると述べている。

2　IAEAと米国の核不拡散体制強化の提案

(1) IAEAの提案

　2003年10月にIAEA事務局長が，雑誌「エコノミスト」に「安全な世界に向けて」と題する論文を発表した[54]。この中で，ウラン濃縮技術や使用済燃料再処理技術は原子力の平和利用においても核燃料サイクル事業を推進する上で重要な要素であるが，一方で核拡散の視点からも機微な要素となる諸刃の剣であることを強調しつつ，このような要素からの核拡散を防止する対策として，次の提案を行った。

ⅰ) 民間の原子力計画で，多国間の管理下で運用される施設を除き，再処理や濃縮活動を制限するとの合意により，兵器に使用可能な分離プルトニウム及び高濃縮ウランの処理や再処理を介した新たな物質の生産を制限する。

ⅱ) 原子力エネルギーシステムには，国家の核兵器製造のための核物質の転用を妨げ，兵器用核物質の秘密裏の製造のための施設や装置の誤用を妨げ，そして継続的な平和利用を保証するための効果的監視を適用するという核拡散抵抗性技術を組み込むべきである。医療用の放射性同位体を生産する高濃縮ウランを使用する研究炉は，低濃縮ウランへ切り替える。

ⅲ) 使用済燃料や放射性廃棄物の管理や処分についての多国間アプローチを検討する。

第8章　国際保障措置強化に向けて

2004年2月初旬にIAEAにおいて，核兵器の拡散防止，原子力セキュリティの強化，及び，核燃料サイクルの多国化に関する新しいアプローチを模索するためのセミナーが開催された。このセミナーで，IAEA事務局長は，機微な核物質や資機材の輸出管理の深刻な弱点を補強する行動計画と強力な法体制の早急な整備を提案し，国際的な枠組みを設立することの緊急性を強調した[55]。

現行の輸出管理システムは参加国間の紳士的な取決めであり，ブラックマーケットによる密輸防止には効果はない。

(2) 米国の提案

2004年2月11日に，米国ブッシュ大統領は，国防大学において大量破壊兵器による脅威への新たな対抗措置について演説を行った[56]。この中で，核不拡散体制を強化するために，次の提案を行っている。

i) 拡散防止構想（PSI）の拡大：現在行われている公海上の臨検を拡大して各国の捜査当局や国際刑事警察機構（ICPO）との協力により，大量破壊兵器の移転阻止，関連研究機関の閉鎖，関連資機材の押収，拡散を試みる者の資産の凍結などブラックマーケットの摘発を行う。

ii) 核拡散に対応する各国の法律及び国際管理の強化：核拡散を犯罪とみなす決議を国連安全保障理事会で早期に採択し，各国で法制化を進め，あらゆる機微な資機材の厳重な輸出管理を行う。

iii) 大量破壊兵器技術流出の阻止：旧ソ諸国に対して適用していた核兵器解体や科学者の雇用に関する取り組みを，イラクやリビアにも適用を拡大する。

iv) 供給国グループへのウラン濃縮及び使用済燃料再処理関連資機材の移転禁止要請：ウラン濃縮や再処理技術は原子力発電において必ずしも必須ではなく，供給国はかかる技術や資機材の供給を禁止する。これら施設の保有を断念した国に対しては，適正な価格でウラン燃料を供給する。

v) 平和利用資機材供給条件としての追加議定書の発効：来年までに追加議定書に署名した国に対してのみ民生利用の資機材の輸出を許可する。拡散と戦う各国は，追加議定書を発効させ実施すべきであり，米国大統領も米国議会に批准するように働きかける。（2004年3月31日に批准承認）

vi) IAEAの機能強化：IAEA理事会の下にIAEAを支持する国から構成

第 8 章　国際保障措置強化に向けて

される特別委員会を設置し，各国が国際約束を履行するための IAEA 機能強化の検討を行う。

vii) 疑惑国の IAEA における活動資格停止：国際約束の不履行をもくろむ国，たとえばイランのような国の理事会での活動を制限する。疑惑国は理事会から締め出すべきである。

米国及び IAEA 双方ともに，ウラン濃縮や再処理のような重要な施設の管理運営の強化や，機微な資機材の輸出管理の強化を通したブラックマーケット摘発などの核不拡散体制の強化を提唱していることに注目すべきである。

む す び

ここで，改めて，追加議定書による保障措置活動の効果を評価してみよう。上述したように，IAEA は，追加議定書による保障措置強化によって，締約国の広範な原子力活動を検証活動の対象とし，核兵器開発の兆候を発見することが可能となる活動を展開してきた。これらの活動により，イランやリビアが関与したブラックマーケットのような派生する隠された核拡散問題を特定できるようになった。大きな核不拡散機能の確立であるといわざるを得ない。追加議定書の成立により，NPT に基づく保障措置活動の理論的な限界まで法的権限は整備されたと見るべきであろう。残されている課題は，検認活動の信頼性の向上と国際的な定着化である。日本は，世界の原子力先進国に先駆けて追加議定書を発効させ，強化された保障措置を受入れていることもあり，この経験を国際社会に発信し，さまざまな局面で，国際社会の核不拡散活動に対する理解向上のために貢献すべきである。

ブラックマーケットと非国家主体の連携による核拡散の脅威のような，国際機関と主権国家との関係で対処できない新たな課題が出現してきている。さらに，パキスタンのような NPT に未加入であり，供給国グループにも参加していない国がこの課題に関与した場合には，これまでのような国際的な枠組みで対応することが困難であることは明白である。IAEA 事務局長は，米国とパキスタンのテロ対策への緊密な協調関係などを介し，ウラン濃縮技術や機器の拡散防止対策をパキスタンに対して働きかけるように，米国政界の有力者に要請している[57]。

第8章 国際保障措置強化に向けて

　核不拡散対策は，これまでのような国際機関を介した国際的な枠組みと，より具体的な対応を集中的に実施できる主要国主導のグループ国による枠組みとにより展開させることが望ましい。また，最近の国際社会を取り巻く核拡散の脅威を，十分に分析すべきである。現存するウラン濃縮施設や使用済燃料再処理施設からの核物質転用を検知するなどの，従来の核不拡散体制を維持することにより効果が得られる手段と，転用のための新たな核物質生産施設建設を検知するなどの，従来の核不拡散体制を拡大することによって効果が得られる手段とを，個別の国の核拡散の脅威に合わせて着実に運用していくべきである。これは，追加議定書普遍化の進展により，より大きな効果が期待できる。

　現在のIAEAの主要な保障措置活動は，NPTからの付託によるものである。しかし，NPTの枠組みで対応できない核拡散の脅威については，IAEA憲章に立ち戻り，国際的な唯一の検証機関としての役割を果たすべきである。NPT保障措置の主眼である核物質の平和利用からの転用を検知する機能に加えて，核拡散上機微な資機材の拡散防止ための枠組みを強化する必要がある。このために，供給国グループ参加国をNPT未加入国まで拡大するとともに，機微な資機材の輸出管理制度を，これまでの紳士協定に基づくものから国際法として拘束力のある協定による運用に発展させ，受領国における最終利用状況の供給国による確認やその結果の申告，及び，IAEAによる最終利用状況の検認の義務付けの導入など，国際的なコンセンサスの下，強化に向けて変容させていくべきであろう。

注

（1）　David E. Lilienthal, et al, "A Report on the International Control of Atomic Energy," Prepared for the Secretary of State's Committee on Atomic Energy, Washington, D.C., March 16, 1946

（2）　David Fischer, *History of the International Atomic Energy Agency—The First Forty Years,* Printed by the IAEA, September 1997, p.18.

（3）　David E. Lilienthal, et al, op. cit. （注1），p.4 of Early Ideas on Safeguards.

（4）　Bernard M. Baruch, "United States Atomic Energy Proposals," Presented to the United Nations Atomic Energy Commission, June 14, 1946.

（5）　Darryl A. Howlett, *EURATOM and Nuclear Safeguards,* The Macmillan Press Ltd., 1990, p.15.

第8章　国際保障措置強化に向けて

(6) McMahon Act, (AEA/46), 1946.
(7) Dwight D. Eisenhower, "Address before the General Assembly of the United Nations on Peaceful Uses of Atomic Energy," New York City. December 8, 1953, pp.813-821 of Public Papers of *The President of The United States, Containing the Public Messages, Speeches, and Statements of the President,* January 20 to December 31, 1953.
(8) Atomic Energy Act of 1954, as amended.
(9) John V. Vinciguerra, "Safeguards—Past, Present and Future," 8th Annual Meeting of INMM, June 1967, p.7
(10) Myron B. Kratzer, "Safeguards: Their Purpose, Principles, and Practice", 7th Annual Meeting of INMM, June 1966, pp.25-26.
(11) Nuclear Non-Proliferation Act, 1978.
(12) Lawrence Scheinman, *The International Atomic Energy Agency and World Nuclear Order,* Resources for the Future, Washington, D.C. (1988), p.185.
(13) Document Treaty Establishing the European Atomic Energy Community, signed at Rome, 25 March 1957.
(14) Darryl A. Howlett, *op. cit.* (注5), p.1.
(15) *Report from the Commission to The European Parliament and The Council,* Operation of Euratom Safeguards in 2002, Brussels, 10.12.2003, COM (2003) 764 final.
(16) Document Commission Regulation (Euratom) No.3227/76, 19 October 1976 concerning the application of the provisions on Euratom safeguards, Article 1.
(17) Document「前掲条約」(注13), Article 83.1
(18) *Review of the Euratom Safeguards Office by a High Level Expert Group appointed by the European Commission,* Final Version: 15 February 2002.
(19) ここで言う核エネルギーの有効利用とは国際機関の管理下に置かれた備蓄核物質を，国際機関の管理運営の下に平和利用を目的として関係国に供与し，平和利用が保証された環境で有効活用の道を開くというものである。そして，国際機関が供与したものの利用状況を査察管理するという提案であった。現在のような各国の主権の下に保有する核物質の，平和利用状況を検証するための活動とは若干異なった発想であることに留意すべきである。(Dwight D. Eisenhower, op. cit. (注7))
(20) IAEA憲章成立までの議論は，デービッド・フィッシャー博士の著書のなかで詳しく述べられている。(David Fischer, *op. cit.* (注2), p.29-56)
(21) IAEA憲章第3条A.5項に，「機関がみずから提供し，その要請により提供され，又はその監督下若しくは管理下において提供された特殊核分裂性物質その他の物質，役

201

第8章　国際保障措置強化に向けて

務，設備，施設及び情報がいずれかの軍事的目的を助長するような方法で利用されないことを確保するための保障措置を設定し，かつ，実施すること並びに，いずれかの二国間若しくは多数国間の取極め当事国の要請を受けたときは，その取極めに対し，又はいずれかの国の要請をうけたときは，その国の原子力の分野におけるいずれかの活動に対して，保障措置を適用する」とされている。

(22)　IAEA が活動を開始した当初，加盟国から国際管理のために供出され，IAEA の管理下に置かれた核物質は，米国からの 5000 kg，ソビエトからの 50 kg，英国からの 20 kg のウランと，その他の国（カナダ，インド，ポルトガル，南アフリカ及びスリランカ）から供出された原料物質であった。(David Fischer, *op. cit.*（注2），p.11.)

(23)　Ben Sanders, "IAEA Safeguards: A Short historical Background," *A new Nuclear Triad: The Non-Proliferation of Nuclear Weapons, International Verification and the IAEA,* PPNN STUDY THREE, 1992, pp.1-3.

(24)　原料物質及び特殊核分裂性物質は，IAEA 憲章第 20 条にて定義されている。

(25)　Document INFCIRC/153 (Corrected), "The Structure and Content of Agreement between The Agency and States Required in Connection with The Treaty on The Non-Proliferation of Nuclear Weapon," June 1972.

(26)　枢要点（Strategic point, 枢要箇所という場合もある）：施設の設計情報の検査において選定される箇所であって，通常枢要点の情報及びすべての枢要点からの情報を組み合わせたときに，保障措置手段を実施するに必要かつ十分な情報を入手しかつ検認できる箇所。枢要点には，核物質の計量に関連して主要な計量測定を実施する箇所及び封じ込め監視が設置される箇所も含む。(*IAEA Safeguards Glossary 2001 Edition, International Nuclear Verification Series No.3* Para.6.5.)

(27)　Document INFCIRC/153 (Corrected) Para.6.

(28)　Document INFCIRC/153 (Corrected) Para.7.

(29)　菊地昌廣「統合保障措置における SSAC の役割」『核物質管理センターニュース』Vol.32, No.12, 2003 年 12 月。

(30)　Document INFCIRC/153 (Corrected) 第 27 条に "The Agreement should provide that the purpose of Part II thereof is to specify the procedures to be applied for the implementation of the safeguards provisions of Part I." と記載されている。

(31)　日 IAEA 保障措置協定においては保障措置の目的とはせず，保障措置の手続きの目的（the objective of the safeguards procedures）としている。これは，日本国政府は，保障措置の目的は，先に紹介したように領域内及び管理下にあるすべての核物質が転用されていないことを確認することであるとし，第 28 条に記載されている目的は，保障措置を実施する時の手続き上の目的であると解釈したことによる。（荻野谷徹，『INFCIRC/153 について——その制定の由来と条文の解説——』核物質管理学会日本支

第 8 章　国際保障措置強化に向けて

部発行，平成 11 年 11 月 4 日）
(32)　スティーブ・ワイスマン，ハーバード・クロスニー著（大原進訳）『イスラムの核爆弾』日本経済新聞社，1981 年，9-42 頁。
(33)　『日本経済新聞社』1990 年 3 月 28 日。
(34)　『日本経済新聞社』1990 年 8 月 3 日。
(35)　米国で初期のウラン濃縮に使われた電磁法による技術。カリフォルニアの UCLA で開発されたことから，この名称がつけられている。これら技術情報は米国から開示されており，この情報に基づき建設したものと見られている。
(36)　Document INFCIRC/153 (Corrected) Para.46.
(37)　IAEA が，イラクの保障措置協定違反を確認したのは，湾岸戦争後の国連安保理決議に基づく第 3 次査察が行われた 1991 年 7 月になってからである。電磁法によるウラン濃縮施設で実験的に 500 g の低濃縮ウランを生産したとのイラクからの追加申告を受け，査察によって確認された時点で，イラクの保障措置協定違反を，IAEA 理事会に報告した。核物質の搬入以前に IAEA に施設の設計情報を提出し，設計情報の検認を受けた上で，核物質取り扱いが開始された時点から保障措置が開始されるという保障措置協定の約束に違反していたためである。
(38)　冒頭報告 (Initial report) は，保障措置協定が発効してから 30 日以内の月末までに保障措置の対象となる全ての核物質に関する情報を，締約国は IAEA 事務局に提出する義務を有する。(INFCIRC/153 (Corrected) Para.62.)
(39)　特定査察 (Ad hoc Inspection) は，冒頭報告に含まれる情報内容を確認するため及びその他の目的で実施される。(Document INFCIRC/153 (Corrected) Para.71.)
(40)　特別査察 (Special inspection) は，締約国からの説明及び通常査察によって得られた情報によっても IAEA が協定を履行するための適切な結論が導出できないときは，締約国との協議を経て実施することができる。(Document INFCIRC/153 Para.73.)
(41)　IAEA 憲章 3 条 B.4 項に基づき，安保理の権限内の問題が生じたときは国際平和と安全の維持に関する主要な義務を負う機関である安保理に通告することができる。
(42)　Documents GOV/2554: December 1991, GOV/2554/Attachment 2/Rev.2: April 1992, GOV/2588: May 1992, GOV/2589: May 1992, GOV/2629: January 1993.
(43)　Richard Hooper, "The changing nature of Safeguards," *IAEA Bulletin*, Vol.45, No.1, June 2003, pp.7-11.
(44)　Document GOV/2807, "Strengthening The Effectiveness and Improving The Efficiency of The Safeguards System, Proposals for a Strengthened and More Efficient Safeguards System," May 1995.
(45)　Document INFCIRC/540 (Corrected), "Model Protocol Additional to The Agreement(s) between State(s) and The International Atomic Energy Agency for

第 8 章 国際保障措置強化に向けて

The Application of Safeguards," September, 1997.
(46) 菊地昌廣,長部猛「無通告査察の効果と実行可能性」『第 23 回核物質管理学会論文集』2002 年 9 月 30 日,61-68 頁。
(47) 「サイト」は,「閉鎖された施設を含む「施設」として定義された施設の関連設計情報,ならびに,閉鎖された LOF(ホットセル,転換,濃縮,燃料加工,再処理関連活動に限定)を含む LOF 関連情報の中で,締約国によって区画された区域である」と定義され,実質的役務の提供または利用のために当該施設または場所と同一立地されている施設物も含まれるとされている。(Document INFCIRC/540 (Corrected) Para.18.b.)
(48) IAEA 保障措置年報(2002 年版)には,以下のように区別して記載されている。
"the Secretariat found no indication of diversion of nuclear material placed under safeguards nor misuse of facilities, equipment or non-nuclear material placed under safeguards. " 及び " the Secretariat found no indication of undeclared nuclear material or activities in those States"
(49) Documents GOV/2003/40: 6 June 2003, GOV/2003/63: 26 August 2003, GOV/2003/66: 9 September 2003, GOV/2003/75: 10 November 2003, GOV/2004/11: 24 February 2004.
(50) Reza Aghazadeh, "Statement at the 46th General Conference of the IAEA," 16 September 2002.
(51) Document GOV/2004/21 March 2004.
(52) Document GOV/2004/12 February 2004.
(53) IAEA Probing Nuclear "Black Market," Director General Urges Stronger Security Framework, 03 February 2004 [http://www.iaea.org/NewsCenter/News/2004/trafficking20040203.html].
(54) Mohamed ElBaradei, "Towards a Safer World," Op Ed, published *in The Economist*, 16 October 2003 [http://www.iaea.org/NewCenter/Statements/2003/ebTE20031016.html].
(55) Rapporteur's Report of Seminar on Innovative Approaches to Nuclear Non-Proliferation and the Nuclear Fuel Cycle, IAEA Headquarters, Vienna, 5-6 February 2004.
(56) President Announces New Measures to Counter the Threat of WMD, Remarks by the President on Weapons of Mass Destruction Proliferation at National Defense University [http://www.whitehouse.gov/news/releases/2004/02/20040211‐4.html].
(57) Online News Hour—Newsmaker: Mohamed ElBaradei [http://www.pbs.org/newshour/bb/international/jan-june04/elbardei_3-18.html].

第9章　ニュークリア・セキュリティ
―― 国際機関の果たすべき役割 ――

宮　本　直　樹

まえがき

　各国の原子力平和利用の進展に伴って充実が図られてきた国際的な核物質防護の枠組みは，2001年9月11日の米国同時多発テロ事件（以下，9.11と表記）を契機に，大きく変容をとげることとなった。9.11は，非国家主体による原子力施設への攻撃の可能性を現実的なものとし，国際社会は核テロの脅威に直面することとなった。

　国際原子力機関（IAEA）では，9.11直後から，核テロの脅威に対処するための行動計画が議論され，従来の核物質防護対策を含む包括的な核テロ対策が講じられることとなった。この行動計画は現在，「ニュークリア・セキュリティ（nuclear security）」という新たな用語によって表現されている。本稿の目的は，ニュークリア・セキュリティの活動において，今後IAEAが果たすべき役割を検討することである。

　まず，核物質防護とは何かを明確にし，国際的な核物質防護枠組みの成り立ちについて分析する。第2に，国際核物質防護枠組みの歴史的展開を分析し，現在にいたる強化の取り組みについて検討する。第3に，核テロについて考察を加えたうえで，ニュークリア・セキュリティ概念の形成を議論し，さらに従来の核物質防護とニュークリア・セキュリティとの概念上の関連について検討する。最後に，ニュークリア・セキュリティの分野におけるIAEAの果たすべき役割について考察する。

第9章 ニュークリア・セキュリティ

I 国際核物質防護枠組みの黎明

1 核物質防護とは何か

「核物質防護（physical protection）」[1]の目的は，IAEA の見解によれば，「核物質の不法移転[2]，および／または妨害破壊行為[3]の可能性を最小にするための条件を確立すること」とされている[4]。原子力を平和目的のために開発・利用する条件あるいはその前提として，核の拡散を防止し，原子力施設の安全を確保することが不可欠であり，核物質防護はこのような目的に資するものである。すなわち，核の拡散を防止する措置としての核物質防護は，個人または非国家主体が核物質の不法移転の結果として，核兵器を製造することを阻止するという目的を有しており，一方，原子力施設の安全を確保する措置としての核物質防護は，個人または非国家主体が原子力施設の破壊の結果として，環境への放射性物質の放出を引き起こすという事態を防止することを目的としている。

核物質防護とは，第一義的には各国の国内問題であり，個人または非国家主体が犯す核物質の窃盗および器物損壊などから，事業者自らが所有する施設を守る措置を意味する。しかし，防護の対象は，特殊な物質，すなわち放射能を持つ核物質であり，これらを取り扱う施設であることから，原子力特有の追加的な配慮が必要となる。したがって，各国における核物質防護制度を確立し運用する責任は，核物質を直接取り扱う事業者および様々な規制を行う各国政府にある。

2 IAEA における核物質防護の位置付け

IAEA においては，その設立当初から，核物質防護は各国の責任により対処する措置であると位置付けられていた。

IAEA は 1957 年 7 月，原子力の平和利用を促進し，核兵器の拡散を防止する目的で設立された国際機関である。具体的には，①全世界における平和，保健および繁栄に対する原子力の貢献を促進し，増大するように努力するこ

206

第9章 ニュークリア・セキュリティ

と、②IAEAによりまたはその監督下もしくは管理下において提供された援助がいずれかの軍事的目的を助長するような方法で利用されないことを確保すること、を目的としている[5]。

IAEA憲章の草案作成時点においても、核物質が犯罪者の手に渡りテロを誘発するような脅威となりうること、さらには核兵器の製造に用いられることの危険性に対する懸念は存在していた。しかし、草案作成に参加していた各国政府は、このような事例は各国が国内法で対処すべき刑事犯罪であり、国際協定に盛り込むことは適当ではないと判断し、憲章上の任務には加えられなかったという経緯がある[6]。

3 国際核物質防護枠組みの成り立ち

核物質防護に対する国際的な関心が高まったのは1960年代からである。この時期から、国際社会は、核物質がテロリストに不当に所持され脅迫に用いられることや、妨害破壊行為によって原子力施設が破壊され、放射性物質が大気中に放出されることを懸念し始めたのである[7]。また、ある国で発生した核物質の不法移転、ならびに核物質および原子力施設に対する妨害破壊行為に伴う放射線障害といった影響が1国に止まらず、国境を越えて周辺国に対しても被害を及ぼす場合が想定され、そのような事態を未然に阻止することが国際的な関心事項となっていった。

核物質防護対策を最初に法制化したのは米国である。1969年に制定された核物質防護に関する米国原子力規制委員会規則10 CFR Part 73「施設および核物質の防護」において、核物質防護措置が規定された[8]。

米国における核物質防護対策の動きを受ける形で、IAEAは1972年3月から専門家会合を立ち上げ、核物質防護に関する初めての国際的指針作成のための検討を開始した。1975年9月には、核物質を取り扱う施設や輸送中における防護要件等、各国が整備し確立すべき核物質防護要件を包括的に示した「核物質の防護」という勧告を、IAEAの文書番号INFCIRC/225を付して各国に送付した。1977年6月、一部改訂が行われた同文書は、INFCIRC/225/Rev.1として公表された。この文書は、各国に対して法的拘束力を有するものではなく、あくまで「勧告」の域を出ないものであった[9]。

また，核物質および原子力資機材の輸出に関する協議が1975年，ロンドンにおいて当時の原子力先進7カ国（米国，ソ連，英国，フランス，西ドイツ，日本，カナダ）により開始された。その後，8カ国を加えた15カ国の合意が1977年9月に成立し，1978年1月にIAEAから「非核兵器国への原子力輸出に際して適用される指針」（INFCIRC/254，通称ロンドン・ガイドライン）が公表され，核物質や原子力資機材および技術の輸出に際しては，当該物資の輸入国における適切な核物質防護措置の実施が必要条件とされた[10]。

さらに，原子力の平和利用が各国において促進された結果として核物質の国際輸送が拡大する状況となり，1977年10月，IAEAは国際輸送中の核物質に関する関係国の核物質防護措置等を義務化する「核物質防護条約（案）」を検討するための政府間協議を開始した。1980年3月，本条約案は採択の後，署名のために開放され，発効要件である21カ国の批准を得た1987年2月に発効した[11]。

このように，国際的な核物質防護の制度的枠組みは，1970年代初頭に整備が始められ，70年代を通して多層的に形成されたのである。

II 国際核物質防護枠組みの展開

1970年代に基礎が築かれた国際核物質防護の枠組みは，各国における原子力平和利用の拡大および進展を受けて，1980年代，90年代を通して充実・強化が行われてきた。しかし，同枠組みの充実・強化に対してより大きなインパクトを与えたのは，冷戦の終焉および旧ソ連の解体による新興独立国（NIS）の出現という国際情勢の変化であった。旧ソ連から大量の高濃縮ウランおよびプルトニウムを相続したロシアおよびNISでは，核物質管理および法執行体制の破綻，さらに政治的不安定，経済力の低下，社会不安などが影響し，核物質の不法な取引（いわゆる核密輸）の脅威にさらされることとなったのである[12]。実際，複数の研究機関およびIAEAの集計によると，1993-94年当時が核物質および放射性物質の密輸に関して確認された事例が最も多く，その流出源のほとんどがロシアおよびNISであった[13]。

以下に，このような状況を背景とした，国際的な核物質防護枠組みの展開の過程について概観する。なお，国際的な核物質防護の枠組みの概念として，こ

第9章 ニュークリア・セキュリティ

れまで明確な範囲は特定されていないが，2002年秋にIAEAの核物質防護専門家が国際会議の場で明らかにしたところによると，IAEAとしては「核物質防護に関するIAEA勧告」，「核物質防護条約」，「核物質防護の目的と基本原則」，「TECDOC-967」，「TECDOC-1276」などを，枠組みを規定する文書として位置付けているので[14]，本稿ではこの認識にしたがって分析を進めることとする。

1 核物質防護に関するIAEA勧告

1977年に公表された核物質防護に関するIAEA勧告（INFCIRC/225/Rev.1）はその後，現在までに3回改訂されている。

1度目の改訂の結果として，1989年12月にINFCIRC/225/Rev.2が各国に配布された。この時点ですでに，原子力施設への妨害破壊行為に対する防護要件の取り扱いについて議論が行われていた。同年4月にIAEA主催で開催された「核物質防護に関する技術委員会」において，新たに章を設けて妨害破壊行為に対する防護要件を整理すべきとの提案が一部参加国からあったが，結局「原子力施設における妨害破壊行為の可能性」の項目を新たに追加し，さらに施設の設計段階から妨害破壊行為に対する防護措置を考慮することの重要性，核物質防護の専門家と原子力安全の専門家の緊密な協力の必要性などを明示する文章を盛り込むことになった。同会合ではまた，放射性同位体（RI：ラジオアイソトープ）についても核物質と同様に防護措置を講ずることを勧告すべきだとの提案が事務局より出されたが，多数の参加国が賛成せず，結局RIについては除外するとの結論にいたった[15]。

2度目の改訂は，1993年9月に行われINFCIRC/225/Rev.3として公表された。同年6月，IAEAは勧告見直しのための技術会合を開催した。その結果，①高レベル放射性廃棄物（高レベル廃棄物ガラス固化体）の場合は，ガラス固化体からの核物質の抽出がほぼ不可能であることから，特段の核物質防護措置をとる必要がなく，慣行による慎重な管理を行えば足ること，②核物質の輸送情報の管理については，実施日時や輸送経路などの情報の管理は有効な核物質防護手段であるとの認識の下，これら情報の機密保持のために，各国が適切な対策をとること，などが改訂の主要点とされた[16]。

第9章 ニュークリア・セキュリティ

3度目の，現在の勧告となる改訂は1999年6月であり，INFCIRC/225/Rev.4として公表された。INFCIRC/225/Rev.4においては，これまでの改訂で最も大きな見直しがなされた。主要改訂点としては，まず，妨害破壊行為に対する防護要件を分離独立させてひとつの章にまとめ，結果として原子力施設への妨害破壊行為に対する防護要件を強化した。この結果，文書のタイトルに「施設」が追加され，「核物質および原子力施設の防護」に改められた。第2に，これまで複数の章で触れられていた国の責任で実施されるべき事項がひとつの章に集約され，国の役割を強化する新たな要件が追加された。特に，原子力事業者が施設の核物質防護システムを設計する際に考慮し，また当該施設の核物質防護システムを評価する際に基礎とする想定脅威（設計基礎脅威：DBT）を国が明確にすることが求められた[17]。

2 核物質防護条約

国際核物質防護枠組みの中で唯一法的拘束力を有する核物質防護条約に関しては，発効してから5年後の1992年9月，同条約第16条第1項の規定に基づいて，IAEA本部において再検討会議が開催された。同再検討会議の結論としては，特に条約の改定に言及はなされず，INFCIRC/225/Rev.2の改訂を行い，新たな勧告を公表するようIAEAに対して要請する声明がとりまとめられるに止まった[18]。

核物質防護条約は，核物質の国際輸送における防護措置に関して，加盟国に対して条約上の義務を課しているが，各国内の原子力活動における防護措置に関しては何ら義務を課してはいない。しかし，冷戦終結後の核密輸事件の多発という事態を憂慮し，国際的な核物質防護対策の強化を主張していた米国など複数の国は，IAEA事務局長に対して，核物質防護条約の範囲を国内の使用，貯蔵，輸送にも拡大すべきか，あるいは現状のままの範囲とするかについて検討するよう要請した。これを受けたIAEA事務局長は1999年5月，「核物質防護条約の改定の要否に関する非公式専門家会合」の開催を決定し，同年11月第1回非公式専門家会合がIAEA本部で開催された[19]。同会合における検討の結果，条約改定の必要性に関する検討を行う前に，核密輸やIAEAの核物質防護に関する活動等の現状を把握するための調査が必要との意見が出さ

第9章　ニュークリア・セキュリティ

れ，同専門家会合の下部組織としてワーキンググループを設置し，現状把握のための調査を行うこととなった。

2000年2月から2001年1月の間に4回開催されたワーキンググループ会合の検討結果を踏まえて同年5月，第2回非公式専門家会合が開催され，最終報告書が作成された。その中で，大きく以下の4点がIAEA事務局長に対して勧告されている[20]。

　ⅰ）核物質防護の基本原則を承認する

　　　ワーキンググループ会合において検討された「核物質防護の目的と基本原則」文書を2001年9月のIAEA理事会に提出し承認を得る。

　ⅱ）総会決議を準備する

　　　2001年9月の第45回IAEA総会において，「核物質防護の目的と基本原則」文書を決議するため，加盟国が決議案を準備する。

　ⅲ）IAEAの核物質防護に関する計画を改善する

　　　IAEAが加盟国の核物質防護対策の向上を目的として実施している支援計画について議論する諮問グループを設置する。

　ⅳ）核物質防護条約を強化する

　　　核物質防護条約を強化する目的で，IAEA事務局長が精査された条約改定案を準備するための法律および技術の専門家会合を招集する。

また，本最終報告書において，核物質防護条約の適用範囲を，国際輸送における核物質防護だけでなく，国内における核物質の使用，貯蔵，輸送の際の防護，さらに核物質および原子力施設への妨害破壊行為に対する防護にまで拡大すべきであるとされた。

その後，IAEA事務局長は本最終報告書の勧告にしたがって，核物質防護条約改定案作成のための法律および技術の専門家による非公式会合を召集した。2001年12月から2003年3月まで6回の会合が開催され，条約の改定案が逐条で議論されたが，一部条文案は合意にいたらず，同非公式専門家会合の結果として，両論併記あるいは文言をブラケットに入れたままの最終報告書が2003年3月，IAEA事務局長に対して提出された[21]。2004年3月現在，複数の条文案について各国の主張が対立しており，条約改定に向けた具体的な進展は見られていない。

3 核物質防護の目的と基本原則

　上述の「核物質防護条約の改定の要否に関する非公式専門家会合」の第2回会合において作成された最終報告書の勧告にしたがって,「核物質防護の目的と基本原則」文書は2001年9月のIAEA理事会において承認された[22]。また,同月に開催された第45回総会において,加盟各国が国内体制整備に適用するよう奨励する旨の決議が採択された[23]。

　「核物質防護の目的と基本原則」文書は,INFCIRC/225/Rev.4に含まれている核物質防護の基本となる原則を取りまとめたのである。同文書では,核物質防護の目的は,「使用,貯蔵,輸送中の核物質の不法移転を防止すること」や「原子力施設の妨害破壊行為や使用,貯蔵,輸送中の核物質の妨害破壊行為を防止すること」,「妨害破壊行為による放射性物質の影響を緩和し最小限にすること」などの条件を確立し維持することであると述べており,また基本原則として,「国の責任」,「脅威」,「段階的手法」,「緊急時計画」,「情報管理」といった12項目を列挙し,核物質防護の目的達成のために考慮すべきであるとしている[24]。

　「核物質防護の目的と基本原則」文書は,INFCIRC/225/Rev.4と核物質防護条約の概念的な「橋渡し」の役割を持った文書であると考えられる。すなわち,同文書は,法的拘束力は有しないながらも,IAEA理事会において承認され,同総会において各国が適用すべき旨の決議がなされたことにより,勧告以上に公式かつ明確に各国が尊重すべきIAEAの文書との性格が与えられたと考えるべきである。加えて,同文書中に記された「基本原則」が,核物質防護条約改定案作成のための法律および技術の専門家によって作成された最終報告書に添付された同条約改定案に加えられており,条約加盟各国がこの原則を「合理的かつ実際的である限り適用」するのか,あるいは単に「指針として適用」するのかについての議論がなお残ってはいるものの[25],今後核物質防護条約の中に取り込む方向で議論されたことに注目すべきである。

　従来,勧告という位置付けであったINFCIRC/225/Rev.4であるが,その原則部分を切り出した「目的と基本原則」文書が理事会承認および総会採択を受けたこと,さらには将来的に核物質防護条約にも何らかの形で取り込まれるであろうことは,国際的な核物質防護枠組みの強化に向けた大きな前進となる

第9章 ニュークリア・セキュリティ

ものであり，大いに評価できよう。

4 IAEAの技術解説文書

核物質防護に関する勧告（INFCIRC/225）を加盟各国に対し公表したIAEAは，1997年に同勧告の意味および目的を加盟各国が正しく理解し，複数の解釈が可能な項目について各国が適用する際の知見を与える目的で，「INFCIRC/225/Rev.3の実施のための指針と考察」（TECDOC-967）と呼ばれる技術文書を刊行した。この技術文書は，核物質防護に関する勧告がINFCIRC/225/Rev.4へと改訂されたことを受けて，新たな指針等が追加され，2000年5月に改訂された。

また，各国の規制にしたがい，実際に核物質防護措置を講ずる義務を負うこととなる原子力事業者に対して，より詳細かつ実際的な手引書を示す目的からIAEAは2002年3月，「核物質および原子力施設の防護に関するハンドブック」（TECDOC-1276）を刊行した。両文書はINFCIRC/225/Rev.4を補足し，核物質防護に関する具体的な指針を与えることを目的とし，相互に連携させつつ利用することが期待されている[26]。

以上のような，最低限のレベルの核物質防護要件を充実することによって国際社会全体の核物質防護に対する理解を底上げし，条約上の義務を充実させ，また理事会承認および総会決議を経ることによって単なる勧告以上の位置付けとした基本原則文書を作成した，IAEAおよび国際社会による一連の努力は，各国の核物質防護制度の強化に向けた意識の向上を目指した取り組みの歴史であったといえよう。

III 核テロの懸念とニュークリア・セキュリティ概念の出現

1 核テロの懸念と類型化

冷戦終結以後，旧ソ連諸国を流出源とする核物質の密輸事件が顕在化する事態を受け，核物質がテロリストや犯罪集団に取得される懸念が増大していたと

213

第9章 ニュークリア・セキュリティ

ころに，9.11は，原子力発電所等の原子力施設に対するテロリストによる妨害破壊行為の懸念をも国際社会に呈した。

核に関連するテロ行為を，一般的に「核テロ」あるいは「核テロリズム」と呼び，議論されているが，時に根本的な定義において混乱が見られる場合がある。ここで改めて「テロリズム」とは何か，そして「核テロ」とは何を意味するかを明確にしたうえで議論を進めることとしたい。

テロリズムを議論する際のアプローチは様々であるため，国際的に受け入れられた定義は存在しないのが実情である。米国国務省の場合，「テロリズム」を，「準国家集団または不法工作員等により，非戦闘員を対象とした計画的かつ政治的動機に基づく暴力行為であり，通常一般大衆に影響を与えることを意図するもの」と定義し，また「国際テロリズム」を，「2カ国以上の市民，領土を巻き込むテロリズム」と定義している[27]。この定義に基づくならば，「核テロ」とは，「個人または非国家主体が計画的かつ政治的動機に基づき，一般大衆に放射線影響あるいはより広く心理的影響を与えることを意図して行う，核に関連するテロ行為」であると考えられる。

「核テロ」は，以下の4点に類型化ができると思われる。第1に，核兵器の盗取およびその使用である。第2に核爆発装置の製造を目的とした核物質の取得およびその使用である。第3は，放射性物質散布装置（いわゆるダーティ・ボム）の製造のための放射性物質の取得およびその散布である。第4は，原子力発電所，大学などの研究炉施設，貯蔵施設，輸送活動などに対する妨害破壊行為およびその結果としての放射性物質の大気中への放出である[28]。これら4つに大別される核テロは決して新たな安全保障上の脅威ではない。近年になってどの要因が変化してきたのかといえば，非常に組織的かつ高度の技術力を有し，自爆攻撃すらいとわない非国家主体が，これら核テロを起こしうる主体として認識されるようになり，放射性物質の取得およびダーティ・ボムによる放射性物質の散布や，放射性物質の放出を目的とした原子力施設に対する妨害破壊行為が，一気に現実味を帯びてきたことである。

IAEAはこのような核テロの可能性を考慮し，核物質および原子力施設の防護，放射性物質の防護，核物質や放射性物質の国境を越える核密輸などに対する包括的かつ強力な対策を講じる必要性を強く認識し，9.11以降その準備を進め，「ニュークリア・セキュリティ」という，一連の活動を展開することとと

第9章　ニュークリア・セキュリティ

なった。

2　ニュークリア・セキュリティ概念の形成

　IAEA総会の情報文書，報告資料，決議において「ニュークリア・セキュリティ」という用語が登場するのは，2002年9月の第46回総会が最初である。
　9.11直後に開催された第45回総会では，「核物質およびその他の放射性物質のセキュリティを改善する措置」決議が採択され，IAEA事務局長に対して核テロ抑止を目的とする対策の強化のために，IAEAの諸活動および活動計画を徹底的に見直すことが要求された[29]。この決議を受けたIAEA事務局長は同年11月の理事会に報告書を提出し，さらに翌年3月の理事会に同報告書の改訂版を提出し，「行動計画案」を提案した。同理事会において，核テロに対処するためとして，これまでIAEAの諸活動に分散されかつ複数の局で実施されていた活動を包括的に行うためのニュークリア・セキュリティに関する「行動計画案」が承認された。第46回総会では，行動計画の実施状況に関するIAEA事務局長の報告「ニュークリア・セキュリティ――核テロに対する防護の措置における進捗」が紹介され，同名の決議が採択された[30]。2003年9月の第47回総会においても同様にニュークリア・セキュリティに関するIAEAの活動が報告され，決議が採択されている[31]。
　以上の経緯から，2002年3月のIAEA理事会による，ニュークリア・セキュリティに関する行動計画案の承認が，IAEAのニュークリア・セキュリティに関する活動上の大きな転換点となったと指摘できよう。
　IAEAはいまだに，「ニュークリア・セキュリティ」の定義を示していない。したがって，行動計画としての「ニュークリア・セキュリティ」を分析することによって帰納的にその概念を考察するしかないのが実情である[32]。
　2002年3月のIAEA理事会において実際に承認された文書は非公開であるが，行動計画の進捗状況については，同年9月の第46回総会に対してIAEA事務局長が報告を行っている[33]。この報告によれば，ニュークリア・セキュリティの行動計画は次の8項目に大別される。
　ⅰ）核物質および原子力施設の防護
　ⅱ）核物質および他の放射性物質を含む悪意を持った活動の探知

215

第9章 ニュークリア・セキュリティ

ⅲ) 核物質の国内計量管理制度 (SSAC)
ⅳ) 核物質以外の放射性物質のセキュリティ
ⅴ) 安全およびセキュリティに関連する原子力施設の脆弱性の評価
ⅵ) 悪意を持った行為,あるいはその行為から派生する脅威に対する対応
ⅶ) 国際協定,指針および勧告の支持および履行
ⅷ) ニュークリア・セキュリティに関する調整および情報管理

　これら8つの行動領域から,IAEA の想定する「ニュークリア・セキュリティ」とは,「核テロを事前に抑止し対処することを目的として,使用・貯蔵・輸送中の核物質およびその他の放射性物質の不法移転を防止し,特に国境を越えて行われる核密輸に対する対策を講じ,使用・貯蔵・輸送中の核物質およびその他の放射性物質,さらには原子力施設への妨害破壊行為に対する防護策を講じ,かつそれら事象が発生した場合の対応策を含む,一連の措置」と考えることができよう。

3 IAEA の組織改編

　IAEA は,2003年1月1日,「核物質防護および物質のセキュリティ室」の運営を従来の「保障措置局」から「原子力安全局」に移設するという組織改編を実施した。これに伴い,「核物質防護および物質のセキュリティ室」は「ニュークリア・セキュリティ室」に,また「原子力安全局」は「原子力安全・セキュリティ局」にそれぞれ改称された。

　IAEA が,核物質およびその他の放射性物質を防護するための加盟国を支援する計画を明確に打ち出したのは,同計画が理事会で承認された1995年からである。2年後の1997年には,IAEA の主要計画のひとつが「核物質の検認および物質のセキュリティ」と改名された。この計画には,「保障措置」と「物質のセキュリティ」が包含され,保障措置局が担当した。1999年,保障措置局の中に,「核物質防護および物質のセキュリティ室」が設置され,「物質のセキュリティ」関連業務を主に担当するほか,他の局との業務上の調整などを行うこととなった[34]。

　2003年1月に,「原子力安全・セキュリティ局」内に「ニュークリア・セキュリティ室」が発足し,①ニュークリア・セキュリティの情報管理および調

整，②核物質防護，③核物質および他の放射性物質を含む悪意を持った活動の探知および対応，といった業務を遂行している[35]。

4 核物質防護とニュークリア・セキュリティの概念上の関連

上述のように，IAEA の活動におけるニュークリア・セキュリティとは，核テロに対処するための一連の措置を意味する。核物質および原子力施設を防護するという従来の意味での核物質防護は，ニュークリア・セキュリティという包括的な措置の中において，重要な位置を占めるひとつの行動領域として位置付けられることとなった。

核物質防護という核物質のみに特化した概念から，ニュークリア・セキュリティという核物質防護をその活動の一部の行動領域とする，拡大された概念への発展は，2003年1月の組織改編による，核物質防護担当部署の保障措置局からの原子力安全・セキュリティ局への移動という事実に象徴されている。

すなわち，核物質防護に関する業務を保障措置局が担当していた期間は，国家による平和目的核物質の軍事目的への転用の防止という保障措置活動と同列に，核不拡散政策の一環としての，個人または非国家主体による核物質の不法移転，さらには核密輸の防止に重点をおいて各国を支援する核物質防護活動を位置付けていたのである。

この位置付けは，SSAC[36] を想起すると明快である。もともと，SSAC には，「当事国と IAEA との間の保障措置協定の規定に基づき，IAEA 保障措置の適用に不可欠な基礎を与えるという国際的な目的」と同時に，「個人または国内グループによる核物質の窃盗または不法使用を抑止し，防止し，かつ探知することに貢献するという国内的な目的」がある[37]。この国内的目的のためのSSAC は，核物質防護措置としても重要な制度である。したがって，原子力施設に対する妨害破壊行為よりも核物質の不法移転に重点をおいた核物質防護活動を IAEA が想定していた時点では，保障措置局において核物質防護を担当することが合理的だったのである。

一方，原子力安全・セキュリティ局が，ニュークリア・セキュリティ活動の一環として核物質防護に関する業務を担当することとなった2003年1月以降，IAEA は，従来どおりの核物質の不法移転対策を講じつつ，原子力施設に対す

第9章　ニュークリア・セキュリティ

る妨害破壊行為をはじめとする核テロによって引き起こされる放射線影響から人体および環境を保護することも目的として，原子力安全の措置も有効に活用しつつ必要な措置を講じていくことがニュークリア・セキュリティ対策の進め方であると認識するようになったと考えられる。

したがって，IAEAとしては，ニュークリア・セキュリティに関する活動は，従来の核物質防護対策に加え，放射性物質の防護対策，核密輸対策，テロ行為が実際に行われた際の対応策，さらに有害な放射線影響から人体および環境を保護することを目的とした原子力安全の対策を加えた，一連の活動であると認識しているといえよう。

5 核テロ発生の可能性

9.11以降，急速に現実味を帯びてきた核テロ発生の可能性に関して，今後10年以内にどれくらいの確率で発生するかといった定量的な予測を行うことは非常に困難である。しかし，核物質管理や安全保障の研究者の多くは，定性的には核テロ発生の危険が非常に高いと指摘している。

たとえば，フリッツ・シュタインホイスラーとジョージ・バンは，テロリストによる放射性物質散布兵器作成を目的とした放射性物質の獲得の可能性は，核兵器製造を目的とした核物質の獲得よりも高いと分析している[38]。ルディガー・ルデキングは，国際社会が直面している最も可能性のある脅威は，テロリストがダーティ・ボムを製造することであると述べている[39]。また，アネット・シャーパーは，テロリストが核爆発装置あるいは放射性物質を散布するための通常爆発物を爆発させるかもしれないという脅威は現実的であると結論付けている[40]。

原子力施設に対する妨害破壊行為に関して，マシュー・バンとジョージ・バンは，①トラックに爆弾を積載した攻撃，②予告なしの攻撃，③航空機あるいは複数のトラックを用いた自爆攻撃といった脅威はすでに明白であると述べている[41]。ジョージ・バンとリュドミラ・ザイツェバはより具体的に，個人の所有する飛行場から離陸した中型のレンタル航空機，および爆発物を積載した2台のトラックによる使用済み燃料プールあるいは原子炉に到達して爆発するという攻撃の可能性を指摘している[42]。

そのうえで，これら研究者は，核テロの可能性を低減するための国際社会による戦略的な対応の必要性を強調していることが重要である。

IV ニュークリア・セキュリティに関するIAEAの役割

1 IAEAが有する限界

　核物質防護の枠組みが充実・強化されてきた経緯と同様に，「国際ニュークリア・セキュリティ枠組み」の形成過程も，IAEAの諸活動を通しての各国の合意形成，各種文書の条約化等のプロセスを経て，国際規範として醸成されていくことが予想される。その過程においては，IAEAが有するいくつかの限界がある。第1に，ニュークリア・セキュリティという分野に関して，国際機関の関与には限界がある。上述したように，元来，各国の核物質防護対策は各国の主権によってその国の治安状況，原子力活動の規模などを勘案しながら独自に策定すべきものである。ニュークリア・セキュリティ対策も同様であり，実施責任および対策を講ずるための手段の選定などはあくまでも各国の責任である。IAEAはそれらの対策に関して，国家間の調整を図り，指針や勧告という形で国際的な最低限の要件を提示し，知識や経験の共有に必要な各種情報提供などを通した，各国が講ずる措置の効率化を促進するという，ある種の国際的なサービスを提供することが役割となる。

　第2に，IAEA憲章に規定された権限上の限界がある。IAEA憲章上に任務として規定されている保障措置活動と異なり，ニュークリア・セキュリティ活動は，憲章上に明確な規定が存在しない。これまで核物質防護業務に関してもIAEA内部では特定の法的権限を規定しておらず，加盟各国の同意を得て類推的に加盟各国の法的権限を援用し，対策を講じてきたのが現実である。ニュークリア・セキュリティ活動が原子力安全・セキュリティ局において実施されるようになった2003年1月以降，IAEAは原子力安全・セキュリティに関する活動は，IAEA憲章第3条第A6項に基づくと説明している[43]。しかし，同項は本来原子力安全に関わる任務を規定するものであり，従来からの核物質防護関連業務をニュークリア・セキュリティ活動の一部とするならば，ニュークリア・セキュリティ活動が同項に基づいてのみ実施できるとは思えない。今

第9章　ニュークリア・セキュリティ

後，現在の行動計画をさらに拡大して同活動を展開していくべきであると国際社会が考えるならば，憲章上の位置付けなど，IAEA が同活動を実施する妥当性の問題を整理する必要があろう。

第3に，ニュークリア・セキュリティに関する行動計画を実施していく上での財政資源の限界がある。IAEA は近年，業務および責任が増加しているにもかかわらず，予算額は 3-4％成長という財政的に厳しい状況におかれている。こうした中で，早急な対応が迫られているニュークリア・セキュリティ活動は，ほとんどの経費を 2002 年から3年間という期限付きで，加盟国の自発的拠出金（NSF）で賄われている[44]。期限終了後の活動が予見しにくく，また NSF の拠出国から予算執行に対して制約を受けるなど，IAEA が独自に判断してニュークリア・セキュリティ活動を展開していくうえでの制約は大きい。

2　IAEA が有する可能性

一方で，ニュークリア・セキュリティ活動を進めていくうえで，有利に働く要素も指摘できる。第1は，IAEA は，国際社会から同活動の実施を期待される唯一の国際機関であるという事実である。核物質の不法移転および，核物質および原子力施設に対する妨害破壊行為を防止するという従来の核物質防護対策に関する知識と経験を有する国際機関は IAEA のみである。また，ニュークリア・セキュリティ活動は，従来の核物質防護対策に，放射性物質の防護対策，核密輸対策，テロ行為が実際に行われた際の対応策，原子力安全の対策を含めた包括的な対策であると考えられ，原子力安全対策に関しての知識と経験も併せ持つ IAEA に代わりうる機関は存在しない。

第2は，他の国際機関・地域機関との連携の強化が傾向として芽生えてきていることである。まず，IAEA は 2001 年 10 月に国連総会によって設立された「国連安全保障理事会テロ対策委員会（UNSCCTC）」に参加し，国連のテロ対策活動との協力を深めている。加えて，世界税関機関（WCO）や万国郵便連合（UPU）と覚書を交わし，双方の情報を交換することにより核密輸対策の強化を図っている。さらに，国際犯罪取締りの観点から，IAEA の有する核密輸に関する情報を，国際刑事警察機構（ICPO）および欧州警察機構（Europol）といった法執行機関に対して提供している[45]。このような連携は，各機関間

第 9 章　ニュークリア・セキュリティ

での業務の重複を無くし，迅速な対応を行っていくうえで極めて有効であり，IAEA は中心的役割が果たせる地位を占めている。

　第 3 は，国連安全保障理事会および先進国首脳会議（G 8 サミット）の場で間接的あるいは直接的に IAEA に対して示された国際社会の支援，換言するならば政治的資源の付与があるという事実である。2001 年 9 月 11 日以降，2004 年 3 月まで，国連安全保障理事会は合計 10 回にわたり，「テロ行為によって引き起こされた国際の平和および安全保障に対する脅威」と題する決議を採択している。その中でも 2001 年 9 月 28 日に採択された決議 1373 においては，各国に対し，テロ行為を防止するために多国間の協定を通した協力や，核物質防護条約を含むテロ防止関連条約への加盟などを要請しており，間接的にではあるが，核テロの防止に関し IAEA が果たす役割に対して期待を表明している[46]。さらに，2003 年 6 月のエビアン・サミットで採択された「大量破壊兵器の不拡散に関する G 8 宣言」，「放射線源の安全確保に関する G 8 声明」および「同 G 8 行動計画」において，先進 8 カ国は，IAEA の核テロ対策に関する行動計画への支持・支援を表明している[47]。このような国際社会の支援は，今後のニュークリア・セキュリティ活動に対する強力な支えとなろう。

3　IAEA の果たすべき役割

　今後，ニュークリア・セキュリティ活動を遂行していく際に，IAEA は，実施権限上および財政資源上の制約を受けながらも，国際社会からの要請を「追い風」として，国際機関としての現実的な役割を果たしていくであろう。

　その際に先例となりうるのが，原子力安全の分野ですでに IAEA が培ってきたシステムである。原子力安全分野での IAEA の業務の目的は，原子力施設の設計，建設，運転の各段階における高いレベルの安全を，加盟国が達成し維持する能力を増加させることである。原子力安全に関する責任は原子力施設が所在する当該国が有するものの，1986 年 4 月に発生したチェルノブイリ事故以降，いったん原子力施設において事故が発生した場合には，放射線影響が当該国の国境を越えて周辺国にも及ぶことが懸念され，原子力安全に関する国際協力の強化が図られてきた。

　原子力安全の枠組みはひとことでいうならば，各国に対して原子力安全の

第9章 ニュークリア・セキュリティ

「基準」を示し，その後，「基準」に対する各国の達成度に応じて助言および支援を行うというシステムであるといえよう。まず，「原子力安全条約」(1996年10月発効)，行動規範，指針，勧告などの文書を作成し各国に提示し，その後，安全性評価や国内制度確立のための助言および支援を目的とした使節団の派遣などを行う体制が，多層的かつ体系的に整備されている[48]。

ニュークリア・セキュリティの枠組みとしても，その核となる核不拡散を目的とした核物質防護分野での経験を基に，同様のシステムを構築すべきである。核物質防護分野では，核物質防護条約，INFCIRC/225/Rev.4などの核物質防護関連の文書は整備され，また強化が図られている。一方で，各国からの要請に応じる形で1995年から「国際核物質防護助言サービス (IPPAS)」のミッションも中東欧や南米に派遣されている[49]。

したがって，IAEAの果たすべき具体的な役割のひとつとして，すでに着手されているIPPASミッションなどを介した加盟国へのサービス拡大を迅速に進めるべきである。IPPASの目的は各国の核物質防護制度を再検討し，それが国際基準に合致しているか否かを評価し，結果によっては改善のための提案を行うというものである。ニュークリア・セキュリティ活動の下でIPPASミッションを派遣するに際しては，従来の目的に加え，放射性物質の管理についても評価することが必要である。実際IAEAはそのために必要なIPPASの指針の改訂を進めているところであり[50]，各国の核物質防護制度を評価するツールとして，またその結果から支援のためのニーズを把握する手段として重要であるため，一層の充実が望まれる。

さらに，要請国におけるあるいは地域的な，各種ワークショップの実施およびトレーニング・コースの開催を行うべきである。なぜならば，ニュークリア・セキュリティ活動としては，核密輸の探知を担当したり，緊急時対応に当たる要員は原子力分野で働いたことのない警察や軍の出身者である可能性が高く，治安能力，探知能力，そして一般的な核物質および放射性物質に対する知識の向上を目的とする教育の機会が必要であり，そのためにワークショップやトレーニング・コースを活用すべきである。

加えて，情報管理および情報の共有に関する役割もIAEAが果たすべき役割である。情報の取り扱いは，原子力安全の分野とニュークリア・セキュリティの分野では，非常に異なる対応が必要である。一般的に原子力安全の場合，

各国の事例は他国にとっての先例となるため，積極的に公開され共有されることが有益である。しかし，核物質および原子力施設の防護に関する情報は，国家の安全保障に関する情報，あるいは知的所有権に関する情報と同様，適切に管理することが必要である。この違いを認識したうえで，まず，ニュークリア・セキュリティ関連情報は高度に管理されなくてはならない。そのうえで，IAEA は，核密輸データベース（ITDB）と同様に，収集したニュークリア・セキュリティ関連情報を，加盟国や ICPO などの国際機関へ適切に提供することが求められよう。

4 日本の対応

国際的なニュークリア・セキュリティ枠組みを形成していく過程では，日本の積極的な対応も必要である。IAEA に対しては，まず，NSF への 2005 年以降の拠出を早期に表明し，加盟国が財政的な支援を継続するためにリーダーシップを発揮すべきである。また，ニュークリア・セキュリティ活動としての，地域的な各種ワークショップやトレーニング・コースの開催を推進することが望ましい。近隣各国とのこのような連携は，各国間の信頼醸成につながり，また核物質防護対策に関する透明性の向上も期待できることから，日本にとっても有益である。さらに，IPPAS ミッションへの専門家の派遣，およびそのための国際的に活躍できる専門家の育成に早急に取り組むべきである。国内的には，ニュークリア・セキュリティ対策の重要性を国の原子力政策の立案時から考慮し，原子力事業者および研究炉施設を有する大学等と連携を図りつつ，IAEA 勧告や指針の国内取り入れに関する迅速な判断と対応が求められる。

むすび

IAEA においてはその設立当初から，核物質防護は第一義的には各国の国内問題であり，各国における核物質防護制度を確立し運用する責任は各国政府にあると認識されており，その認識は現在にいたるまで不変であった。その後，冷戦の終結に伴う旧ソ連諸国からの核密輸の発生，そして 9.11 を契機として，核物質防護の対策は変遷をとげ，現在では，核テロに対して包括的に対処する

第9章　ニュークリア・セキュリティ

ために，核物質防護対策を含めたニュークリア・セキュリティ対策が講じられるにいたった。

　ニュークリア・セキュリティ活動を遂行するため，IAEAは組織改編を実施し，国連安保理やG8諸国の政治的支援を受けて，一連の行動計画を実施している段階にある。しかし，そのための財政的基盤は脆弱であり，2002年の後半から開始された各国の自発的拠出金によって賄われている活動は，2005年の前半までという期限付きである。IAEAとしては，それまでにニュークリア・セキュリティ活動の実績を積み重ね，一定の成果を出さなくてはならない。同活動には，保障措置および原子力安全と関連する領域もあり，重複を避けるべきは避け，また相乗効果を期待すべきは期待し，各国のニーズを的確に把握し，IAEA本来の姿である加盟国への技術的な支援機関としての役割を着実に果たしていくことが求められる。

注

（1）　従来，日本において「physical protection」は，「核物質防護」のほかに「物的防護」，あるいは「物理的防護」と訳されてきた。本稿では，現在最も一般的に使用されている訳語として「核物質防護」を用いることとする。しかし，最近の「physical protection」の概念には，核物質の防護に加え，原子力施設の防護の意味合いが強く含まれてきているため，今後日本における法律上の用語，原子力事業者が用いる概念上の言葉としてよりふさわしい日本語訳の定着・普及が必要である。

（2）　英語では「unauthorized removal」。IAEAの核物質防護に関する勧告によると不法移転とは，「核物質の盗取その他の不法な持ち出し」を意味する。IAEA Document INFCIRC/225/Rev.4 (Corrected) Para.2.16. 参照。

（3）　英語では「sabotage」。IAEAの核物質防護に関する勧告によると妨害破壊行為とは，「原子力施設あるいは使用，貯蔵または輸送中の核物質に対して行われる故意の行為であって，放射線被ばくまたは放射性物質の放出に起因して職員や公衆の健康と安全および環境に直接または間接に危害を及ぼす恐れのある行為」を意味する。INFCIRC/225/Rev.4 (Corrected) Para.2.12. 参照。

（4）　INFCIRC/225/Rev.4 (Corrected) Para.3.1. 参照。同項では，「行方不明の核物質を捜索し，回収するために，また妨害破壊行為による放射線影響を最小化することで安全当局と協力するために，国による迅速かつ包括的な措置を支援するための情報と技術支援を提供すること」もまた，核物質防護の目的であるとしている。

（5）　IAEA憲章第2条参照。

第9章　ニュークリア・セキュリティ

(6) David Fischer, *History of the International Atomic Energy Agency—The First Forty Years,* IAEA, 1997, p.229.
(7) 板倉周一郎「核防護制度発展の経緯と今後の課題」『日本原子力学会誌』Vol.45, No.5, 2003年, 20頁参照。
(8) 10CFR Part73 (Code of Federal Regulations, Title10 (Energy), Chapter 1 (Nuclear Regulatory Commission), Part73 (Physical Protection of Plants and Materials))の詳細については, http://cfr.law.cornell.edu/cfr/cfr.php? title=10& type=part&value=73 参照。
(9) 1975年4月に開催された専門家会合に日本から出席した専門家によると, 本文書は当時,「単にIAEAが加盟国へのサービス業務として策定し, 刊行している」と認識されていた。新井実「Physical Protection 諮問会議に出席して」『核物質管理センターニュース』Vol.4, No.6, 1975年6月号, 1頁参照。また, 別の専門家によれば, 本文書の「勧告」という地位に関しては,「それぞれの国の特殊な状況に応じて, その解釈および適用に必要な余地を残しておくことも必要」との各国の認識により, Revision 1 への改訂時にも文書の地位を変更することはなかった。青江茂「核物質防護に関する諮問グループに参加して」『核物質管理センターニュース』Vol.6, No.4, 1977年4月号, 1頁参照。
(10) INFCIRC/254/Rev.6/Part 1 参照。このうち受領国に対して核物質の防護措置を講ずるよう求めているのは第3項の規定である。本ガイドラインは紳士協定であり, 法的拘束力を有しない。本ガイドラインに基づく輸出管理に合意し実施している国は原子力供給国グループ (NSG : Nuclear Suppliers Group) と呼ばれている。1992年には, 従来のガイドラインに加え, ロンドン・ガイドライン・パート2 (INFCIRC/254/Part 2) が作成され, 原子力関連汎用品目の輸出管理も開始された。2004年3月現在, 参加国は40カ国である。NSGの活動実績等の詳細については, http://www.nsg-online. org/ 参照。
(11) 「核物質防護条約」は, INFCIRC/274/Rev.1 に記載されている。2004年3月現在, 102カ国および欧州原子力共同体 (EURATOM：ユーラトム) が加盟している。
(12) Nicholas Zarimpas, "Appendix 6C. The Illicit Traffic in Nuclear and Radioactive Materials," *SIPRI Yearbook 2001: Armaments, Disarmament and International Security,* Oxford University Press, 2001, pp.504-505.
(13) Nicholas Zarimpas, ibid. (注12), pp.505-506, およびGeorge Bunn and Lyudmila Zaitseva, "Appendix 10D. Efforts to Improve Nuclear Material and Facility Security," *SIPRI Yearbook 2002: Armaments, Disarmament and International Security,* Oxford University Press, 2002, pp.601-603.
(14) Mark Soo Hoo, "Physical Protection Standards from IAEA Perspective,"

presented at the EU-High Level Scientific International Conference on Strengthening Global Practices for Protecting Nuclear Material, September 8-13, 2002. 国際的な核物質防護の枠組みとしては，各国が独自に締結する2国間原子力協力協定を含むと考えることも可能であるが，本稿では，多数国間において共通の義務が課される条約および共通の指針として示されたガイドライン，勧告のみを検討対象とした。

(15) 本会合の議論の概要については，平澤久夫「『核物質防護に関する技術委員会』への出席報告」『核物質管理センターニュース』Vol.18, No.9, 1989年10月号, 5-7頁参照。

(16) 神田忠雄「核物質防護に関するIAEAガイドライン INFCIRC/225/Rev.3」『核物質管理センターニュース』Vol.24, No.2, 1995年2月号, 4-6頁参照。

(17) 栗原弘善「核物質防護に関するIAEA勧告の見直し会合に出席して」『核物質管理センターニュース』Vol.27, No.10, 1998年10月号, 1-3頁, および中田宏勝「第2回核物質防護に関するIAEA勧告の見直し会合に出席して」『核物質管理センターニュース』Vol.28, No.2, 1999年2月号, 1-4頁参照。

(18) 神田忠雄「前掲論文」(注16), 4頁参照。再検討会議の結果として，同条約に規定のない高レベル放射性廃棄物の核物質防護上の扱いなどの事項については，INFCIRC/225/Rev.2を改訂することによって対応すべき旨の要請がなされた。この要請を受けた検討の結果，INFCIRC/225/Rev.3への改訂が行われたのである。

(19) 栗原弘善・八木隆雄「核物質防護条約の改定の要否に関する非公式専門家会合について」『核物質管理センターニュース』Vol.29, No.9, 2000年9月号, 1-2頁参照。

(20) 栗原弘善・八木隆雄「核物質防護条約の改定の要否に関する非公式専門家会合」『核物質管理センターニュース』Vol.30, No.9, 2001年9月号, 1-2頁参照。

(21) 核物質防護条約改定案作成のための法律および技術専門家による非公式会合の概要を米国の立場から報告したものとして，Patricia A. Comella, "Revising the Convention on the Physical Protection of Nuclear Material—Chapter IV," presented at 44th Institute of Nuclear Material Management (INMM) Annual Meeting, 2003 参照。また，第6回(最終)会合の概要および改定条約案の中で合意に達していない主要点については，Denis Floly, "Revising the CPPNM, Challenges and Constraints," presented at 44th Institute of Nuclear Material Management (INMM) Annual Meeting, 2003 参照。

(22) IAEA General Conference Document, GC (45) /INF/14, 14 September 2001.

(23) Paragraph 1 and 2 of GC (45) /RES/14B, September 2001.

(24) IAEA General Conference Document, ibid. (注22), Attachment, pp.1-4.

(25) Denis Floly, op. cit. (注21), p.6.

(26) IAEA-TECDOC-967 "Guidance and Consideration for the Implementation of

第9章 ニュークリア・セキュリティ

INFCIRC/225/Rev.4, The Physical Protection of Nuclear Material and Nuclear Facilities", May 2000. および IAEA-TECDOC-1276 "Handbook on the Physical Protection of Nuclear Materials and Facilities," March 2002.

(27) US Department of State, "Patterns of Global Terrorism 2002," p.xiii [http://www.state.gov/s/ct/rls/pgtrpt/2002/pdf/].

(28) 核テロの脅威の分類としては，核物質防護に関する国際会議における専門家の発言，IAEA の発行する印刷物等においてもこの4類型を示すことが多い。それぞれの分類についての体系的な分析として，Anita Nilsson, "Protecting Against Nuclear Terrorism, Strengthening of the IAEA Activities and Programmes," presented at 43rd Institute of Nuclear Material Management (INMM) Annual Meeting, 2002, pp.1-2. 参照。

(29) GC (45)/RES/14, "Measures to Improve the Security of Nuclear Materials and Other Radioactive Materials," September 2001.

(30) GOV/INF/2002/11-GC (46)/14, "Nuclear Security—Progress on Measures to Protect Against Nuclear Terrorism," Report by the Director General, 12 August 2002. および GC (46)/RES/13, "Nuclear Security—Progress on Measures to Protect Against Nuclear Terrorism," September 2002.

(31) GC (47) 17, "Nuclear Security—Measures to Protect Against Nuclear Terrorism," Report by the Director General, 20 August 2003. および GC (47)/RES/8, "Nuclear and Radiological Security—Progress on Measures to Protect Against Nuclear Terrorism," September 2002.

(32) 2002年1月にニュークリア・セキュリティ分野に関する IAEA 事務局長の諮問機関として AdSec (The Advisory Group on Nuclear Security) が創設され，同分野に関する審議を行い，同事務局長に対して結果を勧告している。2003年12月に第5回の AdSec 会合が開催され，ニュークリア・セキュリティの定義について「核物質，その他の放射性物質，またはそれに関連した施設に関する盗取，妨害破壊行為，不法なアクセス，不法移転その他の不法行為の防止，検知および対応」とすることで合意を得たとのことである。しかし，公式にはいまだ IAEA としてその定義を採用してはいない。栗原弘善「IAEA セキュリティ諮問委員会（AdSec）会合について」『核物質管理センターニュース』Vol.33, No.2, 2004年2月号, 4-6頁参照。

(33) Report by the Director General, op. cit. (注30).

(34) Anita Nilsson, "Strengthening the Security of Nuclear Material- Physical Protection," *IAEA Bulletin*, Vol.41, No.4, 1999, pp.32-35.

(35) ニュークリア・セキュリティ室の業務については，http://www-ns.iaea.org/security/ 参照。

第9章 ニュークリア・セキュリティ

(36) International Nuclear Verification Series No.3 "IAEA Safeguards Glossary, 2001 Edition," IAEA, 2002, Para.3.33.
(37) IAEA/SG/INF/1 "IAEA Safeguards Glossary," IAEA, 1980, Para.14.
(38) Fritz Steinhausler and George Bunn, "Securing Nuclear Material & Strong Radiation Sources, "*IAEA Bulletin,* Vol.45, No.1, June 2003, p.19.
(39) Rüdiger Lüdeking, "Nuclear Terrorism and Nuclear Arms Control," *Disarmament Forum,* two 2003, p.3.
(40) Annette Schaper, "Nuclear Terrorism: Risk Analysis after 11 September 2001," *Disarmament Forum,* two 2003, p.15.
(41) Matthew Bunn and George Bunn, "Strengthening Nuclear Security Against Post-September 11 Threats of Theft and Sabotage," *Journal of Nuclear Materials Management,* Vol.30, No.3, Spring 2002, p.56.
(42) George Bunn and Lyudmila Zaitseva, op. cit. (注13), pp.606-607.
(43) GC (47)/3, "The Agency's Programme and Budget 2004-2005," August 2003.
(44) Report by the Director General, op. cit. (注31), p.3.
(45) Report by the Director General, ibid. (注31), p.4 and pp.9-10.
(46) United Nations Security Council Resolution 1373 (2001), 28 September 2001.
(47) 外務省ホームページ http://www.mofa.go.jp/mofaj/gaiko/summit/evian_paris03/index.html 参照。
(48) 原子力安全に関する業務については，http://www.iaea.org/OurWork/SS/index.html 参照。
(49) Anita Nilsson, op. cit. (注34), pp.34-35.
(50) Report by the Director General, op. cit. (注31), Attachment 1, p.1.

第10章　生物テロと不拡散

杉　島　正　秋

まえがき

　2001年の9月から10月にかけて，米国において，炭疽菌を封入した郵便物が報道機関や議員事務所などに送られ，郵便物の仕分に従事していた郵便局員，報道関係者など22名が感染，うち5名が死亡する事件が発生した。この無差別殺傷事件は，湾岸戦争などを通じて生物兵器の代名詞のようになっていた炭疽菌が，9.11テロの直後に犯罪の手段として使用されたという点で衝撃的であったのみならず，郵送という単純な手法と，封入された炭疽菌に施されていた精緻な加工とのアンバランスさが捜査関係者の目を引いた。菌は，米国など国家レベルの生物兵器計画において製造されていたものと同じように，飛散・吸入されやすい微粒子状になっていたのである。かつて米国議会調査局は，1993年に公表した報告書において，炭疽菌の微粒子100 kgが，気象条件を選んでワシントンに空中から散布された場合，100万―300万人の被害者が発生すると推計したことがある[1]が，炭疽菌郵便事件は，武力紛争以外の場面で生物剤が使用される時代の到来を告げたといえよう。

　さらに，2003年1月には，ロンドンでリシンの保有者が逮捕され，翌年2月には，米国議会の郵便仕分室において，リシンを封入した上院議員あての郵便物が発見された。トウゴマから抽出される毒物リシンには，ダイオキシンよりも強い毒性があり，1978年にブルガリアの秘密警察が，亡命者グレゴリー・マルコフ暗殺のために使用した。リシンが封入された郵便物による死傷者はなかったが，毎年発生するこうした事件は，生物に由来する毒物や微生物を

使ったテロが新奇なものではなくなりつつあることを感じさせる。

ひるがえって日本では，第2次大戦後，政府関係者が生物兵器防護の必要性を公に口にすることは，皆無に近かった。しかし，1998年夏の北朝鮮による弾道ミサイル実験を契機として，政府部内の認識にも変化があらわれ，9.11テロ，炭疽菌郵便事件の発生後には政府・自治体レベルで生物・化学テロへの取り組みが本格化した。生物兵器テロについては，発生した場合の対応体制の整備とともに，その防止に向けた取り組みが不可欠であり，前者については，われわれの共同研究の一端を昨年公刊した[2]。そこで，本稿では，生物テロ防止に向けた法体制の構築について検討を加えたい。

作業の順序としては，まず，事例研究としてオウム真理教の生物・毒素テロをとりあげ，1980年代半ばに米国で宗教団体が起こした生物テロと比較しながら，オウムの企てが失敗した理由を考えてみたい。つぎに，オウムの教訓をふまえて，生物テロ防止に関連した国内・国際的法制度の実効性を検討する。そして，こうした法制度を強化するための政策について，いくつか提言を行いたい。なお，米国での炭疽菌を封入した郵便物による殺人・傷害事件は，犯人および動機が不明であるため，本稿では参考程度にとどめ詳しくはとりあげない[3]。また，オウム以前にも日本では細菌を用いた殺人・傷害事件が発生しているが，それらは「テロ」に分類しがたいものであり，本稿の検討からは除外する[4]。

I 過去の事例

1 ラジニーシ教団のバイオテロ[5]

1984年9月17日から，アメリカ・オレゴン州のワスコ＝シャーマン公衆衛生局には，同州ダレスで細菌性の消化器疾患が集団発生した，という情報が寄せられはじめた。ダレスは，同州ワスコ郡の行政中心地で，当時の人口は1万500人であった。同月25日までに，オレゴン州と郡の衛生当局が把握した患者数は数百（最終的には751名）にのぼり，ネズミチフス菌（*Salmonella typhimurium*）が原因であることが判明した。

この集団発生には2つの波があり，ひとつは9月9日から18日まで，もう

ひとつは19日から10月10日までであった。大部分の症例では、10件あまりのレストランで提供された食事との関連が疑われ、疫学的調査の結果、レストラン4件の客とレストラン10件の従業員について、彼らが利用したサラダバーが感染源である可能性が浮上した。そこで、9月25日、州当局はダレスで営業しているレストランに対してサラダバーを閉鎖するよう指示を出した。ただし、ネズミチフス菌による汚染が疑われた食材はレストランによってまちまちであり、これらのレストランについて、共通の水源、食材、食品納入業者などを特定するには至らなかった。当初、オレゴン州当局の疫学者は、暫定的ながら、一部の感染例は調理場の汚染が原因であり、ネズミチフス菌に感染した調理者が提供した食物によって、客に感染が広がったと結論した。この時点で、州当局や疾病管理予防センター（CDC）は、ダレスにおける集団感染が意図的に引き起こされた可能性を排除してはいなかったが、彼らにはその確証もなかった[6]。

しかし、翌年10月、殺人未遂事件や土地の買収問題をはじめとして、オレゴン州で様々な法的問題を引き起こしていた宗教団体ラジニーシ教団の施設をFBIと州警察が捜索した際、施設内から教団が保有していたネズミチフス菌が発見され、前年に発生した食中毒の原因菌と同一のものであることが判明した。さらに、汚染の企てに参加したメンバーからの自供が得られたため、首謀者とされた教団幹部2名が逮捕され有罪となった。その犯行の経緯は次の通りであった。

ラジニーシ教団は、インド・サガール大学哲学科の教授であったバグワン・シュリー・ラジニーシを教祖とする宗教団体で、同国プーナに道場を開き、1960年代末からのヒッピー・ムーブメントの時流に乗って、インドを中心に信者を獲得していった。しかし、その布教方法や教義、とくにセックスやドラッグを用いる点にインド政府は難色を示し、同地での活動がしだいに困難になっていった。そのため教団は、1981年にオレゴン州ワスコ郡の牧場を購入し、「ラジニーシ・プーラム」とよばれる教団施設をつくることを計画した。しかし、教団の活動は、キリスト教の伝統的価値観を信奉する地域住民との間に対立を生みだした。そのうえ、オレゴン州の土地利用法による制約のため、購入した土地も自由に使用できなかった[7]。

行きづまりを打開するため教団は、同州の有権者登録制度が緩やかなことに

第10章 生物テロと不拡散

着目し，購入した土地の近辺にある小さな町アンテローペへと信者を大挙して移動させ，選挙を通じて合法的に町の支配権を握ろうとした。教団の企ては成功したが，地域住民の強い反発を生み，教団と地域住民との間の対立は決定的となった。こうした中で，連邦司法省が，米国に不法滞在しているラジニーシ教団員の調査に乗り出したのみならず，オレゴン州の司法当局もラジニーシ・プーラムの調査を開始した。当時，ラジニーシ・プーラムの活動について許認可権限を有していたのは，ワスコ郡行政委員会であった。教団幹部たちは，この委員会において教団に敵対的な姿勢をとるコミッショナーらが，自分たちを困難な状態に陥れていると考えるようになった。そこで彼らは，1984年11月のコミッショナー選挙において，教団に理解がある候補者を当選させようと企てた。しかし，ワスコ郡の有権者1万5000名に対して教団員は2000名程度にすぎなかったため，教団は米国内のホームレスたちをワスコ郡へ移住させる計画をすすめるとともに，教団に敵対的な有権者たちの投票を阻止しようと考えた。

　事件発覚後に，教団幹部がFBIへ供述したところによると，教団の事実上の運営責任者であったマ・アナン・シーラ（教団内部での名前）が，有権者を選挙前に感染症に罹患させ，彼らの投票を阻止することを思いつき，教団医療部門の責任者であった看護師のマ・アナン・プーヤ（同上）に相談を持ちかけた。計画の中心人物となったプーヤは，目的達成の手段として，食中毒の原因菌であるネズミチフス菌を選択した。そして，オレゴン州政府の認可を得ていたラジニーシ・メディカル・コーポレーションを通じて，シアトルの医療用品会社から菌株を入手した。ネズミチフス菌は，臨床検査機関が細菌培養用の培地について検査を行うため使用する細菌の1つであり，入手自体は正当なものであった。

　プーヤは教団内の秘密研究施設で菌を培養し，1984年8月末に行政委員会のコミッショナー3名が教団の定期調査に訪れたとき，教団に敵対的な2人に細菌を混入した水を飲ませた。両名とも発病し1人は病院へ収容された。そして，翌月にはダレスにおいて，レストランのサラダバーやコーヒーミルクなどを，瓶に入れたネズミチフス菌の培養液により，数次にわたって試験的に汚染した。このテスト・ランは成功したが，11月の選挙前に必要な数のホームレスを集めることができなかったため，計画は放棄された。このほかにも，教団

は郡行政委員会の事務所，ダレスの上水道などを細菌で汚染したが被害はなかった。

2　オウム真理教

　ラジニーシ教団は，食品を菌液で汚染する比較的単純な手法により目的を達成しようとしており，選択した細菌も致死率がきわめて低いものであった。これに対して，オウムの場合は，米ソなどが兵器化した細菌・毒素の入手を試み，散布方法においても広範囲を汚染するのに適したエアゾル散布を企てるなど，適切に準備されていたならば深刻な事態に至るおそれもあった。ここでは，オウムの生物テロについて，教祖・信者の公判に関連した報道および判決などに依拠しながら検討したい。

(1)　教団の発展と変容

　宗教団体オウム真理教は，1984年に松本智津夫が設立したヨーガ・サークル「オウムの会」を母体とする。松本は，同会設立後に「麻原彰晃」を名乗り，自らを「日本で唯一の最終解脱者」と称するとともに，1987年には「オウム真理教」と改称した。教団は，1989年に東京都から宗教法人としての認可をうけるが，1994年6月ころには，日本国内だけで出家信者1000人，在家信者1万以上を擁するまでに発展した[8]。オウムが若者を中心として多数の信者を獲得できた理由の1つとしては，「超能力」を前面に押し出したことが挙げられている。麻原は，オウムのカリキュラムにもとづき段階的に修行をすすめてゆけば，誰でも「超能力」を獲得できると主張し，教祖自ら「空中浮遊」を雑誌の特集などで披露した[9]。だが，こうした超能力を獲得する前提として，信者たちはグル（＝麻原）への絶対的な帰依を求められた[10]。

　他方で麻原は，来るべき最終戦争から人類を救済することの重要性を強調している。彼は，第三次世界大戦（＝「最終戦争（ハルマゲドン）」）は不可避であり，その被害を少なくすることが，オウムの救済活動の目的であると信者たちに説いた[11]。

　最初に彼は，国会に議席を占めて，日本の政治を彼が主張するような「徳の政治」へ合法的に変革して，救済を行おうと考えた。そして，「真理党」を設

立して1990年2月の衆議院選挙に候補者25名を立てたが,結果は惨敗に終わった[12]。選挙後,麻原は信者の前で,敗北の原因は日本政府による謀略であると強弁し[13],合法的な救済を放棄して教団の武装化に着手する。オウムへの破防法適用を審査した際,公安審査委員会は,衆議院選挙での敗北,熊本県波野村での反対運動,国土利用計画法違反などによる幹部の検挙・訴追を,オウム潰滅を目的とするものであるととらえ,オウムが社会に対する反発・対決姿勢を強めたと指摘する。そしてオウムは,「松本が独裁者として統治する祭政一致の専制国家を建設するためには,武力によって我が国の現行国家体制を破壊する必要があり,また,悪業を重ねた現代の人類を救済するためにはこれらの者を殺害する以外にはないとして,前記総選挙惨敗の直後である同年3月ごろから生物兵器の開発をはじめ」た[14]。竹岡俊樹によると,1990年の総選挙以前から麻原は,合法的な手法による救済と同時に非合法な力による救済をも考えていた[15]。麻原は,悪業を重ねる者を救済するため,彼の「生命をトランスフォーム」することは正当であると信者たちに説き,殺人を正当化した[16]。それと同時に,そうした強制的な救済をなすべきかどうかの判断は,解脱者(=麻原)が行うものであるとして,信者たちには,強い心を持ち,淡々と心の動揺なしに物事を処理することを求めた[17]。

(2) ボツリヌス毒素によるバイオテロ

衆議院選挙での敗北後,「麻原は……教団幹部に対し,全世界にボツリヌス菌を散布する,神々に負担をかけないために自分たちがやらなければならないなどと述べ,ボツリヌス菌を散布して全世界を破滅させるような無差別大量殺りくを敢行する意思を明らかに」した[18]。麻原がボツリヌス菌に注目した理由について,検察は,医師の中川智正がボツリヌス毒素の毒性を教えたためであるとした[19]。麻原は,ボツリヌス毒素の製造と兵器化を遠藤誠一に指示したが,毒素の兵器化には2つの障壁が存在した[20]。

その1つは,致死性の高い毒素を生成するボツリヌス菌株を入手することで,もう1つは,菌が生成した毒素を抽出・精製して散布に適した形状に加工するとともに,効果を検証することであった。まず,遠藤は,早川紀代秀,新実智光らと北海道の十勝川流域で採取した土壌サンプルから,求めるボツリヌス菌を分離・培養する作業を中川らとすすめたが,成功した形跡はない。「上

九内にボツリヌス菌の培養プラントが設置されて……ボツリヌス菌の培養が試みられた……（新実）も，実験用マウスを購入するなどして手伝ったが……ボツリヌス菌は培養できていないと聞かされており，マウスによる実験でも，効き目のないことを確認した。」[21] そのうえ散布は，さらにやっかいな問題をはらんでいた。たとえば米国は，ボツリヌス毒素を1960年代に兵器化していたが，当然のことながら，そうした技術は非公開であり，オウムは散布に適した方法を一から検討しなければならなかった。散布にまつわる問題の1つとして，経口摂取した場合，ボツリヌス毒素の半数致死量（LD_{50}）はサリンの$1/10^4$以下とされているが，エアゾル散布した場合，サリンの$1/10^4$の量で同等の効果が得られるわけではない点を，米軍は実験を通じて確認していた[22]。しかし，教祖や信者たちの裁判についての報道を見るかぎり，彼らがこうした問題を認識し克服しようとしていたかどうかは疑問である。信者たちは，全世界に気球でボツリヌス毒素を散布するといった，現実性を無視した荒唐無稽な麻原の構想をそのまま受け入れ，麻原の指示に反駁できないまま，展望のない作業に従事していたようにも見受けられる[23]。

　麻原がボツリヌス菌の散布を発案したのは，衆議院選挙直後の2月で，当初は，4月半ばに東京都内で散布することを計画したが，準備が間に合わなかったため5月に散布を行ったとされる。それでも準備期間は3カ月ほどしかなく，計画は失敗に終わった。「麻原は，（1990年）5月ころ，再びボツリヌス菌の大量散布を企て，自動車を散布用に改造し，被告人らをして，数回にわたり，神奈川県横須賀市の米軍基地，皇居周辺……を標的としてボツリヌス菌様の物の散布を行い，さらに，同年7月には，浄水場のある山中で散布した。しかし，全く死傷者等の結果は発生せず，浄水場付近に散布した際には，被告人が警察官に発見されて，ボツリヌス菌様の物を入れた容器を押収されるなどした。そのため，ボツリヌス菌の散布計画は同月中旬にいったん中止となり，上九の培養プラントも解体された。」[24] また，地下鉄サリン事件の1週間ほど前には，霞ヶ関駅で散布装置を組み込んだアタッシュケース3つが発見されているが，中から毒素は検出されておらず，遠藤は自己の公判において，毒素が製造できなかったため無害な液体をケースに充填したと証言している[25]。

(3) 炭疽菌の散布

　ボツリヌス毒素の散布失敗後，教団は炭疽菌の散布を試みるが，その発端は，1992年夏ごろ，麻原が，ボツリヌス毒素以外で殺傷力が強いものを遠藤に尋ねた際，炭疽菌の名が挙がったことだといわれる[26]。麻原は，遠藤らに炭疽菌の入手を指示するが，毒性が強い炭疽菌の入手とその兵器化について，ボツリヌス毒素と同様の問題に直面し，公開された情報から判断するかぎり，彼らはこの作業にも失敗している。

　オウムが在家信者から入手したとされる炭疽菌は，ワクチンに利用されている無毒型のものであり，これを散布しても炭疽が流行することは期待できなかった。遠藤自身，ワクチン株であることを知らなかったのか，それとも，知っていながら散布したのかは判然としない[27]。

　最初の炭疽菌の散布は，1993年6月29日から7月2日まで，オウムの新東京総本部ビル（江東区亀戸）屋上から行われたが，周辺住民に死傷者は出なかった。ただし，散布にともなって悪臭が発生したため，住民たちがオウムに抗議し，29日から江東区役所へも苦情が寄せられはじめた。苦情の数は日を追って増加し，7月1日には，屋上にある冷却塔の1つから霧状の物質が放出されていることが確認された。また，建物周辺には「ねばねばした灰色ないし黒色の」ゼラチン状物質が飛散し，区役所ではこの物質を採取した。翌2日，麻原は記者会見を行い，悪臭の発生原因が彼らの宗教儀礼であったと説明するとともに，屋上の装置を停止すると約束した。江東区役所は，7月16日に施設への立入調査を行ったが，散布装置などはすでに撤去されており，バイオテロの証拠を発見することはできなかった[28]。

　オウムが製造した散布装置（かれらは「ウオーターマッハ」と呼んでいた）は，汎用品の丸型冷却塔を転用したもので，8階建ての総本部ビルの屋上に2基設置された[29]。この装置へは，階下から菌液がポンプによって送られる仕組みになっていたが，意図していたようなエアゾルを発生させることはできなかった。また，菌液中の炭疽菌数も少なかった[30]。もしも，オウムが毒力の強い炭疽菌を入手し，その適切な調製液を散布していたならば，きわめて深刻な事態が生じたおそれもあったが，現実にはワクチン株の炭疽菌を散布したにとどまった。また，装置も，操作の途中で菌液が漏出するなど不完全なものであった。亀戸での散布が失敗した後も，オウムは上九の施設で炭疽菌の培養を続

け，同年夏には，神奈川県庁や皇居周辺で菌液の散布を試みたが，散布装置のノズルが詰まるなどして失敗に終わっている[31]。

3 ラジニーシとオウムの比較考察

　生物戦を遂行するために必要なものとしては，生物兵器を製造・使用するための専門知識および訓練，生物剤（または毒素），運搬システム，安全かつ効率的な製造・使用のための防護システム，製造・加工装置とそれらを収容した施設などが挙げられる。このように，生物兵器は，微生物学だけではなく様々な科学分野に基礎づけられた1つの兵器システムであり，病原体，毒素だけでは目的を達成することはできない[32]。オウムは，無差別的な殺傷効果を期待して，国家レベルで開発されている生物兵器を模倣しようとしたが失敗に終わった。そして彼らの失敗は，目的に適した菌株の入手と散布手段の考案・実用化が，生物テロを実行する場合の障壁となりうることを示した。オウムの失敗は，生物兵器製造についてノウハウを持たない人々が，ゼロから出発して，国家が製造しているものと同程度の効果を持つ生物兵器を開発しようとしても，それが必ずしも容易ではないことを推測させる。ちなみに，米国の炭疽郵便事件では，生物兵器として炭疽菌を使用する場合と同様の加工が施されていたことが判明したため，捜査当局は兵器専門家の関与を疑っている。

　オウムの場合，合法的な救済手段を試みて失敗したあと，彼らが「ヴァジラヤーナによる救済」と呼んだ無差別殺傷テロに着手したのであって，毒素や微生物の散布に強い殺傷効果を期待していた。これに対して，ラジニーシの場合，合法な目的（選挙における勝利）を達成するための手段として細菌の使用を構想し，有権者の一時的無能力化（投票できないようにする）をねらっていたにとどまり，オウムに比べれば，目標は低めに設定されていた。さらにラジニーシは，感染症の流行が教団と関連付けられないように注意を払っており，たとえば，潜伏期間が長い腸チフス菌の使用を内部で検討したときには，菌株の入手経路から実行者が特定されることを懸念する反対論があったといわれる[33]。

　また，菌の散布方法についても，ラジニーシは，菌液で食品を汚染するという単純だが失敗の少ない方法を採用している。そのため，実施の上での障壁は

第10章 生物テロと不拡散

低かった。これに対してオウムの場合は、国家レベルで開発されていた生物兵器を模倣（あるいは超越）するような構想を麻原が弟子たちに話し、弟子たちがそれを愚直に実行しようとした。常石敬一は、オウムの化学兵器について「包丁で十分なのに、刀で調理をするような、アンバランスというか、オタク的こだわりを持ち」、「確かに科学的な知識をテロの武器開発に悪用したが、開発にあたった信者たちは科学者としてのプライドからより高級な原材料を求め、テロ攻撃よりも科学的達成により関心があったと思う」と論評している[34]が、生物兵器についても同様といえよう。もしも、麻原の弟子たちがラジニーシにならって実行可能なレベルで生物テロを実行していたら、結果は違ったものになっていたかもしれない。

生物兵器の場合、効果が気象条件や地形などに左右されるため、生物兵器を開発してきた国々は、各種の実験を行いながら効果的な散布方法を研究するとともに、自軍の汚染防止に対しても注意を払ってきた。しかし、オウムの生物テロは場当たり的であり、散布・防護など兵器の運用面について専門的訓練を受けていたわけではない。車両に搭載した散布装置から炭疽菌液を散布した際には、機器の調整をしていた信者が菌液を浴びるような初歩的失敗をおかしている[35]。

なお、井上嘉浩は、林郁夫の裁判において、オウムがサリン・プラントの設計図をロシアから入手したと証言しているが、生物兵器についても、旧ソ連で生物兵器開発にたずさわっていた科学者へオウム幹部が接近を試みた可能性がある[36]。もっとも、オウムが、そうした人物から菌やノウハウを入手した証拠は存在しない。しかし、井上の証言が事実とすれば、大量破壊兵器に関するノウハウの流出が、非国家組織のレベルでも生じていることになる。

失敗に終わったオウムの企ては、菌株の入手と兵器化がテロリストにとって障壁となりうることを例証した。そこで、次節以下では、日本の法制度や国際条約に注目しながら、生物兵器の使用を処罰し、生物兵器製造を阻止するためにとられている方策について検討を加え、テロリストが生物兵器にアクセスする上での障壁を高くする手段を考えてみたい。

II 生物兵器の法的禁止

　化学兵器については，化学兵器禁止条約（CWC）自体が詳細な検証制度を規定しており，締約国である日本政府も条約規定に従って検証措置を受け入れている。これに対して，1970年代半ばに発効した生物兵器禁止条約（BWC）は，CWCのような条約の運用に関連した検証制度を欠いており，検証議定書に関する作業も2001年に頓挫したため，当面，条約の履行状況が国際的かつ組織的に監視されることは期待できない。

　日本政府は，1982年にBWCを批准した際，条約の国内実施のため国内法（「細菌兵器（生物兵器）及び毒素兵器の開発，生産及び貯蔵の禁止並びに廃棄に関する条約の実施に関する法律」，以下「生物兵器禁止法」）を制定した[37]が，同法が禁止する行為は，生物兵器や毒素兵器を「製造すること」（4条1項）および「所持し，譲り渡し，又は譲り受け」ること（同2項）であった。また，生物兵器禁止法は生物兵器について「武力の行使の手段として使用される物で，生物剤又は生物剤を保有しかつ媒介する生物を充てんしたもの」（2条3項），毒素兵器については，「武力の行使の手段として使用される物で，毒素を充填したものをいう」（同4項）と定義している。

　しかし，オウムによる生物テロが問題になった際には，施行後10年以上が経過していたにもかかわらず，同法が規定する主務大臣を定めるために必要な政令が，制定されていなかったことが判明した[38]。こうした不手際は，当時の日本政府が，生物兵器の禁止について，現在ほど関心を持っていなかったために生じた可能性がある。また，オウムの使用した散布装置が生物兵器禁止法の禁止する「生物兵器」に該当するか，という点について，当時の政府部内には一致した解釈が存在しなかったといわれる[39]。

　生物兵器禁止法は，施行当初，生物兵器の使用禁止について規定していなかった。しかし，2001年に「テロリストによる爆弾使用の防止に関する国際条約」（以下「爆弾テロ防止条約」）を批准したことをきっかけに[40]，法改正が行われた。その結果，新たに「生物兵器又は毒素兵器を使用して，当該生物兵器又は当該毒素兵器に充てんされた生物剤又は毒素を発散させた者」（9条1項），「生物剤又は毒素をみだりに発散させて人の生命，身体又は財産に危険を生じ

させた者」(同2項) が処罰の対象になり，罰則も厳しくなった。

　爆弾テロ防止条約は，爆発物のみならず，毒性化学物質，生物剤，毒素，放射性物質などを散布して死や重大な傷害をもたらす兵器・装置についても，これらを公共の場所，政府施設，公共輸送機関，インフラ施設などに設置したり，充塡物を散布する行為を犯罪としている (2条1項)。そして，締約国には，条約が犯罪とみなした行為を国内法上の犯罪とするため，必要な措置を実施すること (4条(a))，犯罪の重大性に見合った刑罰を課することなどが義務づけられた (5条)。この条約は，ハイジャックや人質行為の防止に関する諸条約などと同様に，条約上の犯罪について，容疑者の引渡か訴追のいずれかを締約国に義務づけており，締約国が，自国内に存在する容疑者を他の締約国へ引渡さない場合，犯罪が自国領域で行われたものかを問わず，いかなる例外もなしに，遅滞なく訴追手続を進めるものとされている (8条)。

　この条約は，生物・化学テロを国際犯罪化して締約国に処罰を義務づけた点で積極的に評価できる。また，条約批准にともなう法改正により，生物剤の発散行為そのものが犯罪化されたことで，罰則の軽重は別として，発散装置が兵器に相当するかどうかが，同法の適用可能性を左右するおそれはなくなったといえよう。さらに，こうした条約の批准や国内法の改正は，生物剤や毒素の使用に対する強い道徳的反発を形成するうえで有益といえよう。しかし，ハイジャックや人質行為を国際犯罪化する諸条約が，それらの行為を消滅させることができなかったのと同様に，既存の国内・国際法制度を一顧だにせず，法秩序の破壊をめざすテロリストたちについては，爆弾テロ防止条約によって，生物テロが根絶されることは期待できないであろう。

III 輸出管理

　オーストラリア・グループ (AG) 参加国は，1990年に，生物兵器計画に転用されうる汎用装置と微生物・毒素などについても輸出管理を行うことで合意し，逐次コア・リストと警告リストの見直しを行いながら輸出管理を強化してきた。日本政府は，輸出貿易管理令および経済産業省令に基いて，生物兵器に使用されうる微生物や機材の管理を実施している (表2)。管理対象となっている装置は，研究機関，製薬業，醸造業，食品業，農業関連産業などで広く利用

されているもので，さまざまな用途について既製品が存在する。こうした装置は，途上国におけるバイオテクノロジーの急速な普及にともなって，AGに参加していない国々でも利用されるようになっている。AGは，生物剤製造のための特別な装置はないとしている(41)が，この点について飯田耕太郎は，「製薬会社，薬系大学などにおいて抗菌剤の開発や抗菌作用の解明を目的に菌の基礎研究を行っている機関であれば，当然（危険な物質を扱える）設備を有していると考えられる」と指摘している(42)。

また，輸出管理の対象となっているものが，すべて生物兵器の開発に不可欠というわけではない。たとえば，AGによる生物兵器関連資材の輸出管理リストには，P3およびP4の封じ込め施設が挙げられているが，イラクの生物兵器開発はP2施設で行われていた。ジリンスカスとピルチは，「生物兵器を開発しようとするグループが，先進国の作成した安全基準やガイドラインに従うという見通しは甘すぎる」と論じる。むしろ，最低限の安全上の配慮しかなされていない施設こそが，外見上の特徴に乏しく真の目的を部外者が見抜きにくいため，生物兵器の開発をもくろむ国々やテログループにとって，おあつらえ向きなのである(43)。

なお，輸出管理は国内における売買を規制するものではないため，オウムやラジニーシのように，自分たちが運営する企業や研究所を通じて，国内的に入手する可能性も残されている。遠藤が研究に使用していたプレハブ小屋（「ジーヴァカ棟」）からは，グローブ・ボックス，遠心分離機，発酵槽などが押収されたと報じられたが，輸出管理の対象となっているこれらの装置は，合法的に日本国内で入手されたものであった(44)。

他方，前章で検討したように，オウムが生物兵器開発に必要な機器を入手しながらバイオテロに失敗した原因の1つは，彼らが生物兵器開発に関する専門知識を欠いていた点にあったと考えられる。こうしたソフト面でのハードルが高いとするならば，ハードウエアの輸出管理と並行して，頭脳流出の防止策などソフト面での不拡散措置を講じることにより，拡散防止の効果が期待できよう。UNSCOMのスタッフとしてイラクの生物兵器計画を調査したパトリックは，同国が高品質の炭疽菌とA型ボツリヌス毒素の菌液を製造しながら，兵器化は未熟な段階にとどまっており，成功からはほど遠かったと評価し，その理由について，病原体の培養法は，西側の科学文献を注意深く読めば調べら

第10章 生物テロと不拡散

れるが,兵器化に関する文献は簡単に入手できなかったためだと考えている。そして,イラクが生物剤の運搬・散布の面で困難に直面したとするならば,テロリストも同様であろうと論じる。彼は,乾燥微粒子の製造に対するハードルは高いと考えるが,オウムが試みたような方法で,液状の生物剤をテロリストが散布して感染症を流行させるおそれはある,と強調している[45]。

ただし,米軍が実用的な生物剤の散布技術を開発して以来,微生物学,薬学などの分野は急速な進歩をとげており,平和目的にさまざまな技術が実用化されている。たとえば米軍は,エアゾル散布に適した生物剤の微粒子を製造するため,粒子の帯電防止技術について研究・開発をすすめていたが,こうした技術は,医薬粉体を扱う工程におけるトラブル防止のうえでの基礎的技術とされており,医薬品分野での研究が進められてきた。また,薬物結晶は微粒子ほど溶解性がよく薬物吸収性に優れるため,難溶解性薬物の溶解性を改善したり,経肺投与をめざした医薬品を開発するため,薬物粒子の微細化が研究されている[46]。さらに,微生物の散布技術も,微生物を利用した殺虫剤の分野で実用化されている。微生物殺虫剤としては,炭疽菌と同じように芽胞を形成し殺虫性を有する細菌が利用されており,1950年代から液状および乾燥状調整物の製造が行われている[47]。こうした平和分野での科学技術の発展が,生物兵器の開発・製造などの面に及ぼしうる影響については,今後一層の検討が必要であろう[48]。

日本が実施している生物兵器関連の輸出管理

生物剤・毒素等	ヒトの病原微生物・動物の病原微生物	ウイルス	痘瘡ウイルス,エボラ出血熱,マールブルク出血熱,ラッサウイルス,トリインフルエンザウイルス,など35種類。
		細菌等	炭疽菌,野兎病菌,Q熱リケッチア,鼻疽菌など18種類。
		毒素	アフトラキシン,ボツリヌス毒素など9種類。
	植物の病原微生物		10種類。
	その他		① 上に挙げた病原微生物の核酸の塩基配列のうちで病原性を発現させるもの,または,上記の毒素を産出させる核酸の塩基配列を有する遺伝子。 ② これらの塩基配列を有するように遺伝子を改変した生物。
装置			① 物理的に封じ込めに用いられる装置(P3およびP4施設用のもの,クラスⅢ安全キャビネットと同等の物理的機能を有するアイソレータ),② 密閉式発酵槽(容量100㍑以上),③ 連続式遠心分離機(流量が1時間あたり100㍑,研磨したステンレスまたはチタン鋼製,メカニカルシールによる軸封,定置しかつ閉じた状態で蒸気に

| 装置 | よる内部減菌が可能なもの），④ クロスフローろ過装置（有効ろ過面積の合計が5 m² 以上，定置した状態で内部の滅菌ができるもの），⑤ 凍結乾燥機（24時間につき10 kg 以上1,000 kg未満の氷をつくる能力を有し，蒸気による内部の滅菌ができるもの），⑥ 物理的封じ込め施設において使用される防護装置（エアライン方式の換気用の装置を有する全身もしくは半身の衣服またはフードで，内部を陽圧に維持できるもの），⑦ 粒子状物質の吸入試験用装置（吸入室の容積が1 m³以上） |

「輸出貿易管理令別表第一及び外国為替令別表の規定に基き貨物又は技術を定める省令」（平成3年10月14日通商産業省令第49号）2条の2。経済産業省令159号（2003年12月24日）による改正時点のもの（http://law.e-gov.jp/htmldata/H03/H03F03901000049.html）

むすび

　生物兵器は，化学兵器とならんでテロ使用が懸念されており，両者については，個人用の防護装備などの点で共通性があるため，「生物化学兵器」と一括して呼称されることもある。しかし，兵器の製造面からみると，化学兵器の場合は，求める戦用化学剤の量に比例して原材料の量も増加するのに対して，生物兵器の製造の場合，求める微量の菌株を入手したならば，必要なときに大量培養できるよう適切に保存しておけばよい。この点では，化学兵器と核兵器は同じ性質を持っている。したがって，核兵器や化学兵器の場合，原材料の移動の監視が生物兵器よりも容易であり，不拡散のためモノの移動に注意を払うことには意味がある。これに対して，生物兵器に必要とされる専門知識，資材などは，核兵器や化学兵器以上に平和目的のものと重なる部分が多いため，ハードやソフトの管理によってテロを防止することは，より困難が大きいと思われる。こうした点を踏まえた上で，むすびにかえて以下の3点を提言したい。

(1) 国際的な輸出管理体制の拡充

　バイオテクノロジーの普及・発展は，先進工業国のみならず途上国においても，経済活動の大きな支柱となっている。上でみたように，オーストラリア・グループは，生物兵器の製造に使用されうる設備・装置，それに病原微生物や毒素について輸出管理を実施してきた。しかし，自分たちよりも進んだ技術を有する国の支援を受けなくても，独自に生物兵器を開発できる国が100あまりも存在するといわれる現在[49]，先進工業国だけの輸出管理によって生物兵器

の非国家組織への拡散を防止することは，きわめて困難といえよう。また，オーストラリア・グループの活動については，これまで，途上国の側から差別性に対する批判が行われてきた。こうした不公平感を払拭し，バイオテロ防止に対する国際的関心を高めてゆくためには，途上国も参加した国際的な管理体制の構築が必要であろう。たとえば，病原性微生物や毒素の国際的移譲について，発送者と受領者の所在国が共同で管理できる体制が構築できれば，偽装会社などを用いてテロリストが危険な菌株を入手する危険を，今よりは低く抑えることが期待できる。

(2) 生物兵器に関する禁止規範の強化

BWCの検証議定書交渉が頓挫して以来，既存の生物兵器禁止規範を法的に強化する動きは停滞している。しかし，(1)で述べたように，科学技術の進歩により，拡散の懸念は逆に増大しており，国家レベルでの拡散を放置しながら，生物テロ対策に取り組むのでは均衡を失する。これまでも，テロ支援国から生物テロをもくろむ人々へ資材，ノウハウが提供されるおそれはたびたび指摘されてきた。また，北朝鮮などBWC当事国への生物兵器拡散の疑惑も払拭されていない。生物兵器拡散の進行は，BWCを中心とした禁止体制を形骸化する危険を秘めている。

BWCについてCWCのような包括的な検証体制が確立されることが当面見込めないのであれば，暫定的であれ，それに代わる方途を見出さねばならない。その1つとしては，既存の使用禁止規範の強化が考えられる。上でみたように，爆弾テロ防止条約は生物テロを国際犯罪化したが，同条約は武力紛争には適用されない。そこで，爆弾テロ防止条約の規定を一歩進めて，あらゆる生物毒素兵器の使用が国際犯罪であることを，法的拘束力を有する国際文書ないしは国連決議などで明確化することは，BWC体制の強化にとって有益であろう[50]。また，武力紛争に適用されないという爆弾テロ防止条約の限界を補うものとして，同条約が規定した「引き渡しか処罰か」の原則をあらゆる生物兵器使用に拡張することは，生物兵器の使用に対する国際的圧力を強化するうえでも意味があろう。

他方，検証制度については，検証議定書交渉が暗礁に乗り上げた原因の1つは，米国などの産業界が産業検証に難色を示したことにあった点と考慮するな

らば，生物・毒素兵器の使用に関する検証措置を産業検証から切り離して制度化することも，選択肢となりえよう[51]。

(3) 病原微生物・毒素の効果的管理体制の確立

オウムがボツリヌス菌の分離に失敗し，ワクチン株の炭疽菌しか入手できなかったことを念頭におくならば，日本国内における微生物の効果的管理の方策を検討することが有益であろう。たとえば米国では，「公衆衛生の保全ならびにバイオテロへの準備および対処に関する 2002 年法」などに基き，指定された微生物・毒素の保有，利用，米国外からの受領，米国内での移動について，学術研究機関，産業施設，連邦・州・郡などの公的施設，臨床検査機関などを対象として，法的規制を行っている[52]。

日本では，2001 年 10 月 12 日に開催された「国内テロ対策等に関する関係省庁会議」の決定に基き，国立の研究機関および自治体に対して，病原性微生物・毒素の管理強化を求めた[53]。この問題に関連して山内一也と三瀬勝利は，日本に病原微生物の管理や移譲に関するガイドラインや法制度が欠如していることを指摘して，最初はガイドラインで対応する方向を支持している[54]。また，黒澤満は，国際的基準を設定し法的拘束力ある規準を作成すべきであると論じるが[55]，いずれの手法を採用するにせよ，この点についての早急な対応が必要と考える。

オウムやラジニーシがテロに走った背景には，彼らをとりまく一般社会との対立が深刻化したことがあった。現在でも，「アーレフ」と改称したオウム真理教の信者の受け入れについては，地域住民が強い拒否反応を示し社会問題化している。オウム事件は，異質な存在と社会がどのように折り合いをつけてゆくべきか，という難問を日本社会に突きつけた。しかし，われわれは，その解答をまだ見出せずにいる。

注

(1) U.S. Congress, Office of Technology Assessment, *Proliferation of Weapons of Mass Destruction: Assessing the Risks,* OTA-ISC-559, U.S. Government Printing Office, Washington, D.C., August 1993, pp.52-54.

第10章　生物テロと不拡散

（2）　レイモンド・ジリンスカス（黒川昭，杉島正秋訳）「日米の生物災害対策：病院，救急医療部門，政府機関の比較研究」，杉島正秋編『バイオテロの包括的研究』朝日大学法制研究所叢書第6号，2003年，50-90頁．Raymond A. Zilinskas, "Preparedness for Biological Disasters in Japan and the United States: A Comparative Study of Emergency Medical Departments, Hospitals and Governmental Agencies," Presentation at the Sixth Asia-Pacific Conference on Disaster Medicine, February 21, 2002.

（3）　この事件については，最上丈二『バイオテロと医師たち』集英社新書，2002年が詳しい。

（4）　周知のように「テロ」を正確に定義することは難しいが，ここでとりあげる2件の事案は，目的および規模からみて生物「テロ」に分類して支障ないと思われる。なお，毒素を用いたテロは，厳密には「毒素テロ」であるが，本稿では一括して「生物テロ」と呼称する。オウムを含め日本で発生した事案については，杉島正秋「日本のバイオ犯罪」，杉島正秋編『前掲書』（注2），160-181頁参照。

（5）　この事案については次の文献を参照。Thomas J. Torok, Robert V. Tauxe, Robert P. Wise, John R. Livengood et. al., "A Large Community Outbreak of Salmonellosis Caused by Intentional Contamination of Restaurant Salad Bars," *JAMA*, Aug. 6, 1997, Vol.278, No.5, pp.389-395; W. Seth Carus, *Bioterrorism and Biocrimes —— The Illicit Use of Biological Agents in the 20th Century,* Center for Counterproliferation Research, National Defense University, August 1998 (July 1999 Revision), pp.57-66.

（6）　ウィーリスは通常の食中毒とは異なる次のような不自然な点を指摘する。(1)サルモネラ菌中毒の原因とされたレストランのうちで従業員が発症したところは1箇所のみである。(2)2つのレストランでは合計900名の客に対して20回の設宴を行っており，すべての食物はサラダバーのものと同一の調理場で同一人物によって調理されているが，彼らの中に発症はみられない。(3)サラダバーが原因とされた場合でもレストランによって汚染された食材が異なる。(4)1箇所のレストランではドレッシングが汚染されていたが調理場のドレッシングに汚染は見られなかった。(5)レストランに共通の食材は存在しなかった。食材納入業者，利用している上水道にも一致はみられない。(6)発症したレストラン従業員相互には，ほとんど接触が見られない。(7)発症した従業員が業務に従事していたにもかかわらず，サラダバー閉鎖後，来客の中毒患者は激減した。Mark Wheelis, Personal Communication, February 24, 2004.

（7）　井上順孝・孝本貢・対馬路人・中牧弘允・西山茂編『新宗教辞典』弘文堂，1994年，667頁。

（8）　破壊活動防止法7条に基く処分請求に関する公安審査委員会決定（1997年1月31日），オウム破防法弁護団編『オウム破防法事件の記録』社会思想社，1998年，225頁。

第 10 章　生物テロと不拡散

（9）　竹岡俊樹『「オウム真理教事件」完全解読』勉誠出版，1999 年。とくに第 8 章「オカルトとオウム真理教」。「……人に先んじ，望みの人生を送りたいと願うなら，超能力を獲得するのが一番だろう。超能力を獲得するといっても，そう難しいことではない。年齢や素質も関係ない。必要なのはやる気だけだ。特に，本シリーズ（筆者注：『超能力・秘密のカリキュラム』と題した 3 冊の著作のこと）はカリキュラムに従って進めば，必ず超能力がつくよう配慮されている。」麻原彰晃『超能力秘密のカリキュラム（改訂版，健康編）』オウム出版，1991 年，1 頁。
（10）　「金剛乗の教えというものは，もともとグルというものを絶対的な立場において，そのグルに帰依をすると。そして，自己を空っぽにする努力をすると。その空っぽになった器に，グルの経験，あるいはグルのエネルギー，これをなみなみと満ち溢れさせると。つまりグルのクローン化をすると……これがヴァジラヤーナだね。」「ヴァジラヤーナコース教学システム教本（以下「教本」）」第 2 話，1988 年 10 月 2 日，富士山総本部。「教本」および麻原の説法は西村雅志のウェブサイトによる。[http://www.bekkoame.ne.jp/i/sinzinrui/index.html]
（11）　「必ず，第三次世界大戦は起きます。これはわたしの宗教生命を賭けてもいい。必ず起きます……（嫌悪，無知，貪り，性欲，闘争の）五つのきずながまさに現代の人々であり……このカルマ構成の集積が何かというと『戦争』であって……完全に人間の中に二つのジャンルを作る――神々の要素を有する者と，それからそうでなく三悪趣の要素を有する者の二つを完全に区分する――ために，今回のハルマゲドンは生じる……。ハルマゲドンは回避できない。しかし，オウムが頑張って多くの成就者を出すことができれば，その被害を少なくすることができる。ハルマゲドンで死ぬ人々を，世界人口の四分の一に食い止めることができる。そして，残りの四分の三の人口の中のどれだけが生き残れるかは，オウムの救済活動次第だ……。偉大なる四無量心という，人類済度の，人類だけではなく衆生済度の大いなる瞑想をなす魂がいるとすれば，その大いなる瞑想により大いなるエネルギーが開発され，そして，この地球は完全なる真理の御国と変化するはずである。」麻原彰晃『日出づる国，災い近し』オウム出版，1995 年，308，335，340 頁。
（12）　「宗教には当然教えと実践があるよね，その実践はどうだ。当然，現代の場合特に，宗教的な人間が少ないわけだから，それを広めるためには，例えば，政治の改革が必要であろう……。」「尊師ファイナルスピーチⅣ」，1990 年 11 月 11 日，富士山総本部。
（13）　麻原は，テレビ局のインタビューアーから，出口調査と思われる情報に基き「麻原先生が当選したらしい」という情報を伝えられていた，と信者たちに語った。「しかしだ。実際は，千数百票と。これは，だれも考えられなかった数字だ。わたしは，投票箱の入れ替えが起きたと考えています。そしてこれは，オウム真理教が反社会性なのか，あるいは今の警察を含めた国家に対して服従する組織なのかをテストする，一つの表現

第10章　生物テロと不拡散

だと考えています。」「尊師ファイナルスピーチⅣ」，1990年2月20日，富士山総本部。
(14) 公安委員会決定（注8），220-221頁。「（宇宙のサイクルの）第四期，破壊の直前になると，タントラヤーナの修行においても救済できない，そういう魂の世界が人間界に形成されます。ここで登場してくるのが，ヴァジラヤーナ，つまりフォース，力を使って，武力を使っての破壊です。」こうした破壊は，「神々が（世界の）秩序を元に戻そうとする」試みであると正当化される。（教本第16話，1990年3月24日，富士山総本部。）
(15) 「武力的に武装して，今の日本をひっくり返し，そして真理ではないものをつぶしてね，救済する……」竹岡『前掲書』（注9），75頁。
(16) 「例えば，ここに悪行をなしている人がいたとしよう。そうするとこの人は生き続けることによって，どうだ善業をなすと思うか，悪業をなすと思うか。そして，この人がもし悪業をなし続けるとしたら，この人の転生はいい転生をすると思うか悪い転生をすると思うか。だとしたらここで，彼の生命をトランスフォームさせてあげること，それによって彼はいったん苦しみの世界に生まれ変わるかもしれないけれど，その苦しみの世界が彼にとってはプラスになるかマイナスになるか，プラスになるよね当然……完璧に悪業をなしていて，もう全く真理との縁がないと。この人はトランスフォームした方がいいんだ，本当は。」この「生命をトランスフォームする」行為をオウムは「ポワ（チベット仏教の用語）」と呼んでいた。教本第3話，1989年4月7日，富士山総本部。
(17) 注10を参照。なお，島田裕巳『オウム——なぜ宗教はテロリストを生んだのか』トランスビュー，2001年，189頁。
(18) 新実智光に対する一審判決。「オウム真理教元幹部による弁護士一家殺害，松本サリン，地下鉄サリン等事件第一審判決（以下「新実一審判決」）」，東京地判平14・6・26，判時1795号，61頁。ボツリヌス中毒の原因は，ボツリヌス菌ではなく菌が生成する毒素である。米国などが兵器化したものはボツリヌス毒素であり，ボツリヌス菌を充塡した兵器を製造したのではない。ただ，判決，信者の証言，報道等が「ボツリヌス菌」という表現を用いているため，引用部分に関してはそのままとする。
(19) 麻原の公判における検察側冒頭陳述（1996年4月25日），共同通信社社会部編『裁かれる教祖』共同通信社，1997年，254頁。
(20) 遠藤は帯広畜産大学修士課程を修了後，京都大学ウイルス研究所の博士課程を中退して教団の出家信者となった。東京キララ社編集部編（西村雅史・宮口浩之監修）『オウム真理教大辞典』三一書房，2003年，24頁。
(21) 「前掲新実判決」（注18）。
(22) マウスによる実験では，毒素を経口摂取した場合の致死量に比べエアゾルでは1500倍の量が必要と計算された。William C. Patrick III, "Potential Incident Scenarios," United States Department of Health and Human Services, Proceeding of the

Seminar on Responding to the Consequences of Chemical and Biological Terrorism, July 11-14, 1995, pp.1-61-1-62.
(23) 気球による散布は,毎日新聞社会部編『オウム「教祖」法廷全記録1——恩讐の師弟対決』現代書館,1997年,130頁。また,早坂は,麻原からの実現不可能と思われる要求を,信者たちが「マハームドラー」とよばれる修行の一環として受け入れていたと回顧する。早坂武禮『オウムはなぜ暴走したか』ぶんか社,1998年,286-288頁。
(24) 「前掲新実一審判決」(注18),61頁。判決にある「ボツリヌス菌様の物」が何をさすか不明であるが,押収後警察がなんらオウムの捜索を行わなかったことからみて,有害な物質ではなかったと思われる。
(25) 2002年1月の第100回公判,降幡賢一『オウム法廷12——サリンをつくった男たち』朝日文庫,2003年,292頁。
(26) 「前掲麻原公判における検察側冒頭陳述」(注19),255頁。
(27) 上裕史浩は出獄後,宮崎学のインタビューに答えて,麻原は無害な菌であることを知っており,ハルマゲドンのシミュレーションとして散布したと説明している。宮崎学『オウム解体』雷韻出版,2000年,143-148頁。
(28) Hiroshi Takahashi, Paul Keim, Arnold F. Caufmann, Christine Keys, Kimothy L. Smith, Kiyosu Taniguchi, Sakae Inoue and Takeshi Kurata, "Bacillus anthracis Incident, Kameido, Tokyo, 1993," *Emerging Infectious Diseases,* Vol.10, No.1, January 2004. [http://www.cdc.gov/ncidod/EID/vol10no1/03-0238.htm]; Paul Keim, Kimothy L. Smith, Christine Keys, Hiroshi Takahashi, Takeshi Kurata, and Arnold Kaufmann, "Molecular Investigation of the Aum Shinrikyo Anthrax Release in Kameido, Japan," *Journal of Clinical Microbiology,* Vol.39, No.12, December 2001, pp.4566-4567.
(29) ちなみに,東京都健康局は,オウムが使用したような丸型冷却塔は冷却水のエアゾルが飛散しやすい構造によっていると指摘して,冷却水内のレジオネラ菌による汚染に対して注意をよびかけている[www.kenkou.metro.tokyo.jp/kankyo/k_regio/reg/sub41.htm]。
(30) 高橋らによると1ミリリットル中に10の4乗個にすぎない。Takahashi, op. cit. (注28).
(31) 「前掲新実一審判決」(注18),64頁。
(32) Raymond A. Zilinskas, Biotechnology and its Possible Risks including Criminal Applications, in Masaaki Sugishima (ed.), *A Comprehensive Study on Bioterrorism,* Asahi University Legal Research Institute, 2003, p.22.
(33) Carus, op. cit. (注5), pp.61-2.
(34) 常石敬一『化学兵器犯罪』講談社現代新書,2003年,271頁。

第 10 章　生物テロと不拡散

(35)　麻原の第 89 回公判（1999 年 9 月 14 日）における藤永孝三の証言。毎日新聞社会部編『オウム「教祖」法廷全記録4——元信者への死刑判決』,現代書館,1999年,159-163。これは化学兵器についても同様で,たとえば,1993 年 12 月にサリンを散布した際,新実はサリンに暴露してしまい,教団の付属病院で手当てを受けている。林郁夫『オウムと私』文藝春秋,1998 年,168-175 頁。

(36)　杉島正秋「前掲論文」（注4）,176 頁。

(37)　昭和 57 年 6 月 8 日法律第 61 号。

(38)　この政令は 1995 年末に制定された。「細菌兵器（生物兵器）及び毒素兵器の開発,生産及び貯蔵の禁止並びに廃棄に関する条約の実施に関する法律施行令」(平成 7 年 12 月 1 日政令第 396 号)。

(39)　同法の禁止対象となるものは,国家間の武力紛争に使用される規模のものであって,オウムの生物兵器は該当しないという解釈や,そもそも,該当するかどうかの基準は決まっていない,という見解が政府部内には存在すると報じられた（「『オウムがテロの武器』の証言あるが……法の未整備で責任問えず」『毎日新聞』朝刊,1995 年 11 月 22 日）。

(40)　1998 年 12 月 15 日国連総会で採択,2001 年 5 月 23 日発効。日本について効力が発生したのは 2001 年 12 月 16 日。

(41)　日本機械工業連合会・安全保障貿易情報センター『機械産業の対外活動に与える安全保障関連動向調査報告書（生物剤及び生物兵器関連資機材と規制基準,ロケット航法装置,ロケット試験設備とステルス技術)』(日機連 15 先端-4-1),平成 16 年,82 頁。

(42)　飯田耕太郎「生物兵器の技術的側面について——製剤学の視点から」杉島正秋編『前掲書』(注 2),37 頁。

(43)　Richard Pilch and Raymond A. Zilinskas, *Identifying Biological Dual-Use Equipment and Supplies of Possible Utility to National or Terrorist Biological Weapons Acquisition Programs,* 2003. 日本機械工業連合会・安全保障貿易情報センター『機械産業の対外活動に与える安全保障関連動向調査報告書（バイオ関連技術と国際規制)』(日機連 15 先端-4-2),平成 16 年,4 頁。

(44)　「サリン製造,オウム 2 頭脳——『実験漬け』浮き彫り」『毎日新聞』1995 年 5 月 30 日朝刊。オウムは,信者の長谷川茂之を社長とする「ベルエポック」や「長谷川ケミカル」などの会社を設立し,サリン製造に必要な薬品等を購入した。また,井上嘉浩が社長の「ぷれーめん」は長野原に「ぷれーめん研究所」を建設していたが,これは生物兵器関連の施設であると報じられた。東京キララ社編集部『前掲書』(注 20),108,117 頁。

(45)　William C. Patrick, III, "Biological Terrorism and Aerosol Dissemination," *Politics and the Life Sciences,* Vol.15, No.2, September 1996, p.210.

(46) 飯田「前掲論文」(注42), 34-36頁.
(47) S.G. Lianski, R. J. Quinlan and G.Tassoni, *The Bacillus thuringinensis Production Handbook,* CPL Press, 1993, pp.2-5.
(48) こうした問題を扱ったものとして, 日本貿易振興会『平成14年度特定物資技術動向調査報告書——生物工学技術のテロリズムへの応用』, 平成15年3月.
(49) Pilch and Zilinskas, op. cit. (注43). 日本機械工業連合会・安全保障貿易情報センター『前掲書』(注41), 4頁.
(50) たとえば, 1998年に, ハーバード・サセックス両大学の生物化学軍備および軍備管理に関する合同プロジェクトは, 生物化学兵器の使用を国際犯罪化することを目的とした条約草案を発表している. "A Draft Convention to Prohibit Biological and Chemical Weapons under International Criminal Law," *The CBW Conventions Bulletin,* No.42, December 1998, pp.1-5. 旧ユーゴ裁判所規定は, 毒を施した兵器のほか, 不必要な苦痛を与えるよう兵器を使用して戦争の法規慣例に対する違反について, 国際法廷に訴追の権限を認めている (3条(a)).
(51) Jonathan B. Tucker and Raymond A. Zilinskas, "Assessing U.S. Proposals to Strengthen the Biological Weapons Convention," *Arms Control Today,* Vol.32, No. 3, April 2002, pp.10-14.
(52) Public Health Security and Bioterrorism Preparedness and Responses Act of 2002, *Federal Register,* Vol.240, No.67, December 13, 2002, pp.76836ff.
(53) 厚生労働省大臣官房厚生科学課「病原性微生物等の管理の強化について」科発第455号および科発第456号, 平成13年10月15日.
(54) 山内一也・三瀬勝利『忍び寄るバイオテロ』NHKブックス, 2003年, 237-239頁.
(55) 黒澤満『軍縮国際法』信山社, 2003年, 399頁.

第11章 軍縮条約における申立て査察(チャレンジ査察)の意義と限界——化学兵器禁止条約を素材として——

浅 田 正 彦

まえがき

　軍縮関連条約は，基本的に3つの要素から構成される。第1に，締約国に対して，対象となる兵器の開発・生産・貯蔵を禁止し，同時に，貯蔵兵器が存在すればそれらを廃棄するよう義務づける規則(一次規則)である。第2に，そのような一次規則が破られた場合に機能する二次規則として，違反に対する制裁に関する規則である。ただし，制裁については，具体的な制度が条約そのものに規定される場合と，条約の運用停止を含む対抗措置や国連の集団的措置に委ね，条約には特段の規定が置かれない場合とがある。
　これらの一次規則と二次規則を結びつける役割を果たすのが，第3の要素である検証である。検証なくしては一次規則が遵守されているか否かの判断が困難な場合がありうるし，したがって，検証なくしては二次規則たる制裁の制度が存在してもその発動に困難を伴うということにもなりかねないからである。むしろ，実効的な検証措置が備わっておれば，特段の制裁制度が規定されていなくても，一次規則の違反に対する相当な抑止効果が期待できるともいえるのであって，その意味では検証は，軍縮関連条約の要的な役割を担う制度であるとさえいえる。
　国連の研究によれば，検証とは「締約国が協定に基づく義務を遵守しているか否かを確認するプロセス」[1]とされるが，そのように定義される検証には様々な形態のものが含まれている。最も原始的なのは，いわゆる自国の検証技

第11章　軍縮条約における申立て査察（チャレンジ査察）の意義と限界

術手段（NTM）と呼ばれるもので，人工衛星や航空機搭載のレーダーやカメラを用いて関連情報を収集するものである。NTMは，特定の条約のために設けられた措置では必ずしもないが，当該条約の検証措置として明示に認知されることも少なくない[2]。

このようなNTMによる以外に特段の検証制度を備えていない条約は，第2次大戦後の初期の軍縮関連条約に多く見られたが（例えば，部分的核実験禁止条約や米ソ間の戦略攻撃兵器制限協定など），最近では，より組織化された検証制度をもつ条約が一般的となっている。それらの組織化された検証制度は，多くの場合，①締約国による関連情報の提供（申告），②申告情報の正確さの確認（通常査察），③違反の疑惑がある場合の現地査察（チャレンジ査察）の3つから構成されている。このような3部構成をとり，しかも最も広範かつ侵入的な体制を採用したのが，1993年に署名された化学兵器禁止条約（CWC）である[3]。

CWCは，冷戦終結直後の極めて理想主義的な雰囲気の中で作成されたため，考えうる最も理想的な検証制度を目指して交渉が行われたともいえる。その結果合意された検証制度は，その後の多数国間軍縮関連条約の作成に当たっても大いに参照されることになった[4]。また，CWCとその検証制度は「画期的」であるといわれることがあるが，それは1つには，その「申立て査察（チャレンジ査察）」制度に注目してのことである[5]。

そこで本稿では，CWCの「画期性」を体現する申立て査察の制度に焦点を当て，その意義や問題点，課題などについて検討することにしたい。具体的には，まず，申立て査察が軍縮条約において果たしうる重要な役割について触れた後，申立て査察が期待された役割を果たすために必要とされる条件（実効性要件）について検討する。その上で，CWCに定める申立て査察の制度を概観し，それが右の実効性要件に照らしていかに評価されうるかを考察する。つぎに，CWCに留まらず，申立て査察に共通するであろう限界について検討し，最後に，CWCの申立て査察制度の抱える最大の問題点である，この制度が一度も利用されていないという点について，その原因を探り，それへの対策について若干の示唆を行うことにしたい。

なお，「申立て査察（チャレンジ査察）」は，必ずしも同様の査察に対して与えられる固定した名称ではないし[6]，その確立した定義が存在する訳でもない

第11章　軍縮条約における申立て査察（チャレンジ査察）の意義と限界

が，条約違反の懸念がある場合に行われる査察を，一般にそのように称することがあるので，ここでもこの名称を，CWCとの関係のみならず一般名詞としても使用することにしたい。

I　申立て査察の意義

　CWCは，違反の懸念がある場合の対処法として，説明要請・協議の手続（第9条1項-7項）と申立て査察の手続（同条8項-25項）を定めている。前者は，他の締約国の条約遵守に関する疑義や曖昧な事項に関する懸念につき，2国間でまたは化学兵器禁止機関（OPCW）――締約国会議，執行理事会および技術事務局で構成される――の執行理事会を通じて，当該締約国に説明を要請する手続である。これに対して後者は，他の締約国による条約違反の疑惑をもった締約国が，OPCWの技術事務局の査察団による現地査察を求める手続である。この手続は，まさにCWCの眼目であり，条約の実効性を担保する最後の拠り所とさえいえる。

　一般的にいって，申立て査察の中心的な機能は，違反の抑止にあるといってよかろう。条約違反の疑惑に対して（短時間の予告で対象無制限に）実施される査察の制度が存在すれば，違反行為の隠蔽は困難となり，また発見された場合の制裁の可能性などコストが高まることも予想される。その結果，潜在的な違反者は違反行為を実行に移すことに躊躇することとなり，違反の抑止へと繋がるのである。

　同時に申立て査察は，その付随的な機能として，締約国間の信頼醸成にも資すると考えられる。違反の疑惑に対して行われた査察の結果，違反のないことが確認されたならば，それによって締約国間の条約遵守に対する信頼は高まるし，そもそも違反行為の隠蔽が困難ということであれば，査察を発動するまでもなく，条約の遵守に対する一般的な信頼が高まることになるからである。

　もっとも，違反の抑止と信頼の醸成という2つの機能は，検証一般について多かれ少なかれ当てはまるのであって[7]，申立て査察のみに固有の機能という訳ではない。とはいえ，違反の疑惑を前提にした対象無制限の申立て査察は，右の2つの機能が他の検証措置より効果的に発揮される可能性が高いのも事実である。申立て査察以外の検証措置では，基本的に締約国による申告をベース

255

第11章 軍縮条約における申立て査察（チャレンジ査察）の意義と限界

にしているため，申告していない施設における条約違反の抑止およびそれらの施設における条約遵守への信頼性との関連で，限界があるからである。

他方，違反疑惑をベースにした申立て査察の制度が存在すれば，必ず右のような機能が効果的な形で期待できるという訳でもない。とりわけ違反抑止の機能が実効的なものとなる（それは条約遵守への信頼醸成に直結する）ためには，一定の条件が満たされなければならないように思える。すなわち，申立て査察の違反抑止機能が実効性を有し，信頼に足るものであるためには，(A)査察が実際に容易に実施される可能性があること（査察実施の決定に関する実効性要件），(B)査察が実施された場合には，実際に条約違反が発見される可能性[8]があること（査察の実施態様に関する実効性要件），という2つの要件が満たされる必要があるように思える。これら2つの要件の充足度は，具体的には，①査察要請において求められる情報の程度（証拠の提示など），②査察実施の決定手続，③決定された査察に対する拒否権の有無，④査察の回数制限の有無，⑤査察対象に関する制限の有無，⑥査察決定から査察実施へと至る時間枠，⑦実際の査察活動における侵入度，などの要素に照らして評価・判断することができる。そして，必ずしも截然とは区別できないものの，①〜⑤は要件(A)に，⑥と⑦は要件(B)に関係しているといえよう。

では，CWCで導入された申立て査察の制度は，右の要件をどの程度満たしているのであろうか。この点を検討するために，まず，CWCの定める申立て査察の制度を概観することにしよう。

II　CWCにおける申立て査察の制度

CWC第9条8項は，「締約国は，この条約の違反の可能性についての問題を明らかにし及び解決することのみを目的として他の締約国の領域内又は他の締約国の管轄若しくは管理の下にあるその他の場所におけるいかなる施設又は区域に対しても申立てによる現地査察を要請する権利並びにこの査察がいかなる場所においても［技術事務局の］事務局長が指名する査察団により遅滞なく，かつ，検証附属書に従って行われることを求める権利を有する」と規定する。この規定のみからすれば，CWCの定める申立て査察の制度は，基本的に対象無制限で，遅滞なくかつ拒否権なく行われるもの（「この査察がいかなる場

256

所においても……遅滞なく……行われる」）と想定されていることが分かる。しかし，同時にそれは，「検証附属書に従って」行われるものとされていることから，申立て査察制度の詳細に関しては，第9条の他の規定のほか，検証附属書（特に第10部）の規定を検討する必要があろう。以下，右の(A)(B) 2つの実効性要件の観点から検討することにしたい。

1 査察実施の決定

　CWCの申立て査察においては，まず，他の締約国による条約違反の懸念をもった締約国が，申立て査察実施の要請を執行理事会と技術事務局の事務局長に対して提出する。事務局長は，この要請が査察要請の要件を満たしているか否かを確認するものとされ，査察要請には，①査察が行われる締約国，②（査察の際の）入国地点，③査察施設の規模と種類，④違反の可能性についての懸念，⑤（要請国が被査察国の同意を得て派遣する）オブザーバーの氏名，に関する情報が含まれていなければならないとされる。
　このように申立て査察の要請には必要最小限の情報しか求められないのであって，その意味での査察要請の敷居は比較的低いといってよかろう。ただし，④の違反の可能性についての懸念には，関係する条約規定の明示，可能性のある違反の性質・状況の明示，懸念の基礎となったすべての適当な情報を含む，とされている。これは違反の確固たる証拠の提示を求めるものではないが，査察の実施に関する決定を行う執行理事会において，理事国を説得するに足る程度の情報であることが求められるであろう。もっとも，この点は，理事会における決定手続とも密接に関係するところである。
　執行理事会（41カ国で構成）における査察の実施に関する決定は，次のような手続で行われる。すなわち理事会は，査察要請に根拠がなく，権利を濫用するものであり，または条約の範囲を明らかに超えるものである場合には，全理事国（要請国と被査察国を除く）の4分の3以上の多数による議決で，査察の実施に反対する決定を行うことができるとされている（第9条17項）。ここで，理事会の権限が，査察の中止を決定する権限であることに注目しなければならない。つまり，その旨の議決がなされない限り，要請された査察は原則として実施されるということである。このような方式（レッド・ライト方式）は，議

第11章　軍縮条約における申立て査察（チャレンジ査察）の意義と限界

決に先立つ理事会における議論にも影響を与えるものと考えられる。理事会では，主として右に掲げたような中止事由の存否という観点からの議論となることが予想され，そのような事由の存在が説得的に提示されない限り，査察中止の議決に賛成することは困難となろう。

さらに，いずれにせよ，執行理事会の全理事国の4分の3以上が査察の実施に反対するということは通常考え難い。また，4分の3の母数が出席し投票する理事国ではなく，全理事国であることから，何らかの実質的でない理由による欠席は，査察実施への賛成として扱われることになる。このように見てくるならば，申立て査察の要請が行われれば，ほぼ自動的に実施されると考えても，大きく誤っているとはいえないということになろう。

こうして理事会による反対の決定がない限り，申立て査察は実施されるのであり，被査察国には査察の実施を拒否する権利はない。また，同一国や同一の施設に対する査察回数についても，さらに同一国による査察の要請回数についても，特に制限が設けられている訳ではない[9]。

2　査察の実施態様

右のようにして申立て査察の実施が決定されたとして，では，査察活動は具体的にいかなる態様で実施されることになるのか。この点は，右に述べた申立て査察の実効性の判断要素でいえば，査察実施へと至る時間枠および査察活動における侵入度と関係することになる。

申立て査察実施の大原則は，第9条8項が明記するように，「条約の違反の可能性についての問題を明らかにし及び解決することのみを目的として」行われるということである。したがって，被査察国には，条約とは無関係な機微な設備や秘密の情報を保護するための措置をとる権利が認められている（第9条11項）。この点は，より具体的には，時間と空間の2つの方向から査察に制限を加える形で現われており，第1に査察実施へと至る時間枠の観点から，第2に査察活動における侵入度（アクセスの程度と性質）の観点から制限が設けられている。

第11章　軍縮条約における申立て査察（チャレンジ査察）の意義と限界

(1) **査察実施への時間枠**

　第1に，査察実施へと至る時間枠であるが，査察団は被査察国に入国した後，直ちに査察施設へと向かう訳ではない。査察対象となる具体的な区域（範囲を「外縁」と呼ばれる境界線で示す）を確定する必要があるからである。この確定の作業は，条約とは無関係な機微な設備や秘密の情報の保護の必要から，極めて複雑な過程を辿ることになる。

　まず要請国は，査察団の入国の12時間以上前に，査察施設の所在地を事務局長に通報しなければならない（事務局長はそれを被査察国に提供する）が，その際に査察の実施を要請する区域の外縁を提示する（要請外縁）[10]。被査察国が要請外縁を受入れ可能であれば，それが査察区域の外縁として指定され（最終外縁），査察団は入国後36時間（1日半）以内にこの最終外縁に輸送される。

　他方，被査察国が要請外縁を受入れ不能であれば，被査察国が自ら外縁を提示し（代替外縁），査察団との間で最終外縁に関する交渉を行う（外縁交渉）。査察団が代替外縁を受入れ可能であれば，代替外縁が最終外縁となる。査察団が代替外縁を受入れ不能であれば，入国後36時間（1日半）以内に代替外縁に移動してさらに外縁交渉が継続されるが，最終的に合意に達しなければ，査察団の代替外縁到着の72時間（3日）後に代替外縁が最終外縁に指定される。このように最終的に合意が得られない場合には代替外縁が最終外縁に指定されることから，代替外縁は要請外縁の全体を包含するだけでなく，要請外縁と密接な関係を有する（例えば両外縁間の距離を短く保つなど）ことが要求される。

　こうして，いずれかの形で最終外縁が指定された後，査察団は，入国後108時間（4日半）以内に「要請外縁」内でのアクセスを認められ，査察活動が開始される。

　このように，被査察国が要請国の提示する要請外縁を受入れ可能な場合はともかく，そうでない場合（それは被査察国が条約とは無関係な機微な設備や秘密の情報を保護する必要がある場合と一応は考えることができる）には，被査察国は，要請外縁を含みそれよりも広い範囲を画する外縁を代替外縁として提示し，被査察国がこの外縁を譲らない限り，査察団はこの外縁の外側に，最大で入国後4日半経過するまで留め置かれることになる。この間に被査察国は，機微な設備や秘密の情報を保護するための措置を講ずることになるのである。

　もちろん，この間に違反の証拠となるべきものが外縁外に持ち出されるので

259

第11章 軍縮条約における申立て査察（チャレンジ査察）の意義と限界

あれば，その後の査察の実施も無意味なものとなりかねない。そこで，外縁における「退去監視」と「外縁活動」によって，この点がカバーされることになる。まず被査察国は，査察団の入国から12時間以内に，要請外縁のすべての出口におけるすべての輸送機関の退去につき情報の収集による（輸送の記録，写真撮影，ビデオ録画など）監視を開始する（退去監視）。この監視情報は，査察団の代替外縁ないし最終外縁到着時に査察団に提供され，その後は査察団自身によって当該外縁につき退去監視が行われる。査察団は同じ時期に，最終外縁ないし代替外縁の外側の一定幅の地帯内で空気・土壌・排水のサンプル採取[11]などの活動を開始することが認められる（外縁活動）。こういった査察団による退去監視と外縁活動は，申立て査察が完了するまで実施することができる。

(2) **査察活動における侵入度**

ところで，上に述べたように，申立て査察においては，最終的には要請国の提示した要請外縁内でのアクセスが提供されることになっている[12]。その意味では，申立て査察において，査察区域の設定は基本的に無制限であるということができるであろう。しかし，要請外縁内においても，全く無制限にアクセスが認められるという訳ではない。

要請外縁内における具体的な場所へのアクセスの程度と性質については，査察団と被査察国との交渉により決定される。その際，被査察国は，化学兵器に関係しない機微な設備や秘密の情報を保護するために，「管理されたアクセス（managed access）」の手法を用いることができるとされる。管理されたアクセスによって，被査察国は，例えば，機微な文書の撤去，機微な設備への覆い，コンピュータの接続の終了，サンプル分析の制限，無作為の選定によるアクセスなどの措置をとることができる。他方，このような措置をとった場合には，被査察国は，当該物件等が違反の懸念と無関係であることを証明するため「あらゆる合理的な努力」を払わなければならないとされる[13]。

このように，申立て査察においては，要請国が要請した施設や区域へのアクセス自体は保証されているが，アクセスを提供するまでの時間枠，具体的なアクセスの程度および性質などの点において，被査察国には，機微な設備や秘密の情報の保護のために様々な制限を設けることが認められているのである。

3　評　　価

　以上，CWCにおける申立て査察の制度を概観してきたが，それはいかに評価できるであろうか。査察実施の決定に関しては，まず，執行理事会における決定手続において，要請された査察がほぼ自動的に実施されるような制度となっていることが注目される。そして被査察国には，それを拒否する権利が認められていないだけでなく，申立て査察にはいかなる形の回数制限も対象制限も設けられていない。このように，査察実施の決定に関しては，査察を要請する側に有利な多数の要素が含まれているといえよう。

　他方，査察の実施態様に関しては，査察活動の実施へと至る時間枠や，査察区域（要請外縁）内での具体的なアクセスの程度や性質において，様々な制限が見られる。時間枠については，要請外縁内でのアクセスの提供は，査察団の入国から4日半以内とされる。しかし，被査察国に対して査察施設の所在地に関する情報が提供されるのは，査察団の入国の12時間以上前とされるので，その点も勘案すれば，被査察国には，概ね5日間の猶予が与えられるということになろう。また，要請外縁内でのアクセスについても，被査察国には「管理されたアクセス」の手法が認められ，必ずしも完全なアクセスが保証されている訳ではない。

　5日間という期間に関しては，それが長いのか短いのか，容易には判断がつかない。しかし，一般には，この期間を利用して隠蔽が行われ，違反の証拠の発見ができなくなるとは考えられていない。例えばマイケル・クレポンによれば，化学兵器の生産の痕跡を完全に除去することは極めて困難であり，現代の探知装置をもってすれば，相当な洗浄を行った後でさえ，反応器から化学剤の痕跡を探知することは可能であるという[14]。そうであれば，そのような探知が可能となる前提として，アクセスがどの程度保証されるのかが重要となってくる。それは，「管理されたアクセス」をいかに評価するかということとも繋がってくる。

　たしかに完全なアクセスが保証される訳ではない点は，検証の観点からは問題であるといわなければならない。しかし他方で，被査察国にも，CWCとは無関係な安全保障上・商業上の秘密情報を保護する権利は認められてしかるべきである。そのバランスを考慮した結果が，5日間であり，「管理されたアク

セス」なのである。検証の世界においては，そもそも100％の完全な制度など存在し得ないし，検証目的以外の様々な要素を勘案した上で制度が構築されることは不可避なのである。その結果として成立した制度を，そのような現実的な視点からいかに評価するかということである。

　検証制度を評価する1つの現実的な指標として「軍事的有意性」という概念がある。軍縮条約には，一般に「十分かつ効果的な」検証が求められるが[15]，そのような検証とは，効果的な反応ができるように軍事的に有意な違反を適時に探知できる能力を意味するといわれる[16]。しかし，「軍事的に有意」な違反の「適時」の探知とはいかなるものかは，条約によって異なるであろう[17]。CWCの場合には，アメリカ上院におけるCWCの批准審議において，化学剤1トンという基準が「軍事的に有意」な違反の定義において示され，そのような違反を探知できる信頼に足る能力があることを大統領は保証するよう求められたことがあった[18]。しかしこれは，CWCの批准承認を阻止するために提示された条件の1つであったし，しかも後に削除されていることから，どれだけ参考になるかは不明である[19]。さらに，化学テロ（国家によるものを含む）の可能性が注目を集めるようになった今日では，軍事的有意性の意味づけも変化して，新たな量的基準が必要となったともいえ，ますますこの点の評価が困難になってきたといわねばならない。

III　申立て査察実施における2つの限界

　以上，CWCに定める具体的な申立て査察の制度を見てきたが，右に述べた様々な問題のほかに，CWCに限らずいかなる申立て査察の制度にも共通するであろう別の問題点も存在する。それらは，国家の対外的な権能と対内的な権能に関係するもので，1つは国家の領域主権や管轄・管理に係わる限界であり，もう1つは個人の人権に係わる限界である。

1　領域主権および管轄・管理に係わる限界

(1)　非締約国にある締約国の軍事基地

　CWC第9条8項に定めるように，申立て査察は「他の締約国の領域内又は

第11章　軍縮条約における申立て査察（チャレンジ査察）の意義と限界

他の締約国の管轄若しくは管理の下にあるその他の場所」について要請することができるとされている。これに対応して，第9条10項が，締約国には技術事務局が第9条8項に従い申立て査察を行うことを認める義務があることを規定する。しかし，締約国の領域内はともかく，その「管轄若しくは管理の下にあるその他の場所」において，申立て査察が実施できるという保証はあるのだろうか。というのも，そのような「場所」とは，「その他の場所」とされていることからも明らかなように，締約国の領域外の場所を意味するからである。

締約国の領域外（他国の領域を含む）であるが，その管轄・管理の下にある場所における申立て査察の問題は，当該他国がCWC非締約国である場合に，現実的な困難を生ずることになる。このような場合には，申立て査察は実施できないと考えるのが通常であろう。しかし，軍縮条約の検証という観点からは，国際法上当然にはできないというだけでは片付けることのできない重大な問題が残る。例えば，CWC締約国であるA国が，CWC非締約国であるB国に軍事基地を有しているとしよう。領域主権の観点からのみ単純に考えるならば，CWCの締約国であるA国がB国に所在する軍事基地に化学兵器を貯蔵していても，それに対して申立て査察を実施することはできないということになろう。しかし，それでは申立て査察の制度に大きな抜け穴ができることになる。そこで，そのような場合にも申立て査察を行うことができる可能性を探ろうというのが，「管轄若しくは管理の下にあるその他の場所」における申立て査察に言及する趣旨なのである[20]。そして，この点についての査察の細則は，検証附属書第2部の第20項において次のように定められる。

「被査察締約国の施設又は区域がこの条約の締約国でない国の領域内に存在する場合には，当該被査察締約国は，これらの施設又は区域の査察がこの附属書に従って行われることを確保するために必要なすべての措置をとる。締約国は，この条約の締約国でない国の領域内に一又は二以上の施設又は区域を有する場合には，自国について指名された査察員及び査察補の受入れがその接受国によって行われることを確保するために必要なすべての措置をとる。被査察締約国がアクセスを確保することができない場合には，当該被査察締約国は，アクセスを確保するために必要なすべての措置をとったことを証明する。」

この条項は，非締約国の領域内に施設・区域を有する締約国に対して，それ

第11章　軍縮条約における申立て査察（チャレンジ査察）の意義と限界

らの施設・区域に対する査察が実施されるよう確保するために必要なすべての措置をとることを義務づけているが、同時に、仮にアクセスが確保できなくとも、そのために必要なすべての措置をとったことを証明するよう義務づけている。後者の規定からすれば、アクセスを確保するために必要なすべての措置をとったことを証明すれば、実際にはアクセスを確保できなくても条約義務違反に問われないということになろう。その意味で、このような場合において、締約国がアクセスを確保し、査察の実施を確保する義務は、絶対的なものではないということになろう。

以上の規定は、かつて米ソ両国が海外の軍事基地に大量の化学兵器を配備していたという事実を想起すれば[21]、申立て査察の実効性の観点から疑問なしとしない。しかし、それは領域主権に由来する法的不可能であって、やむを得ざる限界というほかなかろう。このことは、同時に、CWCの普遍性確保がいかに重要であるかをも示している。

(2) 締約国にある非締約国の軍事基地

同様の問題は、逆の場合、つまり領域国が締約国で、基地国が非締約国の場合においても生じうる。すなわち、締約国の領域内であっても、そこに所在する非締約国の軍事基地に対しては、原則として申立て査察は実施できないと考えられるのである。

この点に関しては、かつて日本の国会においても関連する議論が行われたことがある。社会党衆議院議員が米軍基地内の調査を申請したが拒否された問題に関連して、重家外務省北米局安全保障課長は、次のように述べている。すなわち、「地位協定第2条に基づきまして、米側は米軍に提供された施設の使用につきましていわゆる管理権というものを与えられておるわけでございます。……アメリカの管理権に基づきましてアメリカ側が了承しないことには立ち入りということは難しいという法律的な建前になっておるわけでございます」というのである[22]。もちろん、それぞれの基地協定や地位協定によって、アレンジは必ずしも同一ではなかろうが、少なくとも日本の地位協定を前提とする限り、領域国でさえ基地国の許可がないと立ち入ることができないのであるから、基地国が加盟していない条約に基づく査察員の基地への立入りは、なおさら困難であるということになろう。

第11章　軍縮条約における申立て査察（チャレンジ査察）の意義と限界

　CWC では，このような場合の査察の実施に関しても，検証附属書第 2 部第 21 項として，右に掲げた第 20 項と類似した規定が置かれている。ただし，第 21 項では，基地内に存在する領域国の施設に対しては，査察免除の可能性は適用されないことが明記されている。これは，たとえ外国軍事基地内といえども，領域国には自国の施設へのアクセスは可能なはずだという前提に立った規定である。同様な例外規定が第 20 項にないのは，そこでの想定は領域国が非締約国であるという自明の理由からである。

2　人権に係わる限界

　以上は，国家の領域主権あるいは管轄・管理という国家の対外的な権能に由来する査察の限界であったが，国家は対内的にも査察の限界に直面する可能性を有している。人権に係わる限界である。一般に国家は，自国の領域内における個人との関係で，住居不可侵・令状主義といった憲法上の人権規定に拘束される。そのような憲法上の要請から，査察の実施を確保できないという可能性が考えられるのである[23]。

　具体的には，査察対象施設が申立て査察の受入れを拒否する場合に問題が生じうる。そのような場合，締約国は，CWC 上の査察受入れ義務（第 9 条 10 項）と，憲法上の住居不可侵・令状主義との間で，困難な立場に置かれることとなる。もちろん，個々の場合において，令状が発給されるならば問題は解消する。しかし，申立て査察の要請に当たって要請国が事務局長に提出し，事務局長が査察の実施に先立って被査察国に伝達する「査察の要請」，そこに含まれる「この条約の違反の可能性についての懸念」，とりわけ「可能性のある違反の性質及び状況」ならびに懸念の基礎となった「すべての適当な情報」が，令状の発給，しかもその適時の発給に十分なものであるという保証はない。そのような情報の提供元が他の締約国たる要請国であること（したがって，一般的にはさほど特定した情報は期待できない），令状の発給の条件は国ごとに基準が異なりうることなどを考慮すれば，申立て査察の実施に当たって令状を取得できないという可能性も否定できないであろう。そうなれば，対象施設が拒否する場合，査察は実施できないということになる[24]。

　また，そもそも申立て査察の実施に当たって令状の発給を求めるという国内

第11章　軍縮条約における申立て査察（チャレンジ査察）の意義と限界

法制度を，すべての国が採用している訳ではない。実際，わが国のCWC国内実施法である「化学兵器の禁止及び特定物質の規制等に関する法律」（化学兵器禁止法）は，国内的に申立て査察の受入れを義務づけているが，その際に令状を利用する制度とはなっておらず，違反に対して罰金を科するとしているのみであって，いわゆる間接強制によって査察の実施を確保しようとしている。したがって，対象施設が査察を拒否する場合には，基本的に直接強制のための手段はなく，査察は実施できないということにもなりかねない[25]。

しかし，右のいずれの場合も，査察が実施できない理由は国内的なものである。国際法においては，「国際法上の義務を免れるために自国の国内法を援用することはできない」という原則があり[26]，この原則からすれば，たとえ国内的に令状の発給が受けられなかったからといって，それをもって査察の受入れに関するCWC上の義務不履行を正当化することはできないということになろう。

そこで，この点を危惧したアメリカ等一部の国[27]が，その点を回避するための規定を置くことを強く主張した。その結果，検証附属書第10部第41項に，「被査察締約国は，……アクセスを認めるに当たり，……捜索及び押収に関して当該被査察締約国が有する憲法上の義務を考慮して，最大限度のアクセスを認める義務を負う」との規定が置かれることになった。この規定を援用すれば，締約国は，令状を取得できないために特定の施設に対する査察が十分に実施できない場合であっても，それは自国の「捜索及び押収に関［する］……憲法上の義務」のゆえであるとして，条約義務違反との非難を免れることができるということになろう[28]。

これによって，当該国にとっては，条約義務違反となる可能性のある困難な問題が解消することになったかも知れない。しかし他方で，右のような場合には申立て査察の十分な実施が確保できないという事実は厳然として残るのであり，申立て査察制度の実効性という観点からは，依然として問題は残されているのである。

第11章 軍縮条約における申立て査察(チャレンジ査察)の意義と限界

IV CWCの申立て査察制度における現実的課題

1 申立て査察の不使用とその背景

　以上，CWCの申立て査察および申立て査察一般について，その制度面を中心に問題点を検討してきた。しかし，CWCの申立て査察制度との関連における今日の最大の問題点は，それらとは無関係なところにある。それは，これまでに申立て査察が一度も実施されておらず，それどころか申立て査察の要請すら一度もなされていないという事実にある。もちろん，違反の疑惑がないのであれば，問題はない。しかし実際には，締約国による違反の疑惑が公然と指摘されているのである。

　例えば，2003年の第1回CWC再検討会議[29]において，アメリカのラドメーカー国務次官補は，CWC非締約国であるシリア，リビア，北朝鮮の3国による化学兵器の保有ないし開発の可能性について指摘した後，CWC締約国であるイランとスーダンについて，同じく化学兵器の保有ないし開発の可能性について触れているのである[30]。一方で化学兵器の保有・開発という条約の重大な違反の可能性が公然と語られながら，他方で申立て査察の要請が全くなされないとすれば，申立て査察という制度の存在自体が無意味であるということにもなりかねず，ひいては条約全体の信頼性を大きく損なうということにもなりかねない[31]。しかし，にも拘らず査察の要請はなされていないのである。何故であろうか。

　その理由についてはいくつか考えることができる。第1に，前述のように軍縮条約に100％の検証はあり得ないが，国連イラク特別委員会(UNSCOM)の査察経験からも窺えるように[32]，核兵器やミサイルなどと比較しても，化学兵器に関する査察にはさらに大きな困難が伴うことが予想され，申立て査察を実施しても，違反の証拠が発見できないという可能性がある。違反の証拠が発見できないことは，違反がないことと同じではないが，一般にはそのように受け取られかねない。そうなれば，申立て査察は疑惑国の「無実」を証明する手段ともなりうるのであって，誤った安全感を醸成する危険があるだけでなく，疑惑国に対して単独で制裁を実施することの正当化も困難なものとなろ

267

第11章 軍縮条約における申立て査察(チャレンジ査察)の意義と限界

う。こうして,違反がないと「誤って」認識される危険性を考えれば,不確かながらも違反の疑惑が存在しているという方が好都合なのかも知れない。

アメリカがそのような発想にあると考えられることは,CWCの交渉過程からも窺える。CWC第9条22項は,申立て査察の完了後,執行理事会が査察団の最終報告について,「違反があったか否か」を含めて「検討」することを規定するが,理事会が違反の有無について決定するとまでは明記していない。これはアメリカが,違反の有無は各締約国が判断すべきことであるとして,執行理事会や締約国会議が決定することに強く反対したためである[33]。この反対は,右と同じ理由に基づくものであったと考えることができよう。

アメリカが申立て査察の要請を行わない理由として第2に考えられるのは,報復的申立て査察の可能性である。アメリカによる非難の対象となっている国は,当然アメリカに対して敵意をもつであろう。加えて,特に申立て査察の結果として違反の証拠が発見されないとなると,その国としてもアメリカに対して申立て査察を行うことが正当化されると感じるかも知れない。実際,第1回CWC再検討会議において,CWCに違反して化学兵器を保有しているとしてアメリカによって非難されたイランは,反論権を行使し,アメリカによる非難を根拠がないものと指摘すると共に,アメリカこそ条約違反の国内法を制定し,非締約国であり化学兵器を保有するイスラエルに大量の表剤(締約国による申告対象の化学物質)を移譲しているとして反論したのである[34]。

仮にアメリカに対して報復的に申立て査察が要請された場合には,執行理事会において査察中止の決定が行われる可能性が高い。しかし,その保証がある訳ではない。のみならず,仮に査察が実施されるとなると,さらに大きな問題が生じうることになる。というのも,イランの反論にも言及されているアメリカの国内法は,申立て査察の要請を拒否する権限を大統領に認めているからである。アメリカのCWC国内実施法は,第307条において,「化学兵器を廃棄するという目的に従い,大統領は,査察が合衆国の国家安全保障上の利益に対する脅威となると決定する場合には,合衆国におけるいかなる施設に対する査察の要請をも拒否することができる」と規定しているのである[35]。しかしすでに述べたように,CWC上,締約国に申立て査察を拒否する権利がないことは明らかであり,したがって,大統領がこの規定に従って査察を拒否すれば,その時点でアメリカはCWCに違反したということになるのである[36]。

第 11 章　軍縮条約における申立て査察（チャレンジ査察）の意義と限界

　申立て査察を要請しない理由として第 3 に考えられるのは，情報源の秘匿・保護という観点である。申立て査察の要請においては，違反の懸念の基礎となったすべての適当な情報を提示することとされている。いかなる情報を提示するかは，最終的には要請国の裁量ということになるが，いずれにせよ，いかにして違反の懸念を抱くようになったかについての情報源を少しでも明かすことになれば，その後の情報収集に支障が出るということにもなりかねない。さらに第 4 の理由として，申立て査察の対象となるべき国との間の 2 国間関係という，より大きな政治的考慮ということも考えられるかも知れない。
　以上のいずれの考慮がアメリカに申立て査察の要請を躊躇させているのかは不明であるが[37]，この間アメリカは，CWC に違反していると自らが名指しした諸国との間で，2 国間の協議を実施しているようである[38]。

2　申立て査察制度の活性化をめぐる議論

　CWC に申立て査察の制度が設けられながら，これまで一度もそれが要請されていないという事実は，アメリカ 1 国のみの問題ではなく，アメリカと疑惑国との間の 2 国間の問題にも留まらない。それは，CWC レジーム全体としての問題である。それゆえ，この制度を活性化させようとする努力がなされることになる。
　OPCW 内では，申立て査察の「活性化」について活発な議論がなされている。しかし，それらは 1 つの方向へ収斂するというよりも，むしろ 2 極分化の様相を呈している[39]。
　一方で EU を中心とする先進諸国は，次のように主張する。申立て査察は主として抑止として見るべきであるが，抑止が信頼できるためには，効果的でなければならず，抑止が効果的であるためには，申立て査察がいつでも要請され，実施される可能性がなければならない[40]。こうして申立て査察は，「通常の検証プロセスの一部」[41]（カナダ）と考えられ，「よりルーティーン化し……抑止力を高めるべく合理的な範囲で頻繁に」[42]（イギリス）行われるべきだというのである[43]。
　これに対して途上国は[44]，申立て査察を条約の遵守確保の手段として支持はするけれども，それをルーティーン化することについては，他人の家に気軽

第11章　軍縮条約における申立て査察（チャレンジ査察）の意義と限界

に日常的に繰り返し入るべきではないとして反対する（インド）。違反の懸念に対しては，条約に定めるように，まず説明要請や協議の手続を踏むべきであって，申立て査察は「最後の手段」であると主張する（中国，イラン）。そして，いずれの途上国も，とりわけ申立て査察の濫用の危険性を強調するのである。

以上は，主として，2000年2月にOPCWで開かれた申立て査察に関するセミナーにおける各国政府の主張を整理したものであるが，今日でもその立場は基本的に変わっていないように思える。先進国が説明要請・協議のメカニズムと申立て査察の制度との区別の重要性を指摘し，条約にも明記するように[45]，説明要請や協議は申立て査察の前に行うべき義務的手続ではないことを強調するのに対して，途上国はそれらを一連の流れと捉えて，条約に定めるようにまず協議のメカニズムを利用すべきであるとし，申立て査察をルーティーン化すべきとの主張に対しては，ルーティーンの査察（産業査察）と申立て査察の区別を強調するのである。こういった意見の対立はかなり根本的なものであって，容易には解決しそうにない。

むすび——問題の解決に向けて

CWCは，締約国に対して，いかなる場所であれ，拒否権なく申立て査察を受け入れるよう求める史上初めての軍縮条約であり[46]，その意味で画期的な条約であるが，同時にその制度と運用は，その後の軍縮条約の作成にも大きな影響を与えてきた。それゆえ，CWCの申立て査察の制度と運用について検討することは，CWCそのものとの関係のみならず，その後の軍縮条約，そして将来の軍縮条約との関係でも重要な意義を有しているといえよう。

もちろん，CWCの申立て査察制度の下でも，文字通りいかなる場所に対してもアクセスが可能かといえば，必ずしもそうではない。そこには2つの法的限界と1つの制度的限界がある。第1に，非締約国との関係に由来する制約であり，たとえ締約国の軍事基地であっても，それが非締約国の領域に所在する場合には，領域国の同意がない限り査察の実施は不可能であろう。同様な困難は，締約国の領域内であっても，査察が非締約国の軍事基地に対して要請される場合には生ずることになる。第2に，憲法上の制約として，締約国の領域内

第11章　軍縮条約における申立て査察（チャレンジ査察）の意義と限界

であって，締約国が管轄・管理を有する場所であっても，人権の観点から，私人の所有する施設・住居に対して査察を実施することには困難が伴うことがあろう。第3に，必ずしも絶対的な法的限界という訳ではないが，CWCが化学兵器という限定された問題を扱っているに過ぎないことから，条約とは無関係な機微な施設や秘密の情報を保護するために設けられた制度上の限界として，被査察国には，様々な措置をとる権利が認められ，そのための時間的な余裕も与えられている。

　しかし，CWCの申立て査察にかかる今日最大の問題は別のところにある。それは，申立て査察がこれまでに一度も要請されたことがないという事実にある。違反抑止のための重要な手段としての申立て査察が期待された機能を果たすためには，それがいつでも実施される可能性がなければならない。そのような観点からは，制度の不活性は致命的ともいえる問題を提起している。もちろん，申立て査察の要請は政治的な意思の問題であり，これまで要請がなかったからといって，これからもないとはいえない。しかし，申立て査察の要請がなされない状況が今後も長期にわたって続く場合には，ますます要請の敷居が高くなり，さらには事実上機能しない制度として，その実効性・信頼性にも疑問が生じてこないとも限らない。

　そういった場合に備えて新たな制度を構築するのは，「自己充足的予言」となりうるリスクもあるが，この点に関連して，「ルーティーン査察と申立て査察の中間」に位置する査察を検討すべきである，という南アフリカの主張には傾聴すべきところがある。南アフリカによれば，そのような査察とは，締約国やOPCWが抱く疑問や不明確さを明確化するためのものであり，政治的な性格が取り払われているが，ルーティーンの査察を超えるものであるという[47]。これは，申立て査察がその高度な政治的性格のゆえに，殆ど利用されない可能性があることを指摘しつつ行われた提案である。

　実は，申立て査察が利用されない可能性があることは，CWCの起草過程においても認識されており，そのような可能性に対処するために，「アドホック査察」なる別途の査察がイギリスによって提案されていた。「アドホック査察」は，対象無制限という点で申立て査察と同様であるが，その目的は限定されており，対象施設において申告対象の活動や禁止された活動が行われていないかをチェックすることにあるとされた。また，「アドホック査察」の要請は，条

第11章　軍縮条約における申立て査察（チャレンジ査察）の意義と限界

約違反の疑惑とはリンクしないものとされ，その手続も通常査察や申立て査察とは異なるものとなることが想定されていた。

　この「アドホック査察」の制度は，申立て査察類似の制度であるとして，また自国産業施設への査察機会を増大させるとして，途上国の受け入れるところとはならず，最終的に CWC に含められることはなかったが，同様な査察制度は，核兵器との関連ですでに実施されている。国際原子力機関（IAEA）が1997年に採択したモデル追加議定書に定める「補完的アクセス」の制度がそうである。この制度は，要するに，申告内容の正確さや完全さに疑義がある場合に，それを解消するために IAEA の査察員にアクセスを提供するというものである[48]。条約違反を理由とするものではないが，その可能性は残しつつ，形式的には申告情報に対する技術的な疑義の解消を目的として行われるもので，CWC の申立て査察制度の行き詰まりを解消する1つの解決策として，検討に値するように思える。同様に，アメリカの反対のため交渉が中断したままの生物兵器禁止条約検証議定書案（議長草案）にも，「明確化のための訪問」という名の類似の査察制度が置かれていたことにも注目すべきであろう[49]。

　このように，他の大量破壊兵器の軍縮・不拡散条約との関連においては，いずれも通常査察と申立て査察のギャップを埋めるための第3の査察制度が導入されているか，または順調に行けば導入されていたのであり，現にそのようなギャップが問題点として顕在化しつつある CWC との関係においても，同様な措置を検討することは決して無意味ではないように思える。

注

（1）　*Verification and the United Nations: The Role of the Organization in Multilateral Arms Limitations and Disarmament Agreements,* United Nations, 1991, p.8.

（2）　例えば，1972年の対弾道ミサイル（ABM）条約第12条，戦略攻撃兵器制限協定（SALT I 協定）第5条など参照。

（3）　CWC の申立て査察がそれまでの申立て査察のいくつかの問題点を解消した点につき，ゴールドブラット『軍縮条約ハンドブック』有信堂，1999年，205頁。

（4）　例えば，包括的核実験禁止条約（CTBT）や生物兵器禁止条約検証議定書（案）などがそうである。

（5）　浅田正彦「画期的な化学兵器禁止条約」『外交フォーラム』第96号（1996年8月）54-56頁，浅田正彦「化学兵器の禁止」黒沢満編『軍縮問題入門（第2版）』東信堂，

第11章 軍縮条約における申立て査察(チャレンジ査察)の意義と限界

1999年, 125頁。
(6) 例えば国際原子力機関 (IAEA) の保障措置協定では,類似の目的をもった査察として,「特別査察 (special inspection)」の制度が規定される。
(7) *Verification and the United Nations, op.cit.* (注1), pp.10-15; Michael J. Sheehan, *Arms Control: Theory and Practice,* Basil Blackwell, 1988, p.124. See also A/S-15/3, 1 January 1988, p.50, para.11.
(8) 申立て査察の主要目的が抑止にあるのであれば,特定の査察で違反の証拠を発見するか否かは問題ではないともいわれるが,要するに,違反を発見する相応の可能性があることが重要なのである。Jonathan B. Tucker (ed.), *The Conduct of Challenge Inspections under the Chemical Weapons Convention,* MIIS-CNS, 2002, p.30.
(9) Graham H. Cooper, "The Chemical Weapons Convention Verification Regime," *UNIDIR Newsletter,* No.20, December 1992, p.11.
(10) 要請外縁は,建物その他の工作物から外側に10メートル以上の距離を置くことなど,いくつかの要件を満たさなければならず,満たさない場合には,査察団がそれらを満たすように要請外縁を変更することになる。
(11) 証拠となる生成物を環境に放出することなく化学兵器を生産することは困難であるので,この空気および排水のサンプル採取は特に重要であろうといわれる。Michael Krepon, "Verifying the Chemical Weapons Convention," *Arms Control Today,* Vol. 22, No.8, October 1992, pp.22, 23.
(12) 最終的に要請外縁内でのアクセスが提供されるまでは,査察団は,最終外縁の外側に留め置かれている。したがって,その後に要請外縁内でのアクセスを提供されても,最終外縁と要請外縁が異なる場合には,この両外縁の間のスペースにはアクセスが提供されない可能性があり,そのスペースに違反に係わる証拠が隠される可能性もある。そこで検証附属書第10部第38項は,被査察国は「要請外縁内又は (as well as) 要請外縁が最終外縁と異なる場合には最終外縁内でのアクセスを認める」と規定することで,そのような場合に備えている。
(13) 違反の懸念と無関係であることの証明方法としては,覆いの部分的な撤去や,入り口からの内部の目視などが例示される。
(14) Michel Krepon, op.cit. (注11), pp.22, 23. See also Charles C. Flowerree, "The Chemical Weapons Convention: A Milestone in International Security," *Arms Control Today,* Vol.22, No.8, October 1992, p.5. 他方, Guido den Dekker, *The Law of Arms Control: International Supervision and Enforcement,* Nijhoff, 2001, p.257 は, 108時間について「やや長い (rather long)」と評するが,それ以上の説明はなく,単なる印象論であるようにも思える。
(15) A/S-15/3, 1 January 1988, p.49. See also A/RES/43/81B, 7 December 1988.

第 11 章　軍縮条約における申立て査察（チャレンジ査察）の意義と限界

(16) See Michael Krepon, "Verification of a Chemical Weapons Convention," in Brad Roberts (ed.), *Chemical Disarmament and U.S. Security,* Westview, 1992, p.73.
(17) 例えば核兵器については，IAEA の基準で，25 キログラムの高濃縮ウランまたは 8 キログラムのプルトニウムを 1 カ月以内に探知することが，有意量の適時探知の目標とされる。
(18) Erik J. Leklem, "Senate Gives Advice and Consent; U.S. Becomes Original CWC Party," *Arms Control Today,* Vol.27, No.2, April 1997, p.32.
(19) もっとも，CWC の交渉中にも，軍事的有意量として同様な量的基準が仮定されていた。新井勉「生物兵器の禁止と検証―化学兵器との比較検討―」『軍縮・不拡散問題シリーズ』No.14, 2001 年 6 月, 6 頁。
(20) 締約国の「管轄」ないし「管理」の下にある場所とは，具体的にいかなる場所を指すのかについて，条約自体に特段の規定はないが，アメリカ政府が議会に提出した文書によれば，「管轄（jurisdiction）」の下にある場所には，締約国の領域，締約国に登録された船舶・航空機のほか，一定の場合には他国の領域が含まれ，「管理（control）」の下にある場所には，締約国の領域外にある政府施設や軍事基地，占領地域が含まれる。*Chemical Weapons Convention: Message from the President of the United States Transmitting the CWC,* U.S. Government Printing Office, 1993, p.6. なお，軍縮条約において用いられる「管轄」「管理」の用法につき，江藤淳一「軍縮条約における『管轄又は管理』の用法」『東洋法学』第 44 巻 1 号, 2000 年 9 月, 115-159 頁参照。
(21) Robert E. Harkavy, *Bases Abroad: The Global Foreign Military Presence,* Oxford U.P., 1989, pp.282-284.
(22) 『第 116 回国会参議院内閣委員会会議録』第 1 号（1989 年 11 月 16 日）17 頁。
(23) Michael Bothe, "National Implementation of the CWC: Some Legal Considerations," in M. Bothe, N. Ronzitti and A. Rosas (eds.), *The New Chemical Weapons Convention: Implementation and Prospects,* Kluwer, 1998, pp.545-546.
(24) 申立て査察の実施との関係で令状の利用を定める国内実施法を有する国は少なくなく，例えばアメリカ，イギリス，フランス，カナダ，オーストラリアなどがそうである。
(25) 化学兵器禁止法自体の違反の嫌疑があれば，それを理由に捜索令状を請求することは可能であろうが，これは，厳密には OPCW による査察そのものとは別個の問題である。
(26) この原則が真にあらゆる場合に妥当すべきかについて検討したものとして，浅田正彦「条約の国内実施と憲法上の制約」『国際法外交雑誌』第 100 巻 5 号, 2001 年 12 月, 31-42 頁参照。
(27) Letter from Ivo Spalatin, Director of Congressional Affairs, US Arms Control

第11章 軍縮条約における申立て査察（チャレンジ査察）の意義と限界

and Disarmament Agency, to Lee H. Hamilton, Chairman of the Committee on Foreign Affairs, US House of Representatives, November 29, 1994, pp.2-3.

(28)　検証附属書第10部第41項は，その文言からも明らかなように，要請外縁（最終外縁）内でのアクセスを認めることを前提とした上で，その程度と性質との関係で，憲法上の義務が考慮されることを規定したものである。したがって，外縁内に全くアクセスを提供しないことは，この規定によっても正当化できないであろう（Walter Krutzsch and Ralf Trapp, *A Commentary on the Chemical Weapons Convention,* Nijhoff, 1994, p.488)。しかし，民間施設の所有者がアクセスを完全に拒否するということは全くありえない訳ではない。そのような場合には，この規定からは，被査察国は，要請外縁内の当該施設以外の部分へのアクセスを提供すると共に，当該施設との関係では，条約違反の懸念を解消する代替的な手段を提供するため「あらゆる合理的な努力を払う」（第42項）ことになろう。

(29)　第1回CWC再検討会議の概要につき，see e.g., Alexander Kelle, "The CWC after its First Review Conference: Is the Glass Half Full or Half Empty?," *Disarmament Diplomacy,* No.71, June/July 2003, pp.31-40.

(30)　"United States of America: National Statement to the First Review Conference of the Chemical Weapons Convention by Assistant Secretary of State for Arms Control Stephen G. Rademaker, April 28, 2003," pp.2-4.

(31)　Jonathan B. Tucker, "The Chemical Weapons Convention: Has It Enhanced U. S. Security?," *Arms Control Today,* Vol.31, No.3, April 2001, pp.8, 11-12; Kerry Boyd, "Six-Year-Old CWC Passes Some Tests and Fails Others," *Arms Control Today,* Vol.33, No.3, April 2003, p.43.

(32)　UNSCOMによる化学兵器関連の査察につき，see, e.g., *SIPRI Yearbook 2000,* pp. 569-571; Kathleen C. Bailey, *The UN Inspection in Iraq: Lessons for On-Site Inspection,* Westview, 1995, pp.5-35.

(33)　See Michel Krepon, op.cit.（注11), p.23.

(34)　"The Statement by the Delegation of the Islamic Republic of Iran, Exercising the Right of Reply in Response to the US Delegation Statement," (date not given).

(35)　"Chemical Weapons Convention Implementation Act of 1998," Sec.307. なお，この規定は，申立て査察のみならず，産業査察にも適用される文言となっている。

(36)　厳密にいえば，そのような国内法を制定したからといって，直ちに条約違反であるということにはならない。締約国のCWC上の義務は，技術事務局が申立て査察を行うことを認める（第9条10項）ということであり，実際に査察を拒否しない限りこの義務に違反したことにはならないからである。OPCWへのアメリカ代表も，この点について次のように述べている。「［査察に関する］国家安全保障上の例外は，国内法とし

第11章 軍縮条約における申立て査察（チャレンジ査察）の意義と限界

て，それ自体，いかなる国際法的効果も持たない．合衆国は，実行上，この規定のためにアメリカが［条約］違反を犯していると加盟諸国が考えるような事態には至らないと確信している」と．"United States of America: Statement to the Third Conference of States Parties, Ambassador Ralph Earle II, U.S. Representative to the OPCW, 16 November 1998," p.7. とはいえ，制度の趣旨に反する内容の国内法として，その精神に反するのは明らかである．

(37) アメリカが申立て査察を要請しない理由に含まれるとは考え難いが，一般論としては，CWC第9条23項が，査察要請権の濫用があった場合には執行理事会は要請国による査察費用の一部負担について検討すると定めている点は，申立て査察の要請決定に当たっての1つの考慮要素となるであろう．なお，アメリカは申立て査察の有用性自体を否定している訳ではない．ボルトン国務次官は，軍縮会議における演説で，「申立て査察は，場合によっては，遵守に関する懸念を解決する最も適切なメカニズムでありうると信ずる」と述べている．CD/PV.890, 24 January 2002, p.3. このボルトン発言は，本人も付言しているように，申立て査察は行われないといった誤った想定に警告を発する目的で行われたという側面がある．Ibid., p.4.

(38) "United States of America," op.cit.（注30), p.3.

(39) Statement by Huang Yu, Director, External Relations, OPCW, answering the author's question at the United Nations Conference on Disarmament Issues in Osaka, August 20, 2003.

(40) "Challenge Inspections: Views of the European Union," RC-1/NAT.21, 1 May 2003, p.1. See also "Challenge Inspection: The UK View," *OPCW Synthesis*, May 2000, p.26.

(41) "Challenge Inspection: The Canadian View," *ibid*., p.18. これは，1988年に軍縮委員会が作成した「検証の諸原則」の第14項からとったものである．A/S-15/3, 1 January 1988, p.51.

(42) "Challenge Inspection: The UK View," op.cit.（注40), p.27.

(43) イギリスは自国の軍事施設において，ブラジルは自国の産業施設において，それぞれ模擬申立て査察を実施している．"Challenge Inspection," *OPCW Synthesis*, May 2000, p.14.

(44) "Challenge Inspection: The Chinese View," *ibid*., p.19; "Challenge Inspection: The Indian View," *ibid*., p.20; "Challenge Inspection: The Iranian View," *ibid*., p.21; "Challenge Inspection: The Pakistani View," *ibid*., pp.22-23; "Challenge Inspection: The Cuban View," *ibid*., p.15.

(45) CWC第9条2項は，締約国は条約遵守に関する疑義や曖昧な事項に関する懸念について「まず締約国間の情報交換及び協議により明らかにし及び解決するため，可能な

第 11 章　軍縮条約における申立て査察（チャレンジ査察）の意義と限界

ときはいつでもあらゆる努力を払うべきである。もっとも，すべての締約国の申立てによる査察を要請する権利は害されない」（傍点引用者）と規定する。この点について，第 1 回 CWC 再検討会議に提出された EU ペーパーは，申立て査察の要請の前に協議を行うことが義務づけられているとの主張は，条約の文言に反するとして批判する。RC-1/NAT.21, pp.2-3.

(46)　Michael Krepon, op.cit.（注 11），p.22.

(47)　"Challenge Inspection: The South African View," *OPCW Synthesis,* May 2000, p.25.

(48)　IAEA Doc. INFCIRC/540 (Corrected).「補完的アクセス」につき，浅田正彦「NPT・IAEA 体制の新展開」『世界法年報』第 18 号，1999 年，19-24 頁を参照。See also Laura Rockwood, "The IAEA's Strengthened Safeguards System," *Journal of Conflict and Security Law,* Vol.7, No.1, April 2002, pp.123-136. 追加議定書をめぐる最近の動向につき，see, e.g., Jan Lodding, "The IAEA's Strengthened Safeguards System Gaining Ground," *Disarmament Diplomacy,* No.75, January/February 2004, pp.28-31.

(49)　"Protocol to the Convention on the Prohibition of the Development, Production and Stockpiling of Bacteriological (Biological) and Toxin Weapons and on Their Destruction" (Chairman's Text), FUTURE BWC/AD HOC GROUP/CRP.8, 30 March 2001, Art. 6 D, paras. 66-72.

第12章　軍民両用技術の管理と日本の役割

村 山 裕 三

まえがき

　民生分野における急速な技術進歩は，軍縮問題にも大きな影響を与え始めている。本章では，この影響が特に顕著にあらわれている軍民両用技術に関わる問題を通して，新たに浮上してきた軍縮の課題と日本が果たすべき役割に考察を加える。

　冷戦期には，軍事技術が民生技術を上回るスピードで進歩した結果，最先端の軍事技術がアメリカを中心に生み出される一方で，インターネットに代表されるような民生技術の芽がそこから生まれた。現在はこれとは逆に，IT革命などを背景にして，民生技術が軍事技術を生み出す傾向が強くなりつつあり，兵器，特に大量破壊兵器に転用できる民生技術の管理が難しくなるとともに，これを防ぐための新たな手法が必要になってきている。ここでは，冷戦期の状況と比較しつつ，現在の輸出管理が抱えている問題点を検討し，輸出先を確かめるエンド・ユーザー・チェックの重要性が増してきていることを指摘する。そして，効果的な輸出管理を行うためには，民生技術の軍事転用に関する詳しい情報を集めることが不可欠であり，この情報収集力とともに，これらの情報を迅速に共有できる国際的な体制の構築が必要なことを指摘する。

　民生技術の軍事転用は，輸出管理だけでは完全に食い止めることはできない。このため，輸出管理と同時に，他の方法を用いて兵器の拡散を防止しなければならないが，これには軍事的なものから，外交的，経済的な方策まで，多種類のオプションが存在する。この中で，日本が持つ資源を使って効果的な方

第12章　軍民両用技術の管理と日本の役割

策を実施することが求められているが，ここでは，経済，技術面からの手段を検討する．特に，ODAを効果的に使って兵器の生産に手を染めないような技術開発のパターンを根付かせる方策と，軍事転用を難しくするような技術の開発について検討を加える．そして，最後にこの方向に日本がもつ技術力を使うことが，日本の技術政策を策定する際にも重要であることを指摘する．

I　軍民両用技術と輸出管理の課題

1　ココムの時代

　兵器の拡散を防止する目的を持った輸出管理は，体制への参加国が協力して高度技術の輸出を制限するという意味合いからは，経済学でいうカルテルといえる．輸出管理が経済学のカルテルと異なるのは，通常のカルテルは輸出を制限して価格をつり上げ，それにより余剰利益を得ようとするのに対して，安全保障目的の輸出管理は，輸出の制限による経済的利益を犠牲にして，安全保障上の利益を得ようとするシステムである．冷戦期には，西側から東側陣営への技術の流出を管理し，東側世界の兵器開発を抑制する目的で，対共産圏輸出管理委員会（ココム）が設立され，輸出管理が行われた．

　ココム体制をカルテルという視点からみると，比較的効果があげやすい環境が揃っていたことがわかる[1]．まず，関係する国の数があげられる．ココムへの参加国は17カ国，対象国は11カ国であり，関係国数が限られていたため，体制内における合意やその遵守が比較的容易であり，その対象国が共産圏に限られていたため，技術の管理もさほど複雑なものではなかった．また，輸出管理において，東側にすでに存在する技術の流れを規制することには意味がないが，旧ソ連の技術レベルが比較的高かったため，規制の品目を絞り込むことが可能だった．すなわち，"short list and high fence"——管理品目を少なくしてそれらを厳しく管理すること——が可能であった．また，ココムは冷戦の産物であり，このためイデオロギー面からも体制の維持，運営がたやすかった．西側の参加各国は，機微な技術を東側に移転する危険性については同様の認識をもっており，これが参加国間の合意とその遵守を容易にしていたのである．

　このような制度的な要因に加えて，軍民間における技術の趨勢も追い風とな

第12章　軍民両用技術の管理と日本の役割

っていた。冷戦期には，アメリカを中心にして巨額の研究開発資金が軍事分野に投入され，これにより軍事技術の発展が促進された。このため，軍事技術が技術発展をリードし，民生技術はこれを後追いする形となっていた[2]。このため，東側への輸出管理は，高度な軍事技術を中心に行うことにより，効果を上げることができたのである。これに加えて，民生分野の貿易自体が東西間では限定的であり，輸出管理の民生分野への影響は比較的小さかったといえるのである。

2　冷戦の終焉と不拡散型への移行

　冷戦の終焉により，輸出管理体制には大きな変化が生じた。東西対立の消滅により，ココムは役割を終え，1994年3月に解散した。これに代わる形で重要性が増したのが，いわゆる不拡散型の輸出管理である。もともと「不拡散」という語は，冷戦期には核兵器との関わりの中で使われてきた。しかし，冷戦が終結して，安全保障上の懸念が第三世界における地域紛争や国内紛争などへと移行することにより，「不拡散」という語が生物・化学兵器，ミサイルなどの運搬手段，そして高度な通常兵器にまで拡大されていった[3]。冷戦期の東西間技術の流れの規制から，冷戦後は第三世界を対象とした輸出管理へとその重点が移ったのである。

　この変化は，輸出管理の性格自体にも大きな変化をもたらした。まず，あげられるのが関係する国数の問題である。ココムの時代に比べて国の数は大幅に増加し，核兵器関連物質，技術の管理を行う原子力供給国グループ（NSG），生物・化学兵器を扱うオーストラリア・グループ，ミサイル関連物質，技術を扱うミサイル技術管理レジーム（MTCR），ココムの後継として設立されたワッセナー・アレンジメントのいずれのレジームにも，30カ国以上が参加する体制となった。これに加えて，対象国も第三世界の多数の国が含まれるようになった[4]。このため，参加国間の利害調整が難しくなり，体制内における合意とその遵守や監視がより難しくなる傾向が出てきたのである。また，これをイデオロギーという側面からとらえると，数の増加による問題に加えて，共産圏に対する戦略的な管理というはっきりとした位置づけができなくなった難しさがある。冷戦後の世界では，参加国が直面する安全保障上の脅威は，それぞれ

281

第12章　軍民両用技術の管理と日本の役割

の地政学的な位置や国際政治環境により異なる。このため，輸出管理の対象や強度などに関する合意の形成がより難しくなったのである。これらに加えて，対象国自体が大幅に増加することにより，技術の流れの管理自体もより複雑化したのである。

　第2の問題は，輸出管理をする技術のレベルにかかわる問題である。先にふれたように，ココムの場合は旧ソ連に存在しない高度技術さえ管理すれば事足りたが，第三世界への不拡散型の輸出管理では，生物・化学兵器などの比較的低いレベルの技術も管理しなくてはならない。しかし，これらの技術は化学産業，医薬品産業，食品産業などの民生分野の取引による拡散圧力が強く，これを管理することには多くの努力と費用が必要となったのである[5]。

　第3の問題は，軍民間の技術トレンドの変化である。冷戦期には軍事技術が民生技術を凌駕し，このため，輸出管理は主として機微な軍事技術を中心に行えばよかった。しかし，このような状況は1970年代頃から徐々に変化を遂げ，80年代に入ると民生技術が技術発展を主導する傾向が顕著となった。この傾向はその後のIT革命などを通じてさらに強まり，今世紀に入ると民生技術が軍事技術を凌駕して発展するトレンドが定着した。この技術トレンドの変化は輸出管理分野にも大きな影響をもたらし，効果的な管理を行うためには，軍事技術に加えて，軍事に転用ができる民生技術の流れをより厳しく管理する必要が高まってきた。しかし，民生技術の流れを制限すると，関係する産業への影響が大きくなるため，輸出管理を行う経済コストが増加してきたのである[6]。

　一方，この民生技術の管理は，第三世界における輸出管理に対する認識にも影響を与えることとなった。民生技術の移転や輸入を制限される側の第三世界の国にしてみると，先進諸国が兵器の拡散防止のために実施する安全保障政策である輸出管理が，それらの国の経済発展を妨害する行為と映りはじめたのである。これは，軍事にも民生用にも応用が効く両用技術がかかえる大きなジレンマであり，この技術の両面性が持つ問題が，不拡散型の輸出管理が実施されることにより顕在化してきたといえるのである[7]。

　このように，不拡散型の輸出管理体制は，冷戦期に比べて，より大きな課題を国際社会に突きつけることになったのである。

3 9.11テロと新たな課題

　2001年の9.11テロ事件は，大量破壊兵器をめぐる議論にも大きな影響を与えることになった。9.11テロで使われたのはガソリンを満載した民間旅客機であり，大量破壊兵器がテロ攻撃で使用されたのではなかった。しかし，テロ攻撃が与えた甚大な被害は，テロと大量破壊兵器が結びついた際の恐ろしさを想起させて余りあるものであった。このため，テロ事件以降，先進諸国は，大量破壊兵器とテロリスト，あるいはイラン，イラク，北朝鮮のようないわゆる「ならず者国家」が結びつく可能性とそれがもたらす大きな脅威に焦点をあて，政策対応がなされるようになったのである[8]。

　このような状況は輸出管理体制にさらなる課題を突きつけることになった。従来の輸出管理体制は，国家対国家という枠組みで策定され，運用されてきたものであり，テロリストのような非国家的な集団を対象にしたものではなかった。このため，従来の輸出管理の枠組みでは十分に対処できない事態が想定されるようになってきたのである。

　このような政治状況に加えて，技術面からも輸出管理は大きな課題を抱えるようになってきている。インターネットに代表される民生用通信・情報処理技術の急速な進歩は，コンピュータや半導体といったハードウエアだけではなく，機微なデータやソフトウエア，また，システムやアーキテクチュアなどの目に見えない，ソフト面の管理を強化する必要を高めている。問題は，このようなソフトに属する技術は，ハードウエアに比べてその管理が格段に難しい点である。これらのソフトに関する情報や知識は，インターネットやファックスなどを通じて，簡単に国境を越えることができるのである。さらには，これらは，情報や知識を持った人の移動によっても簡単に伝播するため，兵器の拡散を防止するためには，人の動きを管理する必要も出てきたのである。

　これらの新たに浮上してきた輸出管理の課題は，民生技術の急速な進歩と経済のグローバル化の進展がもたらしたものであり，人類が21世紀を通じて直面して行かねばならない難題といえるのである。

第12章 軍民両用技術の管理と日本の役割

II 輸出管理方式の改善方向性

1 キャッチ・オール規制とエンド・ユーザー・チェック

　前節でみたように，現在の輸出管理システムは大きな課題に直面しているといえる。ここでは，焦点を技術が持つ軍民両用性に絞りこみ，問題解決の方向性を探ってみよう。

　2003年5月にアメリカ議会の上院公聴会に参加した，ミサイル開発に関わっていた北朝鮮の元技師は，「北朝鮮のミサイル部品の90％は日本から来た」という証言を行った[9]。これは，北朝鮮が持つ大量破壊兵器から大きな脅威を受けている日本にとっては衝撃的な証言であった。もちろん，この証言をすべて鵜呑みにすることには危険が伴うが，この証言が民生技術の軍事転用が引き起こす問題を鮮明にしている点には注目しなければならない。ここからは，日本から輸出された民生技術が他国に渡って軍事転用され，これが輸出元の日本に大きな脅威を与えるという，皮肉な構図が浮かび上がってくるのである。民生技術が急速な進歩を遂げた結果，その多くは軍事転用が可能となり，これが大量破壊兵器へと実際に転用されると大きな問題を引き起こすようになってきたのである。

　軍民両用技術の視点から今後の輸出管理のあり方を検討すると，民生技術の軍事転用をいかにして防止するかがきわめて重要となる。この問題が難しいのは，従来のように，輸出規制リストにあげられた品目のみを管理しても，ここから漏れ出す技術が存在する点である。これは，民生技術が日進月歩で進歩を遂げ，これにより軍事分野における民生技術の有用性が日々高まりつつある現実を反映したものといえる。技術の漏れ出しを防ぐためには，輸出管理の範囲を広げる必要が出てきたが，このような新たな要請により始まったのがキャッチ・オール規制（全品目輸出管理制度）である。このキャッチ・オール規制は，原則的にはすべての貨物や技術を対象にするもので，大量破壊兵器などの開発，生産などに用いられる恐れのある場合は，政府への届出を必要とする制度である。このキャッチ・オール規制は，湾岸戦争後のイラクでの兵器査察において，輸出規制品ではない鉄鋼製品やバルブなどの民生品が大量破壊兵器の開

第12章　軍民両用技術の管理と日本の役割

発に利用されていたことが明らかになったことが契機となり，アメリカで先行して始められた。同様の制度は，日本でも9.11テロ事件を受けて，2002年4月に制定された[10]。

　キャッチ・オール規制において，全品目にわたる輸出規制をすべて厳格に行うと，その経済的なコストははかり知れないものになる。このため，キャッチ・オール規制により重点的にチェックされるのは，懸念が持たれる国や会社などへの輸出である。ここで重要になるのがエンド・ユーザー・チェックという方式である。これは輸出業者が，品目だけではなく，その品目が最終的に誰により，どのような用途に使われるかをチェックした上で輸出を行う方式で，もし最終引渡し先が軍に関係している場合や，それが民間会社の場合でもそれがさらに転売される場合などには，慎重に扱うことが要求される。そして，エンド・ユーザーに疑惑が残る場合などは，輸出を慎むことが必要となる。政府はこの種の疑わしい輸出先をチェックする役割を担い，輸出先の情報を民間企業に提供する。そして，場合によっては，企業側にエンド・ユーザーをチェックする責任が課されることもある[11]。このエンド・ユーザー・チェックの背景には，現在の技術環境では，特定の技術が経済発展のために使われると善であるが，その同じ技術が大量破壊兵器に使われると悪に転じるという現実が存在する。このため，それぞれの輸出に対して，ケース・バイ・ケースで対応して，それが善か悪かを見きわめるシステムの構築が始められたのである。

2　明伸の外為法違反事件の教訓

　この新たなシステムが機能した1つの例をみてみよう。2003年4月，株式会社明伸が，外為法違反の容疑で経済産業省の立ち入り検査を受けた[12]。同社には2002年11月に，北朝鮮に輸出しようとしていた直流安定化電源装置が大量破壊兵器に利用される恐れがあるため，キャッチ・オール規制に基づき，経済産業省から許可申請をすべき旨の通知が行われていた。しかし，明伸は積荷を香港経由タイ行きの貨物船を使って，北朝鮮向けであることがわからないように画策し，許可を受けずに輸出に及んだのである。これが発覚し，経済産業省は，明伸に対して外為法に基づく立ち入り検査を実施し，寄航予定の香港当局に対してもこの積荷の差し押さえを要請した。さらには，最終輸出先とさ

285

れるタイの通信関連企業に対しても調査が行われ，その結果，これが北朝鮮に再輸出される予定であることが判明し，これを受けて，警視庁は明伸への強制捜査を行ったのである。

　この例は，輸出先はタイの通信関連企業とされながら，実はエンド・ユーザーが北朝鮮にあり，輸出品が大量破壊兵器への転用が可能であったために，キャッチ・オール規制に基づき摘発されたのである。このように，キャッチ・オール規制は，輸出品が民生品であるが，これがエンド・ユーザーにより，兵器に転用される可能性が高い場合は，この摘発を可能とするシステムなのである。

　これは，製品が懸念国に輸出されて実際に使われてからそれが発覚し，摘発されるという以前のパターンと比べると，大きな進歩といえる。しかし，このシステムを効果的に運用するための課題も存在する。まず指摘できるのは，このような輸出を未然に防ぐためには，的確な情報が必要な点である。このためには，政府が，輸出先や製品について懸念が持たれる企業に対しては，常にその動きを監視する必要がある。リストに基づいて輸出管理を行う際には，さほどの諜報能力は要求されなかったかもしれないが，キャッチ・オール規制を効果的に運用するためには，諜報能力は必須となるのである。このため，政府は独自の情報収集，諜報活動を強化しなくてはならない。これに加えて，海外の諜報活動機関とも密接な接触を持ち，常にこの種の情報を迅速に得られる環境を整えておく必要がある。そして，海外の輸出管理当局とも密接な情報交換や情報共有を行い，疑惑のある取引に対して迅速に対応できる体制を整えておかなければならない。経済のグローバル化も手伝い，さまざまな迂回ルートを経て，大量破壊兵器に転用できる技術や製品が好ましくないエンド・ユーザーの手に渡る可能性が高まってきており，このような動きをチェックできるシステムの構築が不可欠になってきたのである。明伸の迂回輸出の場合は，香港の輸出管理当局が経済産業省と関係が深く，これが摘発時にうまく機能したが，この種の連携体制がより緊密に，そして広範に作られる必要があるといえる[13]。

3　拡散防止構想

　今後の輸出管理の強化の方向は，エンド・ユーザー情報の充実とこれに基づ

く疑惑品の輸出阻止にあるが，このような視点からは，アメリカが2003年5月に打ち出した拡散防止構想（PSI＝Proliferation Security Initiative）が注目される。これは，「危険な技術が拡散国家および拡散に関心を持つ非国家組織へ，あるいはそうした国や組織から，海，空，陸を介して輸出されることを阻止しようとする」構想であり，これには，アメリカを始め，日本，英国，ドイツ，フランス，オーストラリアなどの11カ国が参加を表明している[14]。この構想は，大量破壊兵器などの拡散の懸念がある輸出が見つかった場合には，不審な船舶への立ち入り検査や領空を通過する航空機への強制着陸などが実施に移される強硬措置を含んだものである。このため，PSIは，従来の方式と比べて，より強制力の強い方策といえるが，この考え方の裏には，エンド・ユーザー・チェックと共通した部分がある。

それは，諜報活動などを強化して，民間経済活動の最終目的を確定し，これにより善の取引と悪の取引を峻別し，大量破壊兵器の開発や生産につながる取引に対しては厳格な対応をしようとする点である。PSIは，臨検などの強硬手段を含むため，輸出管理のカテゴリーに入れることはできないかもしれないが，その底流にはこのように近年の輸出管理の考え方が流れており，これが安全保障目的のために輸出を管理する1つの重要な方向性であることを示しているのである。そして，この方式により，大量破壊兵器の拡散に対して，ケース・バイ・ケースの取引に踏み込み，国に対してのみならず，テロリスト集団のような非国家的な組織に対してもその効果を上げようとするのが，PSIの基本的な考え方といえる。

III 両用技術分野における日本の政策と課題

1 日本のODA政策と大量破壊兵器の不拡散

安全保障の軍事的手段に制限を設けた日本にとって，輸出管理は経済的な手段を用いた大量破壊兵器の拡散防止策といえる。このため，日本政府としても，キャッチ・オール規制などの輸出管理を，より一層充実させることはきわめて重要な課題となる。しかし，輸出管理は，あくまでも大量破壊兵器の拡散を防止する方策の1つにすぎず，これによりすべての拡散に歯止めをかけるこ

第12章 軍民両用技術の管理と日本の役割

とは現実には難しい。特に，大量破壊兵器の開発，取得を決意した国は，あらゆる手段を使ってこの目的を達成しようとするため，これを輸出管理という比較的強制力の弱い手段を使って完全に阻止することは難しいといえる。

大量破壊兵器の拡散防止策には，経済制裁などの負のインセンティブを与える方策，取得を踏みとどまった国に対して経済援助などを与える方策，国際的な条約の締結などにより兵器に対する需要を減じさせる方策，そして，輸出管理を含めた，兵器を取得する際の障害を設ける方策，などがある。さらには，兵器の開発に関連していると思われる施設，装置，物質などを，軍事的な攻撃により破壊するという強硬な方策も存在する。1998年の米英軍によるイラクの大量破壊兵器施設への空爆はこの一例であるし，2003年の米英軍が中心となったイラク戦争の背景にも，その大きな理由の1つはイラクが隠し持つとされた大量破壊兵器にあった[15]。

このように，輸出管理を補完するためにはさまざまな方策が存在するが，日本が大量破壊兵器の不拡散問題に積極的に関与してこの分野でさらなる貢献を果たすためには，日本が持つ資源を最大限利用して具体策を打ち出さなくてはならない。この意味合いで重要となるのが，日本が持つ経済力，技術力を，いかにして大量破壊兵器の不拡散に役立てるかという視点である。ここでは，日本の大量破壊兵器の拡散防止策をこの「経済カード」という側面から考察してみよう。

まず，日本が拡散防止の「経済カード」として使える可能性があるのが，政府開発援助（ODA）である。日本のODA政策の基本となる政府開発援助大綱では，①環境と開発を両立させる，②軍事的用途及び国際紛争への使用を回避する，③開発途上国の軍事支出，大量破壊兵器・ミサイルの開発・製造，武器の輸出入の動向に十分注意を払う，④民主化の促進，市場指向型経済導入の努力並びに基本的人権及び自由の保障状況に十分注意を払う，という4つの原則が柱になっており，大量破壊兵器の拡散を防止する役割を果たすことが明記されている[16]。

事実，日本は過去3度にわたり，大量破壊兵器の不拡散をめざした「ODAカード」を使用している。まず，日本政府は，1994年6月に中国が行った核実験に対して遺憾の意を表し，今後の対中国ODAに影響を与えかねないとして警告を発した。しかし，中国は日本の警告を無視するかたちで1994年10

第12章　軍民両用技術の管理と日本の役割

月,1995年5月に核実験を繰り返したため,2度目の核実験後に対中国無償資金協力の圧縮を中国側に伝えた。第2の例はインドに対してのものであり,1998年5月にインドが3回にわたり核実験を行ったことに対して,緊急・人道的性格の援助と草の根無償資金協力を除いた,新規のODA協力の禁止という対抗措置をとった。しかし,インドは日本を始めとする国際社会の懸念を無視して新たな地下核実験を強行した。これに対して,日本は新規の円借款を停止する対抗措置をとった。また,インドの核実験に危機感を持った隣国のパキスタンが,そのすぐ後に核実験に踏み切ったが,日本政府はこの核実験に対しても,インドと同様のODA停止措置を実行に移した[17]。

したがって,日本政府は,ODA大綱の大量破壊兵器の不拡散の原則に基づき,核実験を行ったODA供与国に対して,これを削減するかたちで「経済カード」を切った。しかし,この日本の対抗策により,中国,インド,パキスタンが,核に関するその後の行動を変化させたとは言いがたい。中国は包括的核実験禁止条約(CTBT)に署名し,その後は核実験こそ行っていないが,アメリカを意識して核兵器の近代化をすすめている。また,インドとパキスタンにしても,日本政府がODA削減後に,再三にわたりCTBTへの参加を促してきたにもかかわらず,これは実現していない。したがって,過去3回にわたるODA削減という日本の「経済カード」は,目に見えるかたちでは,効果を発揮していないといえるのである[18]。

2　技術開発の型と兵器の拡散防止

日本が持つ資源を活用して,これを大量破壊兵器の不拡散政策につなげるためには,日本が保有できるより効果的な「経済カード」が考え出されなくてはならない。これを考察する際に,1つの切り口となるのが,近年,注目されている技術開発の型をめぐる議論である[19]。

これは,ナショナル・システムズ・オブ・イノベーション(NSI)と呼ばれる領域で,経済学や経営学で注目を集めている技術の開発パターンに関するものである。このアプローチが興味深いのは,従来のモデル化に重点をおいた経済学で想定されていた,どの国の技術開発のパターンも基本的には同じであり,世界的な一般化が可能であるという点に疑問を投げかけ,国によりそれぞ

289

第12章 軍民両用技術の管理と日本の役割

れ独自の開発の型が存在するとした点である。例えば、1950-60年代のアメリカでは、基礎研究から始めて、応用研究、開発とつなげ、さらにこれを設計に結びつけて生産を行うという、いわゆるリニア型の研究開発が行われていた。これと比べて日本では、技術のキャッチアップの過程で、外国で生まれた基礎や応用研究を積極的に導入してその成果を最大限に生かしつつ、これを日本が得意とする生産技術に結びつけ、成功をおさめてきた。また、日本は民生技術を中心に開発を行い、軍事技術開発の比重はきわめて低かった。しかし、これとは逆に、北朝鮮のように技術開発の中心に核兵器やミサイルを据え、一貫して軍事技術を中心に開発を推進してきた国も存在するのである。

　大量破壊兵器の拡散防止という視点からみると、民生技術主導の日本型の方が、軍事技術主導の北朝鮮型よりも好ましいことは明らかであろう。戦後の日本のように、家電、自動車、エレクトロニクス、などの民生品を中心に技術開発を進めてきた国は、兵器開発の面からは安全保障上の脅威にはなりにくい。逆に、軍事中心の技術開発が行われ、これが大量破壊兵器にまで及ぶようになると、これは安全保障上の大きな不安定要因となる。したがって、技術開発の型の違いから導き出せる日本の軍民両用技術の管理政策は、一国の技術開発パターンをできるだけ日本型、すなわち、民生技術を中心にした方向へと誘導すべきものであるといえる。この民生技術中心の開発パターンへと誘導する政策は、日本の戦後の経済成長の経験を生かせるうえに、日本が持つ経済力、技術力を有効利用できる分野であり、これは大量破壊兵器の拡散防止分野における、日本の「経済カード」になりえるのである。

　この技術開発の型をベースにした拡散防止策は、同じ「経済カード」を使った政策でありながらも、従来のODAをベースにしたものとは根本的な発想が異なる。ODAベースの政策は、その金額を増加させたり、減少させたりすることにより、被援助国の行動を日本の国益に合う方向へと変化させようとする、戦略援助の発想に基づいている。これと比べて、技術開発の型をベースにした政策は、文字通り技術開発システムの根本を変化させる点に主眼がおかれている。ODAに基づく「経済カード」が量をベースにしたものであるのに対して、技術開発の型に基づく「経済カード」は質を問題にするものである、といってもいいかもしれない。

　日本の役割は、民生技術をベースにした技術開発を、検証が可能な形で根付

かせて行く点にある。このためには，前節で検討したエンド・ユーザー・チェックの手法が活用できる。すなわち，経済援助や技術移転を行なう際に，相手国が移転された技術を民生用のみに使用し，軍事転用した可能性がない場合は，さまざまなインセンティブをつけて技術移転を促進する。一方，民生技術の軍事転用の疑いが出てきた場合は，技術移転の停止はもちろん，経済制裁を含む強固な措置が取られなければならない。

　このような政策を実行して兵器の拡散を防止するためには，技術が移転される先のエンド・ユーザー・チェックが，しっかりとなされることが必要となるし，そのための情報収集や諜報活動が必須となる。アメリカはこの分野で強みを持つが，その裏には地道な情報収集活動が存在している。例えば，アメリカ政府は技術や製品の売却後，疑惑のあるユーザーに対しては，実際にその企業を訪れて調査を行う「エンド・ユーザー訪問」をひんぱんに行っている。中国などの民間経済活動と安全保障上の懸念が混在する国では，特にこの種の活動を積極的に展開している。この種の調査の積み重ねにより，情報の収集とそのアップデートを行い，エンド・ユーザーに関する情報力を強化しているのである[20]。

　日本政府はこのような「エンド・ユーザー訪問」は行っていないようである。このため，民生技術の軍事転用に関わる情報も，アメリカと比べると情報不足になっているのが現状といえる。輸出管理の場合でもみたように，今後，大量破壊兵器の拡散を防止するために，軍民両用技術の管理を適切に行うには，エンド・ユーザーに関する情報は必須となる。したがって，日本としても兵器不拡散のための情報収集活動を，積極化させる必要があるといえるのである。

3　日本の不拡散政策の方向性

　このような新たな軍縮の課題に対しては，本格的な研究機関，あるいは研究所を設立して，これらに取り組む必要がある。日本の軍縮政策の1つの欠点は，日本国内における軍縮の声がなかなか目に見えるかたちで制度化されない点にある。日本には，平和・安全保障研究所，日本国際問題研究所，世界平和研究所のような安全保障を扱う研究所が存在するが，このいずれもが軍縮に特

第12章 軍民両用技術の管理と日本の役割

化した研究所ではない。1998年に広島市立大学の付属機関として広島平和研究所が設立され、軍縮、特に核軍縮に焦点をあてたユニークな活動を始めたが、まだそのスコープは限られている。一方、海外に目を向けると、アメリカにはカーネギー国際平和財団やモントレー国際大学不拡散研究センターのような、軍縮を重要テーマに掲げた多くの研究所が存在する。また、大学レベルでも、ジョージア大学の国際貿易安全保障センターのような輸出管理に特化した研究所も存在する。また、ヨーロッパにおいても、スウェーデンには、世界を代表する軍縮研究所であるストックホルム国際平和研究所 (SIPRI) が、毎年、世界各国の軍事支出、兵器生産・取引、防衛産業・防衛技術、軍縮に関わるトピックを詳細に調べ上げた年鑑を発行し、積極的な活動を繰り広げている。また、アジアにおいても、中国には政府や軍の息がかかっているものの軍縮を扱う機関は多く存在している[21]。

このような海外の状況と比べて、軍縮政策の制度化という側面からは、日本の研究所環境はあまりにも見劣りがする。これは、軍縮を1つの国是とする日本としては、今後何としても改善への道筋をつけなくてはならない課題といえる。日本で本格的な軍縮研究所が設立され、そのなかで、日本にとっての重要課題である軍民両用技術に関する調査、研究、情報収集などが促進されれば、これは日本の大きな「軍縮カード」になるといえる。そして、エンド・ユーザー・チェックに必要となる情報が日本からも積極的に発信されることになれば、世界の軍縮コミュニティにおける日本の存在感が増すことになると思われる。

輸出管理でもみたように、大量破壊兵器の拡散を防止するためには、このような情報収集機能に加えて、国際的な連携関係が重要となる。この連携関係の構築にも日本は積極的に取り組まなければならない。このためには、海外の関係部署との良好な関係の構築は必須となる。このような視点から考えると、経済産業省が過去10年間にわたり取り組んできた、アジア輸出管理セミナーのような国際的なワークショップが重要な役割を果たせることがわかる。このアジア輸出管理セミナーは、1993年に旧通産省により始められ、経済的、技術的な発展を遂げてきたアジア諸国に、輸出管理の必要性とその手法を広める目的をもって企画された。その後、このセミナーは毎年開かれており、輸出管理を実施している国からのブリーフィングの他、セミナーへの参加国の輸出管理

第12章　軍民両用技術の管理と日本の役割

の実情や問題点などについての発表が行なわれ，税関や企業見学などの現場視察もプログラムに組み込まれたりしている[22]。

　前節でみた明伸の外国為替違反事件摘発の際にも，このアジア輸出管理セミナーで培われた人脈が生きたといわれている。当時の経済産業省の貿易管理部長は，香港側が日本政府の要請に対して迅速に対処した背景には，「これまで香港当局の責任者とは，毎年日本が主催するアジア輸出管理セミナーなどで顔なじみになっており，この人間関係がこういう事態が生じたときには力を発揮」した，と述べている[23]。今後の両用技術の管理には，外交ルートを通じたフォーマルな関係に加えて，このようなインフォーマルな関係が重要なことは間違いないであろう。したがって，日本政府は，アジア輸出管理セミナーのような国際的な会議をより一層重視して，国際的な連携関係を広げるとともにこれを深化させ，軍民両用技術を通じた大量破壊兵器の拡散に対応することが求められているし，これが民生技術大国である日本の大きな役割といえるのである。

　日本が持つ技術力を，大量破壊兵器の拡散防止に役立てるもうひとつの方策は，軍事転用が難しい民生技術の開発にある。通常の企業は，その技術が持つ安全保障や兵器の不拡散における意味合いなどは考慮せずに，民生技術の開発を進める。これは，企業にとって自然なことで，安全保障上の意味合いを取り入れて技術開発を行っても，コスト高を招くだけで，そのコストを消費者から回収することはできない。しかし，それらの民生技術が軍事分野に転用され，大量破壊兵器の拡散につながれば，安全保障上の問題を引き起こす。もちろん，このような事態を防ぐために輸出管理が行われるのではあるが，その先を行って，もし企業が軍事転用の難しい仕掛けを組み込んだ民生技術の開発を行うことができれば，より根本的な拡散防止策になる可能性がある。

　これには，2つの方向性が考えられる。第1は，輸出した民生技術に改良が加えにくいようにする技術の開発である。例えば，技術をブラックボックス化して，それに手を加えられないようにする，あるいは，ソフトウエアに工夫を加えて軍事転用を難しくすることなどが考えられる。第2の方法は，軍事への転用を監視できるシステムを内蔵する方法である。民生技術に軍事転用などの何らかの改良がなされた場合に，それに対して警告を発するシステムを作っておけば，ある程度の軍事転用は押さえられると思われる。これらのいずれの方

策も,現時点では現実的ではないと考えられるかもしれないが,そのための技術の芽が出てきている分野もある。

ユビキタス・コンピューティングはこの好例であろう。これは,極小化したコンピュータとセンサーを多数配してネットワークで結びつけ,生活の利便性や安全性を高めようとするもので,すでに実用化の段階に入っている。その1つが無線ICタグで,これは,ICに無線アンテナ機能を組み込むことにより,そこに多くの情報を書き込めるとともに,チップ内の情報を無線で発信できる機能を持つ。兵器拡散の観点から疑いを持たれる国や地域に民生技術を輸出する際,このような電子部品を組み込むことにより,軍事転用が行われた可能性のある場合,例えばそのために民生品の設置場所が移動された場合などに,それを知らせるシステムを構築することは可能だろう。また,無線ICタグを組み込むことにより,迂回輸出が行われた場合の最終到着地を特定できることもできるだろうし,エンド・ユーザーの割り出しにも効果を発揮すると思われる。

しかし,これらの余分な技術を民生品に付け加えることは,企業に任せておいても進まない。このような安全保障に関わる技術開発の分野では,政府のより大きな役割が求められるのである。

IV 軍民両用技術と日本の技術政策

1 軍縮の「政治カード」と「経済カード」

戦後の日本は,唯一の被爆国として,軍縮,特に核軍縮に積極的に関わってきた。しかし,この日本が世界の軍縮でどれほどの役割を果たしてきたかというと,掛け声のわりにはその貢献度は低かったのが実態かもしれない。核軍縮の場合,冷戦の終結を契機にして,戦略兵器削減交渉(START)が行われ,1991年に米国とソ連(当時)は,START Iに署名し,核軍縮の動きが本格化した。この条約では,7年間に双方が核弾頭数を6000発にまで削減することで合意された。また,両国は93年にはSTART IIに署名し,さらなる核弾頭数の削減が打ち出された[24]。このような核軍縮が進展したのは,あくまでも米露間の政治交渉の結果であり,それに日本がどの程度貢献したのかについて

第12章　軍民両用技術の管理と日本の役割

は疑問をはさまざるを得ない。というのは，核兵器の保有国は，核軍縮を進めるにあたり，こちらの核兵器をこれだけ削減するから，そちらはこれだけ削減すべきである，という交渉ができる。これは核保有国が切ることのできる「政治カード」であり，実際の核軍縮は，核保有国の核のバランスが保たれつつ，このような政治的な駆け引きにより進展してきたのである。

　しかし，日本は核兵器を保有せず，核軍縮を推し進めるための，この種の「政治カード」は持っていない。日本が切り札として持つのは，世界唯一の被爆国であるという，いわば「人道カード」であるが，これは間接的には大きな影響力をもつものの，実際の核軍縮を進めるうえでは，なかなかそれをカードにすることはできないのである。

　ここに，日本が持つ経済力や技術力に裏付けられた「経済カード」の重要性が存在する。すなわち，ここまでみてきた大量破壊兵器の拡散防止に対して日本が貢献できること――輸出管理の強化，技術開発の型を通じた軍縮，軍事への転用を防ぐための技術開発――などは，いずれも，日本が力を持つ民生分野の経済活動や技術開発に関係したものである。したがって，このような分野で，通常の経済・技術活動に安全保障の視点を組み込めば，日本が軍縮のための「経済カード」を保有できる可能性が出てくるのである。ここに，軍民両用技術分野において，日本が積極的に軍縮政策に取り組むべき意味合いとその役割が存在するのである。

　戦後の日本は，民生技術の開発を柱にして記録的な経済成長を遂げた。そして，これにより，エレクトロニクス，コンピュータ，精密機械，工作機械などの産業を通じて民生技術大国の地位を手にした。現在の国際政治環境，技術環境がこの民生技術大国に問いかけているのは，これらをいかに管理して兵器への転用を防ぎ，平和な国際社会を構築するのか，という問題である。この意味では，軍民両用技術分野における軍縮政策は，民生技術大国である日本が国際社会で果たすべき責務であり，今後の軍縮と国際安全保障を考える際に，この分野における日本の役割はきわめて重要となるのである。

2　「安心・安全」のための技術政策と軍縮問題

　軍縮や大量破壊兵器の不拡散における日本の役割は，日本の技術政策という

より大きな視点からも議論されるべきものといえる。日本の技術政策の指針となる科学技術基本計画（第2期，2001年3月制定）では，日本の科学技術がめざすべき理念として，①知の創造と活用により世界に貢献できる国，②国際競争力があり持続的発展ができる国，③安心・安全で質の高い生活ができる国，という3つの柱が掲げられている[25]。この中では，③の「安心・安全」の部分が，本稿で論じてきた大量破壊兵器の拡散防止に関係した理念といえる。事実，科学技術基本計画では，「科学技術の先進国として我が国が，発展途上国など国際社会が直面する多くの難題を解決するとともに，国際的地位と国の安全を維持するため，科学技術を活用する努力を行うことも当然である」と述べられている[26]。しかし，現在までのところ「安心・安全」のための科学技術は，感染症問題，地震，台風などの自然災害，食糧やエネルギーなどの安定供給，環境問題などを中心に政策が展開され，「安心・安全」がもつ安全保障の側面には，積極的な対応がなされてこなかった。

これには，科学技術基本計画が策定されたのが，2001年の9.11テロ事件以前であり，その後のテロの多発やアフガン，イラク戦争などの国際環境の変化がここに反映されなかったことも影響しているであろう。その後の国際政治は，テロリズムが中心となって展開し，また，テロが大量破壊兵器と結びつくことが大きな懸念となり，アフガン，イラクという2つの戦争が戦われることになった。一方，日本を取り巻く国際政治環境も変化を遂げ，核・ミサイル開発に絡まる北朝鮮問題が，日本が抱える最重要の安全保障問題として浮上してきた。このような国際環境の変化により，大量破壊兵器の拡散問題に大きな焦点があてられるようになってきたのである。

このため，日本の科学技術政策も，このような変化をその中に反映させることが必要になってきたといえる。2003年になり，科学技術基本計画の策定に直接関わる総合科学技術会議では，「安心・安全」に関する勉強会が立ち上げられ，文部科学省でも「安全・安心な社会の構築に資する科学技術政策に関する懇談会」が始められた。文部科学省の懇談会は，2004年4月に報告書を発表し，この中には新たにテロ対策が重要項目として盛り込まれた[27]。このように，新たな国際環境に対応した技術政策の策定が，徐々にではあるが動き始めてきた。

日本にとっての「安心・安全」とは何か，という問題を考えると，感染症，

自然災害，食品安全，環境問題などの「非意図的な要因」に加えて，犯罪・テロやサイバー攻撃などの「意図的な要因」を重視することが必要と思われる。従来の日本の安全・安心は，「非意図的な要因」への対処が中心であり，「意図的な要因」への科学技術面からの対応は遅れをとってきたのである。しかし，9.11テロ後の国際環境の変化は，「意図的な要因」を考慮することなく「安心・安全」を確保することを難しい状況にしている。すなわち，世界的な相互依存の進展により，海外での脅威が容易に日本国内に波及することが起こる環境になってきているのである。これは，アルカイダなどのテロリスト・グループは，一国内にとどまるのではなく，オープンで相互依存の進む環境を利用して，世界的なネットワークを形成して活動を繰り広げていることをみれば明らかであろう。このため，国内の「安心・安全」を確保するためには，国内的な対応だけではなく，科学技術基本計画に盛り込まれた「安心・安全」の理念を対外政策にまで拡大し，テロなどの新たな脅威に対応する必要性が出てきたのである。

　この国際的な対応の際たるものが，大量破壊兵器の拡散に絡まる問題といえる。海外で大量破壊兵器が拡散すると，その脅威は容易に日本国内へと波及する。これは，北朝鮮の核やミサイルの開発が，いかに日本に脅威を与えているかを考えれば明らかであろう。したがって，日本が輸出管理，開発援助，技術開発などを通じて兵器の拡散防止に努めることは，国際社会への責務という側面だけではなく，日本の「安心・安全」にとっても重要な課題になりつつあるのである。相互依存が進行する時代においては，大量破壊兵器の拡散問題をただ単に外国で起こっている事態としてとらえずに，より身近な問題として認識する必要が出てきている。兵器の拡散防止を日本の「安心・安全」を確保する上でもきわめて重要な課題としてとらえなおし，これらを日本の基本的な技術政策の中に盛り込んでいくことが望まれているのである。

むすび

　これまでみてきたように，冷戦の終結とその後のテロリズムを中心とした国際政治環境の変化は，軍民両用技術に関係した大量破壊兵器の拡散防止政策にも大きな変化をもたらした。また，技術開発における，軍事技術主導から民生

第12章　軍民両用技術の管理と日本の役割

技術主導への流れの変化により，軍民両用技術の管理がより複雑な問題として浮上してきている。特に，軍民両用技術が絡まる典型的な分野である輸出管理は，近年大きなチャレンジを受けており，従来の手法ではテロリストへの兵器の拡散などの新たな脅威には対応できなくなってきている。このため，諜報活動の強化や国際連携の必要性が高まってきており，これらを活用したエンド・ユーザー・チェックの必要性が高まってきている。このような世界的なトレンドは，日本の大量破壊兵器の拡散防止政策にも新たな課題を突きつけており，新たな環境に対応するためには，ODAを絡めた不拡散政策の量から質への転換，情報収集や国際連携体制の強化，民生技術の軍事転用を防ぐための技術開発，などの政策の推進が必要となってきている。

日本が，軍民両用技術の分野で積極的な対応を行い，大量破壊兵器の拡散防止に寄与することは，軍縮分野における日本の「経済カード」を作る意味でも重要であるし，また，これは民生技術大国としての日本の国際社会に対する責務といえる。加えて，このような国際的な展開が，相互依存が進行する時代においては，日本の「安心・安全」を確保することにもつながるのである。軍民両用技術の管理問題は，日本が他国にはない強みを発揮できる軍縮分野でもあり，この分野への積極的な関わりあいと貢献は，日本が国際社会での存在感を高める意味からも，その重要性はきわめて高いといえるのである。

注

（1）　以下の議論の詳細は，Yuzo Murayama, "Dual-Use Technology and Export Controls: An Economic Analysis," in Gary K. Bertsch, Richard Cupitt and Takehiko Yamamoto (eds.), *U.S. and Japanese Nonproliferation Export Controls: Theory, Description and Analysis,* University Press of America, 1996, pp.35-52 を参照。

（2）　軍事技術から民生技術への技術の流れの変化の詳細については，村山裕三『テクノシステム転換の戦略：産官学連携への道筋』NHK出版，2000年を参照。

（3）　佐藤丙午「ココムからワッセナーへ：不拡散輸出管理はなぜ生まれたか」『一橋論叢』第123巻第1号，2000年1月，117頁。

（4）　対象国が多数にならざるを得ない原因は，迂回取引を管理するためには，多くの国を対象国にせざるをえない事情も存在する。

（5）　この一方で，対象国の技術レベルが低ければ，それだけ民生技術を軍事転用できる能力が限定的であることも意味する。このため，厳密には，対象国の技術レベルから生

第 12 章　軍民両用技術の管理と日本の役割

じるマイナス面とプラス面のバランスを考慮しなくてはならない。
（6）輸出管理にともなう経済コストについては実業界からの懸念が強いが，それを数量的に計測することはきわめて難しい。なお，これを試みた研究としては，Panel on the Impact of National Security Controls on International Technology Transfer, *Balancing the National Interest: U.S. National Security Export Controls and Global Economic Competition,* National Academy Press, 1987, pp.254-77 があるが，この推計は多くの仮定をベースにしたもので，その信頼度は高いとはいいがたい。
（7）この問題を扱った最近の文献としては，*Technology Access for the Developing World: Reconciling Global Regimes and National Security Mandates,* United Nations, 2002 が挙げられる。
（8）村山裕三「輸出管理の役割と課題」浅田正彦編『兵器の拡散防止と輸出管理』有信堂，2004 年，1-18 頁。
（9）『朝日新聞』2003 年 5 月 21 日。
（10）『日本経済新聞』2003 年 12 月 11 日。
（11）キャッチ・オール規制の実際については，㈱東芝輸出管理部編『キャッチオール輸出管理の実務』日刊工業新聞社，2002 年が詳しい。
（12）以下の例は，細川昌彦「アジア輸出管理イニシャティブ：調達阻止網を構築せよ」『外交フォーラム』第 182 号（2003 年 9 月）47-49 頁による。また，『日本経済新聞』2003 年 11 月 6 日の関連記事も参照した。
（13）細川昌彦「前掲論文」（注 12）。
（14）*Proliferation Security Initiative,* Program Fact Sheet, U.S. Embassy Public Affairs, February 2004. PSI の詳細は，www.state.gov/t/np/rls/fs/23764.htm を参照。
（15）詳細は，村山裕三「前掲論文」（注 8）を参照。
（16）閣議決定文書「政府開発援助大綱」1992 年 6 月 30 日。
（17）村山裕三『経済安全保障を考える：海洋国家日本の選択』NHK 出版，2003 年，126-27 頁。
（18）村山裕三『前掲書』（注 17），127-29 頁。
（19）以下の議論の詳細は，村山裕三『前掲書』（注 17），129-38 頁を参照。
（20）村山裕三『前掲書』（注 17），138-39 頁。
（21）村山裕三『前掲書』（注 17），139-42 頁。
（22）村山裕三『前掲書』（注 17），143-45 頁。
（23）細川昌彦「前掲論文」（注 12），48 頁。
（24）START については，黒沢満「戦略兵器の制限と削減」黒沢満編『軍縮問題入門』第 2 版，東信堂，1999 年，36-41 頁を参照。

第 12 章　軍民両用技術の管理と日本の役割

(25)　閣議決定文書『科学技術基本計画』, 2001 年 3 月 30 日。
(26)　閣議決定文書『前掲書』(注 25), 6 頁。
(27)　安全・安心な社会の構築に資する科学技術政策に関する懇談会『報告書』文部科学省, 2004 年 4 月。

第13章　新世紀の宇宙軍事利用
――停滞する国際法と信頼醸成措置の可能性――

青　木　節　子

まえがき

　宇宙は未知の世界に対する人類の夢と探求心を喚起する場であり，宇宙の探査・利用については国境を超越した人類全体のための協力が実現すると，理想的な側面がことさら強調されることがある。それは全くの誤解ではないとしても，宇宙が主として軍事利用と国威発揚のために開発され，商業利用の発展が注目される今日も，国家安全保障という枠組みの中でのみ私企業の利益追求が許されている現実は十分に知られているとはいえない。それどころか，たとえ宇宙開発が軍事目的で始まったとしても，米国が揺るぎない覇権国の地位を築いた現在，宇宙の軍備競争は終わりをつげ，宇宙利用はもっぱら環境改善や人類の生活向上のために行うことが可能になったと評価される傾向さえあり，スペースシャトルに搭乗する日本人宇宙飛行士の雄姿，国際協力で建設されつつある宇宙基地の映像，生活を便利にするカーナビや衛星放送などがその印象をより強めている。しかし，宇宙の軍事利用は20世紀末の飛躍的な情報技術の発展とともに著しく拡大され，一国の軍隊の強さは直接その国の宇宙技術の発展の度合いに比例するまでになった。一方，宇宙の軍事利用を規制する国際法は1960年代後半以降ほとんど発展の跡が見られない。

　そこで，本稿では，宇宙の軍事利用の野放図な拡大を規制する国際法の存在を確認し，1970年代以来停滞する軍縮の宇宙法の発展を促す方策を考える。まず，宇宙空間利用の現状を確認し，宇宙の商業利用を軍事利用から完全に区

第13章　新世紀の宇宙軍事利用

別することが不可能であることを述べる。次に，多国間軍備管理条約としての宇宙条約が正確にはいかなる活動を禁止するのかを検討する。それと関連し，世界でもユニークな宇宙の非軍事利用を国是とする日本の宇宙政策を検証する。その後，多国間フォーラムでの宇宙の軍事利用抑制の努力と挫折の経緯を簡単に見て，最後に，21世紀前半の世界で可能な宇宙の軍備管理を提案する。なお，本書の第4章においてミサイル防衛が扱われているので，宇宙の軍事利用としてのミサイル防衛については，必要最小限の記述にとどめる。

I　宇宙の軍事利用の現況

1　軍事活動の場としての出発

　第2次大戦直後から，米国では人工衛星打上げを目指す研究・開発が本格的に開始された。当初は1950年代半ばまでには小型衛星の打上げは可能という評価がなされていたが[1]，世界の予想に反して1957年10月2日，初の人工衛星（スプートニク1号）打上げを成功させたのはソ連であった。しかし，1958年1月にようやくエクスプローラー1号を打上げた後は米国は順調に巻き返し，1960年には写真偵察衛星ディスカバラー・シリーズ，テレビカメラで地上偵察を行う「衛星・ミサイル観測システム」（SAMOS）（2号打上げる）および赤外線探知装置によってミサイル噴射により発生する熱線を感知し，レーダー網に電波連絡をする「ミサイル防御警報システム」（MIDAS）（4号まで打上げる）など当時は打上げ目的を秘匿した衛星が次々と打上げられた。ソ連も1962年に秘密衛星の打上げを開始した[2]。

　宇宙から地球の軍事行動を監視する衛星群だけではなく，両国はともに宇宙空間から地球を攻撃する可能性についても研究，開発，実験を行った。核兵器を搭載した大陸間弾道ミサイル（ICBM）は宇宙空間と目される部分を通過するものの[3]，地上の一点から他の一点に向けて発射されるもので純粋な宇宙攻撃兵器とはいえないが，宇宙空間から地球を攻撃する爆撃用衛星，地上爆撃用軌道軍事基地等の打上げの可能性が米ソ両国により追求されていたことが1960年代後半以降明らかにされている[4]。さらに1970年代に入り，写真偵察衛星をはじめとする軍事衛星が地上の軍事活動支援に大きく寄与することが証

明されると，地上や宇宙空間から衛星本体やその機能を破壊する兵器の開発・実験がさかんになった。これは衛星攻撃（Anti-Satellite: ASAT）兵器と総称されるが，米国の ASAT が衛星攻撃ミサイル中心であるのに対して，ソ連はキラー衛星中心であった[5]。

このように1979年にカーター大統領が軍事衛星の利用を公式に認める以前から既に，①宇宙空間からの地上の監視および地上の軍事行動の効果を高めるための宇宙利用，②地上から宇宙空間の監視（高性能の望遠鏡等の利用），③宇宙空間から地上への攻撃，④宇宙空間から宇宙空間への攻撃，⑤地上から宇宙空間への攻撃システムについての研究，開発，実験が行われていたのである。

2　RMA時代の宇宙空間

(1)　RMA：宇宙の軍事利用進展

冷戦期にソ連は既に，航空機，化学兵器や核兵器の出現のような軍事技術における非連続的革新現象を軍事技術革命（MTR）と名付けMTRがもたらす戦術や戦略の変化を研究していた。その後 MTR 研究は米国に波及し，軍事技術の飛躍的向上は戦闘形態や軍事組織の変化にとどまらず国際構造にも大きな変化を及ぼしてきたという結果を得，「軍事に関わる分野の革命的現象」（Revolution in Military Affairs: RMA）という概念の研究が進められた。他の新しい概念と同様RMAにはさまざまな定義が試みられるが，共通項として「軍事分野において，軍事技術，作戦概念，組織構成，利用可能な資源など，何らかの非連続的変化が発生し，飛躍的に軍事能力が高まる現象」という意味を含んでいる[6]。

1991年の湾岸戦争において米軍が示した圧倒的強さは，歴史上何度か生じたRMAにほかならないものとして注目されたが，このRMAの特色は，人工衛星のネットワークによる情報技術の発展が基盤となっていたことから，「情報革命」と称されることもある[7]。具体的には，湾岸戦争時の米軍は，人工衛星を多用する情報処理システムの高度化と精密誘導装置の発達により個々の兵器の破壊力よりも，偵察監視システムや精密攻撃システムなどさまざまなシステムを結合して相乗的効果を発揮する「システム・オブ・システムズ」の

第13章 新世紀の宇宙軍事利用

恩恵を受け，ネットワークで結合された部隊の広域分散化が実現したため，被害が最小限度に食い止められた[8]。一方このような統合的なネットワーク攻撃システムが戦闘の基礎となっていることは，同時にネットワーク自体が相手の攻撃対象となることを意味するため，情報システムが依存する人工衛星を防護することが軍の任務として死活的重要性を帯びるようになった。

さらに，人工衛星システムの果実を敵勢力に利用されることに起因する危機が考えられる。一例として24の測位衛星からなる米国の全地球測位システム（GPS）に対して軍が抱く危機感がある。GPSは位置，速度，方向を三次元で把握することができ，そのため兵器を正確に誘導することができる。市民生活においても位置情報の価値はカーナビをはじめとしていうまでもない。1970年代後半に米国がGPSの配備を始め，10年遅れてソ連が同様のシステムを展開し始めた。これら衛星システムを全地球航法衛星システム（GNSS）という。米空軍が維持運営するGPSには軍用波と民用波があり，民用波はGNSSの中で，GPSを世界標準とし米国の宇宙基盤覇権を維持するために世界中の一般利用者に無償で提供されている。現在GNSSには，他にロシア軍が運用するロシア全地球航法衛星システム（GLONASS）[9]や計画段階ではあるが欧州のガリレオなどがある。GLONASSも測位情報を無償提供しているが，ロシアの財政事情のため実用範囲が狭くかつGLONASSの受信設備は性能が劣るため，到底GPSには対抗し得ない。GPSの民用波は従来精度を故意に劣化させていたところ，2000年5月以降軍用波との精度の差を解除し，2003年のイラク戦争時にもかかる選択的劣化を復活させることはなかった。現在，GPSは米戦略の一環として広く確実に高性能の測位・時間信号があまねく世界中に提供されている[10]。

このようなGPSへの脅威として国防省は「GPS利用への脅威」と「GPS利用からの脅威」を予想する。GPS利用への脅威にはGPS信号への干渉や擬似により使用を不可能にするものが含まれ，後者は敵がGPSを利用すること，すなわちGPSの敵性利用を指す。敵性利用の中でも最も懸念されているのは，GPS誘導巡航ミサイルであり，ステルス材料，高効率ターボファンエンジン，精密慣性誘導，大量破壊兵器（WMD）等の技術がGPSと結びつくことにより米国およびその同盟国に最大の脅威を及ぼす可能性が指摘されている[11]。

第13章　新世紀の宇宙軍事利用

　また，1990年代後半以降社会自体が急速にハイテク情報化し，市民生活を守る上で人工衛星等のネットワークを維持することが重要になった。この結果，攻撃，防御双方の必要性において，史上はじめて，宇宙が主たる戦闘対象となり得る可能性が出現したのである。

(2) 軍事衛星の現況

　現在，軍事通信衛星，航法衛星，軍事気象衛星，早期警戒衛星，海洋偵察衛星，電子偵察衛星，画像偵察衛星，さらには衛星攻撃システム（ASAT）を含めて包括的な軍事衛星システムを保有するのは米露のみである。しかし，冷戦期と異なり，その実力の格差は大きく，宇宙空間で機能する軍事衛星170機強のうち約110機は米国が保有し，いまだ世界第2位の宇宙軍事活動国とはいえロシアは約40機を所有するに過ぎない。残りの20機強のうち2002年12月31日現在においては，中国が6（軍事通信衛星1機，軍事航法衛星2機，画像偵察衛星2機，電子偵察衛星1機），インドとイスラエルがそれぞれ画像偵察衛星を1機と2機，欧州が軍事通信衛星9機およびフランスが中心となって製造した画像偵察衛星エリオス2機，オーストラリアが軍事通信衛星1機を所有するという構図になっている[12]。ASATについては，米国では1970年代後半から実験を繰り返した空中発射ミサイル型兵器は現在開発が中断され，発展型赤外線化学レーザー（MIRACL）を照射する衛星破壊が主力となったと考えられている[13]。ロシアについては計画が完全に放棄された形跡はないものの，ASAT開発，実験の優先順位は低いようで1990年代に入って確認された実験はない[14]。

　米露以外では，中国の軍事利用が際だっている。米ソに次いで1975年に画像偵察衛星打上げに成功して以来，1994年までに同種の衛星を14機打上げ，米ソ，フランスについで2000年に初めて航法衛星北斗を2機打上げた。同じく2000年には電子偵察衛星打上げも成功させている。ブラジルと共同で打上げた地球資源衛星（CBERS）の画像にも軍事機能があるとされる。また，2003年10月に米ソに次いで成功させた有人飛行の軍事的価値はいうまでもない。日本については，後述の情報収集衛星2機が国際的に画像偵察衛星とみなされている[15]。

(3) 衛星の汎用性

核兵器やミサイルの保有数を計算するときに比べて現有の軍事衛星を算定することは困難が伴う。その理由として、衛星の種類と活動内容について各国が秘密保持を原則とすること、軌道上にある衛星のうち、どの衛星が現在機能しておりどれがすでにスペース・デブリとなっているかを調査しなければならないことに加え、衛星を軍事衛星と民生衛星に截然と分類することが近年ますます困難となってきていることが挙げられる。たとえば、リモート・センシング衛星は商用のものであっても軍事目的にも使用し得るからである。2002年末日の状況でみると、米国企業が所有するイコノス2（1999年9月打上げ）やクイックバード2（2001年10月打上げ）は解像度が1メートルを切る画像を販売し、米国防総省を含む世界の国防関係省庁に多用されていると考えられているため、SIPRI Yearbookでは軍事衛星の現況表の中に含めている[16]。また、ロシアのKVR-3000センサーは2メートル、DD-5センサーは1メートルの画像を商業ベースで提供するが、これらのセンサーは1997年打上げの画像偵察衛星アルコン―1衛星（コスモス2344号）に搭載されていると考えられる[17]。

イスラエルも1988年に画像偵察衛星オフェク1号打上げに成功した後数機同種の衛星を打上げ、2000年にはイメージサット・インターナショナル社が汎用のリモート・センシング衛星エロスを打上げた。インドは1995年のIRS-1C打上げにより、1999年にイコノス（解像度1メートル）が打上げられるまでは、商用リモート・センシング衛星としては最高の解像度5.8メートルを誇る画像の市場提供を開始した。2001年には解像度が2.5メートルから1メートルと言われるTESリモート・センシング衛星も打上げられ、国家安全保障目的にも利用されている。韓国や台湾も独自のリモート・センシング衛星を打上げ、トルコを含めいくつかの国がそれに続こうとしている[18]。

3 宇宙の商業利用と安全保障

(1) リモート・センシング画像販売の規制

宇宙空間は公海に比べ利用開始当初から軍事利用の比重が大きかった。しかし、軍事利用のために開発された宇宙技術のスピン・オフの結果、地上の生活

第13章　新世紀の宇宙軍事利用

を安全かつ快適にするための宇宙利用もさかんになり，通信・放送衛星，気象衛星，リモート・センシング衛星，航法衛星等の実用衛星利用の成果が先進国を中心に社会生活の中に取り込まれていった。

　1980年代後半からは，宇宙の民生技術と軍事技術の差が小さくなり，特にリモート・センシング画像は民生利用と軍事利用の両方に用いられるものとなった。たとえば，1986年以降市場で売り出されたフランスのスポット・イマージュ社の画像（1980年代後期既に，解像度は白黒10メートル，多色20メートル。現在は白黒で約2.5メートル）は地図製作や環境監視のためだけではなく，軍事情報収集のために多くの国が競って購入し，または継続的な画像収集のため，地上受信設備を設置する契約を締結した。米国エオサット社のランドサット衛星画像やカナダのレーダーサット・インターナショナル社のレーダーサット画像もスポット衛星ほどの成功を収めなかったが，安全保障目的で使用された。日本の防衛庁は1980年代末からスポット衛星やランドサット衛星画像について国内最大の顧客であり[19]，現在日本国内で取引きされるリモート・センシング画像のうち最高の解像度を誇るスペース・イメージング社のイコノス衛星からの画像（解像度1メートル以下）に関しても事情は変わらない。解像度が1メートルの光学センサーではミサイル発射基地や艦艇，航空機等を確認できるため，1メートルより優れた解像度の画像は，国家安全保障目的に十分機能するからである。

　市場で入手できる画像がハイテク戦争に有益な例として，2001年の米国の対アフガニスタン戦争を挙げることができる。この作戦において，米国防省の国家偵察室（NRO）および国家画像地図機関（NIMA）は，戦時中他の顧客にイコノスの画像販売を停止したという抗議を回避する意図もあり，イコノス衛星の画像を単独で買い占めた（月額約200万ドル費やしたという）のみならず，スポットとクイックバードの画像も大量に購入した。2002年6月，CIA長官はアフガニスタン戦争の勝利に寄与した主要な衛星システムの保有者としてスペース・イメージング社とデジタル・グローブ社を賞賛した[20]。

　リモート・センシング画像が国家安全保障に有益であるため，自国のリモート・センシング企業の衛星運用方法については，各国とも法律の有無にかかわらず国家の特別の管理を及ぼしている。リモート・センシングの商業利用に関する国内法をもつのは米国のみであるが，1984年の「陸域リモート・センシ

第13章 新世紀の宇宙軍事利用

ング商業化法」およびそれを改廃する1992年の「リモート・センシング政策法」の双方に私企業のリモート・センシング活動は国家安全保障と両立する形で運用されなければならないと記載され、また、1994年3月10日の大統領決定指令（PDD）23「リモート・センシング宇宙能力への外国人のアクセス」は、国家安全保障が害されるおそれがある場合は、リモート・センシング衛星の運営許可を付与する商務長官が企業に一定期間情報収集や画像配布の制限を行うことができると規定した。この制限は一般に「シャッター・コントロール」といわれる。しかし、米政府は正面からシャッター・コントロールを用いるよりはむしろ上記のようにリモート・センシング画像を買い占める契約を私企業と締結する事実上のシャッター・コントロール実施を好み、「ポケットブック・シャッター・コントロール」または「チェックブック・シャッター・コントロール」といわれる[21]。その後、1997会計年度の国防権限法は、非政府団体がイスラエルまたは大統領が指定するその他の外国もしくは地域に関し、市場で購入可能な外国のリモート・センシング企業の画像よりも解像度の高い画像を収集・配布することを禁止した[22]。さらに、2003年4月25日に米国はPDD 23を廃する「商業リモート・センシング政策」を公表した。同政策は、9.11後の他の政策と同様、政府の権限強化を狙ったもので、米政府は国家安全保障上の要請があるときは、データや価値附加製品の収集や配布を米政府または米政府が承認した受領者に制限することができる。また、政府が安全保障目的で使用するために私企業のリモート・センシング衛星システムの強度や方式を政府の画像偵察衛星システムと両立するものとするよう指示することができる。さらに、国防長官およびCIA長官は、有事にはNIMAに命じて安全保障目的に資する私企業の画像を獲得し利用することができる。

　私企業が運用するリモート・センシング衛星の解像度は、個々の運営許可の中に記載される。2004年現在商務長官は50センチメートルまでの解像度を許可し、また政府の要求する安全保障基準に合致する場合、地上受信設備はイラン、イラク、北朝鮮、キューバ、リビアの5カ国を除く世界中に設置することができる。上記5カ国には画像の販売も許可されていない[23]。

　シャッター・コントロールは米国の専売特許ではなく、フランスやインドは行政手続きにより一層政府権限の強いリモート・センシング産業規制を行っているとされる[24]。また、カナダは米国と合意を結びシャッター・コントロー

ルを受け入れた。

(2) 宇宙関連部品の輸出管理強化

　1990年代初期には民間企業の衛星打上げ数が急激に増加し，商用衛星のための打上げ機が不足したので，中国，フランス領ギニア，ロシアなどからそれらの国のロケットを用いて通信・放送衛星を打上げることが頻繁になった。ところで，衛星を打上げ機に搭載するときにそのインターフェイスからICBMの精密化や多弾頭化に資する機密情報が漏れる可能性があるので，米国は中国，ロシア，ウクライナと米国製衛星をそれらの国の領域で打上げる場合の技術保障措置合意を含む商業宇宙打上げ協定を締結して自国企業のもつ機微な宇宙技術を守ろうとした[25]。しかし，1999年1月に公表された下院特別委員会（いわゆる「コックス委員会」）の報告書において，長征ロケットによる米国企業衛星の打上げ失敗に続く事故調査の過程で，中国のICBMの性能向上に利用可能な情報が不法に米国企業から漏洩したという判断がなされた[26]。この情報漏洩問題を重く受け止めた議会の法改正により，1998年10月に米国の宇宙関係製品・技術の多くが商務省の管轄する汎用品から国務省が輸出許可を与える武器に分類されるようになり[27]，1999年3月以降，米国衛星の外国での打上げのみならず，米国からの宇宙関連部品・技術の導入が困難となった。

　元来，衛星は武器輸出管理法（AECA）の国際武器移転規則（ITAR）に含まれる軍需品リストに記載されていたところ，クリントン政権時に通信衛星およびその技術の多くが輸出管理法（EAA）の商務管理リスト（CCL）に移転され，衛星輸出が容易になり1990年代半ばには米国製衛星が世界市場で3分の2以上のシェアを誇るようになった。しかし，許可付与官庁の再変更で瞬く間にシェアは半分以下に落ち込んだ。

II　宇宙の軍事利用を規律する国際法

1　宇宙条約第4条の解釈

　宇宙活動について継続的に討議する場は宇宙空間平和利用委員会（COPUOS）であり，このフォーラムではこれまでに5つの条約を作成したが，

第13章 新世紀の宇宙軍事利用

その中で宇宙の軍備管理について規定するのは，宇宙条約（1967年）と月協定（1979年）である。しかし，月協定は，協定発効から約20年経過した現在も条約の締約国は10カ国に過ぎず，しかもその中で主たる宇宙活動国はオーストラリアのみであり，国際的な法規範とはいえない状態である。したがって本稿では主として宇宙条約を検討する。

宇宙条約第4条は以下のように規定する。「条約の当事国は，核兵器及び他の種類の大量破壊兵器を運ぶ物体を地球を回る軌道に乗せないこと，これらの兵器を天体に設置しないこと並びにいかなる方法によってもこれらの兵器を宇宙空間に配置しないことを約束する。月その他の天体は，もっぱら平和的目的のために，条約のすべての当事国によって利用されるものとする。天体上においては，軍事基地，軍事施設及び防備施設の設置，あらゆる型の兵器の実験並びに軍事演習の実施は，禁止する。科学的研究その他の平和的目的のために軍の要員を使用することは，禁止しない。月その他の天体の平和的探査のために必要なすべての装備又は施設を使用することも，また，禁止しない。」

第4条は，宇宙を天体と宇宙空間に分けて考え，後段の天体においては，平和的目的の利用が義務づけられ，また禁止事項の列挙により南極条約並みの非軍事化を達成している。しかし，宇宙空間については平和的目的の利用に限定するという記述はなく，条約が明示的に禁止しているのはWMDを地球周回軌道に乗せまたは宇宙空間に配置することだけであり，反対解釈をすれば通常兵器の導入や配置はこの条からは許容範囲ということになる。もっとも，宇宙条約第4条により，宇宙空間の利用も平和利用という条件が入るのかどうかについては議論がある。1つの立場は宇宙空間にも平和利用が要求されるとする立場であり，同条約第1条第1段の「月その他の天体を含む宇宙空間の探査及び利用は，すべての国の利益のために，その経済的又は科学的発展の程度にかかわりなく行われるものであり，全人類に認められる活動分野である。」という表現や第3条の「国際の平和及び安全の維持並びに国際間の協力及び理解の促進のために」宇宙活動を行わなければならないという規定，さらには「条約の当事国は，月その他の天体を含む宇宙空間の探査及び利用において，協力及び相互援助の原則に従うものと」（第9条第1文）する精神ならびに「平和的目的のための宇宙空間の探査及び利用の進歩が全人類の共同の利益であることを認識し」および「平和的目的のための宇宙空間の探査及び利用の科学面及び法

第13章　新世紀の宇宙軍事利用

律面における広範な国際協力に貢献することを希望し」とあるこの条約の前文に依拠して，宇宙条約の規定と精神が宇宙活動全体に対して平和利用の義務を課していることを強調する。ただし，平和利用という条件が課す義務の内容は不明確である。軍備管理条約は禁止すべき活動を明定するという原則に照らし，自衛権の範囲内の防衛的な軍事活動は平和利用の範囲内に入ると思われる。平和利用＝非侵略な利用，という解釈はここから生まれる。

　もう1つの立場は，宇宙空間における「平和的目的の利用」が宇宙条約で明示的に規定されていない以上，平和利用の義務は負わないとするものである。条約の第1条，第3条および第9条等は従来地上の国際関係で要求される国際協調行動以上のものは要求しておらず，地球上で自衛権の範囲内の軍事活動が合法である以上，明確な用語で禁止事項を規定しない限りは，この条約において通常兵器の配置や偵察衛星の利用のような軍事活動は禁止されない，と解釈する。これが正しい解釈である[28]。平和利用義務が課されないとする場合においても自衛権の範囲内での軍事活動という限界は存在するので，宇宙空間にも平和利用という条件が課されるとする立場と実行上は違いがなくなる。したがって，宇宙空間の平和利用義務の存否を論じる実益は乏しく，許容される非侵略的な軍事活動の基準と態様を明確化することが重要であると考えられる。

2　その他の条約による規制

　宇宙条約以外にも宇宙の軍事利用の限界についての規定をおく条約がある。多国間条約ではまず，1963年の部分的核実験禁止条約（PTBT）が宇宙空間での核実験を禁止し（第1条1(a)），また，1977年の環境改変技術禁止条約が宇宙空間の構造，組成または運動に変更を加える技術の軍事的使用その他の敵対的使用を禁止する（第1-2条）。宇宙条約第9条（宇宙環境の保護）およびジュネーブ第一追加議定書（1977年）第55条（自然環境の保護）も宇宙の軍事利用についての制限となり得る。さらに，1974年の国連総会決議3314「侵略の定義」もその内容が慣習法に結実した限りにおいて，宇宙空間利用の態様を拘束する。月協定は宇宙全体に平和利用を義務づけ（第3条1項），宇宙空間における武力行使，武力による威嚇その他あらゆる敵対行為もしくは敵対行為の威嚇を禁止するなど（同2項），既存の条約の中で最も明確に遵守すべき宇宙活動

311

の基準を規定しているが，既述のように宇宙の軍事利用を規制する国際規範としての価値はほとんどない。

宇宙についての2国間軍備管理条約として最も重要であった米ソの対弾道ミサイル (ABM) 条約 (1972年) は，宇宙配備の ABM システムを禁止していた (第5条) が，2002年6月に失効した。相互確証破壊 (MAD) という哲学を捨て戦略防衛構想 (SDI) に始まり，紆余曲折を経てミサイル防衛 (MD) を着実に進める米国にとって ABM 条約からの脱退はいずれかの時点で回避しえないものであったともいえ，これにより，米露の負う義務は他国と同様，宇宙条約第4条の範囲に縮小された[29]。

以上，宇宙条約以外にも宇宙の軍備管理を直接・間接に規定する条約その他の法的文書は存在するが，明示的な制限範囲は宇宙条約第4条を超えるものではない。宇宙条約採択以来40年近く経過したが，同条約を超える制限規範を国際社会はいまだ作りあげていない。ところで，日本は世界でもユニークな自主規制を宇宙活動に課した。これを国際社会の模範とすべき思想として推進することができるものか，次節で検討する。

III 日本の宇宙活動を規律する法政策

1 独特の宇宙政策

(1) 宇宙条約締結時の第4条解釈

COPUOS 法律小委員会における宇宙条約の議論において，わが国は天体と異なり宇宙空間においては平和利用が規定されていないことを批判し，宇宙空間の非軍事化条項を入れるよう求めたが[30]，実現しなかった。宇宙条約を批准するための国会の討議において，政府委員は，宇宙空間における活動には平和的目的という限定は付されていないことを繰り返しつつ，平和的目的という語の解釈は非軍事であるとする[31]。

(2) 国会決議にみる平和利用概念

1968年，宇宙開発委員会設置法案を議題とする国会内閣委員会において，日本の宇宙活動は将来に亘り平和利用に限定され，したがって軍事利用は行わ

ない,という答弁が国務大臣によりなされた(32)。当時,原子力基本法(33)の平和利用原則と同趣旨(平和の目的に限り,「平和,自主,公開」の三本柱を重視する)の宇宙開発基本法を策定する計画があったが,原子力については業務の性質上平和利用には非軍事利用しかありえず,それと同じ論理を採用するということは日本が宇宙空間の利用において平和利用＝非軍事利用の解釈を取ることを意味する。

　1969年,宇宙活動実施機関としての特殊法人宇宙開発事業団を設置する法案を審議したが,宇宙開発事業団法案に当初含まれていなかった「平和の目的に限り」という文言を「わが国における宇宙開発は,憲法の趣旨にのっとり,非核・非軍事を趣旨として平和の目的に限ることを明確にする必要がある」(34)という趣旨で挿入し,同年5月20日,衆議院において「わが国における宇宙の開発及び利用の基本に関する決議」が採択された(35)。同年6月13日には参議院科学技術振興対策特別委員会においても「宇宙開発事業団法案に対する附帯決議」を全会一致で採択した(36)。ここに,現在までわが国の宇宙政策を拘束する日本の宇宙開発の根本原則が定まったが,それは憲法第9条の精神や原子力平和利用にかかる基本原則に関する法規則との整合性を確保しようとするもので,宇宙条約第4条の解釈に直接基づくものではない。しかし,国務大臣が,日本が将来開発し利用する衛星やロケットについて防衛庁の利用可能性を否定する答弁を行ったため(37),十数年後の1983年に至っても国会において,自衛隊による通信衛星利用の是非についての議論が白熱するなど一般の宇宙利用の実態と乖離した論争が繰り広げられた(38)。

2　汎用理論の意義と限界

(1) CS-2とフリートサット

　1979年に通信・放送衛星機構（TAO）設置法案を通信委員会で議論した際,自衛隊がユーザーとなることを求めた場合について政府委員は「防衛庁が,たとえば軍事目的のために本機構の衛星を使用いたすことはないものというふうに考え」ると回答した(39)。また,1983年2月,通信衛星CS-2号（さくら2号）の打上げが成功した際,予算委員会で自衛隊が当該衛星通信を利用することができるかにつき議論があり,政府委員は硫黄島に所在する自衛隊との通信

第13章 新世紀の宇宙軍事利用

のための利用は宇宙の非軍事利用に合致しないため利用の予定はないと回答した[40]。

その後防衛庁は，1985年度予算の中で海上自衛隊が米国派遣訓練時に米海軍の軍用通信衛星フリートサットを利用できるようにUHF放送受信装置の調達に必要な経費を計上した。1969年の国会決議との関係では，当時一般国民の日常生活の中に通信衛星がとけこみ，電話を利用したり衛星放送を鑑賞したりしていたことに鑑みて，通信衛星機能を自衛隊が利用することもことさら軍事利用と解する必要はなくなった，と整理する。当時の科学技術庁長官は「ごくごく当たり前一般的に通信衛星が利用される世の中になったものでございますので，一般化，汎用化の原則からいえばお許しいただけるのではないか，そう御理解願いたい。」と答弁した[41]。そして，同長官は国会決議の有権解釈は国会でなされるものであることに留意しつつ，翌日，政府統一見解として「国会決議の「平和の目的に限り」とは，自衛隊が衛星を直接，殺傷力，破壊力として利用することを認めないことは言うまでもないといたしまして，その利用が一般化しない段階における自衛隊による衛星の利用を制約する趣旨のものと考えます。したがいまして，その利用が一般化している衛星及びそれと同様の機能を有する衛星につきましては，自衛隊による利用が認められるものと考えます。」と述べた[42]。

1985年2月6日の政府統一見解により，フリートサット衛星は米軍用通信衛星であるとはいえ，商用の国際衛星通信機構であるインテルサット（国際電気通信衛星機構）やインマルサット（国際海事衛星機構）の衛星と同様な通信中継機能を有するものとして国会決議にいう平和目的の趣旨に反しないゆえ利用可能なこととされた[43]。日本の通信衛星CS-2については，汎用理論に基づき，自衛隊は一般の顧客として公衆電気通信役務の提供を受けることになる[44]。これ以降，①殺傷力，破壊力のある宇宙製品・技術につき自衛隊の使用は許されない，②一般的な汎用技術となっているものは自衛隊も使用できる，③一般化されていないものは特段の理由がないかぎり制約される，という基準で日本における宇宙の非軍事利用の基準が定められた[45]。これに基づき，自衛隊は1989年以降，民間企業が運用する通信衛星スーパーバードの利用を開始した。

第13章　新世紀の宇宙軍事利用

(2) リモート・センシング画像取得の論理

1983年，外務委員会において米国のリモート・センシング衛星の受信データを国公立の試験研究機関その他の官公庁等に提供する一環として防衛庁にも提供していることが国会決議に反するのではないかという疑義が呈された(46)。また，当時宇宙開発事業団が開発中の資源探査衛星も軍事目的の利用が可能であることに鑑みて，厳密に解釈して国会決議の趣旨の枠内におさまるのかが問題視されたが(47)，1985年2月6日に政府統一見解が出た後は，汎用理論での説明で平和利用の枠内であるということになった。ところで，防衛庁は，汎用理論による説明がなされる1年前の1984年以降商用の画像データを活用している(48)。

(3) 情報収集衛星の位置づけ

1983年，参議院予算委員会において世界で情報収集に関しその有効性が証明された偵察衛星を日本が保有しようとする場合，法律上の障害があるかについて質問があり，法制局局長が「憲法の範囲内であくまで専守防衛という見地から必要な情報を収集するのために偵察衛星を保有するということについて，現行法制の規定に限って言えば，それを妨げるものはない」と回答した(49)。この回答については後に，ただし，国会決議との関係で宇宙開発事業団が打上げる場合は除外されると述べている(50)。

しかし，1993年5月に北朝鮮が日本に向けて行ったノドン1号の試射を契機に，国土防衛のために情報収集能力の強化に努める必要が唱えられるようになった。1994年8月に出された首相の私的諮問機関「防衛問題懇談会」の報告書は，その目的で「偵察衛星の利用も含めた各種センサーの活用」を勧告しているが起草の段階で主張された「保有」という語は，慎重に回避した(51)。さらに1998年8月31日に北朝鮮が日本に向けてテポドン1号を発射したことを契機に「多目的衛星」の導入が検討され，同年12月に「外交・防衛等の安全保障及び大規模災害等への危機管理のために必要な情報の収集を主な目的として」平成14年を目途に4機の情報収集衛星を導入することが閣議決定された。同情報収集衛星2機は，2003年3月成功裏に打上げられたが，同年10月残りの2機の打上げは失敗した(52)。

第13章　新世紀の宇宙軍事利用

(3) 日本の宇宙政策のゆくえ

　冷戦終了後も不安定な状態が続く北東アジアにおいて，2度にわたるミサイル攻撃を受けたことが，1969年以来日本の宇宙活動の根幹であった非軍事利用という原則が今日もなお適切であるかを疑わせる契機となり，国会決議自体を変更するという試みはなされなかったが，汎用理論で乗り切ることは必ずしも適切とはいえない情報収集衛星の導入に踏み切った。軌を一にして，MDへの参加に関連し，国会決議のみならず武器輸出三原則の見直しも検討され始めた。日本が取り続けた宇宙の非軍事利用政策は事実上放棄されたと考えられる。

　世界でも類をみない自己抑制を宇宙活動に課していた国がそれを維持しえなくなりつつある理由は何であろうか。1つには国際環境の変化により，日本を取り巻く状況がより危険になったことが挙げられる。しかし，より重要な理由は，宇宙技術が本質的には軍事と非軍事に分けにくい性質を強く内在させており，技術の進歩とともにそれが露呈してくるからであると考えられる。科学技術は一般に，その使用意図によっては軍事目的となり得るが，特に宇宙技術はその性質が強く，機能のみに基づく区別は困難である。しかも，日本は宇宙の産業化や商業利用の促進を目指しており，宇宙技術発展の意欲が強い。したがって，ミサイル攻撃を受けなかったとしてもある時点で平和利用は非軍事という考え方は修正せざるを得なかったと思われる。このような日本のユニークな経験は，宇宙活動の性質に鑑み，国際宇宙軍縮はいかなる方策を取るべきか考える際に相当程度有益であろうと思われる。以下，宇宙条約以降の国際宇宙軍縮法の停滞状況を見て，21世紀前半の宇宙軍縮の国際法発展に貢献する方策を考えたい。

IV　宇宙の軍備管理：停滞と可能性

1　軍縮会議の法形成失敗

(1) PAROSの15年間

　1978年の第1回国連軍縮特別総会最終文書第120項に基づいて組成された多国間軍縮フォーラムとしての軍縮委員会（CD）（1984年に軍縮会議（CD）と

改称）において，核軍縮をはじめとする他の重要な軍縮問題とともに宇宙の軍備管理についての討議が行われた。CD 内に 1982 年に設置された「宇宙の軍備競争防止アドホック委員会」(PAROS) は，宇宙条約第 4 条に上乗せする軍備管理規則を作成すべく努力したが，CD がコンセンサス方式で文書を採択することもあり合意形成に至らず，また，アドホックベースであったため，1997 年以降は既に宇宙の軍備競争は終わったとして PAROS 設置も見送られるようになった。

　しかし，15 年間の討議により，PAROS は将来の宇宙の軍備管理につき，合意の可能性がある一定の方向性を示唆する程度の成果は出した。まず，第 1 に宇宙の軍事利用自体は現実の反映として，そして宇宙技術のほぼすべてが汎用技術であることに鑑みて認めざるを得ないものとして認識された。その上で，何を禁止すべきかにつき多くの国の間で了解があった。すなわち，宇宙空間に配置する物体が攻撃能力をもつか否かを基準に軍事利用を「攻撃的な」ものと「防御的な」ものにわけ，偵察衛星など地上の軍事活動を支援する目的で使用されそれ自体は攻撃能力をもたない「防御的な」利用は宇宙のミリタリゼーションとして許容するが，「攻撃的な」活動は宇宙のウェポニゼーションとして禁止条約を作成しようという了解である。関連して「宇宙兵器」の定義が試みられたが，65 カ国のコンセンサスを得ることは不可能に近く，宇宙兵器禁止条約は採択にはほど遠い状況であった。最大の争点は宇宙兵器と ASAT 機能を有するシステムとの関係であり，米ソ（米露）が ASAT を宇宙兵器の一類型と認める意思がない以上，多くの国の支持を得ていた包括的な宇宙兵器の定義，すなわち宇宙から宇宙，宇宙から地球，地球から宇宙を攻撃する能力をもつすべてのシステムとその構成要素を宇宙兵器と定義づけるという案は採択される可能性はなかった[53]。また，宇宙兵器禁止という包括的な条約案ではなく，現行の ASAT 能力をもつシステムの開発，実験，配備だけを禁止する条約を作成しようとする動きもあったが，どのような類型をとるものであれ最終的には MD システムは衛星攻撃機能を宇宙空間で用いることが想定されているので，これも成功の可能性はなかった[54]。

　わずかに将来のコンセンサスの萌芽がみられるのは，宇宙利用における信頼醸成措置であった。たとえば現在配置されているのはすべて防御的な軍事衛星と想定して，衛星攻撃を禁止するために衛星相互間の最小接近距離や低高度限

界を設置しようとする衛星免除案(55)や，宇宙活動の透明性確保のために打上げ国が国連事務総長に通報する衛星情報を厳格にすべしという提案がある。現行宇宙物体登録条約第4条は宇宙物体の標識または登録番号，打上げ場所，基本的軌道要素（周期，傾斜角，遠地点，近地点）および宇宙物体の一般的機能を義務的記載事項としているが，より詳細な衛星の能力，機能，任務，動力源等についての情報提供を義務化しようとする案である。後者については，2004年（第43会期）から2007年（第46会期）までCOPUOS法律小委員会において各国の宇宙物体登録の実行とその改善点を検討することになっており，間接的に宇宙活動の信頼醸成措置への道が開かれたということができるかもしれない(56)。

(2) PAROS後の提案　中国／ロシア提案の行方

2000年9月，中国はCD事務局長に「軍縮会議における宇宙の軍備競争防止問題に関する中国の立場と示唆」と題する書簡を提出し，公式文書として公表するよう要請した。1996年の国連総会決議において，ABM条約が国際社会の安定に重要な文書であると評価されたことを受けてPAROSを再び設置し，宇宙空間においてMD機能の使用を禁止する条約作成を求めた書簡で，PAROSで討議すべき条約草案の骨子「新しい国際的法文書に関する暫定思考」(CD/1606)が添付されていた。同条約草案は，兵器，兵器システムまたはその構成部分を実験，配備，使用することを禁止し，宇宙の防御的利用のみを促進するために「宇宙兵器」や「宇宙システム」の定義を行うことを要請する。さらに，同条約の検証を実施する国際組織を条約内に設立することを求める(57)。目新しい要素はなく，PAROSで15年間討議してきた諸提案とほぼ同じものであり，中国自身，PAROSの設置はともかくこのような条約の採択が可能であると考えているとは考えられない。また，2003年7月に中国とロシアは，CDにおいてその下部組織であるPAROSを再び設置し，宇宙に兵器を配置することを禁止する条約を作成すべく交渉すべきであると共同提案した(58)。同案に対しては，他の代表団からは，現状では衛星一般を攻撃しないという法的拘束力のない文書を作成することや，宇宙活動について信頼醸成措置を積み重ねることが優先されるべきであるという見解が出され，少なくとも強力な支持は得られていない。

第 13 章　新世紀の宇宙軍事利用

2　ウェポニゼーション封じ込めをめざして

　ブッシュ大統領は，2001 年 5 月 1 日，国防大学において核軍備の一方的削減と MD の本格的推進を主体とする新しい安全保障の枠組みを提唱し，既定路線どおり ABM 条約からの脱退を果たした。また，2002 年 9 月の国家安全保障戦略（NSS）や同年 12 月の「大量破壊兵器と戦う国家戦略」（国家安全保障大統領令 17）（公開版）等一連の戦略が示す積極防衛策は強力な MD を基盤としており，また，必要な場合に躊躇せず行うと宣言した「先制行動」も危険を察知する偵察衛星や警戒衛星，正確な攻撃のための測位・航法衛星システムを必要とするなど米国の国家戦略は，ますます宇宙にある軍事資産に依存する方向に進んでいる。現政権は，将来の戦争においてアフガニスタンとイラクにおいて確認された宇宙の重要性がますます高まるとして，米国が宇宙を自由に利用できる状態を維持することが国家利益であるという[59]が，この米国の国家戦略は，政権が変わったところで大勢として変化はなさそうである[60]。その上，いずれ宇宙のウェポニゼーションは不可避であるとして，潜在的な敵が主導権を握る前に米国が宇宙のウェポニゼーションを完成し，この秩序を変更しようとする勢力を宇宙から叩くことができる態勢を整備しておくことの重要性を説く論者も決して少なくない[61]。そのような議論に対しては，宇宙条約第 4 条の義務に違反するか否かを問わず，宇宙のウェポニゼーションを進め宇宙を攻撃の場として用いるならば必ず追随者を生み出すことになり，際限のない軍備競争を招くであろうから，秩序を構築する好機と実力をもつ国は，むざむざ宇宙を不安定化させるようなことをしない方が結局は低いコストで覇権を維持できる，ということを国際社会が説得する必要があろう。

　その際，CD での不熱心な反応に見られるように，ロシアや中国のような自身も可能であれば宇宙のウェポニゼーションに乗り出すことを計画しており，時間稼ぎに米国の MD を牽制したいだけなのではないかと疑われる国ではなく，人類の生活を安全，豊かで便利なものにするという意味での宇宙の平和利用に携わってきた諸国が，可能なところから行動することが最も現実的であろう。許容される宇宙の軍事利用の程度を大幅に下げ，非軍事に近いほどの宇宙軍縮をめざすことは日本の経験からいっても非現実的である。一方，CD での経験から宇宙軍縮の第 1 段階として，信頼醸成措置を実行に移すことは合理的

319

な選択と思われる。信頼醸成措置としては，簡単な方から，たとえば以下の①から④を実施することができるのではないか。①は，第1段階として宇宙物体登録条約の非締約国も宇宙物体の国連登録を同条約第4条の方式に従って行うよう誓約することである。②は宇宙物体登録条約より詳細で活動内容を透明化する登録に関する非拘束的文書を作成することである。2002年にハーグで採択された「弾道ミサイルの拡散に対する国際行動規範」(HCOC) にある通報義務を誠実に履行することも一助となるであろう。HCOCでは，衛星打上げやミサイル実験に関し事前の通報を打上げ国に義務づけており，宇宙物体登録条約の補完物として用いることができる。③は衛星攻撃を行わないことを誓約する非拘束的文書を作成し，検証のための仕組みを創設することである。その文書には，自国の宇宙物体のステータス（運用中か機能停止か等）に関する年次報告，宇宙空間においてスペース・デブリとなった自国の宇宙物体除去のために取る行動[62]，また，国際組織として運営する宇宙から宇宙をおよび地球から宇宙を監視する衛星監視システムの設置が含まれる。宇宙から宇宙を監視するシステム案として，たとえば1986年に初めてカナダが提唱したパクサットB は[63]，2002年にカナダ外務省で再びその可能性についての研究が行われ，専門家は技術的な可能性について肯定的な回答を与えているようなので，宇宙物体の監視システムを作ることは近い将来可能であるかもしれない。そのうえ，地球から宇宙の監視ということではコロラド州にある北米航空宇宙防衛司令部 (NORAD) が長く直径10センチメートル以上のデブリのカタログ化に成功しており，NORADの公開資料も宇宙における各国の行動の検証に用いることができるであろう。最後に④として，地球上の環境監視や災害監視のための衛星監視システムを国連が運用しその利益と恩恵に国際社会のすべての構成員があずかるように努めて，リモート・センシング衛星に対する国際社会，特に開発途上国の信頼を醸成する必要性を指摘したい。

むすび

1990年代に入りRMAが進展するとともに，宇宙空間が地上の戦闘を有利にするための補助的なプラットフォームから現実に戦闘を実施する場として想定されるようになり，それと同時に多国間での宇宙の軍備管理・軍縮がほぼ全

く機能停止するようになっていった。折しも，唯一の超大国となった米国は，1990年代後半より，次第に公然と宇宙を自由に利用することおよび他国の自由な利用を否定することに国益を見いだしていくようになり，宇宙の軍縮にとっては試練の時が訪れた。一方，日本は，宇宙の利用においても「普通の国」となりつつある。このような状況の中で，人類の安全と生活向上のために宇宙を利用するためにはどのような方策を採ることができるであろうか。実行すべきことは，採択できそうもない厳しい条項を盛り込んだ新条約の提案ではなく，今後10年はまず信頼醸成措置を充実させ，その中で許容されるミリタリゼーションの基準を明確化していくことであろうと考える。慣行として宇宙空間の平和利用を根づかせるべく，今ほど国際社会の努力が必要とされている時代はないと断言できる。

注

（1）Paul Stares, *The Militarization of Outer Space: US Policy, 1945-1984,* Cornell Univ. Press, 1985, pp.22-29.
（2）1962年のコスモス4号が最初の写真偵察衛星と言われている。
（3）宇宙空間と領空の境界に関する国際的な合意は存在しないが，衛星が周回し続ける地上100キロを超える高度は宇宙空間に属すと解釈されている。
（4）たとえば池田文雄「宇宙軍縮と国際法」『専修法学論集』第6号，1969年2月，94-100頁。池田文雄『宇宙法論』成文堂，1971年，136-139頁。
（5）1970年から2003年までの*SIPRI Yearbook*によると，ソ連は1970年に3機，1971年に6機のASAT衛星を打ち上げ，その後も1976年，1977年にそれぞれ7機ずつ打上げた。この分野の衛星は1970年代から1980年代初期にかけてソ連が開発，実験に力を入れており年平均2機程度打上げられていたが，1982年を最後に実験例は確認されていない。1985年および1986年に2機ずつ米国によるASAT衛星打上げがみられた。青木節子「南極・宇宙・海底での規制」黒澤満編著『軍縮問題入門（第2版）』東信堂，1999年，187頁，表8-1参照。
（6）高橋杉雄「RMAと21世紀の日本の安全保障」『新防衛論集』第27巻4号，2000年3月，57-58頁。
（7）Joseph S. Nye, Jr & William A. Owens, "America's Information Edge," *Foreign Affairs,* Vol.75, No.2, March/April 1996, pp.20-35.
（8）See, *e.g.,* Gerrard Quille, "The Revolution in Military Affairs and the UK," *International Security Information Service Briefing,* No.73, 1998.

第13章　新世紀の宇宙軍事利用

(9) 24機で運用する予定で1982年に1号機を打上げ，1993年に運用が開始された。財政難のためしばしば7-8機で運用される。Fernand Verger, *et al.*, *The Cambridge Encyclopedia of Space: Missions, Applications and Exploration*, Cambridge Univ. Press, 2003, pp.323-324.

(10) *Ibid.*, pp.303-328; Stephanie Andries, "The European Initiative Galileo: A European Contribution to the Global Navigation Satellite System (GNSS)," *Annals of Air & Space L.*, Vol.25, 2000, pp.43-65.

(11) 玉真哲雄「準天頂衛星の安全保障面の意義」『会報宇宙』第52号，2004年4月，78-79頁。

(12) Ted Molczan & John Pike, "Tables of Operational Military Satellites", in *SIPRI Yearbook 2003: Armaments, Disarmament and International Security*, Oxford Univ. Press, 2003, pp.637-638; John Pike, "The Military Uses of Outer Space," in *SIPRI Yearbook 2002: Armaments, Disarmament and International Security*, Oxford Univ. Press, 2002, pp.613-664.

(13) Pike, *ibid.*, p.626.

(14) *Ibid.*, p.634.

(15) Molczan & Pike, *supra,* note (12), pp.637-638; Pike, *ibid.*, pp.635-645, p.664.

(16) Pike, *ibid.*, p.664.

(17) *Ibid.*, p.634.

(18) *Ibid.*, pp.638-639.

(19) 毎日新聞社会部編『ウサギの耳とハトの夢』リベルタ出版，1995年，201-202頁。

(20) Loring Wirbel, *Star Wars: US Tools of Space Supremacy*, Pluto Press, 2004, pp.114-115.

(21) John C. Baker, "Whither Shutter Controls?" [http://www.imagingnotes.com/winter03/global.htm] (2004年3月25日).

(22) Art.1044, National Defense Authorization Act, P.L. 104-278.

(23) Robert R. Clemons, "Law, Government Policy and Satellite Imaging", *ISTS*, vol.24, May 2004, p.4.

(24) Ibid., pp.5-6; Vipin Gupta, "New Satellite Images for Sale", *International Security*, Vol.20, No.1, Summer 1995, pp.94-125.

(25) 1989年と1995年に米中宇宙貿易協定を，1993年にロシアと（1996年改訂），1996年にウクライナと商業宇宙打上げ協定をそれぞれ締結した。上記協定は既にすべて失効している。これらの協定については，たとえば青木節子「宇宙の商業利用をめぐる法規制―通信をめぐる問題を中心に―」『空法』第40号，1999年，14-18頁。

(26) Report of the Select Committee on U.S. National Security and Military/Com-

第 13 章　新世紀の宇宙軍事利用

mercial Concerns with the People's Republic of China, submitted by Mr. Cox of California, Chairman, Report 105-851, Jan. 1999.
(27)　1999 会計年度国防権限法第 15 編「軍備管理，輸出管理および拡散防止に関する事項」サブタイトル B「衛星輸出管理」第 1511－第 1516 条。
(28)　「大量破壊兵器軌道配置禁止決議案」とも称される総会決議 1884（XVIII）に基づいて第 4 条前段が成立したこともこの解釈を補強する。
(29)　M. Mowthorpe, "US Military Space Policy 1945-92", *Space Policy,* Vol.18, No. 1, 2002, pp.26-36.
(30)　UNDoc. A/AC105/C.2/PR.63-71（July, 1966）．池田文雄『前掲書』（注 4），145-147 頁。
(31)　第 1 類第 4 号外務委員会議録第 18 号（昭和 42 年 7 月 13 日）9-12 頁，第 1 類第 4 号外務委員会議録第 19 号（昭和 42 年 7 月 14 日）5-6 頁。
(32)　第 1 部内閣委員会会議録第 14 号（参議院）（昭和 43 年 4 月 25 日）26-27 頁。
(33)　「原子力基本法」昭和 30 年 12 月 19 日，法律 186 号。
(34)　第 2 類第 3 号衆議院科学技術振興対策特別委員会議録（昭和 44 年 5 月 8 日）6-8 頁。
(35)　第 61 回国会衆議院会議録第 35 号（昭和 44 年 5 月 9 日）903 頁。本決議は栗林忠男編集代表『解説宇宙法資料集』慶應通信，1995 年，418 頁に収録されている。なお，この決議について「平和の概念は，国際的に，非侵略という考えと非軍事という考えがございますけれども，これははっきりと非軍事である，非核である，こういうことを明確にしております」と評価された。第 23 部科学技術振興対策特別委員会議録第 7 号（参議院）（昭和 44 年 5 月 15 日）2 頁。
(36)　第 23 部第 61 回国会参議院科学技術振興対策特別委員会議録第 9 号（昭和 44 年 6 月 13 日）332 頁。
(37)　第 23 部科学技術振興対策特別委員会議録第 8 号（参議院）（昭和 44 年 6 月 6 日）10 頁。
(38)　第 1 類第 4 号外務委員会議録第 7 号（昭和 58 年 4 月 27 日）35 頁。翌年の予算委員会においても当時の科学技術庁長官は平和目的＝非軍事であると回答した。第 1 類第 16 号予算委員会議録第 16 号（昭和 59 年 3 月 3 日）40 頁。
(39)　第 11 部通信委員会会議録第 9 号（参議院）（昭和 54 年 6 月 5 日）9 頁。同年 6 月 5 日には通信・放送衛星機構法附帯決議が採択された。同決議案は，機構法は宇宙開発事業団法と異なり，法律条文に活動が「平和の目的に限」られると規定されていないことに危惧を抱いた議員により提案されていた。衆議院での附帯決議は「1.本機構の公共性に留意し，衛星の平和的利用をその目的とする性格にかんがみ，機構が公正かつ効率的に運営されるよう十分配慮すること。……」と規定する。第 1 類第 11 号通信委員会議

第 13 章　新世紀の宇宙軍事利用

録（昭和 54 年 5 月 9 日）17 頁。参議院では「1. わが国における宇宙の開発および利用の基本理念をふまえ，本機構は平和利用の目的に限り業務の運営に当ること。……」と規定する。第 11 部通信委員会議録第 9 号（参議院）（昭和 54 年 6 月 5 日）17 頁。通信・放送衛星機構は，1992 年に通信・放送機構と改称された。

(40)　「わが国の宇宙開発は平和目的に限りということで，国会の諸決議並びに宇宙開発事業団法第 1 条の規定によりまして，平和目的に限りこれを推進しているわけでございます。したがいまして，自衛隊がこれを利用するということは，これは私どもの平和の目的というのに合致しないというところで，私どもは自衛隊がこれを使うということをいまの段階では予定していないわけでございます。」と政府委員が回答した。第 1 類第 15 号予算委員会議録第 5 号（昭和 58 年 2 月 5 日）14 頁。

(41)　第 1 類第 15 号予算委員会議録第 4 号（昭和 60 年 2 月 5 日）4 頁。

(42)　第 1 類第 15 号予算委員会議録第 5 号（昭和 60 年 2 月 6 日）3 頁。

(43)　同上。

(44)　第 1 類第 15 号予算委員会議録第 12 号（昭和 60 年 2 月 18 日）15 頁，18-19 頁。なお，電気通信事業法（昭和 59 年 12 月 25 日法律第 86 号）第 7 条は「電気通信事業者は，電気通信役務の提供について，不当な差別的扱いをしてはならない。」と利用の公平を規定する。

(45)　第 1 類第 15 号予算委員会議録第 5 号（昭和 60 年 2 月 6 日）23 頁。

(46)　第 1 類第 4 号外務委員会議録第 7 号（昭和 58 年 4 月 27 日）13 頁。

(47)　同上，22 頁。

(48)　防衛庁では，汎用理論の出る 1 年前の 1984 年に画像衛星利用のための予算 0.7 億円を初めて計上し，1996 年までは毎年 13-14 億円が維持されていたが，1997 年に 53.1 億円，1998 年に 88.7 億円と北朝鮮の危機が高まるにつれて予算額は大幅に上昇した。なお，1990 年代最も多くの衛星画像を利用したのは科学技術庁で運輸省（特に気象庁）通商産業省および郵政省がそれに続く。中丸到生「情報収集衛星導入への視点(中)」『月刊自由民主』1999 年 8 月，70-72 頁。防衛庁『平成 15 年度日本の防衛　防衛白書』，2003 年 8 月，131 頁。

(49)　第 13 部予算委員会会議録第 16 号（参議院）（昭和 58 年 4 月 4 日）25 頁。

(50)　第 24 部安全保障特別委員会会議録第 4 号（参議院）（昭和 58 年 5 月 16 日）6 頁。2 年後，衆議院予算委員会において，委員から 1983 年 5 月 16 日の議論においては内閣法制局長官が偵察衛星利用は軍事利用であり平和利用に反するので自衛隊は偵察衛星をもてないことになる，と述べたとしているが，当時同長官はそこまでは断言していず，質問に立った委員が三段論法的にかかる結論を導いている。第 1 類第 15 号予算委員会議録第 5 号（昭和 60 年 2 月 8 日）24 頁。同年 2 月 21 日の予算委員会で，政府委員がその点を正した。第 1 類第 15 号予算委員会議録第 15 号（昭和 60 年 2 月 21 日）26-27

第 13 章　新世紀の宇宙軍事利用

頁。
- (51)　毎日新聞社会部『前掲書』（注 19），197-200 頁。
- (52)　平和・安全保障研究所編『アジアの安全保障 2003-2004』朝雲新聞社，2003 年 10 月，69-70 頁。
- (53)　たとえば CD/PV167, 30 March 1982, pp.34-35; CD/709/Rev.1, 22 July 1986; CD/908, 31 March 1989.
- (54)　Pericles Gasparini Alves, *Prevention of an Arms Race in Outer Space: A Guide to the Discussions in the Conference on Disarmament,* UNIDIR, 1991, pp.97-106.
- (55)　Report of the Conference on Disarmament, A/47/27, 1992, pp.65-71.
- (56)　第 43 会期は，参加国や国際機関による自国の宇宙物体登録実務の発表が中心であった。
- (57)　青木節子「宇宙開発の国際法的な枠組み」茅原郁生編著『中国の核・ミサイル・宇宙戦力』蒼蒼社，2002 年 7 月，416-417 頁。
- (58)　CD/1679, 31 July, 2003.
- (59)　Gerry J. Gilmore, "Space, Missile Defense Essential to Defense, Rumsfeld Says" [http://www.defenselink.mil.news/Dec2003/n12102003_200312108.html]（2003 年 12 月 22 日）2003 年 12 月 10 日の国防長官発言より。
- (60)　2002 年の NSS では先制行動をはじめて公式の政策として採用したが，米国は従来差し迫った状況では先制行動を採用してきたと言い得るからである。
- (61)　Karl P. Muller, *Is the Weaponization of Space Inevitable?,* RAND, March 2002, pp.1-10.
- (62)　代表的なものとして，使用頻度の少ない軌道に衛星を移動させる reorbit や大気圏内に落下させて燃やし尽くす deorbit がある。
- (63)　Dep't of External Affairs of Canada, *Paxsat Concept: The Application of Space-Based Remote Sensing for Arms Control Verification,* 1986.

第14章　平和構築とDDR

星　野　俊　也

まえがき

　20世紀の冷戦が幕を引き，新たな国際安全保障環境のなかで迎えた21世紀の世界が直面する重要な課題の1つに，激烈な紛争によって社会インフラや経済基盤はもとより政府の統治機能までもが崩壊した国家の再建に向けた活動がある。

　国家が主権を主張し，自主独立を訴えるのであれば，国家の再建は本来，つとめて「国内的」な課題といってよいだろう。そして，戦後復興とは，いつの時代においても，勝者・敗者の別なく取り組んできた課題で，決して新しいことではない。その場合，「占領」というかたちで国際社会が直接に国家再建に従事した第2次世界大戦後の日本やドイツの例や植民地など非自治地域の自治実現や独立を手助けした国連信託統治理事会の活動の事例もあるが，原則はあくまでも「セルフ・ガバナンス（自己統治）」であって，国際社会の協力はもっぱら2国間ないし多国間の経済援助の提供など間接的な支援が中心になるのが一般的であった。

　しかし，近年ではこうした国家の再建が，より国際介入度の高いかたちで外部の主体の力を用いて行われるようになっている。その実際の形態は1つではないが，いわゆる国連の「暫定統治」といった領域の国際管理は，1990年代以降，カンボジアや東チモールで広範囲にわたり実施された。国家ではないが，ユーゴ連邦内で高度な実質的自治を達成するためのコソボの国連暫定統治（国連管理下の暫定自治）なども重要な前例を形成している。また，政治的な理

第14章 平和構築とDDR

由から国連の直接的な統治の形態はとってはいないものの，9.11事件以降の対テロ軍事作戦の結果既存の政権が打倒されたアフガニスタンとイラクでも新政府の樹立にあたり国際社会の支援を受けた暫定政府が重要な役割を果たしていた。ボスニア紛争後に生まれた新国家は国際社会がお膳立てをした和平協定（デイトン合意）に基づくものである。さらには，破綻国家といわれるソマリアや残虐な紛争の傷跡の深いシエラレオネやルワンダなどの再建努力に国際社会の果たす役割は大きいと認識されている。

本来，「セルフ・ガバナンス」が強調されるべき国家再建過程が今日，このように「国際化」せざるをえない理由としては，主に次の3つを指摘できるだろう。

第1は，国家を構成する「セルフ（自己）」の内部分裂である。周知の通り，冷戦後に顕著となった武力紛争は，そのほとんどが内戦になっている。内戦というかたちで，かつては1つの集合的な「セルフ」を形成していた国内の諸コミュニティ（宗教・民族・言語などを媒介とした共同体）の間で対立が顕在化した状況において，「自ら」の努力だけでの（したがって，外部の仲介や圧力なしの）再統合がきわめて難しいことは容易に想像される。

第2は，「セルフ」の不在である。すなわち，「破綻国家」に象徴されるように，以前の統治機構が崩壊した後，誰がいかなる権限でどのような統治をすべきかを自己決定できないほどにまで混乱した状況が継続しているケースもある。

そして第3には，外部による「セルフ」の強制的な体制変更（政権の打倒）の結果というものも加えなければならないだろう。9.11事件を契機に米英軍はアフガニスタンのタリバン政権を打倒（「不朽の自由」作戦）し，イラクのサダム・フセイン政権も崩壊に追い込んだ（「イラクの自由」作戦）。相手国の政権変更を強制的に実施する行動の合法性や正統性には多くの疑義が残されてはいるが，現実の問題として新国家の建設は緊要の課題となり，国際社会の支援が不可欠な状況になっている。

以上のような経緯のなかで紛争後の国家・社会の再建に取り組もうとするプロセスは，今日，一般には「平和構築（peacebuilding）」と呼ばれている。平和構築という言葉には，その国家・社会が再び紛争に陥らないようなかたちでの再出発を願う国際社会の強い期待が込められている。そして，国家機能の全

第 14 章　平和構築と DDR

体的な再建のためには、政治・経済・社会のインフラの再構築から人々の精神的・心理的な和解まで実に様々な活動を必要とすることもまた認識されるようになってきている。そこで、本稿は、軍縮と国際安全保障という視点から紛争後の平和構築の問題を位置づけ、特に平和構築活動のなかでも治安・安全保障分野の改革と連動する元戦闘員の武装解除・動員解除・社会復帰（DDR：Disarmament, Demobilization, and Reintegration）に焦点をあて、国家間の軍縮努力とは別の次元にありながら、国際安全保障の維持と強化に重要な意味をもつこうした分野の動きを整理する。そのため、第 1 節では平和構築全般を概観しながら DDR を位置づけ、第 2 節ではいくつかの具体的なケースをとりあげて DDR に求められるさまざまな活動を整理する。そして第 3 節では、日本の平和構築支援活動（日本政府は、これを「平和の定着と国づくり」と表現している）に目を向け、まだ限られてはいるが治安回復と DDR 分野における実践の状況について検討していくことにする。

I　平和構築における DDR

1　平和構築とは何か

　平和構築とは、主に紛争を経験した当該国家「内部」の諸制度の立て直しを「紛争の再発防止」という観点から実施する動きを総称して用いられる概念である。この発想は、ブトロス・ガリ国連事務総長が 1992 年の国連安保理報告『平和への課題——予防外交，平和創造，平和維持』のなかで「紛争後の平和構築（post-conflict peace-building）」として取り上げて以降、広く一般に議論されるようになったものである。ブトロス・ガリ事務総長は、これを「紛争の再発を避けるために平和を強化し、堅固なものにする諸構造を見出し、支えるための行動」と定義していた[1]。同事務総長が平和構築を「紛争後」の文脈で捉えている理由は、予防外交を「紛争以前」の段階における文字通りの武力紛争の未然防止や「紛争中」における事態のエスカレーションの予防に資するものとして位置づけたのに対し、武力紛争が一定の程度収束したところで再発防止に向けた体制作りをしていく必要性を認識したからにほかならない。
　平和構築を必ずしも「紛争後」に限定せず、より包括的な視点から定義しよ

うと試みたのはカナダ政府であった。カナダは平和構築を一般に「国家内部の平和の可能性を高め，武力対立の可能性を低めるための努力」と考え，平和構築の全般的な目的として「ある社会において暴力を用いずに紛争を管理する内的な能力を強化すること」と規定している[2]。同国が平和構築の説明に，「紛争後のさまざまな活動にとどまらず，紛争予防や紛争解決を含みうるものであり，その焦点を軍事的・人道的な側面よりも紛争の政治的および社会・経済的な側面に置くもの」と強調していることも興味深い。

カナダは，また，平和構築の概念を「人間の安全保障」とも結びつけ，「平和構築の目的は，人間の安全保障を構築することであり，この概念の実現には民主的なガバナンス（統治），人権，法の支配，持続可能な開発，資源への平等なアクセス，環境安全保障（の実現）が含まれる」とも指摘する。「カナダ平和構築イニシアティブ」が1996年10月30日のアクスワージー外相によって公表されて以来，同国政府は，外務貿易省と同国の国際開発庁（CIDA）共同で平和構築基金を運用するなど，具体的な支援活動に着手をしている。

一方，国連の文脈で平和構築の概念が再び注目されたのは，アナン国連事務総長の諮問を受け2000年8月にまとめられた「国連平和活動検討パネル報告書」においてであった[3]。パネルの委員長であったアルジェリアのブラヒミ元外相の名前を冠して「ブラヒミ・レポート」として知られる本報告書では，国連PKO（平和維持活動）に限らず紛争予防や平和構築のための活動を総合して「国連の平和活動（peace operations）」と捉え直し，制度上の問題点などを整理している。このなかで平和構築については，「平和の基礎を再生し，単なる戦争のない状態以上のものを作り上げるための活動をいう」と表現し，例として「戦闘員の市民社会への再統合，警察・司法制度の訓練などを通じた法の支配の強化，人権の尊重の監視，過去または現存する人権侵害の捜査，選挙協力や自由なメディアの支援を含む民主化支援，紛争解決・和解の促進などが含まれる」としている。

国連では，その後，2001年2月5日に安保理が「平和構築――包括的なアプローチをめざして」と題する公開討議を行い，その結果，安保理議長声明のかたちでいくつかの有益な指摘がなされている。そのなかには，「安保理は，平和創造，平和維持および平和構築はしばしば相互に緊密に連関していることを認識している。本理事会は，この相互連関を通じて達成された結果を保持

第14章　平和構築とDDR

し，さらに紛争の再発を防止するためには包括的なアプローチが必要であると強調した。そこで，本理事会は，適当とされる場合，平和維持活動のマンデートのなかに平和構築の要素を取り込む価値について再認識した」とする部分などがある[4]。

　日本でも平和構築概念は，早くから国際協力事業団（JICA，現・国際協力機構）などが従来の開発援助の延長線上に平和構築を位置づけて概念整理や活動の方向性を探る研究を行っていた[5]。やがて，平和構築は，政府開発援助（ODA）の新しい運用方法を検討するなかでも注目され，2003年8月29日に閣議決定された新ODA大綱の重点課題の1つに「平和の構築」が置かれるまでになっている[6]。詳細は後段に譲るとして，大綱がODAを活用し，「予防や紛争下の緊急人道支援とともに，紛争の終結を促進するための支援から，紛争終結後の平和の定着や国づくりのための支援まで，状況の推移に即して平和構築のために2国間及び多国間援助を継ぎ目なく機動的に行う」との方針を明らかにしたことは注目に値する。

　JICAにおける平和構築支援の研究はその後も深められ，「紛争につながる構造的要因を抱える国々や，一部地域において散発的な紛争を抱えている国，紛争終結後の国々に対し，これらの国々自らが紛争を回避し，長期に亘って安定的な発展に取り組むことができるような能力を強化すること」を目的に，具体的な指針の検討も続けられている[7]。

　以上のように，平和構築の概念は，国連やカナダ，日本などでの政策研究を重ねながら包括的で具体的なイメージが形成されてきたといえるだろう。現時点で統一的な定義が必ずしもあるわけではないが，ここで紹介した主な考え方を総合して指摘できることは，平和構築とは，紛争社会を平和が持続する社会に移行させることであり，したがって，本稿では「現地の人々の自らの力によって平和が持続できるような社会を構築すること」と定義しておくことにしたい[8]。ポイントとしては，平和構築はあくまでも現地の人々の自らの努力が前提となり，それを国際社会が支援するという構図が成り立たなければならない，ということである。したがって，誰が主体（セルフ）を構成するのかが改めて問い直された上で，具体的な平和構築メニューが意味をもってくると考えるべきだろう。

2 平和構築における治安・安全保障セクター改革[9]

ところで，平和構築がいかなる意味で本書の共通テーマである「21世紀の軍縮と国際安全保障」に関わるかを議論すること自体，ある意味で新しい国際環境における平和と安全の課題を考える契機を与えるものといえるだろう。

これから詳述するように，本稿は平和構築活動のなかでも特に当該国の治安・安全保障セクター (security sector) の改革と不可分の関係にある DDR（元戦闘員の武装解除，動員解除，社会復帰）に重点をおくものである。これらはつとめて国内的な活動であり，したがって，この文脈で用いられる「安全保障 (security)」の概念は対外的な脅威からの防衛に関わる国軍の再建もあるが，第一義的には国内の「治安 (security)」の維持であり，「軍縮 (disarmament)」とはもっぱら国内における戦闘員（正規軍兵士や民兵，パラミリター，ゲリラなど）の「武装解除 (disarmament)」であることに気づかされるはずである。これらは，ダイナミックな国際場裏で繰り広げられる国際安全保障交渉や軍縮外交とは次元を異にする活動である。しかし，その重要性は，次の3点を確認するだけでも認識されるのではないだろうか。

第1は，今日の紛争の多くが内戦化していることにより，紛争解決のための国際社会の活動はほとんどの場合，国内事項への介入というかたちをとることになる。この結果，国連のPKO活動は，かつてのように平和協定を結んだ国家間の国境線上や非武装地帯における停戦監視や兵力引き離しよりも，国内に引かれた停戦ラインの監視や治安維持に活動の性格を変えている。内戦の終結のために送り込まれた多国籍軍の役割も現地の治安維持が中心となるケースは多い（例えば，ボスニアに展開した SFOR（安定化軍）や東チモールに派遣された東チモール国際軍 (INTERFET) など）。タリバン政権が倒れた後のアフガニスタンに駐留する ISAF（国際治安支援軍）はまさに治安維持を目的とした多国籍軍であり，イラク戦争後に駐留する米英軍にとっての最大の挑戦が現地の治安の回復であることもまた，この問題の奥深さを物語っているといえるだろう。

第2は，内戦で実際に使用される武器が通常兵器，それも小型武器や地雷など容易に入手できるものであることから，元戦闘員の武装を解除 (disarm) し，これらの武器を回収・廃棄することこそ実質的な軍縮 (disarmament) で

第14章　平和構築とDDR

ある点も指摘できる。1990年代だけでも内戦の犠牲者は500万人以上——別の言い方をすれば毎年50万人以上——に上るといわれ，その8割までが女性や子供であり，さらに，こうした犠牲が小型武器によるものであると知るならば，小型武器こそが「事実上の大量破壊兵器」と言われるのもうなずける[10]。地雷は国際条約による廃絶に向けた動きがとられてはいるが，小型武器は正当な目的のために「必要な」兵器でもあることから，一律に廃棄するわけにはいかない事情がある。しかし，非合法な取り引きや過度な蓄積を取り締まり，不要な武器の廃棄に努めることは国際の平和と安全の維持にとっても重要な活動である[11]。

　第3は，今日の世界では当該国での内戦や飢餓・集団虐殺・大量虐殺などの人道危機が国連安保理で「国際の平和と安全に対する脅威」と認定されるケースが増えていることである。この理由は主に2つある。1つは，現行の国際制度のもとではそれ以外に方法がないという，いわば消極的な理由である。国連憲章や国連でのプラクティスに代表される紛争管理に向けた現在の国際的なメカニズムは，あくまでも国家間のものへの対応を前提としており，冷戦終結後に特に顕著になった国内での目に余る諸事態に対しては，それが「国際の」平和と安全を脅かすという論理を用いてのみ，安保理を動かし，事態の改善にあわせた対応に道が開かれる。内政不干渉という国際関係の大原則を乗り越えても他国の国内で発生している深刻な動きには国際介入は妥当とする共通理解が浸透するまでは，こうした論理を援用するほかはないだろう。

　しかし，もう1つ，より積極的な理由として，ある国の内戦や人道問題が周辺国や地域，さらにはグローバルに実際的な脅威を及ぼすことから，真に「国際の平和と安全」のために行動をとる必要性を指摘できるだろう。当該国からの難民が大量流出したり紛争が周辺国に飛び火したりする事例や同国の混乱に乗じて国際テロ組織の拠点となったり，その国が大量破壊兵器（WMD）の不法な開発や取引に関与するようなケースを考えれば，これが国際道義の域を超え，実利の観点からも急務と考えられていることがわかる。

　こうした理由から国内の治安の問題が国際の安全保障に直結するケースは近年，格段に増えている。そして，治安・安全保障セクター改革（SSR：security sector reform または security system reform）が平和構築のメニューのなかで主要な位置を占めるようにもなってきた。DDRやそれに関連した小型武器

333

第14章　平和構築とDDR

等の問題への対処は，このSSRのプロセスと切っても切り離せない作業である。

　では，ここでDDRの具体例を検討する前にSSRの主な考え方と内容について簡単に確認しておきたい。

　深刻で暴力的な紛争を経験した国や地域の再建にとって「治安・安全保障セクター」と言われる部分の改革が不可欠であるという認識は，紛争の誘引となる抑圧が国家の防衛や治安維持を担う実力組織の権限を濫用して行われたり，あるいは，正統で正規の軍や治安組織が十分に機能しないなか，無統制の武装グループやテロ組織が影響力をもつ権力の空白が問題となったりする事例の多さからも広く認識されるようになった。この分野は本来の開発援助・経済協力の対象にはなじまないように思われるが，当該国における軍事費の増大が開発の遅れを引き起こす負の要因になっていることや「ガバナンス（統治）」のあり方が開発協力のアジェンダのなかで占める意味合いが高まったことにより，治安・安全保障が援助対象の国家や社会にとっての公共財として理解されるようになった[12]。こうして経済協力開発機構（OECD）の開発援助委員会（DAC）でも1997年ごろから開発と治安・安全保障の連関に関する調査・研究が活発に進められるようになっていった。

　治安・安全保障セクターの改革の問題は，1990年代を通じ，国連PKOのプラクティスの一環としてカンボジアやボスニア，シエラレオネ，東チモールなどで経験を積み重ねている。そこで，こうした経験とも照らしながらDACの研究を参考にするならば，SSRとは「相手国が，民主的な規範やガバナンス，説明責任，法の支配といった健全な原則と一致したかたちでその社会のさまざまな治安・安全保障上のニーズを満たしていく能力を強化すること」と定義できる[13]。DACが治安・安全保障セクターに属するとしている組織は，軍，警察，憲兵隊，情報機関，司法府及び刑罰組織といった公的権限をもった国家機関と，それを管理・監督する文民からなる国家機関（議会，行政府）である。そして，DACは次の3つの観点からSSRが進められるべきと指摘している。第1は，治安・安全保障と開発が両立し，関係するすべての主体が参加し，女性や子供，少数民族など社会的な弱者にも重点を置いたかたちでの明確な制度的枠組みを作ること。第2は，治安・安全保障機関のガバナンスと監督を強化すること。そして第3は，文民で構成される当局に対して説明責任をもち，市

第14章　平和構築とDDR

民社会組織との対話にも開かれたプロフェッショナルな実力治安・安全保障組織を築くこと，である。

　改めて紛争と治安・安全保障セクターの関係性を考えるならば，武力紛争の発生とは，それが国内の文脈で引き起こされたときは，概ね，①政治からは独立し，公正中立であるべき治安・安全保障セクターが政治化し，権力の目に余る濫用が行われた場合や，②非合法・非正規の武装グループ，テロ組織なども加わった，混沌とした衝突が繰り返される場合，などが見られることだろう。これらは，平和的に係争問題を解決するという民主的なガバナンスの制度の機能不全や破綻とも決して無縁ではない。したがって，平和が持続できるような社会を構築するなかに，こうした治安・安全保障セクターの改革を含むガバナンス支援はきわめて重要な位置を占めることになるだろう。そして，実際の戦闘が終り，新たな治安・安全保障セクターの形成が計画・実施されるプロセスのなかで現実的な挑戦となるのが戦闘に従事し，その数も肥大化した人々（正規軍の軍人や民兵組織，ゲリラなどのメンバー）の武装や動員を解除し，除隊した元戦闘員を市民社会に復帰させる事業の成否である。次節では，今日の新しい軍縮と国際安全保障にとっての1つの緊要な動きとしてのDDRについて，その枠組みと主な事例について検討する。

II　DDRの挑戦

1　DDRのプロセス

　繰り返しになるが，DDRとは，武力紛争に区切りがついた段階で再発防止も意図して元戦闘員の武装解除（Disarmament），動員解除（Demobilization），社会復帰（再統合）（Reintegration）というプロセスをパッケージとして実施しようとする試みである。国連によれば，これら3つのそれぞれの定義は各々次のようになっている[14]。

　武装解除とは，「紛争地域内で小型武器・軽火器・重武器を集めること」とシンプルに定義されている。国連の報告書では，さらに「この作業は，戦闘員を宿営地に集合させながら進められることが多く，武器の安全な保管や廃棄を含めた最終的な処分方法などを含めた武器管理プログラムをしっかりと作って

335

第14章 平和構築とDDR

おかなければならない。地雷除去もこの活動の一環に位置づけられる」としている。

動員解除とは、「紛争の当事者らがそれぞれの軍事組織の解体に着手し、戦闘員は市民としての生活への移行を始めるプロセス」を指す。ここでは「元戦闘員の登録や彼らの当面の基本的ニーズに対応するための何らかの支援や、除隊させ出身地に戻るための移動手段の提供なども含まれる。新設される国軍のメンバーとして登用される可能性もある」と紹介している。

社会復帰（再統合）とは、「元戦闘員やその家族が生産的な市民生活に経済的にも社会的にもなじむようにさせるプロセス」のことである。この場合、「一般的には現金または相応の補償、訓練、雇用機会がパッケージになったものが提供される。この活動の成果は、より広い事業（例えば、帰還する難民・国内避難民への対応やコミュニティないし国家レベルでの経済発展への支援、インフラの復旧、真実和解の努力、制度改革など）の成否にも依存する。社会復帰を長期的に成功に導くものとしては現地の人々の能力強化が重要である」と事務総長報告書は指摘する。

実際にはこれら3つの活動が段階的に進むと考えるよりは、少しずつ重なり合いながら前進させていくべきものといえるだろう。また、前述のSSRとの関連で言えば、DDRを通じて兵士・戦闘員や一般の市民たちが武器を手放すのは、あくまでも新しい体制の治安組織や国防組織が信頼のおけるものになるという目処がたってからのことである。その意味でも、DDRとSSRは、相互に一貫した戦略的な観点から取り組むことが重要である。

ところで、今日DDRとして一般に言われるようになった活動が国連PKOの一部として試みられた最初は、1989年の国連中米監視団（ONUCA）であり、その後もエルサルバドル、カンボジア、モザンビーク、リベリア、アンゴラ、東スラボニア・バラニャ・西スレム、グアテマラ、タジキスタン、シエラレオネなどで活発に行われた。国連PKOが部分的に関与したものとしては、ソマリア（必要な場合は武力を行使しても武装を解除させるというものが第2次国連ソマリア活動（UNOSOM II）のマンデートに含まれていた）や中央アフリカ共和国での活動に盛り込まれていた。後述のように東チモールの平和構築活動のなかでもDDR関連の活動は重要であった。

紛争の終結にあたっての和平プロセスは多様であり、必ずしも画一的なメニ

ューで対応することはできないが，国連事務総長報告は，「理想的には」と断りつつも，「過去の経験に即して言えば，DDRを成功させる基礎となるものが和平合意のなかに規定されているべきである」としているが，これはDDRを制度化するうえでも有益な指摘といえる[15]。

　次節以降では，いくつかの紛争の終結後の平和構築過程におけるDDRの実際について検討するが，その前に9.11事件後，米英を中心に対テロ作戦として実施されたアフガニスタンおよびイラクにおける軍事作戦とその後の復興プロセスについて一言ふれておこう。

　まず，アフガニスタンについてだが，米国が，同国を実効支配するタリバン政権が9.11事件の首謀者と見られるオサマ・ビンラディンと彼の統括する国際テロ組織アルカイダを保護していたことを理由に，2002年10月，同国に対する対テロ軍事作戦を実施した。そして米国は，国内で反タリバンの立場をとる北部同盟との共同作戦で同国の戦略的要衝を次々と押さえ，首都カブールも陥落させてタリバン政権を崩壊させた。一方，イラクに対しては，WMD開発疑惑が濃厚であったこともあり，米国は先の湾岸戦争以降の国連安保理決議への違反を続ける同国のサダム・フセイン政権に最後通告をつきつけ，それが拒否されたことを受けて軍事作戦に踏み切っている。2003年3月のことである。

　この2つの武力行使は，前者が個別的自衛権の発動，後者は1991年の湾岸戦争後の安保理決議とイラクに「最後の機会」を与えた国連安保理決議1441（2002年11月）に内在する権限，をそれぞれ理由としていた[16]。そして，その結果として，アフガニスタン，イラク両国の軍・治安部隊は壊滅的なダメージをうけ，政権とともに崩壊している。これは，ある意味で最も強制度の高いかたちで相手国の武装を解除（あるいは非武装化 disarm）することといえる。しかし，いずれの場合も米英が計画する武力行使の実施にあたり，国連憲章第7章に基づいた安保理決議による明示的な権限を得ることなく行動することをあえて選択したため，国際社会全体の理解を獲得する上では大きな疑問の残るものとされたことは否定できない。こうして，アフガニスタンとイラクにおいては，戦後復興の過程で旧政権のリソースをまったく否定したかたちで平和構築やDDRをいかに進めるのか，という新しい挑戦を抱え込むことになった。

第 14 章　平和構築と DDR

2　DDR の実際——モザンビークとシエラレオネの経験から

　本項では，紛争後の平和構築の一環としての DDR の実務的な側面と，それが実際に直面するさまざま課題に対する理解を深めるためにモザンビークとシエラレオネのケースを概観したい。この2つを取り上げた理由だが，まず，前者が国連 PKO の一環として実施された DDR としては初期の例でありながら，国連と関係国・NGO が協力し，成功裏に DDR を進め，平和の定着に結びつけたモデル・ケースである。後者は資源をめぐる苛烈な紛争に対処すべく史上最大規模の PKO が派遣されるなか，DD を担当する軍事部門と R を担当する文民部門とが当初から統一的に任務を行ったことで注目されたケースである。なお，日本が直接間接に DDR に関与しているカンボジア，東チモール，アフガニスタンのケースは次節で取り上げることとしたい。

(1)　モザンビーク

　モザンビークも，他の多くのアフリカの国々の例にもれず，内戦と貧困に苦しんだ国の1つであった。実際，10年におよぶ民族解放闘争の末，1975年にポルトガルからの独立を果たした同国はすぐさま周辺国をも巻き込む内戦に突入すると，大量の難民や国内避難民を生みだしたのみならず，破壊活動の被害者から飢えや病気による死者まで計り知れない犠牲を人々に強いることになった。その内戦に終止符が打たれたのが1992年の包括和平協定の合意であった[17]。それから11年がたち，第58回国連総会（2003年）の演壇にモザンビーク政府の代表と AU（アフリカ連合）議長を兼務する立場で演説に臨んだチサノ大統領は，「自分は今日，政治，経済，社会の改革の定着に取り組むアフリカの人民のメッセンジャーとしてこの議場に来た」と語り，「モザンビークではいまや平和は不可逆の現実になっている」とも述べて，いまやアフリカが大陸全体として「平和と安定の回復や富と繁栄の創造」に向けて一致団結して動いていることを印象づけた[18]。

　そのモザンビークの和平に実質を伴わせる上で不可欠であったのが，DDR であり，国連は和平合意の履行のため，武装解除と停戦の監視を目的とした国連 PKO・国連モザンビーク活動（ONUMOZ）と選挙対策部，および難民の帰還と除隊兵士の社会復帰を促進するための人道支援調整事務所を設置し

第14章　平和構築とDDR

た(19)。リーダーシップを発揮したのはブトロス・ガリ国連事務総長に任命されたA・アジェロ事務総長特別代表であり，モザンビークに対する主要援助国で構成される監視・統制委員会とよく協議を重ね，国連監視の下での政府軍及び反政府ゲリラ・レナモ軍のキャンプ地への集結，両軍の武装解除，新国軍の創設といった作業を着々と進めていった。これらは，和平プロセス完了の節目となる大統領および議会選挙を混乱なく実現するための前提となった。もっとも，同国での武装解除のプロセスの完了は，予定よりは1年間の遅れを余儀なくされていた。これは，ONUMOZ自体の展開の遅れもあったが，武装解除が不十分な状態のまま予定の期日を優先して尚早な選挙を試み失敗したアンゴラの教訓を生かし，安保理もONUMOZの作業が終わるまで忍耐強く「待つ」ことを正しく容認した結果であった。

モザンビークでのDDRは，国連PKOとともにNGOが積極的に貢献した点でも先駆的だった。現地のクリスチャン・カウンシル・オブ・モザンビーク（CCM）が日本のNGOの協力を得て進めた事業は旧約聖書のいう「剣を鋤に」をまさに実践する「武器と道具の交換」プロジェクト（ポルトガル語の頭文字をとって「TAEプロジェクト」と呼ばれる）というものである(20)。元兵士は，このプログラムに基づいて武器を差し出し，その見返りに生産活動に有用な道具（ミシン，自転車，鍬，建築資材など）を受け取った。現地の人々には好評で，1995年以来，25万個以上の武器や付属品が約1万点の道具と交換され，約1000人が直接的な受益者となった（その家族など間接的に恩恵を受けた人々も1万人に上る）という(21)。

モザンビークでのDDRの成功は，国際社会の強い支持と，現地社会のニーズに適合し，「平和の文化」の受け入れをも促進するような活動の有機的な組み合わせによるものといえるだろう。

(2) シエラレオネ

1990年代を通じて悲惨な内戦に明け暮れたシエラレオネにとっても，平和の回復にはDDRが最も重要なプロセスになることは明らかであった。自らの支配地域で産出されるダイヤモンドの密輸で得られた財源をバックにした反政府ゲリラRUF（革命統一戦線）と親政府軍CDF（市民防衛軍）との戦闘や軍事クーデターが繰り返され，停戦合意も容易に破棄される同国に何とか和平をも

第14章 平和構築とDDR

たらそうと地域機構ECOWAS(西アフリカ経済共同体)の軍事部門であるECOMOG(ECOWAS監視グループ)や国連などが介入し、和平合意が結ばれたのは1999年7月であった。これを受けて国連安保理は合意実施のための国連PKO・国連シエラレオネ・ミッション(UNAMSIL)の現地展開を承認する。任務の主眼はDDRで、この難事業を統括した経験をもつ伊勢崎賢治氏によると、UNAMSILでは軍事部門によるDDと行政官が主導するRとを統一的に行う野心的な戦略を立てていた、という[22]。途中、DDRの進展を好ましく思わないRUF側によって国連PKO要員500人あまりが拘束される事件が発生するなど困難を極めたが、最終的には軍事部門の要員数1万8000人、予算年間8億ドルという史上最大規模のPKOとなったUNAMSILの活動を通じ、2002年1月までにDDは完了し、Rプログラムに引き継がれていった。

伊勢崎氏によると、シエラレオネのDDRの手順は概ね次のようなものだった、という[23]。

ⅰ)現地政府内にDDR関係プログラムの実施組織NCDDR(国家DDR委員会)を設立。

ⅱ)RUF、UNAMSIL、NCDDRで3者会談を月例で開催、停戦実施状況の確認や武装解除のスケジュール・場所の選定、治安確保、DDRプログラムの合意形成を行う。

ⅲ)3者会談の合意に基づき、選定された地域にPKF部隊をいれ、武装解除センターを設置。

ⅳ)同センターを拠点に国連要員が巡回、地域のRUF・CDFの人数をリスト化して把握。続いて軍事監視員が同リストを元に武装解除に応じるように説得する。

ⅴ)トラックを配車し、武装解除に応じた元兵士を武装解除センターに集め、武器の廃棄セレモニー(自分が使った武器をハンマーで壊すというもの)を経て、名前を登録し、顔写真の入ったカードを発行してもらい、現金300ドルを受け取る(世界銀行のマルチトラストファンドを利用)。RFU元兵士は同センターにて、その後1週間のカウンセリングを受ける。

ⅵ)社会再統合プログラム(人材育成、即効性のある事業、小規模融資など)を提供する。

シエラレオネの内戦終結がカバー同国大統領によって宣言されたのは2002

年1月18日であり，これが武装解除・動員解除の完了日とほぼ一致しているのは，けっして偶然ではない。前途は多難だが，プログラムを通じて武装が解除された4万9000に上る元兵士と廃棄されたおびただしい数の武器は，この国の将来の礎を形成するものといえよう。

III　DDRと日本

1　日本の平和構築支援とDDR

日本にとってDDRは必ずしも得意とする分野とはいえない。それは，非軍事の開発援助に主眼をおいて積み重ねてきた実績からいっても，必然的に軍事に関わるDDRの作業には，日本の意思と能力の両面において一定の限界があることは最初から認めておかなければならないだろう。しかし，冷戦後，途上国の問題が開発プロパーのケースから多くの場面で紛争要因を加味せざるをえないケースを扱う必要が高まり，日本の対外援助政策にも質的な変化が見られるようになった。第1は，「国際平和協力」という分野で国連PKOや人道的救援活動や選挙監視活動を通じ，日本人の要員が国際的に人的な貢献を行う体制が整備され，行動に移されたことがあげられる[24]。そして第2には，紛争社会における紛争の再発防止をも視野に入れ，「復興支援」にも機会が開かれるようになったことが指摘できる。この後者の活動は，「平和構築支援」あるいは「平和の定着と国づくり」といった表現で捉えられるようになった分野である。

日本の開発援助と平和の問題との相関関係については，すでに1992年のODA大綱がまとめられた際にも「平和国家としての我が国にとって，世界の平和を維持し，国際社会の繁栄を確保するため，その国力にふさわしい役割を果たすことは重要な使命」という認識が盛り込まれている。しかし，紛争と開発との接点に踏み込んだのは1999年8月に公表された「政府開発援助に関する中期政策」文書であり，このなかで，紛争は「人道上の問題を引き起こすと同時に，それまでの開発努力の成果や環境を破壊する。紛争の予防，解決，紛争後の平和構築と復興は，開発の観点からの国際社会の大きな課題である」と位置づけている。JICAがカナダとの共同研究や事業戦略調査研究で平和構築

第14章　平和構築と DDR

と人間の安全保障の問題を取り上げたのもこの頃であった。

　日本政府の取組みとしては，その後，紛争予防を2000年の九州・沖縄サミットの主要テーマに位置づける一方，「『紛争と開発』に関する日本からの行動——アクション・フロム・ジャパン」を発表するなど[25]，従来の開発援助戦略のなかに理論的に平和構築につながる要素が次々と導入されていく。こうした流れをくんで，小泉首相がシドニー演説（2002年5月）で「平和の定着と国づくり」概念を打ち出し，2003年8月に閣議決定された新ODA大綱では「平和の構築」が重点課題に位置づけられ，さらに独立行政法人化を控えた国際協力事業団（法人化後は「国際協力機構」）の活動については，その設置法改正（2002年12月）のなかで「(開発途上)地域の経済及び社会の発展又は復興に寄与」する（第3条）というように「復興」の2文字を活動目的に加えることで平和構築の法的な位置づけが与えられるといった方向が定まっていく。

　平和構築を語るのであれば，DDRは避けては通れない分野である。そこで，JICAの平和構築支援のメニューを見てみると，同機構は平和構築支援の7分野として①和解，②ガバナンス支援，③治安回復，④社会基盤整備，⑤経済復興支援，⑥社会的弱者支援，⑦人道緊急支援をあげ，DDRはSSRとともに③に含まれている[26]。JICAの報告書が指摘するように，「開発援助でどこまで治安分野に関与出来るか」については議論の分かれるところである。しかし，JICAは「国防省や軍をカウンターパートにはできないが，包括的アプローチの補完的支援として，警察の機能強化や，除隊された兵士が市民社会に復帰するための支援，治安回復にとって必要な市民の意識の変革及び『平和の文化』の構築等を実施していく」との方針を示している[27]。

　日本の平和構築支援は単なる理論研究にとどまらず，すでに1990年代を初頭から和平・復興・安定化に向けた積極的な外交努力と連動し，具体的な活動も数多く進められている。そこで，次項では，特にDDR分野の動きを中心に，カンボジア，東チモール，アフガニスタンというアジアの3つの国家の再建過程における日本の役割を振り返ってみたい。

2 日本のDDR支援の実際——カンボジア，東チモール，アフガニスタンの事例から

カンボジア，東チモール，アフガニスタンの3ケースは，いずれも日本が本格的に紛争後の復興に乗り出したケースである。形式としては日本が共同議長国の1つとなって東京で支援国会議を開催し，自ら復興支援面でのリーダーシップを発揮するとともに，広く国際社会の支援約束を取り付ける場を提供する，というものである。こうした外交努力は，これらのほかにインドネシア・アチェ紛争やスリランカを対象とした会合の東京開催といったかたちで続けられているが，この2件については，それぞれ停戦合意はあっても和平協定締結にいたっていない段階での復興支援（準備）会合であり，むしろ和平が成った「あかつき」にはどのような支援が本格化されるかを紛争当事者にアピールすることで和平協定の調印に向けた動きを促進することが目指されている[28]。これは，かつてのカンボジアで「和平のあかつきの援助」を梃子に平和的な内戦の収拾に寄与した経験を背景にしたものと考えられる。

平和構築支援のなかのDDRに関係する3カ国での動きを概観すると以下の通りである。

(1) カンボジア

日本が，フランスやインドネシアと協力し，平和創造といわれる紛争当事者間の和平成立に向けて積極的な外交努力を重ねた初の事例となったカンボジアでは，1991年にパリ協定が結ばれ，1992年からは国連カンボジア暫定機構（UNTAC）が現地に展開して新政府樹立までのレールが敷かれた。これは新生カンボジアが成立するまでの間，国連がこの国の統治機構を暫定的に管理するというダイナミックな試みであり，明石康国連事務次長（当時）が事務総長特別代表となってカンボジアでの国連PKOを統括し，さらに日本としては自衛隊の初のPKO参加による人的貢献が行われたケースとなったことはよく知られている。

復興支援全体の枠組みは，日本が開催国となった1992年6月の「カンボジア復興閣僚会議」や1996年7月の「第1回カンボジア支援国会議」などを通じて固められていった。

パリ協定に基づきUNTACが実施した総選挙（1993年5月）を経て，同年9

第14章　平和構築とDDR

月，カンボジアで新憲法が公布され，カンボジア王国が発足した。しかし，あとあとまで尾を引くことになったクメール・ルージュ（ポル・ポト派）の選挙不参加の問題や他の派の間での不協和音もあり，1997年7月には首都プノンペンで武力衝突が発生するなど緊迫した状況も続いた。こうしたなか，日本は粘り強い外交努力を継続する。

いったんは和平が成立したはずのカンボジアにおいてこうした混乱を余儀なくされた第一義的な理由は当事者の政治的な意思の問題といわざるを得ないが，その結果，紛争終結直後の段階で武装解除・動員解除が実施しえなかったという根本問題を指摘できる。UNTACはSSRとともに当然，武装解除・動員解除という2つのDの実施も視野に入れていたがクメール・ルージュの抵抗は激しく，これら2つは任務からはずさざるをえなかったのである。こうしてカンボジアではゲリラ戦が続き，膨大な数の小型武器が蔓延するなか[29]，DDのプロセスが開始されたのは2000年に入ってからだった。

成果としては，2000年に1500人が動員解除され，2001年に1万5000人，2002年に同じく1万5000人の動員解除がなったとされている。これはカンボジア復員支援プログラム（CVAP）が国際社会からの財政支援の受け皿となり動員解除委員会（CDAF）が実際のDDRプロジェクト（動員解除兵士への支援パッケージ・現金などの提供や，社会再統合プログラムとしての土地の割当，健康診断，義足提供，職業訓練，職業斡旋，小規模融資など）を行うという形態をとった。

カンボジアにおけるDDRとの関係で日本政府が特に力を入れた活動としては小型武器の回収・廃棄事業がある。これは日本が2001年の国連小型武器会議においては副議長国を，2003年の国連小型武器中間会合では議長国を務めるなどの外交実績を現場での行動に結びつけたものである。具体的には，日本政府の財源で2003年4月に設置された「カンボジア小型武器対策チーム（JSAC）」が現地（主に北西部）入りし，「小型武器回収プロジェクト」を実施している。プロジェクトは「小型武器の自発的供出の対価としての開発の提供」，「小型武器破壊式典」，「小型武器の登録支援」，「啓蒙活動」を4つの柱として，武器に依存することのない社会への移行の手助けをしている[30]。

(2) 東チモール

インドネシアからの独立か併合の継続かを問う1999年8月30日の住民協議（投票）で78.5％が独立を支持したことを受けて併合派民兵が引き起こした騒乱で多大な犠牲が生じた東チモールはいま，21世紀の最初の独立国家となり，191番目の国連加盟国となった。国連とインドネシアと旧宗主国のポルトガルでお膳立てをしておきながらも防ぐことのできなかった虐殺と騒乱に国際社会は迅速かつ毅然たる姿勢で臨んだ。現地にはオーストラリア軍を主体とする多国籍軍・東チモール国際軍（INTERFET）が派遣され，治安の回復が進むかたわら，国連東チモール暫定統治機構（UNTAET）の活動を通じて独立国家としての東チモールの建設に向けた制度設計や人材養成が進められた[31]。そして2002年5月20日，「東チモール民主共和国」として新しい一歩を踏み出した同国は，UNTAETを引き継いだ国連東チモール支援ミッション（UNMISET）の下，国家としてひとり立ちできるような体制固めが続けられた。本ミッションの主要なマンデートは，対外安全保障と国境管理，国内治安維持と法執行，安定・民主主義・正義の実現，の3つとなっており，それぞれの分野で現地東チモールの人々に権限を移譲し，主体的な行動が取れるように支援を提供することになっている（安保理決議1410（2002））。本ミッションでの新しい試みとしてはまた，UNMISET全体を統括する事務総長特別代表を補佐するナンバー2（副特別代表）に国連開発計画（UNDP）の現地代表を起用する仕組みが作られたことがあり，ここに復興と開発援助を継ぎ目なく行うという戦略的発想が見られるだろう。

日本は1999年12月に「東チモール支援国会議」を東京で主催し，本格的な復興・開発支援に乗り出していく。さらに自衛隊施設群を現地に展開し，緊急を要する道路や橋などの修復や建設にも取り組んだ。DDR関連では，UNDPと協力し，特に元兵士の社会復帰でイニシアチブをとった。

インドネシアの支配から離れて独立国になった同国にとってはUNMISETの権限を引き継ぐ自らの国軍と警察の再建は急務であった。そこで，東チモール国軍（F-FDTL）は元ゲリラ・東チモール民族解放軍（ファリンテル）をベースに組織され，警察（PNTL）は国連文民警察からのトレーニングを受けた要員で構成され，権限の移譲も2003年12月で完了した。

東チモールのDDRにおいて日本が最も重視した分野では最後のR，すなわ

345

ち元ファリンテル兵士らの社会復帰に関わる事業を支援している。現地のUNDPが進めるRESPECT事業がそれであり，RESPECTとは「東チモールの元兵士およびコミュニティのための復興・雇用・安定プログラム」の略称になっている。文字通り，元兵士や社会的弱者，地域住民に雇用機会や職業訓練の機会を創出するためのプログラムだが，長谷川祐弘UNMISET副特別代表は「人間個人が自分自身に対して誇りに思えるようなことができることを支援するプログラム」という思いを込めてこの事業に「尊敬」を意味するRESPECTの言葉をあてたと語る[32]。農業開発と森林再生事業，都市部および農村地域におけるインフラの復旧，職業訓練および小規模事業の設立，の3分野を中央省庁やNGOと連携し，東チモールの全13州で実施する本事業は，日本が当初予算を拠出（4億6500万円）したことによって動き出すことが可能になったものである[33]。現地の人々が現地のニーズに見合った活動を自らの力で行い，元兵士らの社会復帰と自立を促進するという，これは平和構築の理念にも適合したひとつのモデル・プロジェクトといえるだろう。

(3) アフガニスタン

9.11事件後の米国の対テロ軍事作戦でアフガニスタンを実効支配していたイスラム原理主義勢力・タリバンの政権が瓦解した結果，国際社会は同国の再建に向けての支援に努めた。新生アフガニスタンの骨格については，まず国連の呼びかけで同国内の各派を集めたドイツ・ボンでの会合で取りまとめられた。この「ボン合意」（2001年12月5日）を通じてアフガニスタンには暫定政権が発足（12月22日）し，さらに2002年6月の緊急ロヤ・ジェルガ（国民大会議）での議論を受け，カルザイ暫定政権議長を大統領とする移行政権（ATA）の樹立へと進んでいった。

この間，日本政府は，「アフガニスタン復興支援国際会議」（2002年1月）と「アフガニスタン『平和定着』東京会議～銃から鋤へ：元兵士の市民社会への復帰」（2003年2月）という2つの会議を通じて，明確な支援の姿勢を明らかにしている。ここでのキーワードは「平和の定着」であり，主要な支援事業のなかには和平プロセス支援（行政能力強化）や人道復興支援のためのプログラムに加え，DDRに日本が率先して対応することが打ち出された。

長期の内戦に打ちのめされた国の再建にとって治安の維持・回復は不可欠な

プロセスであり，アフガニスタンにおいては，米国が国軍の創設，ドイツが警察組織の育成，英国が麻薬対策，イタリアが司法制度の設立を担当するなか，日本はDDR支援に手を上げた。日本に比較優位があるとすれば，DDRのうちの最後のR（元兵士の社会復帰）の部分になるが，川口外務大臣は「平和のための登録」構想と，それを具体化するための「平和のためのパートナーシップ計画（アフガニスタン新生プログラム：ANBP）」を明らかにした[34]。これは，国連アフガニスタン支援ミッション（UNAMA）およびアフガニスタン移行政権（ATA）と共同の計画で，具体的には，元兵士の動員解除を実施するための事務所の整備・スタッフの研修等，動員解除（元兵士の登録，身分証明書の発給等）の支援，職業訓練，雇用を提供することによる社会復帰支援，の3つを柱にしている。そして，こうした一連の事業を円滑に進めるため，在カブール日本大使館内にDDR班が設置され，シエラレオネでのDDR事業を統括した実績やその他でのPKOなどで豊富な実地経験をもつ伊勢崎賢治氏が陣頭指揮をとる体制が組まれた。

　モザンビークと同様，「銃から鋤へ」をキーワードにするプログラムだが，今回は日本政府がDDRでイニシアチブをとった初の例として注目される。外務省としては「平和国家としての日本が，米国同時多発テロ後の世界において果たすべき役割を示すものとして，きわめて大きな意義をもつ」とし，「今後のモデルケース」とも位置付けている[35]。これは，日本の平和構築支援が，従来の人道・復興分野や和平プロセスへの貢献に加え，可能な範囲内での治安・安全保障分野への端緒を開くものといえるだろう。

むすび

　1つの武力紛争の終わりを印象づけるものとして，武器を焼却処分する様子ほど象徴的なものはないだろう。そして，「銃から鋤へ」あるいは「RESPECT」といったキャッチフレーズを通じ，元兵士の武装解除・動員解除を促し，平和な社会の生産的な一員になるためのアイデアや工夫の蓄積が進んでいることも有益なことといえよう。現代の紛争では小型武器が実際に大量の人命の損害をもたらすという実態に目を向けるならば，DDRの動きがそれぞれの紛争地での軍縮を促し，周辺地域を含めた国際の安全保障に寄与する大

第14章　平和構築と DDR

きな動きであるということも確認できるだろう。平和構築というプロセスのなかで DDR がひときわ注目をあびるゆえんがここにある。

　そして，DDR の促進のためには有効で信頼のおける SSR，すなわち当該国家の治安・安全保障部門の改革が不可欠であることも本稿で見たとおりである。もっとも，ここで確認しておかなければならないことは，国家が国内の治安の維持や対外的な防衛に国としての実力装置である警察や軍を組織する場合，それらの機関に対する「信頼」とは用いられる強制力の大きさにではなく，それが行使されなければならないような状態において，いかに民主的かつ人権を尊重したかたちで運用されるのか，という問題に凝縮されていることである。この意味で，平和構築においては民主的なガバナンスが重要であることもまた指摘でき，DDR や SSR もこうした民主的なガバナンスの形成プロセスのなかに位置づけられる必要があることも正しく認識しておくべきだろう。しかし，DDR や SSR が常にスムーズに進むものとは限らず，さらに解決を要する問題が多いことも確かである。本稿は，国家再建の原点は「セルフ・ガバナンス（自己統治）」にあるものの，今日の紛争の根本問題の1つがまさに当該国における「セルフ」の内部分裂，不在，あるいは外部からの新体制の強要といった事態を含むとき，DDR 以前の課題としていかにして現地の多様なコミュニティが国家建設に向けた共通のアイデンティティや主体性を形成できるのか，といったものにも取り組んでいく必要がある。そのためには，コミュニティ間の対話や和解，あるいは心のケアといった息の長い努力も必要となる。また，DDR に関する国連事務総長報告でも強調されている児童兵の武装解除・動員解除・社会復帰の問題に関しては特別な対応も求められよう。

　紛争の再発防止に向けた平和構築プロセスにおける DDR とは，暴力に依存するシステムから「平和の文化」への移行に向けた大きなステップとして，今後も国際支援体制を強化していくべき分野といえる。

注

（1）　Boutros Boutros-Ghali, *An Agenda for Peace: Preventive Diplomacy, Peacemaking, and Peace-keeping* (*Report of the Secretary-General pursuant to the Statement adopted by the Summit Meeting of the Security Council on 31 January 1992*)*,* UN Document A/47/277-S/24111, 17 June 1992 [http://www.un.org/Docs/SG/agpeace.

第 14 章　平和構築と DDR

html].
(2) Canadian International Development Agency, *Peacebuilding Initiative Strategic Framework* [http://www.acdi-cida.gc.ca/peace].
(3) *Report of the Panel on United Nations Peace Operations,* UN Document A/55/305-S/2000/809, 17 August 2000 [http://www.un.org/peace/reports/peace_operations/].
(4) UN Document S/PRST/2001/5, 20 February 2001.
(5) JICA は 1999 年 10 月に平和構築研究会を組織し，事業戦略調査研究「平和構築──人間の安全保障の確保に向けて」を開始した。同研究の最終報告書は 2001 年 4 月に公刊された。[http://www.jica.go.jp/activities/report/field/2001_03.html]
(6) 「政府開発援助大綱」平成 15 年 8 月 29 日閣議決定。[http://www.mofa.go.jp/mofaj/gaiko/oda/seisaku/taikou/taiko_030829.html]
(7) 国際協力機構・課題別指針作成チーム『課題別指針・平和構築支援』平成 15 年 11 月。
(8) 平和構築にまつわる課題を，現場での具体的な活動と結びつけながら理論的・分析的に研究した主な業績として，John Paul Lederach, *Building Peace: Sustainable Reconciliation in Divided Societies,* United States Institute of Peace, 1998; Simon Fisher, Dekha Ibrahim Adbi, Jawed Ludin, Richard Smith, Steve Williams, and Sue Williams (eds.), *Working in Conflict: Skills and Strategies for Action,* Zard Books, 2000；山田満『「平和構築」とは何か──紛争地域の再生のために』平凡新書，2003 年；広島市立大学広島平和研究所『人道危機と国際介入──平和回復の処方箋』有信堂，2003 年；星野俊也「紛争予防と平和構築」外務省委託研究『紛争予防』日本国際問題研究所，2003 年；稲田十一，吉田鈴香，伊勢崎賢治『紛争から平和構築へ』論創社，2003 年；稲田十一編『紛争と復興支援』有斐閣，2004 年など参照。
(9) 後述するように，ある国の "security sector" と表現した場合には，通常，対外的な国防 (national defense) に関わる組織と対内的な法執行 (law enforcement) に関わる組織の両方が含まれる。日本語では，一般に前者は「(国家) 安全保障」のための制度として捉え，後者は「治安」のための制度と別々に理解する傾向があることから，この両面を指し示す "security sector" を「治安・安全保障セクター」と表現することとしたい。
(10) 堂之脇光朗「グローバリゼーションと安全保障──軍備登録制度，予防外交，小型武器，テロリズム」『国際問題』第 511 号，2002 年 10 月号。
(11) UN Document A/52/298
(12) African Security Dialogue and Research, "DAC Survey of Security System Reform (SSR) Initiatives," 2003 [http://www.africansecurity.org/projects-ssr-secu-

第14章　平和構築と DDR

rity.htm].
(13) OECD Policy Brief "Security System Reform and Governance: Policy and Good Practice," OECD, May 2004 [http://www.oecd.org/dataoecd/20/47/31642508.pdf].
(14) Report of the Secretary-General: The Role of United Nations Peacekeeping in Disarmament, Demobilization and Reintegration. UN Document S/2000/101, 11 February 2000.
(15) Report of the Secretary-General（注14），パラ13。
(16) アフガニスタンでの米国の作戦行動については，星野俊也「『ポストモダン戦争』の行方」『グローバル・ヴィジョン』誌，2002年1月号を，イラク戦争をめぐる米国・国連関係については，星野俊也「危機に直面した国連」森本敏編『イラク戦争と自衛隊派遣』東洋経済新報社，2003年をそれぞれ参照のこと。
(17) モザンビーク内戦と和平プロセスについては，総合研究開発機構（NIRA）・横田洋三共編『アフリカの国内紛争と予防外交』国際書院，2001年，311-318頁参照。
(18) Address by H.E. Joaquim Alberto Chissano, President of the Republic of Mozambique, Chairperson of the African Union, at the Fifty-Eighth Session of the General Assembly of the United Nations, New York, 24 September, 2003.
(19) NIRA・横田『前掲書』（注17）313-315頁。
(20) 「銃を鋤にかえる」という発想は，日本のNGOからのものであり，さらに日本国内のNGOが銃との交換物にするため，放置自転車を整備して現地に送るなどしている。山田満『前掲書』（注8）163-166頁。モザンビーク支援ネットワーク「銃を鋤へプロジェクト」。[http://www1.jca.apc.org/mozambique-net/ja/tae/index.html]
(21) The Program on Security and Development (SAND) "Tools for Arms Project, an initiative of the Christian Council of Mozambique (CCM)," April 1999 [http://sand.miis.edu/research/1999/April1999/Project.PDF].
(22) 稲田十一・吉田鈴香・伊勢崎賢治『前掲書』（注8），第6章。
(23) 稲田十一・吉田鈴香・伊勢崎賢治『前掲書』（注8），192-195頁。
(24) この分野の日本の貢献は，国連決議や国際機関からの要請に基づく場合が一般である。詳しくは，星野俊也「日本の安全保障と国連」赤根谷達雄・落合浩太郎編『日本の安全保障』有斐閣ブックス，2004年および星野俊也「日本の多国間外交」添谷芳秀・田所昌幸編『日本の東アジア構想』慶応義塾大学出版会，2004年を参照。
(25) 「『紛争と開発』に関する日本からの行動：アクション・フロム・ジャパン——開発分野における紛争予防の強化のための日本の協力」2000年7月。[http://www.mofa.go.jp/mofaj/gaiko/prev/action_fj.html]
(26) 国際協力機構『前掲書』（注7），第2章。
(27) 国際協力機構『前掲書』（注7），35頁。

第 14 章　平和構築と DDR

(28) インドネシア政府と自由アチェ連合との間の和平の促進を目指した「アチェにおける和平・復興に関する準備会合（東京会合）」は 2002 年 12 月に，「スリランカ復興開発に関する東京会議」は 2003 年 6 月にそれぞれ開催されている。

(29) カンボジア全国に散らばった小型武器の数は，1993 年の UNTAC 調査では約 32 万丁という数字であったが，現時点でも 50 万から 77 万丁が蔓延しているとの推計がある。外務省資料「カンボジア小型武器回収プロジェクト」。[http://www.mofa.go.jp/mofaj/gaiko/arms/sw/kaisyu.html]

(30) 「カンボジア小型武器対策支援チーム（JSAC）」の活動については，同チームのホームページ参照。[http://www.bigpond.com.kh/users/adm.jsac/destruction.htm]

(31) 詳しくは，星野俊也「東チモール危機と日本」木村汎編『国際危機学――危機管理と予防外交』世界思想社，2002 年を参照。

(32) インタビュー，長谷川祐弘 UNMISET 国連事務総長副特別代表，ディリ，2004 年 3 月。

(33) UNDP Tokyo プレスリリース，2003 年 3 月 25 日 [http://www.undp.or.jp/news/030325.html] 参照。

(34) 川口順子外務大臣による演説：アフガニスタン「平和の定着」東京会議（仮訳）2003 年 2 月 22 日 [http://www.mofa.go.jp/mofaj/press/enzetsu/15/ekw_0222.html] 参照。

(35) 外務省「我が国のアフガニスタン支援―カルザイ大統領の訪日に際し―」[http://www.mofa.go.jp/mofaj/area/afghanistan/f_shien_karzai.html] 参照。

第15章　軍縮とシビルソサエティ

目加田　説子

まえがき

　第2次大戦後の平和運動の軌跡を振り返ると，軍縮運動が重要な部分を占めてきたことは間違いなく，なかんずく，核戦争の脅威を背景に強まった反核運動が世界的な「運動エネルギー」を生み出し，時に国際政治を左右する事態ともなった。核時代と呼ばれる破滅の危険を内包した時代区分の誕生とともに，その時代区分に終止符を打とうとする運動が始まり，別の選択肢を発信し続けてきた。そして，冷戦の終結で全面核戦争の危険が後退したことは，軍縮運動に次のような3つの変化をもたらした。第1に，冷戦終結とその後のグローバリゼーションは，人，モノ，資金，情報の移動力を加速し，量的，質的変革をもたらした。とりわけ，トランスナショナル・シビルソサエティと呼ばれる市民活動の国境を越えた連携がNGO（非政府組織）の能力強化を促し，国際政治に新たな動態を生み出した[1]。第2の変化は，「強制的な恐怖との共存」に終止符を打つことを求めたり，「抑止戦略にとらわれた自殺行為のような」安全からの脱却を促したりと，新たな反核運動を展開する機会が開けたことである。そして第3の変化は，冷戦期には見過ごされがちだった他の平和問題，とりわけ広範な人道問題に目が向けられるようになり，新たな「運動エネルギー」の源泉となったことである。
　核時代に突入してから約60年。本稿では，核時代の幕開け以来，シビルソサエティが取り組んできた軍縮・反核運動の沿革と特徴を概括し，今後の課題について考察することにする。

第 15 章　軍縮とシビルソサエティ

I　冷戦期の軍縮運動

　1946 年から 1999 年の間に，世界では 200 以上の武力紛争が勃発した[2]。この間に数多くの平和運動が組織され，武力行使の回避や戦闘の早期終結などを訴えた。第 1 次から第 4 次までの中東戦争，インド・パキスタン戦争，ソマリア・エチオピア戦争に見られるようなアフリカ諸国における米ソの代理戦争など，相次ぐ紛争に呼応して大小の平和運動が展開された。その中でも大きな足跡を残したのは 1960 年代のベトナム戦争に対する反戦運動で，米国内外に大きな政治的・社会的インパクトを与えた。しかし，核兵器による対峙が世界の安全保障の枠組みを規定した冷戦期においては，平和運動の中核は反核・軍縮運動にあった。反核・軍縮運動の流れを振り返ってみると，4 つのピークがあることがわかる[3]。最初は 1945-47 年で，広島，長崎への原爆投下の反作用として台頭した。2 番目は 1954-63 年で，核実験反対運動が大きな盛り上がりを見せた時期だった。3 番目は 1968-73 年で，米ソの初の核軍備管理条約，対弾道ミサイル（ABM）条約の交渉に符合して，核軍縮を促す政策提言が多数示され，論争が巻き起こった。4 番目は 1981-87 年で，米ソの緊張が再び高まり，新たな核軍拡の波が高まったことを受けて，核兵器凍結運動などが広まった。以下では，それぞれのピークに関し，時代背景や反核・軍縮運動の特質を考察する。

1　原爆投下への反省（1945-47）

　ナチス・ドイツを率いたアドルフ・ヒトラーが先に核兵器を開発するかも知れないという「脅迫心理」に駆り立てられるように，米国は 1942 年に「マンハッタン計画」と呼ばれる核兵器開発計画を本格化させた。人類史上，前例がないほど大がかりに，科学者や技術者を動員した秘密計画は濃縮ウランを使った砲弾型原爆（広島に投下），プルトニウムを使った爆縮型原爆（長崎に投下）の製造に成功した。だが，20 万人を超える急死者と多くの被曝者を残した核攻撃は大きな衝撃を与え，核物理学者や平和主義者，国際主義者による軍縮運動の引き金となった。この頃の活動で重要な役割を果たしたのは，マンハッタ

ン計画において研究開発の中核となったロスアラモス国立研究所の所長をつとめたロバート・オッペンハイマー博士，そしてマンハッタン計画に参加しながらも，戦後は核兵器反対に立ち上がった科学者を中心に結成された「核科学者連盟（Federation of Atomic Scientists, 後に Federation of American Scientists ＝ FAS に改名）」であった。

　オッペンハイマーは，戦争終了後にトルーマン大統領に会った際「われわれの手は血で汚れている」と語るなど[4]，悔恨の情を隠さなかった。オッペンハイマー自身は FAS に参画しなかったものの，核に関する研究，核物質や核関連技術などを国際管理する構想を示して，核軍拡時代の到来を防ぐ方策を模索した[5]。トルーマン政権はこの構想を修正する形で，いわゆる「バルーク・プラン」と呼ばれる提案を国連安全保障理事会に提出した。この提案は，原子力と核兵器を管理する国際機関の設置を盛り込んでいたが，当面は米国が核兵器を温存し，独占状態を続ける内容になっていたことから，ソ連が1946年に拒否権を行使して頓挫してしまった。そして翌47年には冷戦が本格化し，核の国際管理構想は立ち消えになっていった。

　だが，1947年までの間，オッペンハイマー提案のような国際管理構想を支持する反核運動が盛り上がりを見せた。この時期の運動の特徴は，FAS のような専門家集団が運動を先導し，これに市民団体が歩調を合わせることにより「運動エネルギー」を強めたという点である。核兵器の恐ろしさに関する一般的知識が社会に広まっていない状況を鑑みて，専門家集団は核兵器の破壊力や放射線の脅威などをわかりやすく説明し，市民の賛同を得ようと努めた。こうした動きに呼応して米国では，有力な農業団体，労働団体，女性団体などが参加して「核情報に関する全国委員会（the National Committee on Atomic Information）」を作って草の根レベルの反核活動を展開した。「バルーク・プラン」が実らなかったことや冷戦の激化という情勢の変化を受けて，こうした運動はやがて下火になっていったものの，広島，長崎での惨劇を受けた戦後初めての反核運動として注目される。

　第1期の運動がその後の反核・軍縮運動の1つの特質をすでに具現化している点も忘れてはならない。核兵器の問題は科学技術面においても，軍事戦略面においても高度な専門性を伴うだけに，有識者の関与なしには反核・軍縮運動が方向性を見出せない場合が少なくない。戦後間もなく始まった第一波の反核

第15章 軍縮とシビルソサエティ

運動も、オッペンハイマーと彼の基本的考えを支えた専門家集団の活動があればこそ、国際管理構想への市民レベルの運動にもつながった。その意味において、この時期の反核運動はその後の反核・軍縮運動における専門家と草の根組織の連携の原型をつくったものとして記憶されるべき存在である。

2 核実験への反発（1954-63）

第2期の反核・軍縮運動の引き金となったのは、1954年3月1日に南太平洋のビキニ環礁で実施された米国の水爆実験であった。同じ核兵器でも水爆は日本に投下された原爆の数百倍、数千倍の爆発力を持ち、米ソは激しい開発競争を展開した。ビキニ環礁での実験は米国が軍事用に利用可能なタイプの水爆の最初の実験だったが、予想よりも爆発規模が大きかったことや、実験直前に風向きが変化したことなどから、危険区域外にいた日本のマグロ漁船「第五福龍丸」の乗組員が「死の灰」（放射性降下物）で被曝したほか、周辺のロンゲラップ島の住民たちも被害にあった。「死の灰」は核実験地の周辺だけでなく、上空の気流に乗って遠方まで達し、放射能に対する地球規模の不安を呼び覚ました[6]。

その結果、多くの国々で反核運動が新たな「運動エネルギー」を得て、世界規模の活動を展開するようになった。1954年8月に、「世界教会評議会（the World Council of Churches）」の世界大会が核廃絶、核兵器禁止のアピールを出したほか、「世界政府をめざす議会人協会（the World Association of Parliamentarians for World Government）」は同年9月の会合で、核戦争が起きれば全ての国が滅ぶと警鐘を鳴らした。「平和と自由のための国際女性連合（the Women's International League for Peace and Freedom = WILPF）」はこの年に、反核のために世論を盛り上げていくことを宣言した[7]。

米国では2つの大きなNGOが反核に力を入れるようになった。1つは1957年に誕生した「真っ当な核政策のための委員会（the Committee for a Sane Nuclear Policy = SANE）」で、国際的な核実験禁止を具体的な目標に掲げ世論に強く働きかけた。有力紙ニューヨーク・タイムズに「私たちはかつて存在したことのない危機に直面している」という1ページの意見広告を出した他、地方紙にも意見広告を掲載して市民に訴えかけた。意見広告は数多くのコピー

第 15 章　軍縮とシビルソサエティ

がつくられ，何百万人ものアメリカ人が目にするところとなった[8]。もう 1 つの NGO は 1958 年に最初の会合を開いた英国の「核軍縮委員会 (the Campaign for Nuclear Disarmament = CND)」で，その後有名になった「平和のシンボルマーク」をプラカードにあしらった街頭行動などを行った。日本では 1955 年に原水爆禁止日本協議会（通称原水協）が結成され，被曝者も加わった反核運動が本格化した。

　こうした草の根運動と並行し，専門家集団も再始動した。1955 年には英国の哲学者バートランド・ラッセルと，20 世紀を代表する物理学者アルバート・アインシュタインが「ラッセル＝アインシュタイン宣言」を出し，水爆時代がもたらす脅威への対処を促した。この宣言に刺激され核戦争の危険を憂慮した科学者たちは 1957 年にパグウォッシュ会議を創設し[9]，核兵器禁止の必要性を指摘した。米国では FAS が核実験禁止を強く訴える戦略を打ち出し，FAS 会長は 1956 年 6 月の米国議会上院軍縮小委員会における証言において，国際的な核実験禁止を提案した[10]。1961 年に設立された「社会的責任を持つ医師の会（The Physicians for Social Responsibility = PSR)」は，子供たちの歯を調査し，そこに蓄積されたストロンチウムなどの放射性降下物の量を発表して，核実験の危険性を指摘した[11]。

　当時のアイゼンハワー政権も，草の根レベルにおける反核意識の高まりと専門家からの批判を無視することはできなかった。しかし，当時は冷戦の最中であり，核抑止力が安全保障政策の重要な柱であったことから，核軍縮を進めるのは困難だった。そこでアイゼンハワー政権は 1958 年に妥協的措置として核実験の凍結措置を発表するとともに，核実験禁止交渉を開始する方針を示した。核実験の凍結は，ソ連が一方的に凍結を止める 1961 年 9 月 15 日まで続いた[12]。その後も核実験禁止交渉は継続され，1963 年 8 月 5 日には米国，英国，ソ連の 3 カ国が部分的核実験禁止条約（PTBT）に署名した。これにより，条約締約国は大気圏内，水中，宇宙空間では核実験をできなくなり，違法でなくなったのは地下核実験だけとなった。地下核実験を禁止できなかった最大の理由は，禁止した場合の検証制度の信頼性が十分ではないからであった。核実験の全面禁止を主張した専門家集団は地下核実験も検証可能だと反論したものの，政府レベルでの合意はならなかった[13]。

　このように NGO や専門家が目指した完全な核実験の禁止は達成できなかっ

たが，核実験に反対する運動の盛り上がりが無に帰したわけではなかった。そもそも，1954年の水爆実験での被曝事件を受けた反核の「運動エネルギー」があったからこそ，核実験が一時的ながら凍結され，核実験禁止の交渉も開始されたと考えられる。また，環境汚染防止という観点からすると，地下核実験以外の核実験が違法化されたことで，放射性降下物による危険を大幅に減少させることが可能になった。従って，理想からは程遠いにせよ，シビルソサエティが目指した目標は部分的には達成されたと判断できるだろう。

この時期の反核運動は，第1期に比べて，草の根レベルの活動が大きな存在感を示した点で特徴的であった。国境を超えて拡がる放射性降下物の危険，水爆時代の到来による核戦争の危険の増大という事態に反応して，NGOが反核世論の喚起で大きな役割を果たし，その潮流に呼応する形で専門家が政府の政策への科学的批判を展開し，相乗効果を発揮したのである。

ただ，反核運動のそうした成果は，皮肉なことにマイナスの副産物をもたらすことにもなった。核実験が地下にもぐった結果，きのこ雲が放射能をばらまくという核実験のイメージが薄れたことから，一般市民の関心は急速に核実験から遠ざかっていったのである。地下核実験であっても新型の核兵器を開発することは可能であるが，PTBTが成立したことで軍縮に関しても一定の成果があったとの意識も生まれた。こうした環境下，PTBTの締結以降，反核の「運動エネルギー」は再び下降線をたどることになった。

3　ベトナム戦争の影響 (1968-72)

核兵器をめぐる世界の状況は，1960年代に大きく変わった。前半にはPTBTが成立した他，すでに核保有国となっていた米国，ソ連，英国に加えてフランス，中国が核実験に成功した。これを受けて，さらなる核拡散の防止をはかる核不拡散条約 (NPT) の交渉が開始され，1968年7月に署名された。NPTは，5核兵器国以外の国の核保有を禁じる代わりに，5核兵器国が核軍縮交渉を遂行するという戦略的な取引の上に成立した。このため，核軍拡競争を進めていた米ソも軍縮努力を重ねる政治的責任が生じることとなった。1960年代後半は米国が介入したベトナム戦争が泥沼化し，米国の経済も大きな打撃を受けて，軍事予算の拡大も困難な情勢であった。その結果，米国は1960年

代半ばまでのような大規模な核軍拡を継続することはもはや，むずかしい状況であった。他方，ソ連は1960年代に急速に核軍備を増強し，米国に近い核戦力を保有するに至っていた。こうした事情が重なって，米ソが初めて核軍備管理条約の交渉に乗り出すことになったのである。

1972年に交渉が結実し，米ソは第1次戦略兵器制限条約（SALT Ⅰ）と，ABM条約に調印した。SALT Ⅰは厳密に言えば核軍縮ではなく，ミサイル保有数などの上限を定めたものであった。換言すると，その後の軍拡を容認するものの，一定の制約を加えるというのが条約の属性であった。他方，ABM条約は，ABM配備を厳しく規制する内容になっており，軍縮効果の大きいものだった。一方がABMを大規模に配備すると，そのミサイル防衛網を突き破るために一段と多くの核ミサイルを他方が配備したり，防衛網をかいくぐる新たな核弾頭を開発したりと，軍拡競争が加速する危険が大きかった。ABM条約にはこうした悪循環を防ぐ効果が内包されていた。

反核・軍縮運動の第3期においてシビルソサエティは，SALT Ⅰについて野心的な軍縮を進めるように求めるよりはむしろ，核軍拡に拍車をかけかねないABMの配備の規制を求める運動にエネルギーを注いだ。例えば，SANEはABMを批判するキャンペーンを展開し，1969年にはワシントンでABM禁止を求める全国会議を開いた。専門家集団もABMの技術的限界や非経済性，さらには新たな核軍拡をもたらす危険性などを専門的見地から指摘し，ABM計画の廃棄を要請した。シビルソサエティの動きを反映する形で，米国議会上院でもABMに批判的な意見が相次いだ。米国がソ連とABM条約を締結した背後では，米ソ政府の戦略的思考だけでなく，そうした政治力学も作用していたのである。

ただ，第3期においてシビルソサエティが果たした役割は必ずしも大きいとは言えない。当時は，国際政治における一般市民の関心の多くがベトナム戦争に向けられ，NGOの活動もベトナム反戦運動にエネルギーの多くが注がれた[14]。英国のCNDは1960年代半ば以降の活動について，「大衆の怒りにもとづく抗議行動はベトナム戦争への米国の関与に向けられ，核問題は脇にやられた。CNDは何とか生き残ったが，運動の規模は小さくなってしまった」[15]と分析している。また，米ソ間の核戦力が均衡状態に近づいていたことも手伝って，東西間のデタント（緊張緩和）が進み，核戦争への危機感が和らいでい

た。核・安全保障の専門雑誌である『ブリティン・オブ・アトミック・サイエンティスツ』は表紙に「終末時計」を掲載し，真夜中の12時までの残り時間で核世界の危機度を掲示してきた。この時計の針は1953年には「2分前」まで進められたが，1972年には危機の軽減に伴って「12分前」まで戻されていた(16)。こうした中で，シビルソサエティの反核運動も第2期のような盛り上がりを見せることはなかった。前述のように，シビルソサエティの動きを反映する形で，米国議会上院でもABMに批判的な意見が議員から相次いだことは確かで，それが核軍拡へのブレーキ機能を示したが，草の根の反核・軍縮運動は限定的であり，むしろ専門家集団が一定の役割を果たしたと考えるべきだろう。

4 米ソ対立激化への危機感 (1981-87)

米国で対ソ強硬論を打ち出したレーガン政権が1981年に誕生してから，史上初めて真の意味において「核軍縮」を実現した中距離核戦力（INF）全廃条約が1987年に署名されるまでの間が，反核・軍縮運動の第4期にあたる。この時期には，1950年代を髣髴させる大規模な運動が展開され，街や公園などがデモで埋め尽くされることも少なくなかった。最初の要因は，1979年に起きたソ連のアフガニスタン侵攻，新たなソ連封じ込めを狙ったレーガン政権の軍拡政策等によって，一般市民の危機意識が高まったことである。1981年12月に実施された世論調査で米国民の76％が核戦争は「起こりそうだ」と答えたが(17)，これはまさに当時の社会心理を映し出した数字である。2番目の要因は，欧州におけるINF配備問題である。INFはその飛距離からして欧州で使われることを想定された核ミサイルで，米ソのINF配備合戦が本格化するに連れて欧州において反対運動が強まった。3番目の要因は，原発事故による放射能汚染の恐怖が，核戦争の疑似体験をもたらしたことである。1979年に米国で起きたスリーマイル島原発での事故，1986年にソ連で起きたチェルノブイリ原発の事故は，核実験が地下にもぐったことで忘れがちだった放射能の恐怖を改めて多くの人々の脳裏に焼き付けたのである。

米国では1981年に，「核兵器凍結キャンペーン（the Nuclear Weapons Freeze Campaign）」という新たな反核NGOが誕生し，米ソ両政府に対して核

実験の凍結,核兵器の製造・配備の凍結,核兵器用の核物質製造の凍結などを求める運動を展開した[18]。「核兵器凍結キャンペーン」に賛同する署名は全米で230万も集まり,ニューヨークの米ソの国連代表部に届けられた。こうした世論の高まりを受けて,米国各地の自治体議会も「核兵器凍結キャンペーン」を支持する決議を採択し,1983年11月段階で370の市議会,71の郡議会,23の州議会が支持決議を採択していた[19]。こうして急速に影響力を伸ばした「核兵器凍結キャンペーン」とSANEが合体することになり,さらに「運動エネルギー」が強まった[20]。全米で1800の地方組織を持つ「核兵器凍結キャンペーン」に,それまでにSANEが蓄積してきたワシントンでのロビー活動能力が加わり,政策決定過程へ与える影響が多角化したのである[21]。

欧州では,INF配備が最大の問題の焦点となった。ソ連の新型INF配備に対抗して北大西洋条約機構(NATO)は1979年,①米ソ間でINFの軍縮交渉を進める,②1983年末までにソ連が新型INF撤収に応じなければ,米国も新型INFを欧州に配備する——という決定をした[22]。これに対して欧州の多くの市民が不安を強め,反核運動が新たなうねりを見せることになった。英国ではCNDが街頭デモを主導すると数多くの市民が参加した。第3期には沈滞気味だったCNDは,この時期には「毎月,何千もの新会員が入ってくる」といった状態になった[23]。英国では,「グレナムコモン女性平和キャンプ(Greenham Common Women's Peace Camp)」による活動も際立っていた。1981年9月,INFが配備される予定だった米軍のグレナムコモン基地周辺で女性たちが抗議デモを繰り出し,基地付近でキャンプをつくって抗議のために留まることになった。そしてこのキャンプは,女性による反核運動のシンボルのような存在になった[24]。他方,INFが使用された場合には核の戦場になる公算が大きかった西独でも,活発な反核運動が行われた。1981年の秋に平和グループが主催したデモには25万-30万の市民が参加した。これはドイツの歴史上,最大規模の街頭デモであった。西独ではまた,退役した将校らでつくったNGO「平和と軍縮のための将官(Generals for Peace and Disarmament)」も反核運動の環に加わった[25]。

こうした草の根の抵抗運動に加え,専門家による反核活動も活発化した。PSRは,医学界の立場から全面核戦争がもたらす破滅的な結果を分析する報告書を作成し,軍拡路線に警鐘を鳴らした。1980年に創設された「核戦争防

第15章　軍縮とシビルソサエティ

止国際医師会議 (International Physicians for the Prevention of Nuclear War = IPPNW)」も，核の被害が大規模に起きた場合には医療は対応できないと警告した[26]。他方，物理学者等で結成した「憂慮する科学者連合 (the Union of Concerned Scientists = UCS)」は，多くのNGOと連携して1981年11月に全米41州，151の大学でティーチインを開催し，レーガン政権の軍拡姿勢を批判した[27]。こうした中で，専門家の役割が一段と高まったのが，1983年にレーガン大統領が打ち出した戦略防衛構想 (SDI) をめぐる論議であった[28]。戦略核の攻撃能力において，とくに先制攻撃能力においてソ連の方が勝っていると考えたレーガン大統領は，宇宙空間も含めた大規模なミサイル防衛網で対抗しようという研究開発構想を示したのだった。これに対してFASの専門家等が，SDIは「軍拡を加速し，ABM条約を葬り去り，頼りにならない防衛を米国に提供するだけだ」と厳しく批判した[29]。1985年には，57人のノーベル賞受賞者を含む米国科学アカデミーのメンバー700人以上が，「宇宙兵器の禁止」と「宇宙における兵器の実験，開発の禁止」を米ソに促すUCSのアピールに署名した[30]。専門家集団によるこれらの行動は，SDIをめぐる楽観論への対抗軸を示し，世論形成や米国議会での議論の動向を左右する存在となっていた。

　核軍縮をめぐる情勢の大きな転換期は，1985年のソ連におけるゴルバチョフ政権の登場だった。ゴルバチョフ大統領はもともと，核軍拡路線には軍事的にも経済的にも懐疑的だったが，1986年4月のチェルノブイリ原発事故がもたらした放射能禍で核戦争を疑似体験した格好となり，核軍縮を加速させる方針をとった[31]。他方，米国では，軍拡路線やSDIが議会において強い反発に直面し，政府の思惑通りに予算がつかず，次第に威勢が失われていった[32]。こうした要因が相まって，1987年11月にINF全廃条約は署名され，史上初めて，核兵器の保有量が条約によって縮小されることになった。興味深いのは，シビルソサエティとゴルバチョフ大統領が個別に会談し，核軍縮をめぐる共通の意思を確認し合っていたことである。例えば，1985年11月にジュネーブで米ソ首脳会談が行われた際に，ゴルバチョフ大統領は「核兵器凍結キャンペーン」やSANEの代表たちと懇談している[33]。ゴルバチョフ氏は，INF全廃条約が署名された後に，署名の入った条約文のコピーをIPPNWの創始者の1人に郵送し，「核戦争防止への多大な努力」を称えるとともに，IPPNW

第15章　軍縮とシビルソサエティ

などの後押しがなければ，「INF全廃条約は実現しなかっただろう」とのコメントも添えた(34)。

　このように第4期は，冷戦構造がピークに達した後，急速に構造変化が見られた時代であり，シビルソサエティの動きも際立っていた。だが，欧州ではINF配備をめぐって反核・軍縮運動が盛り上がり，米国ではSDIを含めたレーガン政権の軍拡路線全体が論争の的になった。こうした位相の違いから，欧州では大規模デモに見られるような行動型の運動が顕著であったのに対して，米国では草の根NGOの活動だけでなく，医師や科学者等の専門家によるレーガン路線への論戦が異彩を放っていた。

　総じて見ると，第2次大戦後の反核・軍縮運動は，運動の時期や目的によって違いはあるものの，核軍拡にアンチテーゼを示し，新たな核兵器の研究開発や配備に一定の歯止めをかけてきた。その半面，「多くの場合には，（シビルソサエティ）組織が望んだようには軍備管理のアジェンダを変更することには成功しなかった」(35)のが現実でもあった。例えば，第2期の核実験反対運動は核実験禁止を求める世論形成には貢献したものの，地下核実験が温存された結果，本来の目的である全面的な核実験禁止を政策の最終目標にすることはできなかった。また，第4期の「核兵器凍結キャンペーン」は反核世論の盛り上げを通じて，INF全廃条約の締結という成果を生み出すことに貢献したものの，すべての核兵器，核実験を凍結するという目標の達成はならなかった。

　振り返ってみると，冷戦時代の反核・軍縮運動は，政府が特定の政策を打ち出した際に反作用的に運動を開始することが多く，国際政治，国内政治の動態の影響を直に受けていた。従って，核兵器国の政府がPTBTのような妥協的産物をもたらして反核世論をなだめた時，これを押し返すのがむずかしい状況に陥った。そして，専門家集団も草の根NGOと協働で「運動エネルギー」を高めたにもかかわらず，核問題への世論の関心を長期的且つ安定的に維持することができなかった。

　冷戦期の反核・軍縮運動は基本的に，専門家集団と草の根NGOが拠点を置く国内での活動が中心で，地球的規模の活動は例外的であった点も特徴的である。専門家集団と草の根NGOは，市民参加できる国際会議を開催したり，共同プロジェクトを実施して国際的な政策提言や兵器の分析などを発表したり，

同時期に複数の国で反核デモを組織したりして，国境を越えた運動の連携を試みた。しかし，当時の専門家集団と草の根 NGO の「主戦場」はあくまで拠点とする国の内側であり，必ずしも地球規模ではなかった。とりわけ，シビルソサエティの成熟が遅れていた途上国や東側諸国の専門家集団と草の根 NGO との連携には大きな限界があった。核問題は地球規模の含意を持つ領域であるにもかかわらず，冷戦期の反核・軍縮運動は概ね西側先進諸国で集中的に展開された運動であったのである。

II 冷戦終結がもたらした変化

冷戦の終結によって，反核・軍縮や平和をめぐる運動の潮流には3つの大きな変化が訪れることになった。第1は，運動の方法論において大きな革新があったことである。冷戦後の世界では国家内の個々の NGO の役割が強まったうえに，NGO が世界的に横断する形でトランスナショナル・シビルソサエティを生み出し，多国間条約等のグローバル規範形成に参画するようになった。これにより NGO は国際世論形成にかつてない影響力を持つに至り，国際公益の実現に一定の影響力を発揮することが定常化してきた[36]。第2は，核兵器に過度に依存した安全保障体制が緩んできたことで，より抜本的な目標を掲げた反核・軍縮運動を展開する環境が出現したことである。第3は，全面核戦争の危険が後退したことによって，核問題以外の領域への関心が相対的に高まり，活動の幅が広がったことである。具体的には，対人地雷，小型武器，児童兵士，国際刑事裁判所等の問題が広く人道的課題として捉え直された。加えて，9.11後のテロとの戦いにおける武力行使への抗議活動を含む多様な分野への取組みが軍縮運動の範疇の中で行われたのである。以下では，これら冷戦後の変化について詳述する。

1 トランスナショナル・シビルソサエティの台頭

先述のように，冷戦期の専門家集団と草の根 NGO の「主戦場」はあくまで拠点とする国の内側であり，地球規模の連携を伴うものではなかった。これに対して1990年代の平和運動は，複数の国のシビルソサエティが国境を越えて

連携してトランスナショナル・シビルソサエティを形成し，地球規模で運動を展開するケースが急増した。トランスナショナル・シビルソサエティは多くの場合，NGO ネットワークが中核を構成して活動を展開する。後述する「世界法廷プロジェクト (WCP)」や「地雷禁止国際キャンペーン (International Campaign to Ban Landmines = ICBL)」などがその実例である。だが，トランスナショナル・シビルソサエティの特異点は，専門的な NGO がネットワークを構築するに留まらず，国境を越えた連携を図りながら各国内の一般市民も巻き込んで影響力を強めた点にある。そうすることにより，トランスナショナル・シビルソサエティの「運動エネルギー」を高めて国内外の世論に訴え，政府，国際機関と緊張・拮抗関係を維持しながら，多様な問題に規範や代替案などを提示してきたのである。

　このようなトランスナショナル・シビルソサエティが台頭した背景には，①旧東側諸国，途上国において民主化が進んだ結果，シビルソサエティが台頭し，地球規模のネットワークを形成する素地ができたこと，②情報技術の急速な発達・普及により，主権国家内におけるシビルソサエティの能力強化が急速に進行したこと，③国境を越えた取組みを必要とする地球規模の問題が増え，問題解決のために国境を越えたシビルソサエティの連携が不可欠になっていること，④冷戦後の国際社会においてグローバル規範形成の重要度が高まり，国際世論を方向づける上でシビルソサエティの国際的な連携が重要な要素になりつつあること等の要因が挙げられる。

　②について付言すると，情報技術の発達・普及が市民運動にとってとりわけ重要な意味を持つのは，種々雑多な情報を限られた NGO や一部の専門家のみならず，一般市民が容易に入手することが可能になった点にある。インターネットの充実とリストサーブによる情報配信は，文字通り市民活動の裾野を飛躍的に拡大した。換言すれば，市民「運動」への参加形態は多様化し，結果，従来分断されてきた「運動家」と一般市民の垣根を著しく低くしたのである。

2　軍縮運動を取り巻く環境変化

　反核・軍縮運動は，核戦争の危険が遠のいたことで，危機と好機の両方に直面することになった。危機の側面は，核戦争の切迫性が薄らいだことで核兵器

に対する一般市民の関心が急速に薄れ,「運動エネルギー」が小さくなったことである。好機の側面は,核兵器の役割が冷戦期に比べて縮小されたことから,核軍縮の余地が大きくなったことである。危機の側面をできるだけ減らし,好機の側面を活用しようと1995年4月に誕生したのが「アボリション2000ネットワーク」である。世界90カ国以上から,2000を越える草の根NGOだけでなく,IPPNWやPRS,「世界の安全保障のための法律家連合 (Lawyers Alliance for World Security = LAWS)」などの専門家集団も参加する大規模なトランスナショナル・シビルソサエティとなった。従来の西欧諸国中心のネットワークから脱却し,南太平洋における核実験で被爆した人々などと積極的に連携を進めた点に特徴がある。アボリッション2000の活動目的は期限付きで核廃絶を実現することにあり,核廃絶条約案も起草した[37]。冷戦が終結したとは言え,核抑止の役割が終わったわけではなく,現実的には短期間のうちに核兵器をなくすことは困難であった。それでもかつてない規模で反核のNGOネットワークが形成されたのは,冷戦終結を機に核軍縮に新機軸をもたらそうとする多くのシビルソサエティの意思表明であった。

　こうした流れがさらに焦点を絞った形で「運動エネルギー」を高めたのが,包括的核実験禁止条約 (CTBT) を求めるトランスナショナル・シビルソサエティの活動であった。すでに記したように,PTBTは地下核実験を容認したために,環境汚染の防止という意味においては重要な前進をみたものの,核軍縮という観点からは効果に限界があった。そこで,英国ではCNDを中心にNGOネットワーク「核実験禁止連合」が形成され,米国ではSANEと核凍結キャンペーンが合体してできたNGO連合「平和行動」が,IPPNWやPRS,FASなどの専門家集団と連携しながら,ワシントンの連邦政府や議会にCTBT実現に向けたロビー活動を展開した[38]。1995年春に開催されたNPT再検討・延長会議では,核兵器保有国を含む締約国が,1996年中にCTBTの交渉を終えることを約束した。にもかかわらず,1995年秋から96年にかけてフランスと中国が相次いで地下核実験を実施したことで,反核実験の機運が盛り上った。アボリション2000はこの機を逃さず,ジュネーブ軍縮会議におけるCTBT交渉を加速するよう圧力をかけた。地球規模の反核実験の波に直面して,完全な核実験禁止ではなく抜け道を模索していた核兵器保有国も譲歩せざるを得なくなった[39]。たとえば米国は,シビルソサエティから

第 15 章 軍縮とシビルソサエティ

の働きかけが強かったこともあって，小規模な核実験は禁止の対象外にしたいという旧来の姿勢を変更し，ゼロ・イールド（核爆発を伴う実験の完全な禁止）を受け入れる方針を決断した。CTBT は紆余曲折を経ながらも 1996 年 9 月に署名式が行われ，この式に出席したクリントン米国大統領は「軍備管理の歴史において最も長く切望され，最も厳しい折衝の末に勝ち取られた成果だ」と称えた[40]。CTBT 締結の背景には，NPT 延長に関する約束を守らない限り不拡散政策に悪影響が及びかねないとの判断が核兵器国側にあったことは間違いなく，トランスナショナル・シビルソサエティの影響力だけが決定的な要因ではなかった。しかし，フランス，中国の地下核実験を強く非難し，NPT 再検討・延長会議での約束を踏みにじるものだと強く批判し，そうした国際世論形成に大きな役割を果たしたのはアボリション 2000 を中心とする NGO ネットワークである。その意味において，PTBT の時と同様に CTBT の締結に関しても，シビルソサエティが重要な機能を果たし，しかも CTBT ではトランスナショナル・シビルソサエティが持つ能力を一定程度，実証したと判断できる。

　核軍縮をめぐるトランスナショナル・シビルソサエティでは，核兵器使用の国際法上の問題について国際司法裁判所（ICJ）に勧告的意見を求めた「世界法廷プロジェクト（World Court Project = WCP）」も特筆すべき存在である。WCP は，一般市民や弁護士，反核 NGO などを中心に，1992 年に立ち上がった NGO ネットワークで，世界の 700 を越える団体が参加していた。草の根 NGO だけでなく，「国際反核法律家協会（IALANA）」などの専門家も参画していたが，WCP の活動開始の動機は，「核兵器の使用は国際法に違反するのではないか」という素朴なものであった。この問いに答えを出すべく，WCP は，「核兵器の使用・核兵器による威嚇は一般的に違法である」との勧告的意見を ICJ が示すよう署名を集めた。そして，各国政府のみならず，世界保健機関（WHO）総会や国連総会に働きかけるなど，国際的な運動を展開した[41]。その結果，WHO 総会や国連総会が，核兵器の使用・威嚇が国際法に違反するかどうかについて，ICJ に勧告的意見を出すよう正式に諮問した。ICJ は公聴会を開き，国連加盟国の意見を聴くなどして，慎重に審理を進めた。この過程において WCP は，核兵器に反対する諸国に国際法上の専門的な助言をし，多くの国の意見に影響を与えた[42]。ICJ は最終的に 1996 年 7 月，①核兵器の使

用・威嚇は一般的に国際法に反する，②ただし，国家存亡に関わる究極の事態の場合に関しては判断しかねる——との勧告的意見を出した。すべての核使用について違法判断を示したわけではなかったが，一般的に国際法に反するとの勧告的意見を出したことは，反核・軍縮運動にとって画期的なことであった。無論，ICJ の判断は法的専門性に基づくものであって，WCP の運動が判断の中身まで大きく左右したわけではないが，WCP が運動していなければ，そもそも ICJ が勧告的意見を出すことさえなかったのであり，その意味において WCP の功績は大きかったと判断できる。

このように冷戦終結後は，核廃絶条約案の作成，CTBT 締結，ICJ の勧告的意見と，新たなアジェンダについて反核・軍縮運動が繰り広げられた。そのいずれもがトランスナショナル・シビルソサエティの「運動エネルギー」に支えられていたことは冷戦後という時代の到来を象徴してもいる。

III 拡大した軍縮運動の領域

既述した通り，冷戦時代の軍縮・平和運動においては，ベトナム戦争など一部の例外を除いては，多くの「運動エネルギー」が反核・軍縮運動に向けられた。しかし，冷戦終結を受けて，平和運動の領域が広がり，核問題以外の領域に対しても国際世論の関心が高まるようになった。対人地雷全面禁止，国際刑事裁判所設置などの人道問題がその好例で，9.11 後のテロとの戦いにおける武力行使への地球規模の反対運動なども，平和運動の多様化を示す事例であった。

中でも，対人地雷禁止をめぐるトランスナショナル・シビルソサエティの役割は画期的なものであった。1999 年 2 月に発効した対人地雷禁止条約（通称オタワ条約）は旧来の多国間条約交渉とは異なり，NGO と中堅国家の協働作業で成立したのが大きな特徴である。もともと欧米の 6 つの NGO が中心となって立ち上げた ICBL が，やがては 1000 以上の NGO が参加した地球規模のネットワークとなった。人道的な見地から，年間 2 万 4000 人が犠牲になり続けている現実を看過すべきではないと，各国政府に対応を迫った。この動きに呼応したのが，対人地雷の全面禁止を支持していたカナダやノルウェー，南アフリカなどの中堅国家による有志グループで，ICBL と連携しながら条約作りを

進めた。国際世論への影響力を持ったトランスナショナル・シビルソサエティの「運動エネルギー」と，中堅国家による有志グループの多国間外交が力の相乗効果をもたらし，国際政治を動かしたのである。ICBL には，草の根 NGO とともに様々な分野の専門家が多く参加したことにより，政策提言能力，世論形成能力を強めた。専門的知識に基づいて対案を出し，国際世論の支持を背景に交渉の場でロビー活動を展開した。中堅国家による有志グループは，全面的に ICBL の意見に同調したわけではないが，反対する大国からの圧力を押し返して，対人地雷禁止を実現するには ICBL の後押しが不可欠であり，対人地雷除去の現場などで蓄積してきた NGO の経験や専門知識も必要な存在であったのである[43]。

　トランスナショナル・シビルソサエティが軍縮の規範形成に関わるようになったことは，それだけでも画期的なことであった。だが，それに加え，米ソの支配力が強かった冷戦期においては指導力を発揮することが極めて稀であった中堅国家が，ICBL と協働作業を進めることによって新たな規範作りを成し遂げたことは，政府とトランスナショナル・シビルソサエティの協働関係の成功例として歴史に記憶されることになった。また，コンセンサス方式による条約作りが定式化している国連型の交渉会議を離れ，有志連合を中心に多数決方式によって厳しい内容の条約を締結したことも画期的なことであった。

　対人地雷禁止に類似した事例として注目されるのが，国際刑事裁判所（ICC）設立のための規程（条約）作りにおけるトランスナショナル・シビルソサエティと中堅国家の協働作業である。国際刑事裁判所設立規程（1998 年締結）は 1998 年 7 月にローマで採択され，60 カ国の批准を持って 2001 年 7 月に発効した。ICC とは，戦争犯罪，人道に対する罪，ジェノサイド（大量殺戮），そして侵略の罪，といった重罪を犯した「個人」を裁くための常設裁判所である。管轄権の対象が国家に制限されている国際司法裁判所（ICJ）と異なり，国際刑事裁判所は個人を起訴する権限を持つもので，世界の法治主義にとってまさに金字塔である。

　この ICC 設置規程づくりで重要な役割を果たしたのが，1995 年 2 月に結成された NGO ネットワーク「国際刑事裁判所を求める NGO 連合（NGO Coalition for an International Criminal Court = CICC）」である。国際刑事裁判所設立交渉過程は対人地雷禁止条約の交渉とは異なり，全プロセスが国連主催で行わ

第15章 軍縮とシビルソサエティ

れた。しかし，CICCも国際刑事裁判所設立交渉で積極的な役割を果たした中堅国家も，対人地雷禁止条約交渉で見られたトランスナショナル・シビルソサエティと中堅国家の協働作業を意識していた。すなわち，カナダ，オランダ，南アフリカといった対人地雷禁止条約交渉で中核国だった諸国が，ICC設置規程採択過程ではCICCと協働関係を持ち，積極的に交渉を牽引していったのである。ICBLと同様に，CICCにも多くの草の根NGOとともに専門家集団が参加し，政策提言能力，世論形成能力を強める役割を果たし，それが中堅国家の協働作業の基礎を成した[44]。

対人地雷禁止条約，ICC設置規程の交渉において重視された「人道主義」，「法の支配」，「多国間交渉」といった基本的概念は，反核・軍縮や平和をめぐる運動にとって本質的な価値を持つものである。そうした基本的概念の実践として，トランスナショナル・シビルソサエティが中堅国家グループとの連携で，対人地雷禁止条約，ICC設置規程の締結にこぎつけたことは，極めて意義深いことであったと考えられる。まだ，条約締結にまでは至っていないが，小型武器の規制，子ども兵士の禁止などでも，トランスナショナル・シビルソサエティと中堅国家グループとの連携が進んでおり，新しい形の協力関係の汎用性，応用性の高さを示唆している。

1990年代半ばから急速に進行したグローバリゼーションが，NGOによる活動領域を広げた点も注視しておく必要がある。グローバリゼーションの負の側面が語られるとき，主に貧富の格差拡大などの経済的角度からの指摘が多いが，政治的角度から見ても負の側面のインパクトは大きい。それを浮き彫りにしたのが，9.11テロであった。国際テロ組織「アルカイダ」は，グローバリゼーション時代の特質を逆利用してテロを計画・実行した。9.11テロはその後の国際政治の潮流に大きな影響を与えたが，トランスナショナル・シビルソサエティの役割に新たな地平を開いたことにも注目しておく必要がある。

第1は，テロ対策が安全保障上の重要課題になったことを受けて，テロ組織も含めた非国家主体（Non State Actors = NSAs）との和平交渉，武装解除などの重要度が高まり，トランスナショナル・シビルソサエティの活動空間が広まった点があげられる。9.11以降の世界では，政府側はテロや内紛を防止するため，国内のNSAs，特に武装勢力と和平への道を探る心理が強まった。そこで，政府とNSAs双方と利害関係のない，もしくは利害関係の薄いNGO

第15章　軍縮とシビルソサエティ

がその中立性を生かして仲介役を担う可能性が浮上してきたのである。

対人地雷禁止を促進するICBLと，ICBL関係者が創設したNGO「ジュネーブ・コール」がその一例である。対人地雷禁止条約に未加盟の国々においては，分離・独立を目指す政治集団や民族グループといったNSAsが多く存在しており，政府だけでなくNSAsが地雷を使用している。その為，政府が条約に加盟しないという悪循環が続いており，ジュネーブ・コールは政府とNSAsの双方に地雷禁止を働きかけているのである。

NSAsは主権国家ではないため，国際条約に加盟することはできない。そこで「ジュネーブ・コール」は，政府と同時にNSAsも対人地雷の禁止を明確にするため，合意文書[45]への署名を促している。合意文書の提出先はジュネーブ・コールが本拠を置くジュネーブ州の州政府で，同政府は後見人のような立場でNSAsが合意文書に署名した事実を確認し，「紳士協定」のような意味を持たせている。これまでスーダンやソマリア，フィリピン等のNSAsが，ジュネーブ・コールの呼び掛けに応じて合意文書に署名している[46]。

9.11後は，大量破壊兵器拡散と密接な関係を持つ対テロ戦争をどう戦うかをめぐっても，トランスナショナル・シビルソサエティは関わってきた。典型例が，大量破壊兵器疑惑を契機にしたイラク戦争への反対運動で，世界各地で「反戦ウェーブ」とも呼ばれた大規模な集会が開かれ，武力行使以外の方法によるイラク大量破壊兵器問題の解決を模索する立場が強調された。「世界同時多発反戦デモ」とでも呼ぶべき現象は，NGOの連合体である「アンサー (Act Now to Stop War and End Racism = ANSWER)」[47]等が中心となって呼びかけた。戦争に反対したフランスのドビルパン外相（当時）の演説を含めた，安保理メンバーの外相演説が行われた2003年2月14日の翌日，最大の「反戦ウェーブ」が沸き起こり，ローマで300万人，ロンドンで200万人，バルセローナで200万人（因みに日本では東京で2万5000人）等，世界各地で多くの市民が参加した。開戦（3月20日）が迫った3月16日の午後7時には，世界142カ国6906カ所で順次，キャンドル平和集会が開かれた。米国に本拠を置くNGO（Move On: Democracy in Action）が呼びかけたもので，キャンドル・サービスが地球を一周した。結果的には，米国，英国等がイラクへの武力行使を開始し，戦争を防止するという反戦運動の直接的な目標は達成されなかった。しかし，反戦世論の盛り上がりが，明確に武力行使を承認する安保理決議

371

なしに開戦することに反対したフランスやドイツ政府に一定の影響を及ぼしたのは間違いないだろう(48)。

　こうした反戦活動の源となった国際NGOネットワークは，先のICBLやCICCのような連携関係のあるグループではなかった。むしろ，それまではあまり繋がりがなかった多くのNGOが呼びかけに賛同する形でデモに加わった結果，多くの一般市民を巻き込みながら「世界同時多発反戦デモ」へと発展した形であった。アンサーなどを起点にした反戦行動は，発信されたメッセージに自発的に共感し行動を共にするという，より緩やかな活動形態の有効性を示したものとして注目される。

む　す　び

　第2次大戦後の軍縮運動の変遷を見てきたが，冷戦時代とその後の反核・軍縮や平和をめぐる運動には，連続性と非連続性が併存していることがわかる。ここでは，連続性と非連続性に着目しながら，運動の重要な部分を占めてきた反核・軍縮運動の今後について考えてみたい。

　非連続性という視点からは，イデオロギーで分断された地球という世界観を脱して，本来の意味での「グローバル・コンシャスネス」が強まったことを指摘しておきたい。そうした世界観の変貌が多様な地球規模問題におけるトランスナショナル・シビルソサエティの急速な台頭の根底にあり，だからこそ多くの一般市民や中堅国家の政府が，対人地雷禁止やICC設置などの課題において地球大の規範形成で連携できたのである。先にも触れたように，核時代は地球規模の含意を持つ問題領域であるにもかかわらず，冷戦期の反核・軍縮運動は概ね西側先進諸国で集中的に展開された運動であった。核軍縮のハードルは依然高いが，反核・軍縮運動が，冷戦終結によって問題の大きさに見合うだけの地理的広がりを持ったことは間違いない。

　連続性で指摘しておかなければならないのは，冷戦期も冷戦後も，核軍縮を大きく前進させることの難しさである。紆余曲折はありながらも，核軍縮には多大な「運動エネルギー」が注がれ続け，CTBTやINF全廃条約などの成果に貢献してきた。しかし，核兵器国とその同盟国による核抑止への依存を抜本的に減少させることは容易ではなかった。その実証例が，ICBLを範にして核

第 15 章　軍縮とシビルソサエティ

軍縮の分野で誕生した NGO ネットワーク「中堅国家構想（Middle Powers Initiative = MPI）」の苦渋である[49]。国際社会では，核軍縮に熱心な中堅国グループとして「新アジェンダ連合（New Agenda Coalition = NAC）」が 1998 年 6 月に立ち上がり[50]，MPI は NAC との連携を深めて核軍縮の前進を計画してきたが[51]，なかなか奏功していない。核軍縮の長い道のりを考えると，MPI と NAC の連携を総括するのは時期尚早ではあるが，安全保障政策においては対人地雷と核兵器の位置づけがまったく異なることが大きな要因である。

　反核・軍縮運動は実は，非連続性からも挑戦を受けている。冷戦終結を受けて多様な平和問題に目が向けられるようになった結果，反核・軍縮運動への関心が相対的に低下していることである。インド，パキスタンでの地下核実験，北朝鮮の核保有宣言，イラクの大量破壊兵器疑惑，イランの核開発疑惑などが国際政治を揺り動かし，既存の核保有国による軍縮よりも，核不拡散への対応が緊急度を増したとの認識も強まっている。こうした安全保障環境の中で，多くの反核・軍縮運動は，①他の平和問題への取組みも大事だが，引き続き核軍縮が世界にとって重要課題であること，②核不拡散の徹底のためには，核軍縮を進める，核抑止への依存を抜本的に減らしていくことが重要である──との論理を展開して，運動の再活性化を模索している。

　今後の反核・軍縮運動にとって必要なのは，状況の変化をプラスサムゲームに転換していく戦略である。例えば，ICC 設置規定の交渉段階では，核兵器使用も戦争犯罪に加えるよう NGO が強く主張した。そこには反核・軍縮運動と共鳴するものがあり，ICC を普遍化・強化する運動と従来の反核・軍縮運動が連携できる場面もあるだろう。イラク戦争反対の波状的な運動は，平和的手段による問題解決を求める動きでもあったのであり，そうした動機を核不拡散，核軍縮の徹底を促す運動に繋げていくことも可能だろう。その意味において，今後のトランスナショナル・シビルソサエティは，個々の問題領域に閉じこもらず，共有領域に着目した連携によって平和運動の総合力を高めていく戦略思考が不可欠と考えられる。

注

（1）　トランスナショナル・シビルソサエティの詳細については，Ann　Florini (ed.), *The Third Force: The Rise of Transnational Civil Society,* Carnegie Endowment for

第15章 軍縮とシビルソサエティ

International Peace, 2000 を参照。
(2) Nils Peter Gleditsch, Harard Strand, Mikael Erikkson, Margareta Sollenberg and Peter Wallenstee, "Armed Conflict 1946-99: A New Dataset," paper prepared for the 42nd Annual Convention of the International Studies Association, Chicago, IL, 20-24 February, 2001. なお，ここで言う武力紛争とは，政権獲得や領土などの問題に絡んで25人以上が死亡したケースで，当事者の少なくとも一方が主権国家の政府である場合を指している。
(3) Davis S. Meyer, "Peace protests and policy: explaining the rise and decline of antinuclear movements in postwar America," *Policy Studies Journal,* Vol.21, 1993.
(4) Richard Rhodes, *Dark Sun, the Making of the Hydrogen Bomb,* Simon & Schuster, 1996, p.205.
(5) McGeorge Bundy, *Danger and Survival, Choices About the Bomb in the First Fifty Years,* Vintage Books, 1988, p.159.
(6) Spencer Weart, *Nuclear Fear, A History of Images,* Harvard University Press, 1988, p.184.
(7) Lawrence Wittner, *Resisting the Bomb, A History of the World Nuclear Disarmament Movement 1954-1970,* Stanford University Press, 1997, p.4
(8) Charles Chatfield, *The American Peace Movement, Ideals and Activism,* Twayne Publishers, 1992, p.105.
(9) パグウォッシュ会議という名称は，最初の会議が開催されたカナダのノバスコシア州パグウォッシュに因んでつけられた。詳細は http://www.pugwash を参照。
(10) Lawrence Wittner, *op. cit.* (注7), p.11.
(11) http://www.psr.org/home.cfm?id=about を参照。
(12) 米国の政策の沿革については，http://ma.mbe.doe.gov/me70/history/1951-1970.htm を参照。
(13) 科学者の行動に関しては，Hans A. Bethe, *The Road from Los Alamos,* Simon & Schuster, 1991, pp.37-53. を参照。
(14) 1960年代は，公民権，女性解放，環境保護などの市民運動が幅広く勃興した時期であった。このため，市民の関心が多様化し，軍縮に集約されにくい状況だった。
(15) CND の HP http://www.cnduk.org/INFORM~1/cndcuban.htm を参照。
(16) 「終末時計」に関する情報の詳細は，http://www.thebulletin.org/clock を参照。
(17) Coalition to Reduce Nuclear Danger の http://www.clw.org/coatlition/ctch7080.htm を参照。
(18) 「核兵器凍結キャンペーン」については，http://www.ratical.org/co-globalize/whm1454.html を参照。

第 15 章　軍縮とシビルソサエティ

(19) Lawrence Wittner, *Toward Nuclear Abolition, History of the World Nuclear Disarmament Movement, 1971 to the Present,* Stanford University Press, 2003, p.176.
(20) http://www.gwu.edu/~erpapers/abouteleanor/q-and-a/glossary/nat-com-sane-nuc-pol.htm を参照。
(21) Miton S. Katz, *Ban the Bomb, A History of SANE, the Committee for a Sane Nuclear Policy,* 1987, p.173.
(22) NATO の核戦略については、Thomas E. Halverson, *The Last Great Nuclear Debate, NATO and Short-Range Nuclear Weapons in the 1980s,* MacMillan Press, 1995 が詳しい。
(23) CND については、http://www.cnduk.org/INFORM~1/cndreviv.htm を参照。
(24) 「グレナムコモン女性平和キャンプ」については、http://www.cnduk.org/INFORM~1/greenham.htm を参照。
(25) Steve Breyman, *Why Movements Matter, The West German Peace Movement and US Arms Control Policy,* State of New York University Press, 2001, pp.94-95.
(26) IPPNW で注目されるのは、米国とソ連の医師が共同で核兵器反対に立ち上がった点である。
(27) http://www.clw.org/coalition/ctch/7080.htm 参照。
(28) SDI については、Frances FitzGerald, *Way Out There In The Blue,* Touch Stone, 2000 の記述が詳しい。
(29) Lawrence Wittner, *op. cit.* (注 19), p.173.
(30) UCS の HP 参照。[http://www.ucsusa.org/ucs/about/apge.cfm?pageID=767]
(31) 吉田文彦『証言・核抑止の世紀』朝日選書、2000 年、261-278 頁。
(32) 上掲書、247-260 頁。
(33) Milton S. Katz, *op. cit.* (注 21), p.173.
(34) Lawrence Wittner, *op. cit.* (注 19), p.404.
(35) Jeffrey W. Knopf, "The Nuclear Freeze Movement's Effect on Policy," in Rochon and Meyer (eds.), *Coalitions & Political Movements: The Lessons of the Nuclear Freeze,* Lynne Rienner Publishers, 1997, p.154.
(36) 冷戦後のトランスナショナル・シビルソサエティの動向に関する詳しい説明は、目加田説子『国境を超える市民ネットワーク──トランスナショナル・シビルソサエティ』東洋経済新報社、2003 年を参照。
(37) アボリション 2000 ネットワークの HP を参照。[http://www.abolition2000.org/groups/nwc/]
(38) Lawrence Wittner, *op. cit.* (注 19), p.460.
(39) Lawrence Wittner, *op. cit.* (注 19), p.463.

375

第15章　軍縮とシビルソサエティ

(40) 1996年9月24日の国連総会におけるクリントン米国大統領の演説。
(41) WCPに関する書籍としては，WCP誕生に関わったIALANA（国際反核法律家協会）発行のJohn Burroughs, *The (Il) legality of Threat or Use of Nuclear Weapons—A Guide to the Historic Opinion of the International Court of Justice*, LIT Verlag, 1997が詳しい。背景説明としては，WCPの設立団体の1つであるIPB発行のKeith Mothersson, *From Hiroshima to the Hague—A Guide to the World Court Project*, Geneva, 1992が参考になる。日本語では，NHK広島，核平和プロジェクト『核兵器裁判』NHK出版，1997年がある。
(42) Maurice Bleicher, "The Ottawa Process: Nine-Day Wonder or a New Model for Disarmament Negotiations?" in United Nations Institute for Disarmament Research, *Disarmament Forum*, two 2000, p.73.
(43) 対人地雷禁止条約の交渉プロセスの詳細は，目加田説子『地雷なき地球へ』岩波書店，1998年を参照。
(44) CICCとICBLの類似点については，目加田説子『前掲書』（注36）を参照。
(45) 合意文書の正式名称は「対人地雷の全面禁止及び地雷除去・地雷回避教育等に関する合意文書（Deed of Commitment Under Geneva Call for Adherence to a Total Ban on Anti-Personnel Mines and for Cooperation in Mine Action）」。
(46) 合意文書に署名したのはスーダンの民解放運動，フィリピンのモロ解放戦線，イラク国内のNSAsである2つのクルド人勢力，それにソマリア国内の19の武装したNSAsである。アンゴラ，ビルマ，チェチュニヤ，コロンビア，インドネシア，スリランカ，ネパール及び西サハラでのNSAsとも交渉を継続中である。詳細はジュネーブ・コールのHPを参照のこと。[http://www.genevacall.org/home.htm]
(47) 「アンサー」のHP [http://www.internationalanswer.org/] を参照。
(48) 例えば，ドイツのシュレーダー首相は『ディ・ツァイト』紙のインタビューで「多くの政府は大衆の平和への意思を低く評価しすぎた」と語ったとされる。加藤周一「なぜ同時多発的反戦デモか」『緊急増刊NO WAR！立ちあがった世界市民の記録』『世界』第715号，38頁参照。
(49) MPI誕生の動機付けは，ICBLの成功にあった。Interview with Senator Douglas Rouche, Ottawa, December 11, 1998.
(50) NACの基本姿勢については，黒澤満『核軍縮と国際平和』有斐閣，147-148頁を参照。
(51) 詳細はMiddle Powers Initiative, *Fast Track to Zero Nuclear Weapons*, Cambridge, 1998を参照。

第16章　軍縮・不拡散教育の役割と課題

土　岐　雅　子

まえがき

　軍縮・不拡散教育が国連の場で議題に初めて登って以来，既に20年以上の歳月が経つが，教育が国際安全保障，大量破壊兵器の軍縮・不拡散を強化する上で，本来果たしうるべき役割の重要性がすべての加盟国から十分に認識されているとはいい難い状況が続いている。歴史を振り返って，教育が社会に及ぼしてきた影響を考えたときに，平和の文化を創造するための軍縮・不拡散教育の実施は，より安全で平和な社会を建設するための要になるとも言える。しかしながら，今日の安全保障を取り巻く国際状況をかんがみるとき，軍縮・不拡散教育の重要性が増してきているにもかかわらず，その具体的な進展は非常に限られている，というのが一般的な認識である。

　より安全な国際社会の実現のために，国際社会は人類にとって多大な被害を及ぼす兵器を禁止する国際条約を発効させるために努力を重ねてきた。大量破壊兵器が存在する時代の始まりは，また大量破壊兵器のコントロールの時代の始まりとも言える。このような兵器を禁止し拡散を防ぐための努力をする一方，新たな兵器を開発し，その性能を高め，質，量ともに向上させるための努力，いわば対極をなす2つの努力が，常に同時に行われてきた。

　その国際条約の主なものとして，1970年に発効した核不拡散条約（NPT），1975年の生物兵器禁止条約，そして，1997年発効の化学兵器禁止条約などがあげられる。軍縮，平和の実現を目標とした国際条約の強化は，安全な社会のためには不可欠である。しかしながら，これらの軍縮条約が，その目的を達成

第16章　軍縮・不拡散教育の役割と課題

するためにどれほど有効に作用してきたかを論じると，必ずといってよいほど賛否両論の意見が聞かれる。ただし共通して言えることは，これらの全ての国際条約が現在様々な課題，危機に直面しているということである。そしてこれらの課題，危機は直接，または，間接的に，国際安全保障，不拡散，軍縮を取り巻く環境に影響している。

　こういった状況を理解したときに，長期的展望で軍縮・不拡散の分野における教育の進展のために努力することの必要性が一層増してきているように思われる。その目的のためには，国際社会，国家，教育機関，非政府機関におけるより一層の努力が望まれる。本稿では，軍縮・不拡散教育がこれまでどのように議論され，進展してきたかを特に2002年に国連総会で採択された「軍縮・不拡散教育に関する国連の研究―国連事務総長の報告」を中心にこれまでの経緯について述べ，そして，現在どのような教育が行われているか，またその問題点を挙げ，今後どのような進展が望まれるかについての考察を行う。

I　軍縮・不拡散教育の発展の経緯

1　国連の場での議論の歴史

(1)　「国連事務総長の報告」の国連総会での採択

　国連が，戦火に泣いた人民の悲哀の歴史を平和で安全なものにするべく，1945年10月24日に設立されて以来，国連は，国際平和と安全保障，また様々な紛争解決の努力を行ってきた。その成果に対する評価は様々であるが，第2次世界大戦後，国連が国際社会に果たしてきた役割は，非常に重要である。その国連の場で，軍縮・不拡散教育が初めて議題に登って以来既に20年以上の歳月が経つが，その中でもひときわ重要な採択は2002年の国連総会での軍縮・不拡散教育に関する国連の研究――事務総長の報告――の採択であると考えられる。2000年11月の国連総会で，2年間この事項に関する研究を行い国連事務総長が2002年に報告書を発表するということが，無投票で採択された[1]。2001年，国連事務総長は，この決議に従い，2002年に報告書を提出することを目的としその作成のために，10ヵ国からの専門家グループを任命した。報告書は非常に包括的で，今後の軍縮・不拡散教育における指針のよう

なものであるが，具体的にどのように実行していくかということは今後の新たな課題である。

　この報告書には，34項目にわたる軍縮・不拡散教育を実践する上での，推薦事項が含まれている。これらのすべてを短期間に実行するということは，不可能に近いと思われるが，それぞれの国や地域，または，組織，教育機関の状況にあわせて，最も適切と思われる分野から実行に移していくのが実際的ではないかという風に理解している関係者もいる。外務省軍備管理・科学審議官の天野氏の言葉を借りれば，「軍縮・不拡散教育の処方せんではなく，メニューである。」との解釈もある[2]。報告書の詳細については後に述べる。

(2) これまでの国連の努力，決議文書

　過去20年余りにわたり，国連は，軍縮教育推進のために尽力を続けてきたが，2002年に採択された国連の軍縮・不拡散教育に関する研究の報告書は，この過去の国連の軍縮教育推進における努力の結集とも言える。

　1978年の第1回国連軍縮特別総会において，軍縮教育の緊急性が宣言された折に，軍縮教育の進展のためには，その問題に関して，教授することと研究することの両方の大切さが強調された。この特別総会の最終文書は，政府，非政府機関，国際機関，特に，ユネスコに対して軍縮平和教育のプログラムをあらゆるレベルの教育において開発していくために，段階的措置をとっていくことを勧告した[3]。

　その結果として，1980年に行われたユネスコ軍縮教育世界会議において採択された最終文書には，軍縮に関する研究と教育の数多くの推薦事項が盛り込まれている。この会議が，軍縮教育の歴史において非常に意義深いものであることは事実であるが，この会議以降，2000年の国連総会で軍縮・不拡散教育に関する報告書の提出を要求した決議が採択されるまでの約20年間，軍縮・不拡散教育が真剣に国連の場で討議されることはほとんどなかった。この20年以上も前に採択されたユネスコ軍縮教育世界会議の最終文書は，現在の軍縮教育においてもその必要性の上で，共通したものを数多く含んでおり，まさに現在の軍縮教育における課題ともいえる。これは，皮肉にも20年以上も前にこのような意義深い採択がなされたにもかかわらず，軍縮・不拡散教育の分野において，この20年間あまり目覚しい発展がなかったことを証明している[4]。

第16章 軍縮・不拡散教育の役割と課題

　この当時は、軍縮という言葉の定義自体が確固としたものではなく、広く一般には正確に理解されていなかったのではないかと思われる。そのためほとんどの一般市民、ましてや、初等教育、中等教育の過程にいる生徒にとって、軍縮という言葉の意味を正確に定義付けることは、不可能に近い状況であったといえる[5]。それにもかかわらず、この1980年のユネスコ軍縮教育世界会議の最終文書は平和教育、軍縮教育の専門家にとって、ある意味で重要なものであったことは否定できない。以来、軍縮教育の流れが本格的に発展したと認識している専門家もいる。

　このユネスコ世界会議に続き、更に1982年の国連総会の決議を受けて、国連世界軍縮キャンペーンが同年の6月に始まった。このキャンペーンの目指すところは、軍備管理、軍縮の分野における国連の目標がより明確に理解され、より多くの人々に普及することにあった。このキャンペーンでは主に、教育資料の準備とその普及、会議、セミナー、訓練の実施、軍縮週間など特別催し物の実施、広告、宣伝活動、そして、国連フィールド事務所との協力などといった活動が行われた[6]。しかしながら、この軍縮キャンペーンの効果に対する評価は必ずしも好ましいものばかりではない。もちろんこのキャンペーンにより軍縮に関する問題が今まで以上に広く知れ渡り、一般の人々の意識を高めたことは、事実である。それにもかかわらず、あまりその成果が評価されていない理由として、主に2つの障害があったと考えられる。そのひとつが、「均衡の取れた、事実に基づいた、客観的なキャンペーンでなければならない」と要求されたことである。このため、冷戦中の軍備拡張を続ける超大国の政府に対しても批判的なことは、キャンペーンを通しては、受け入れられなかった。もうひとつの障害としては、十分な予算が確保されていなかったということが上げられる[7]。1992年に国連はこのキャンペーンを国連軍縮情報プログラムに移行したが、同じ目標を掲げながらも、そのキャンペーンに当てられる予算は削減された[8]。

　地球的規模で、非暴力の文化を推進するための平和教育、文明間の対話、紛争解決を援助するために定められた「国連平和の文化の年」が1999年に幕開けした。皮肉にも米国に対する同時多発テロが起こった2001年は、国連文明間の対話の年に当たり、このテーマが掲げる目的は、異なる文明間の人々のコミュニケーション、対話を促進することにより紛争の根本原因を認識し、多様

性に対する寛容の精神を育むことにあった。

2　教育が社会問題の解決に果たしてきた役割

　人類が直面する様々な問題において，教育はその問題を軽減するか，あるいは根本的に解決するための手段として用いられてきた。飢餓，開発，平和，環境，人種差別，性差別，そして，軍縮，といった様々な問題に際して，その方法は異なるにしろ，教育が問題解決を目的として用いられてきたことは，歴史を見ると明らかである。この傾向は，政策決定の段階では有効な解決策をみいだすことは，困難であると認識した人々の間で特に発展してきた。実際，問題の解決はその問題を扱う人の意識の変革，または問題に対する深い認識なしには，ありえないのである。ただし，教育が実際どのように社会に影響を及ぼしてきたかについては，様々な認識がある。たとえば，教育と社会の関係の最も理想主義的な見方として，教育それ自体，平和建設に寄与しているという見解である。またある学者は，純粋に科学的発見を社会に広めることそのものが教育であると認識している。別の見方をしている人々もいる。つまり，教育の内容は社会状況によって決定付けられる，という意見である[9]。

　軍縮・不拡散という分野は国家の安全保障政策にとって重要な位置を占めるものである。その上で，教育という比較的ソフトパワーの分野の影響が軍縮・不拡散とどの様に関連付けられるかという点について，教育者自身も明快な回答を見出せずにいたのではないかと推測される。このことがこれまで軍縮・不拡散教育の発展が遅々として進まなかった理由のひとつであると考えられる。

　コロンビア大学国際平和教育研究所所長のベティー・リアドン氏は，軍縮教育は，その重要性が認識されながらもいまだに未開の分野であると述べている。軍縮教育は平和教育のひとつの分野として扱われることが多いが，その中でもあまり知られていない領域なのである。そして実際軍縮教育を行う教育者は，平和教育に携わっている人が多いというのも事実である[10]。

　軍縮教育というものを考えるとき，この問題が，一般の人々の日常生活から程遠くかけ離れたものだという印象を与えるのが一般的な見方である。つまり，軍縮，もしくは，その反対の軍備拡張の政策決定に関わっているのは，ごくわずかの人々であり，その政策決定を決める要素は必ずしも一般市民の利益

を最優先に置いたものではないともいえる。しかもその決定の影響を受けるのは，一般の人々なのである。それゆえ，軍縮教育の最大の目的として，この教育の発展により，一般の人々に利益を与えることを決定付けることは重要である。そのためにも軍縮教育はミクロレベル，つまり草の根的に人々と対話を重ね，軍縮教育を様々なレベルでどのように適応させていくかということも考慮されるべきである。

　国際大学学長協会（IAUP）は，その基本精神として，「教育を通しての平和の実現」を掲げている。つまり，教育の大切な目的の1つとして，平和の文化を創造することを目標としているのである。1993年に発表され，論議を呼んだ，ハーバード大学教授，サミュエル・ハンティントン氏の論文に，今後の新たな世界で，人類を分裂させ，紛争の主な原因となるものは，文化の違いである，と述べられている。この主題の是非はともかくとして，1つ確実なことは，今後起こりうるかもしれない文明間の対立，また，人類を分裂させている憎悪や，無理解といった問題に対して，教育が最も有効な解決策の手段である，ということである。つまり，今後の世界を担う学生は，単に人類の相互依存の必要性を理解するだけではなく，異なる文明間に存在する宗教や文化の違いに対する理解を充分に深め，そして敏感に感じ取る必要がある。人は文化，宗教の違いによって，その価値観，優先事項も異なることが多いが，そのような価値観の違いをも認識することも必要となってくる[11]。

　1999年5月に行われたハーグ・アピール平和市民会議では，教育が，平和，人権，平等などの地球規模における課題の実現のためには不可欠であることが主張された。世界中のあらゆる異なった宗教を保つ人々，平和活動に貢献している人々1万人が集ったこの市民会議で，平和，人権，民主主義のための教育の重要性が強調されたことは，大変注目すべきことである。

II　軍縮・不拡散教育に関する国連の研究——国連事務総長の報告——

1　報告が発表されるまでの背景

　教育が問題解決のための手段であるというのは，ある程度人類共通の認識のようであるが，現状を見たときに，平和，軍縮，不拡散を推進するために，教

第16章　軍縮・不拡散教育の役割と課題

育が充分活用されているとは言いがたい[12]。20世紀の科学と技術の発展により生活水準は向上したが，このため，兵器の開発も進み，特に核兵器の開発は，冷戦中の超大国間の軍備拡張競争のため，全面核戦争が起こった場合は，人類を絶滅の危機に追い込むところにまで達していた。冷戦終結から10年以上が経った今も超大国間の全面核戦争の危機は減少したものの，逆に，問題に対する無関心や，自己満足といった問題点は，人々の間に広まりつつある。そしてこの状況が社会を一層不安定なものにしている[13]。こういった現状を打開するためにも，この国連事務総長の軍縮・不拡散教育に関する報告書が採択された意義は非常に重要である。軍縮・不拡散教育の目的は，人々が，軍縮，平和のために貢献できるように知識と技術を取得し広めていくことにある。

　2002年10月9日国連総会第1委員会にににおいて，軍縮・不拡散教育に関する国連の研究が採択された。国連事務総長の軍縮に関する諮問機関が2000年の1月末から2月初めにかけて行われた会議において軍縮に関する研究報告を提出することを事務総長に提案している。その提案の中心者となったモントレー国際大学不拡散研究所所長のウィリアム・ポッター博士が数年前にこの諮問委員会のメンバーになることを当時の国連軍縮担当の事務次長，ダナパラ氏から依頼された折，ダナパラ氏は，軍縮を推進し，具体的成果をあげることが出来る活動を諮問委員会で行うことを要請した。この軍縮教育の提案はまさに，その具体的な成果をあげることを目標とした提案であった[14]。

　2002年に採択されたこの研究報告は約2年間にわたる政府専門家の研究努力の成果である。この政府専門家グループは10カ国からのメンバーで形成されており，エジプト，ハンガリー，インド，日本，メキシコ，ニュージーランド，ペルー，ポーランド，スウェーデン，セネガルから成り立っている[15]。当然といえば当然かもしれないが，このメンバーには，NPT加盟国の核兵器国は参加していない。2000年の国連総会において，2年後の2002年にこの研究報告を国連事務総長が，これらの専門家グループの協力により提出することが決議されたのである。

　2000年の決議では，この研究報告の目標が次のように定義された。①非暴力，平和の文化を推進することを考慮し，時代に則した軍縮・不拡散教育，訓練を定義づける。②世界のあらゆる地域における異なった教育レベル，初等，中等，大学，大学院での現在行われている，軍縮・不拡散教育の評価をする。

383

第16章　軍縮・不拡散教育の役割と課題

③あらゆるレベルにおけるフォーマル，またはインフォーマルな軍縮・不拡散教育，訓練を推進するための方法を勧告する。特に，教育者，議員，軍の将校，政府当局者などに対する訓練の方法を提案する。④さらに進歩的な教育方法の活用を審査する。とくに，情報通信技術の革新的な発展に伴う，遠隔地学習などを含めた，遠隔地や，発展途上国においての軍縮・不拡散教育を強化するための努力について焦点を当てる。⑤いずれの国連機関が特に権限を持って，軍縮，あるいは教育の担当にあたるか，或いは，この両方を担当するかを提案する。⑥紛争後の平和構築のために軍縮・不拡散教育を導入する方法を実践する，といった項目である[16]。

　これらの目標を達成するために，専門家グループは，国際機関，国連加盟国の政府，教育機関，非政府機関がどのように軍縮・不拡散教育を実施しているかに関する調査を行った。国連軍縮研究所 (UNIDIR)，その他の国連機関，大学教員，初等教育，中等教育の教員，市民グループの代表，などと協力し，専門家グループは軍縮・不拡散教育における様々な見解を取り入れようと試みた。国連軍縮局が調査の結果を収集し，専門家グループは，2000年の採択から報告書の提出までの2年間に4度の研究会を設け，報告書に盛り込む内容などについて議論した。

　この調査の結果から，明らかになった事項は，たとえば，過去数年における情報通信技術の発展が軍縮教育における教材の開発に大きく貢献したこと，今後の課題としては，軍縮教育の教材を最も適当な学習能力レベルに適応する必要性，英語の教材が主流であることからの言語の壁を乗り越えるためにさらに多言語に翻訳する必要性，といった問題事項などである。しかしながら，多種多様の教材についての情報が寄せられたにもかかわらず，国連加盟国の25カ国からの政府の回答だけでは，各国における，軍縮・不拡散教育の現状を正確に分析するには，不十分である。軍縮・不拡散教育に関する状況をさらに正確に分析するためには，加盟国からの協力は今後も必要であり，その他の国連機関との連携も不可欠である。

　この報告書にあげられた具体的推薦事項を実施するためには，国連機関，政府，教育機関，NGO間の協力が必要であるが，こういったことを踏まえて，メキシコ政府は，「軍縮・不拡散教育に関する研究」と題した決議案を提出している。この決議案では，加盟国，非政府機関，メディアが報告書の推薦事項

を考慮し実施し，国連事務総長に，これらの努力の成果を報告することを要求している。この国連事務総長のレポートは，2004年の第59回国連総会にて提出される予定である。

2 報告の概要

この国連事務総長の研究報告では，軍縮と平和の分野において教育はきわめて重要であるが，充分に活用されていない旨が述べられている。また，軍縮，不拡散を推進し，国際安全保障，持続可能な経済，社会発展のためには，軍縮・不拡散教育は緊急を要する課題であることが確認された。また，この研究では，軍縮・不拡散教育の必要性が，今ほど重要であったことはかつて無く，特に，大量破壊兵器とその運搬システムの分野においては，なおさらであるということも結論付けられた。

この報告書には34項目にものぼる具体的な提案事項が含まれている[17]。これらの項目は大きく5項目に分かれており，①フォーマル，インフォーマルな全てのレベルにおける教育において，軍縮・不拡散の教育と訓練を推進する方法，②進展する教授法，特に情報通信技術革命の活用方法，③軍縮・不拡散の教育を平和構築の貢献として，紛争後の状況に導入する方法，④国連システムと他の国際機関が軍縮・不拡散教育における努力を調和，調整できるようにする方法，⑤今後の課題と実施方法について，があげられている。これらの提案事項について，特に強調されていることは，教育のレベルに拘わらず，生徒，学生は，平和，軍縮といった問題について，何を考えるかというよりも，どのように考えるかというように教えられるべきであるということである。更にこれらの提案事項は，軍縮・不拡散教育に携わる教育者は，伝統的な教育方法と革新的な教授法の両方をうまく統合させて用いること推奨している[18]。この報告書はまた，フォーマルな教室での授業の他にも，インターンシップや，実際的な訓練方法を取り入れることにより従来の教育を更に強化し補強できることも述べている。

1つのユニークな軍縮・不拡散教育の教授法として，この報告書にも取り上げられ，提案され，また1978年の軍縮教育世界会議の最終文書においても強調されている事項は，参加型方式の教授法の促進である。参加型方式の授業

385

は，従来の講義型授業方法よりも更に学生が主体的に，討議される内容について，様々な資料を用いて，シミュレーションなどを通し，批判的考え方を発展することを目的としている。参加型方式の教授法の例として，モントレー国際大学院不拡散研究所が行っている，軍縮交渉シミュレーションの授業が上げられる。この授業では，学生が多国間または2国間の軍縮交渉で，他国の役割を演じることにより，軍縮問題を客観的に見る力を養い，交渉の方法，技術を身につけることを目標としている。実世界で行われている軍縮交渉のシミュレーションを行うに当たり，それぞれの学生は，自分が担当する国の軍縮・不拡散政策について徹底したリサーチを行うことを要求される。問題を他の立場の観点から見ることにより，より客観的，または包括的にその問題を見ることが出来，本来の自分の立場に戻ったときにより効果的な判断が出来るということもありうる。現実の軍縮交渉に当たる政治家，外交官もこの参加型方式の訓練方法を用いて，活用してみることも考えてみるべきである[19]。この方法は，初等教育から大学院といった高等教育のあらゆるレベルで用いることが出来，非常に効果的な教育方法である。参加型学習は，米国で生まれた学習形態であり，平和教育，特に戦争をなくす教育などによく用いられる。コロンビア大学国際平和教育研究所のベティー・リアドン氏は，戦争をなくす教育において，参加型学習を用いることは非常に効果的であると述べている[20]。

さらに情報通信技術の発展に伴い，これまで軍縮・不拡散といった問題の情報を得ることが難しかった人々も比較的簡単に様々な情報，教育用の資料に接することが出来るようになった。特に国連のウェブサイト，NGOのウェブサイトには，様々な教育資料が載せられている。今後もこういった教育資料の内容充実，使用の容易性といった面での発展が望まれる。

III 現在行われている軍縮教育の概要

1 軍縮教育の一般的問題点

国家，国際機関の双方が長期的視野に立った軍縮・不拡散教育のための充分な投資を行ってきていなかったが，この理由のひとつとして，目前の危機を早急に解決することを優先せざるを得ない外交政策をとっているという事情に帰

第16章　軍縮・不拡散教育の役割と課題

することが考えられる。アナン国連事務総長が以前，教育とは，平和構築のための異名であると明確に述べたにもかかわらず，いまだに平和，軍縮，不拡散推進のために教育が充分活用されているとは言えない[21]。

冷戦後超大国間の全面核戦争の危機が大幅に減少したため，ある種の安堵感，そして，無関心が一般的に浸透している。しかしながら，軍縮の分野において，この無関心と自己満足に基づいた安堵感は，更なる進展を遂げるためには，最大の難題といわざるを得ない。つまり，無関心と自己満足のために，軍縮・不拡散の分野において，教育を推進することは，ますます難しくなってきているようである[22]。この問題は更に悪化している。こういった傾向はほとんど国の行政機関において見受けられるが，このため，政治家は，軍縮・不拡散に関して，充分に教育されておらず，軍縮・不拡散問題に関する危機に対処するための充分な政治的意思が不十分なことが多く，予算も充分に配当されていない。一般市民の間においても軍縮や不拡散に関する問題意識は低く，この問題を学ぶ機会も不足している。軍縮・不拡散に関する教育，政策は緊急を要するという事態にも拘わらず，この分野における次世代の専門家を育成するための機関の数は，決して充分ではない[23]。

このような，軍縮・不拡散教育がほとんど，または，まったくといってよいほど普及していない状況は，長期的に見て，様々な問題を導く要因になると考えられる。例えば，政府関係者，特に法の制定者である議員が，軍縮・不拡散におけるその国の状況，または，国際軍縮・不拡散条約に関する知識に欠けていたなら，軍縮・不拡散に関する法律の作成の段階で適切な判断ができないということも考えられる。また，兵器の製造産業に関わる核物理学者や，生物工学の分野の学者，技術者は，兵器や，技術の拡散を防ぐことの重要性に気づかずに，深刻な問題を引き起こすという可能性も考えられる。次世代を担うべき学生に対する軍縮・不拡散教育の不足のため，外交官，技術者，物理学者，法の執行者を目指す学生が，それぞれの職についた際に，軍縮・不拡散に関する問題に適切に対処できないという結果をもたらす。さらには，一般市民がこの問題に対しての知識が乏しく，無関心であると，軍縮・不拡散に関する，条約制定，または，その議論の段階で，まったく，無視されてしまう。これらの問題点を考慮したときに，軍縮・不拡散教育を幅広く，そして適切に行うことの重要性が理解される。

第16章　軍縮・不拡散教育の役割と課題

2　米国の例

(1)　軍縮教育の一般的特徴

　2002年2月から10月にかけて，モントレー国際大学不拡散研究所（CNS）は，米国の学部レベルにおける不拡散教育の状況を把握すべく米国のいわゆる一流大学の政治学，国際政治学部を対象に調査を行った[24]。これらの大学は，政治学，国際関係などの分野においては，秀でているにもかかわらず，ほとんどの大学は，一般的な国際安全保障の授業を行ってはいるが，軍と無関係の大学で，大量破壊兵器の不拡散に関する授業を行っている学校は，全体の3分の1にも及ばないということがこの調査から明らかになった。この調査の対象となった大学で行われている大量破壊兵器の不拡散に関する授業には，似通った特徴があることが判明した。ほとんどのコースでは，大量破壊兵器に関する事項を米国の国家安全保障の観点から捉えている，ということである。平和学や，国際機関の大量破壊兵器不拡散・軍縮に関する役割，国際協力といった観点から授業を行っている大学は，少数派である。9.11のテロ攻撃以降，安全保障に関する意識も高まり，特にテロリストへの大量破壊兵器の拡散の懸念が拡大したことにより，この問題に関する新たな授業を取り入れている大学もある。今後の安全保障の状況を取り巻く環境に大学教育がどのように反映していくかが，問題である。

　軍縮・不拡散教育の拡充のためには，当然予算も十分に確保しなければならないが，今のところ，その予算は十分ではないというのが現状である。国家レベルでの拡散防止教育法の法制度の整備も必要となってくる。また次世代の軍縮・不拡散の専門家を養成するために，この分野における奨学金の充実も検討されるべきである。米国上院議員のリチャード・ルーガー議員が最近軍縮・不拡散教育の促進のために米国議会に200万ドルの予算を要求する法案を提出したが，最終審議には至っていない。軍縮教育の奨学金を確保することにより，更なる軍縮・不拡散教育の充実が予想される[25]。

(2)　高校生を対象とした軍縮・不拡散教育の例

　大学において，軍縮・不拡散教育が充分に行われていないということは，先に述べた調査を通しても明らかであるが，高校生を対象とした軍縮・不拡散教

第16章　軍縮・不拡散教育の役割と課題

育というものは，ほとんど無に等しいといえる。モントレー国際大学の研究所では，高校生を対象とした，軍縮・不拡散教育の実施も行っている。その例として，クリティカル・イシュー・フォーラム（CIF）について述べてみたい。

　このプログラムは，高校生を対象に，軍縮・不拡散の教育を実施することにより，彼らの意識をたかめ物事を洞察する力を養うことを助けることを目標としている。そして，勿論，その結果として，大量破壊兵器の軍縮・不拡散に役立つ人材を育成することを目指している。

　このプログラムの始まりの経緯として，1997年にCNSのウィリアム・ポッター所長がモントレーの高校生，一般市民を対象として，大量破壊兵器の拡散に関する問題の講義をした際，なぜこのような重要な問題がいままで高校では，教えられなかったのかと，1人の高校生が質問した。実際，この講義がこの高校生にとって，核不拡散の問題を聞く初めての機会であった。CNSでは，このように，核不拡散に関する問題が高校では，教えられていないという状況を真剣に受け止め，CIFプログラムを開始した。高校生を対象とした，大量破壊兵器の不拡散に関する教授資料とカリキュラムを作成することが，CIFプログラムの具体的な活動である。このプログラムでは，軍縮・不拡散に関して，何を考えるかというよりもどう考えるか，ということに重点を置いている。これは，事務総長の報告書の中でも強調されている点である。

　このプログラムを通して，いかに高校生を対象とした軍縮・不拡散教育が米国全土において存在していないか，ということを実感した。高校生の教育のためには，まず非常に熱心な教員の育成に全力を注ぐことも大切である。毎年，大量破壊兵器の軍縮・不拡散問題に関するテーマを選び，中心となる教員を対象に行う夏期カリキュラムワークショップから1年の活動が始まる。今のところ，米国各地の高校約20校とロシアの閉鎖された核都市に位置する高校約10校が参加しているが，今後もこのプログラムの発展のために，他国からの高校生の参加も考慮している。唯一の被爆国である日本の高校生が核兵器国の米国，ロシアに加えて参加することにより，一層の内容の充実が予想される。軍縮・不拡散教育を高校生対象に実施するためには，高校生に適した教育材料の開発，有能で熱心な教員の育成が最大の課題である。

(3) モントレー国際大学の例——不拡散研究の資格

筆者が卒業したモントレー国際大学で行われているユニークな不拡散教育について若干紹介してみたい。大量破壊兵器の不拡散に関する資格を修士号と合わせて修得できるという，米国でも唯一の制度である。この資格を修得するために，合計15単位の関連した授業を優良な成績で終了しなければならない。この資格では，大量破壊兵器全般，（核，生物，化学兵器），そして，それらの運搬システム，つまり長距離ミサイルの軍縮・不拡散に関わる，政策，技術的側面を包括的そして，系統的に研究する。更に軍縮・不拡散のための国際的または，政府による努力についての研究，評価を行う。特に国際軍縮・不拡散条約についての研究も包括的に行う。更に地域における不拡散状況，特に，紛争地域や拡散が懸念される地域，中近東や，南アジア，北東アジア，そして，旧ソ連諸国について焦点も当てている。更には，近年特に懸念されている非国家主体への大量破壊兵器の拡散事項についても研究が深く行われている。

このシステムはモントレー国際大学に付属の大量破壊兵器の不拡散研究所が，1989年にウィリアム・ポッター博士によって設立されて，その数年後に始まった。この不拡散研究を修得した卒業生は，現在，それぞれの政府の軍縮・不拡散教育を担当する部署，または，関連の国際機関，例えば，国際原子力機関，または，非政府機関の研究所など様々な分野で，幅広く活躍している。この不拡散研究の資格の授業で特筆すべきことは，大量破壊兵器の軍縮・不拡散に焦点をあてたその教育方法が非常に包括的であり，系統立っているということである。米国の大学において，安全保障関連の授業や，地域情勢の研究は，幅広く行われているが，不拡散・軍縮のみに焦点を当てて，その問題に関わる政治，政策決定，技術的な事項，更には，地域における不拡散状況へと広げていくこの研究は，大変に興味深いものがる。毎年，国際政策学部に入学する大学院生の多くがこの不拡散研究の資格をとるためのコースを取っている。

3 日本の例

日本における軍縮教育は，平和教育の一環として行われているものが多い。唯一の被爆国としての経験から，当然，核廃絶，核軍縮に対する国民の願いは

第16章　軍縮・不拡散教育の役割と課題

強く，反核意識というものは，原爆が投下されて以来，日本の文化の1つの側面になっているともいえる。概して述べると，米国の国家安全保障を目的とした，不拡散に重点を置いた教育とは異なり，核廃絶を目指した平和教育の一環として，軍縮を教えているケースが多い。

被爆地長崎に位置する，長崎大学では，2002年より，一般教養のカリキュラムの1つとして，平和学に関する講義が始められた。長崎大学医学部教授で，核戦争防止国際医師会議（IPPNW）のメンバーでもある朝長教授もこの平和学の授業を担当しており，講義のテーマは，「若い世代の平和維持のための責任」としている。講義は，大きく分けて3部構成で，1つ目が，平和と戦争の定義，世界の歴史と日本の平和と戦争の歴史，2番目に第2次世界大戦と核の時代，3つ目が，政府レベルによる軍縮とNGOによる核廃絶のための平和運動である。こういった平和学の授業を通し，学生の平和や，国際問題に対する意識は確実に高まってきていると，朝長教授は述べている。また，こういった問題に関する，充分な教育機会を提供することが，大切であると結論付けている[26]。日本の軍縮・不拡散教育の今後の課題として，軍縮・不拡散に関する包括的，系統的な教育を取り込むことではないかと思われる。過去の経験に基づく，ある程度主観的な平和教育はもちろん重要であり，今後も広島，長崎は永遠に平和の発信地であり続けるべきである。それと同時に軍縮条約を系統的に学び分析し現在の軍縮・不拡散を取り巻く問題点を分析し問題解決の能力を養うことは，日本の平和教育をさらに強化していくことにつながるといえる。それと同時に，日本の歴史教育の問題点についても発展する余地がある。日本人にとって軍縮というとほとんどの人が核兵器しか思い浮かばないが，大量破壊兵器全体を理解する必要もある。もちろん，1995年のオウム真理教による地下鉄サリン事件をきっかけに化学兵器テロという問題が日本で初めて問題になったが，それでもまだその他の大量破壊兵器の危険性に対する認識も高める必要がある。それと同時に，日本が歴史上唯一組織だって生物兵器を他国に対して使用した国であるという事実も認識するべきである。事実に基づいた歴史教育と軍縮教育との接点もその中で開発されていくのではないだろうか。

4 様々なレベルでの軍縮・不拡散教育の必要性

　新たな情報通信技術の発展によって，従来の教室型教授法だけでは教育を受けることが難しかった人々も，軍縮・不拡散教育に関する情報を得ることが出来るようになった。特にオンラインでの軍縮・不拡散教育の資料の利用は非常に効果的である。現在，軍縮・不拡散を取り扱っている様々な国際機関，政府機関，または，教育機関が，オンラインの教育材料を提供している。これらのほとんどは無料で，インターネット上誰でもアクセスできることから，不特定多数のオーディエンスを対象とした教育材料としては有効である。ただし，その教育材料の質の向上もひとつの重要な課題である。オンラインの教育材料として望まれること，利用が容易であること，また利用者が参加できる方式を用いていることといった要素を含んでいるということがあげられる。教室で受ける授業とは異なり，自分のペースで学んでいくことから，自己評価のためにも教材の最後にクイズなどを含んでいることが望まれる。

　例として，モントレー不拡散研究所が開発しているオンライン・チュートリアル・シリーズを紹介してみたい[27]。これまで，作成してウェブサイトに出版されているチュートリアルのトピックとして，NPT，生物兵器テロリズムの防止，化学兵器テロリズムの防止，放射線物質を利用したテロリズムの防止，などがある。どれも，マルチメディアを駆使し，用語集，関連事項の年表，クイズなどを含んだ，大変ユニークな教育材料である。高校生や，大学生，または，大学院生がおもに利用の対象となっているが，軍縮交渉や，安全保障問題に携わる外交官，政治家，または，教員にも幅広く利用されている。

　オンラインを使用した軍縮・不拡散に関する教材を開発することにより，従来学校において軍縮・不拡散教育を受けていない一般の人々にも幅広くこの教育を普及できるという長所がある。しかしながら，教育の本質である人から人への意思の伝達というものは，たとえどれほど情報技術が進んでも決して縮小していくべきではないという共通認識も確認された。つまり，オンラインの教育材料は，非常に有効ではあるが，それだけでは十分ではないのである。その上で，教育者の養成ということが非常に大切であるということは当然である。

　軍縮・不拡散教育を推進する上で，もっとも重要な課題のひとつとして，有能な教育者の養成が挙げられる。大学教授，教員に焦点をあてた軍縮・不拡散

第16章　軍縮・不拡散教育の役割と課題

専門の指導教官の育成は，多大の労力を要するが，必要であり，非常に有効な方法である。また，教育機関における授業の補足として，研究機関，国際機関，政府機関，非政府機関における実地訓練の機会つまり，インターンシップを学生に与えることも大変効果的である[28]。授業を通して学んだ内容が実際の国際機関または，政府機関において活用できるよい機会である。

5　NGO の役割

　この国連の軍縮・不拡散教育の報告書を作成するに当たり国連事務総長より任命された，政府専門家グループには，非政府機関を代表するメンバーも含まれている。軍縮の分野で特に積極的で，斬新的な意見を発表するニュージーランドからは，非政府機関である平和団体の女性，ケイト・デュース氏が選ばれている。軍縮における非政府機関の役割の重要性は，近年になってさらに重要性を増してきている。国際的な NGO の存在は，軍縮条約，または，軍縮を取り巻く国際政治にも少なからず影響してきている。その中でも特筆すべき運動は，国際司法裁判所に核兵器の使用と使用の威嚇の違法性について勧告的意見を求める運動を世界規模で展開した世界法廷プロジェクト（WCP）である。世界的な軍縮 NGO のネットワークによる活発な運動の成果もあり，1996 年に国際司法裁判所は，核兵器使用は一般的に国際法に違反するとの判断を下した。この勧告的意見は法的拘束力はないが，国際法廷がこのような判断を下した意義は非常に大きい。この勧告的意見は，NGO による軍縮活動の流れに拍車をかけることになる。

　国連の報告書は，児童，学生，教育者，研究者，科学者，技術者，物理学者，宗教家，原住民，地域社会，地方自治体，国会議員，政策決定に携わる人々，貿易関係の団体，実業家団体，または，法の執行にかかわる人々，といった，あらゆるグループの人々を対象とした，軍縮・不拡散教育を推進している。非政府機関は，教育の対象を幅広く設け，オンラインの教材や，参考資料も作成している。2002 年の第 57 回国連総会でメキシコ政府により提出された決議案には，軍縮・不拡散教育の発展のためには，市民社会の役割が非常に重要であることが強調されている。NGO の活動の長所である，より多くの人々に直接接し，対話を重ね，また，一般市民の声を政治家に届けることが出来る

393

ということは，軍縮・不拡散教育を発展させていく上でも非常に重要な要素である。

む す び

　国連の報告書には，これらの提案事項を効果的に実施するためには各国政府と国連機関，教育機関，非政府組織との緊密な協力が必要であると述べられている。国連加盟国，世界各地の非政府機関，教育者が協力し合い，持続可能な軍縮・不拡散教育のための基礎を作り上げることが大切である。そして，軍縮と不拡散は相互に関連しあいながら，進められていくべきものであるので，軍縮・不拡散教育もこの点を考慮して，実現されるべきである。2004年の第59回国連総会においてこれらの提案事項の実施についての評価の報告書が，国連事務総長により，提出される予定である。

　34項目にわたる提案事項の中には，非常に根気のいる努力や，物質的，人的資源を投入しなければ達成できないものも含まれている。その準備のためには，長期的展望に立った準備期間も必要とされる。更には，たとえそれらの提案事項を実施したとしても目に見える顕著な効果はすぐには現れにくいものもある。一方，比較的簡単に実施できる提案事項もある。

　提案事項の1つは，教育者が，コンピューターを用いた学習方法や，シミュレーションゲームといった幅広い教授方法を用いることを推進している。教育者がこのような従来の教授方法から発展した方法を用いるためには，教育者自身が新たに学ばなければならない。軍縮・不拡散教育における最大の課題は，優秀な教育者を育成するところにあるといえる。米国における不拡散教育の調査からも，教育者の不足が最も深刻な課題である。

　マルティメディアを用いたオンライン教育の開発に関しては，情報通信技術の発展にも伴い，比較的容易に実施できる。勿論その教育資料の質の向上のためには，大変な努力が必要とされる。国連軍縮局をはじめ，関連した非政府機関，研究機関も様々な種類の教材を開発している。

　これらの軍縮・不拡散教育の実施のためには，NPTの核兵器国である，米国，フランス，英国，中国，ロシアからの協力も不可欠である。これらの核兵器国は国連安全保障理事会の常任理事国でもあることから，これらの国の協力

第 16 章　軍縮・不拡散教育の役割と課題

なしには，実際的な発展は難しい。非政府機関，教育機関の果たす役割の重要性は否定できないが，政府の協力なしには，具体的な政策をとることは不可能である。特に，ロシアや中国のように非政府機関の独立した活動範囲が限られている核兵器国では，非政府機関が国家に及ぼす影響を考慮することは難しい。

　この報告書が提出されて以降の最初の NPT 再検討会議準備委員会において，軍縮・不拡散教育の重要性が，初めて取り上げられた。今後 NPT の分野においても軍縮・不拡散教育はますますその重要性を増していくことは間違いない。近年の核不拡散・軍縮に関する出来事は，多国間条約の存続そのものの有効性，是非を問いかけるものといえる非常に深刻な要素を含んでいる。この国家間の軍縮・不拡散に関する見解の違いは，主権国家が存在する現代社会において決してなくなるものではないように思える。ただし，軍縮・不拡散教育の推進の目的は，人類全体に共通の利益をもたらすことを目標としている。国家の利益，安全保障政策に最大に影響する軍縮・不拡散といった問題に，人類普遍の利益を目指した教育がどう貢献していくか，非常に困難な課題である。

　軍縮・不拡散教育を推進する上で，教育者自身が現在の直面している問題を正しく理解することが非常に重要である。NPT を例にとって挙げると，現在 NPT が直面している問題は，NPT の 3 つの柱である，核不拡散，核軍縮，平和利用，と全ての分野に及んでいる。そして，国によって，その問題に対する優先順位も勿論異なる。そういった事実を認めながらも，軍縮・不拡散教育では，それらの問題を包括的に，系統的に伝えていくことも重要でないかと思う。その上で，教育が，政治とはなれた，中立性を発展させることも重要でないかと思われるのである。

　そこでもう一度，唯一の被爆国である日本の役割について考えてみたい。それは日本を特別な被害者として扱うのではなく，大量破壊兵器が人類全体に及ぼす影響を普遍的に見るためである。軍縮・不拡散教育の目的のひとつとして，平和の文化を推進することがある。その平和の文化は人類全体の利益となり幸福に寄与するべきものである。その対極をなすのが大量破壊兵器の存在であるという人道主義の精神にのっとり軍縮・不拡散教育を進めていくために，日本から，原爆の人類に及ぼす影響を普遍的に訴え続けていくことは，地球規模での平和の文化の推進にとって不可欠なことなのである。

第16章 軍縮・不拡散教育の役割と課題

注

(1) "United Nations study on disarmament and non-proliferation education," UN General Assembly Resolution 55/33 E, November 20, 2000.
(2) 天野之弥「研究報告の実績：日本の視点」2003年8月国連軍縮大阪会議でのスピーチ。
(3) Final Document of the Tenth Special Session of the General Assembly, 27th Session, June 30, 1978.
(4) Edith Ballantyne and Felicity Hill, "Lessons from past UN disarmament education efforts," *Disarmament Forum,* three 2001, p.14.
(5) Betty A. Reardon in consultation with Alicia Cabezudo, "Tasks and directions for the Global Campaign for Peace Education," *Disarmament Forum,* three 2001, p. 20.
(6) Edith Ballantyne and Felicity Hill, op. cit.（注4), p.15.
(7) Edith Ballantyne and Felicity Hill, op. cit.（注4), p.16.
(8) "United Nations study on disarmament and non-proliferation education—Report of the Secretary General," UN General Assembly first Committee, 57th Session, October 9, 2002.
(9) Magnus Haavelsrud, "On the substance of disarmament education", Magnus Haavelsrud (ed), *Approaching Disarmament Education,* Westbury House, Guilford, June 1981, p.100
(10) Betty A. Reardon in consultation with Alicia Cabezudo, op. cit.（注5), p.19.
(11) Maurice Harari, "The Universities and World Peace: Challenges and Responsibilities", *Universities and Their Role in world Peace,* International Association of University Presidents, October 2002, p.68.
(12) William C. Potter, "A new Agenda for disarmament and non-proliferation education," *Disarmament Forum,* three 2001, p.5.
(13) William C. Potter, op. cit.（注12), p.5.
(14) ウィリアム・ポッター「事務総長の研究の目的」2003年8月国連軍縮大阪会議でのスピーチ
(15) "United Nations study on disarmament and non-proliferation education-Report of the Secretary General", op. cit.（注8).
(16) "United Nations study on disarmament and non-proliferation education," UN General Assembly Resolution 55/33 E, November 20, 2000.
(17) "United Nations study on disarmament and non-proliferation education—

Report of the Secretary General," op. cit. (注 14).
(18) Jayantha Dhanapala and William C. Potter, "Help schools to promote a safer world," *International Herald Tribune,* October 3, 2002.
(19) William C. Potter, op. cit. (注 12), p.8.
(20) Betty A. Reardon and Alicia Cabezudo, "Learing to Abolish War: Teaching Toward a Culture of Peace," Hague Appeal for Peace, April 2002, p.70.
(21) William C. Potter, op. cit. (注 12), p.5.
(22) William C. Potter, op. cit. (注 12), p.5.
(23) Vladimir A. Orlov, "Assessing and Promoting Disarmament and Non-proliferation Education and Training," Discussion paper for Group pf governmental Experts to Prepare a UN study on disarmament and Education, April 18, 2001.
(24) "Nonproliferation Education in the United States Part; Undergraduate Education," *Nonproliferation Review,* Fall-Winter 2002, Vol.9, No.3 pp.9-30.
(25) ウィリアム・ポッター「前掲スピーチ」(注 13)。
(26) 朝長万左男「長崎の平和教育」2003年8月国連軍縮大阪会議でのスピーチ。
(27) http://cns.miis.edu/cns/edu/index.htm
(28) William C. Potter, op. cit. (注 12), p.8-9.

第17章　21世紀の軍縮と国際安全保障の課題

黒澤　満

まえがき

　本書の目的は，21世紀の軍縮と安全保障の問題が，現在どういう状況にあり，今後どのように展開していくかを明らかにすることであり，国際の平和と安全保障の促進という観点から考えて，どのような挑戦が存在し，それらの重要課題にどのように対応していくべきか，また日本はどのような役割を果たし得るかを考察することである。

　個々の軍縮関連問題については，その分野の第1人者である16名の執筆者に検討していただいたが，本稿においては，それらの成果を踏まえながら，軍縮問題が全体的にどういう重要課題に直面しているのか，またそれらに対応するにはどうすべきであるかといった観点から，包括的に軍縮問題を検討する。

　広義の軍縮問題は，21世紀に入って大きな転換を迎えている[1]。冷戦期に主として米ソの間で交渉されてきた「軍備管理」は，潜在的敵対国の間において相互確証破壊を基礎に戦略的安定性を図るものであったが，冷戦の終結や米露関係の緊密化に伴い，その存在意義が疑問視されている[2]。

　冷戦終結からさらに21世紀に入って米国の政策変更および9.11同時多発テロを契機として，軍縮と安全保障に関する枠組みはさらに大きく変化した。米国が軍事的に圧倒的な強さを獲得し，匹敵する対抗者が存在しない状況が生じると同時に，いわゆるならず者国家が大量破壊兵器の保有や使用を目論みながら米国に対抗する傾向が強まり，またテロリストが大量破壊兵器を獲得し使用する可能性が危惧されるような状況となってきた。

399

第17章 21世紀の軍縮と国際安全保障の課題

このような進展を背景にして，21世紀の軍縮問題は，大量破壊兵器およびミサイルの拡散に第1の優先順位が与えられるようになった。すなわち冷戦期および冷戦終結直後は核兵器の制限および削減が最優先事項であったが，ならず者国家およびテロリストが脅威として認識されるようになった結果，一方で核兵器のみならず，生物兵器および化学兵器を含む大量破壊兵器，さらにそれらの運搬手段としてのミサイルが関心の対象となり，他方において，それまでの制限や削減ではなく不拡散に焦点が当てられるようになった[3]。

さらに21世紀の軍縮問題は，冷戦期およびポスト冷戦期である1990年代においては，条約の作成とその義務の検証を中心に，国際法を基礎として議論されてきたのに対し，必ずしも条約を重視しない傾向がある。輸出管理については以前より米国を中心に同じ考えをもつ先進国を含むレジームが，条約ではなく政治的な約束として実施されてきたが，21世紀に入ってその傾向は一層強まっている。さらに極端なケースとしては，米国が1国で拡散に対抗する措置を取るという拡散対抗措置が，米国の政策の中心を占めるようになった[4]。それは国際法や国際規範によるものではなく[5]，政治的・経済的な圧力をかけるとともに，軍事力の使用を視野にいれたものである。

軍縮・不拡散を進展させるための手段として，伝統的には国際条約および政治的約束などが中心であり，あくまで外交によって問題の解決を図ってきたが，21世紀に入って，国際規範への軽視が顕著となり，解決手段として軍事的なものが前面に現れるようになった。

本稿においては，21世紀の軍縮と国際安全保障の課題を検討するが，第1に核兵器に関わる諸問題を議論する。その後で，生物兵器，化学兵器，ミサイルの問題を検討し，第3に，軍縮問題全般に関わる課題を考える。最近では大量破壊兵器とミサイルが全体として議論される場合が多いが，ここでは核兵器とそれ以外を区別して議論する。その理由は，核兵器と生物・化学兵器の間には兵器としての軍事的効用に大きな差があり，一括して取り扱うことは核兵器のもつ究極兵器としての性質をあいまいにするからである。第2に，生物兵器，化学兵器については全面的に無差別に禁止する条約が存在するが，核兵器については非核兵器国には全面的に禁止されるが5核兵器国はその保有・開発が認められているように，国際条約の規制の方法が根本的に異なるからである。

第17章　21世紀の軍縮と国際安全保障の課題

I 核兵器

1 核軍縮と核不拡散の関係

　核兵器の規制の中心は核不拡散条約（NPT）であり，核不拡散，すなわち5核兵器国以外の新たな核兵器国の出現を防止することを主要な目的としている。しかし，NPT第6条は核軍縮に向けての誠実な交渉を義務づけており，条約成立直後の1969年に戦略兵器制限交渉（SALT）が開始されたのも，NPT第6条が1つの要因であった。

　1995年のNPT再検討・延長会議において，無期限延長とパッケージで，①包括的核実験禁止条約（CTBT）の1996年内の締結，②兵器用核分裂性物質生産禁止条約（FMCT）交渉の即時開始と早期締結，③核兵器削減の組織的・漸進的努力の追求の約束が，投票なしで合意された。2000年の再検討会議では，「その核兵器の全廃を達成するという核兵器国による明確な約束」を含む13項目の核軍縮措置に合意が見られた。

　しかし，ブッシュ政権になって，2002年および2003年のNPT再検討会議準備委員会で，米国は13項目のいくつかはもはや支持しないと一方的に宣言した。さらに2004年の準備委員会で，米国は，第6条に関しては何ら問題はないと主張し，イランなど条約違反の問題およびそれに対する強制の問題が重要であって，第6条を持ち出すことにより，違反問題から注意をそらすべきではないと主張した。また第6条については，モスクワ条約の締結と大量破壊兵器の拡散に対するグローバル・パートナーシップで十分貢献しており，米国が第6条の義務を完全に遵守していることにまったく疑問の余地はないと結論した[6]。

　伝統的には，核軍縮の問題はNPT第6条との関係で核不拡散と緊密に結合し，両者が同時進行的にまた相互依存的に進むべきものと考えられていたが，米国は，現在では不拡散の問題に全体の焦点を当て，核軍縮はもはや問題ではないという態度を表明している。このように，核不拡散が極めて重視される反面，核軍縮はほとんど無視される状況となっている。

第17章　21世紀の軍縮と国際安全保障の課題

2　核不拡散体制の強化

　冷戦終結後より現在まで，核不拡散体制の強化のためにさまざまな措置が取られてきた。

　第1に，湾岸戦争後のイラクの核開発の発見や北朝鮮の核疑惑を契機に，保障措置の強化が図られている。国際原子力機関（IAEA）により，「93＋2計画」が開始され，1997年に新たに追加議定書のモデルが作成され，各国は従来の保障措置協定に追加する形の義務を負い，一層の情報を提供するとともにIAEAの査察の権限を拡大することとなった[7]。

　追加議定書の作成は大きな前進であるが，これを署名・批准している国はまだ少なく，特に拡散の懸念のある諸国が参加していないことが，重大な課題として残されている。一般の条約と同様に，追加議定書の署名・批准は各国の自由裁量であるが，原子力関連資機材の輸出に関連して，追加議定書の加入を義務づける方向が検討されており，追加議定書への加入が義務として一般に認識される方向に努力すべきである。

　第2に，ソ連の崩壊を契機とし，旧ソ連諸国の核兵器および関連資機材に対する管理が十分ではなく，それらがならず者国家やテロリストにわたる危険に対処するため，米国は1991年からナン＝ルーガー法により協調的脅威削減（CTR）プログラムを継続してきた。日本も旧ソ連諸国への非核化支援として協力してきた。これは核不拡散のために一定の大きな成果を挙げてきた。

　2001年の9.11テロの後，2002年のカナダのカナナスキスで開催されたG8サミットにおいて，「大量破壊兵器および物質の拡散に対するグローバル・パートナーシップ」が合意され，10年にわたり200億ドルを拠出して，主として旧ソ連諸国の拡散問題に対応する国際協調体制が構築された。今後の課題は，これらのプログラムをいかに効率的にかつ有益な形で実施していくかである[8]。

　第3に，特に核テロとの関連で，核物質防護の重要性が飛躍的に増大している。伝統的には核物質防護としてIAEAの勧告などを通じて実施されてきた。1987年には核物質防護条約が作成され，それは核物質の国際輸送に関する義務を規定している。それを国内での使用，貯蔵，輸送にも拡大するための条約改定作業が現在も続けられているが，この作業を早期に完結することが必要で

ある。

　また，9.11以降には，核テロに関してニュークリア・セキュリティという概念に基づいて議論が進められており，核物質防護だけでなく，核テロを防止し，それに対応するための総合的な方策がIAEAで検討されており，どのような措置をどのような形で実施するのが効果的であるかにつき，さまざまな問題が議論されているが，今後できるだけ早く検討され，実施されることが必要である[9]。

　第4に，最近の新たな動きとして，米国は2003年5月に「拡散防止構想（PSI）」を提唱した。これは大量破壊兵器の拡散につながる技術・関連物資の輸送を国際協力で阻止しようとするもので，まず協力国の領海で実施されている。当初米国は公海上での阻止も考えていたが，国際法上の根拠がないため実施されていない。また米国のイニシアティブにより，国連安保理決議1540が2004年4月に採択され，各国に対し個人や組織が大量破壊兵器を製造，保有，使用することを犯罪とするよう要請し，関連物質の保管の強化や国境管理の実施を求めている。さらに2003年3月にはイラクが大量破壊兵器を保有している疑いが濃いことを理由に，米英軍によりイラク戦争が開始された。これらは米国の推進する「拡散対抗措置」をさまざまな分野で実行しているものである。

　しかし，これら分野における措置は軍事力を使用し，または背景とするものであって，不拡散のために効果的であるとしても，明確な国際法上の根拠を示し，十分な法的根拠をもって実施されるべきものであろう。

3　核拡散の地域的問題

　北朝鮮の核問題は21世紀に入って新たな危機に直面している。クリントン政権の関与政策を批判しつつ，ブッシュ政権は発足以来，この問題に積極的に対応してこなかった。2002年10月に米国訪朝団に対して北朝鮮がウラン濃縮計画を保持していることを認めたことを契機に，事態は深刻化していった。朝鮮半島エネルギー開発機構（KEDO）は，重油の供給を停止し，北朝鮮は凍結されていた核活動を再開するとともに，2003年1月にはNPTからの脱退を表明した。

第17章　21世紀の軍縮と国際安全保障の課題

　2003年8月に，米国，中国，北朝鮮，日本，韓国，ロシアが参加する第1回6者協議が開催され，対話を通じた解決，朝鮮半島の非核化，6者協議の継続などにつき共通の認識が見られた。さらに2004年2月に第2回が，同年6月に第3回6者協議が開催された。

　この協議において，米日韓はすべての核計画の完全で検証可能で不可逆的な解体（CVID）を要求しているが，北朝鮮は廃棄の対象は核兵器計画のみであると主張している。ウラン濃縮計画については，北朝鮮はその後その存在を否定しており，米日韓は，その存在の承認とその完全な廃棄を求めている。核計画の廃棄という最終目標に一致が見られたとしても，それに至る道筋に関して，それぞれが具体的にどのような行動をどのような過程でとるのかといったことが重大な課題として残されている。

　現在は，中国が北朝鮮と米国の間を仲介する形で積極的に動いており，このことは高く評価すべきであるが，基本的にこの問題の鍵を握っているのは米国と北朝鮮であるから，米国がもっと積極的にかつ具体的に提案を示しつつ関与の度合いを増大させることが必要であろう[10]。

　次に，南アジアでは，1998年5月にインドが地下核兵器爆発実験を行い，核兵器保有国であると宣言し，それに引き続いてパキスタンも地下核兵器爆発実験を実施した。両国はその後，一層の核兵器開発と配備を進めており，弾道ミサイルの発射実験も継続している。日米は実験直後に両国に経済制裁を課したが，9.11以降制裁は停止されている。

　インドとパキスタンはNPT当事国ではないので，国際法違反が生じるわけではないが，1996年にCTBTが国連総会で採択され，国際社会が核実験禁止に進みつつあった時であったので，国際核不拡散体制に対する大きな打撃となっている。両国はあらゆる機会に，自国を核兵器国として取り扱うよう求めており，それを認めるような動きも見られる。しかし，国際核不拡散体制の中心であるNPTの根幹にあるのは，5核兵器国以外はすべて非核兵器国であり，新たな核兵器国は認められないという考えであり，各国はこの基本的規範を守る必要がある。両国は事実上の核兵器国であるので，核不拡散のため核物質の管理や輸出管理など技術的な協力は必要であるとしても，法的および政治的には核兵器国として承認すべきではない。究極的には非核兵器国としてNPTに加入させることを目指しつつ，CTBTへの署名・批准，FMCT交渉への参加

第17章 21世紀の軍縮と国際安全保障の課題

などを具体的措置として要求していくべきである。

　最後に中東における核状況も，イスラエル，イラク，イラン，リビアなどさまざまな問題を抱えている。イスラエルは自ら核兵器国であるとは宣言していないが，200ほどの核兵器を保有していると一般に考えられており，NPTの外にいるとともに，CTBT，化学兵器禁止条約（CWC），生物兵器禁止条約（BWC）にも批准していない。周辺アラブ諸国との対話や安全保障環境の改善と並行して，イスラエルの大量破壊兵器問題も積極的に取り上げられるべきである。

　イラクは湾岸戦争後の国連安保理決議687により，大量破壊兵器の廃棄を約束しており，初期は国連イラク特別委員会（UNSCOM）の査察を受け，1999年設置の国連監視検証査察委員会（UNMOVIC）の査察を2002年9月より受け入れ，同年11月にイラクに最後の機会を与えるため査察の実施を定める安保理決議1441が採択された。しかし，イラクの協力が不十分であり，大量破壊兵器が依然保有されているとして，2003年3月に米英軍がイラク戦争を開始し，5月に戦闘終結が宣言されたが，戦争の大義とされた大量破壊兵器は発見されていない。

　イランでは2002年8月にウラン濃縮施設と重水製造施設が秘密裏に建設されていることが暴露され，その後のIAEAの検証により，イランが未申告でさまざまな核活動を行っていることが明らかになった。2003年10月の英仏独外相のイラン訪問により，イランはIAEA理事会決議に従って，追加議定書に署名・批准すること，ウラン濃縮関連および再処理活動を停止することに同意した。イランはIAEAに協力的な姿勢を示しているが，それらは原子力の平和利用であると主張しており，それらは明らかに核兵器開発プログラムであると主張する米国と根本的に対立している。NPT再検討会議準備委員会においても，この問題が最大の課題として議論されており，どう平和裏に解決していくかが今後の大きな課題として残されている。

　他方，リビアは2003年12月に，すべての大量破壊兵器計画を廃棄するとともに，国際機関による即時の査察を受け入れることを声明した。イラク戦争における軍事行動なども背景にあったと考えられるが，基本的には英米両国との外交的な協議により解決されたものであり，その後，経済制裁も解除されている。

第17章　21世紀の軍縮と国際安全保障の課題

4　核兵器国の核政策

米国のブッシュ政権は2002年1月に「核態勢見直し（NPR）」の報告書を提出し，その核政策を明確に提示した。その特徴は，ロシアはもはや脅威ではなく，ならず者国家とテロリストが新たな脅威であること，したがってこれまでの脅威をベースとするものから，能力をベースとするアプローチに移行すること，冷戦期のICBM，SLBM，爆撃機という3本柱から，①非核および核打撃能力，②ミサイル防衛を中心とする防衛，③応答的インフラという新たな3本柱に移行することである。

ロシアが敵でないことから，戦略核兵器は当然削減されるが，米国の柔軟性を維持する方法で削減される。しかし新たな脅威に対応するために，核兵器生産施設の再活性化，生産インフラの回復，核実験再開の準備態勢の時間的短縮，核兵器の新たな能力付与などが規定されている。核兵器の新たな能力としては，①堅固な地中深くにある目標の破壊，②移動式標的の攻撃，③生物・化学兵器の破壊，④命中精度の改善による付随的損害の限定が列挙されている[11]。その後米国は，この報告書を実施する方向に進んでおり，予算措置が講じられている。

米国の核・安全保障政策の第2の軸は，ミサイル防衛の積極的な推進であり，米国は2001年12月に対弾道ミサイル（ABM）条約からの脱退を通告し，条約は2002年6月に失効した。これにより法的な制限は撤去され，ロシアや中国からの批判もそれほど大きなものとはならず，さまざまなタイプのものを早期に配備する方向で進んでいる[12]。これについては，テロリストの脅威に対応できるのかどうか，技術やコストといった問題がまだ十分に解決されていないし，国際安全保障にどのような影響があるのかを慎重に見極める必要があるだろう。

第3の軸は，2002年9月の「米国の国家安全保障戦略」および同12月の「大量破壊兵器と戦う国家戦略」である。これらによると，米国は，脅威が存在する場合には，たとえそれが差し迫ったものでなくても，先制的に攻撃することを認めるもので，これは伝統的な自衛の範囲を大きく逸脱するものである。ここでは核兵器の使用も排除されていない。ならず者国家やテロリストの脅威が米国の新しい戦略の基礎にあることは理解できるとしても，米国の独断

的な武力行使ではなく，多くの国家に受け入れられる手段による対応が必要であろう。

ロシアにおいても核兵器の有用性が再認識されており，2000年4月に国家安全保障会議が採択した軍事ドクトリンでは，安全保障の基幹は核兵器にあり，核抑止が安全保障の土台であるとし，核兵器の先行使用も辞さず，通常兵器による大規模侵略に対しても核兵器を使用する権利を有するとされている。

英国とフランスは冷戦終結後に保有する核兵器の種類および数をかなり減少させているが，NATOのドクトリンは核兵器の先行使用を認めるものである。またフランスは核軍縮の議論において，常に全面完全軍縮の枠組みのなかでの核軍縮という側面を強調し，核軍縮そのものには消極的である。中国は核兵器の先行不使用を宣言しているが，透明性が十分ではなく，その核戦力を増強しつつあると考えられている。

5 核軍縮の停滞

冷戦終結直後には，米ソのSTART I条約が成立し，戦略核弾頭の6000への半減に合意し，1993年にはSTART II条約が署名され，さらに3000-3500への削減に合意された。また1997年にはSTART IIIにおいて2000-2500に削減するという原則的な合意も存在したが，状況は進展しなかった。

21世紀に入ってブッシュ政権は，STARTの枠組みを放棄し，米国は単独で戦略核弾頭を大幅に削減するとし，2001年11月に一方的削減の計画を発表した。その後ロシアとの協議により，条約として作成することに合意し，米露は2002年5月に戦略攻撃力削減条約（モスクワ条約）に署名した。その内容はブッシュ大統領が一方的に削減すると発表したものを同じであり，実戦配備戦略核弾頭を2012年12月31日までに1700-2200に削減するものである。

米国は行動の柔軟性を強調したため，条約の規制はきわめて簡潔であり，規制の対象は実戦配備されている核弾頭のみであり，削減された核弾頭はもちろん，その運搬手段も廃棄されない。削減のプロセスやペースについても規定はなく，最後の日に削減されていればよいことになっており，その翌日条約は失効することになっている。また核戦力の構成や構造もまったく規制がなく自由であり，検証の規定もなく，脱退も以前の条約より簡単になっている。条約の

第17章　21世紀の軍縮と国際安全保障の課題

作成自体は評価すべきであるが，検証可能性や不可逆性の観点からは不十分であり，この条約の真の意義はどれだけ誠実に履行されるかということと，これに続く一層の削減がどれだけ早期に明確に合意されるかに依存している[13]。

その他の核軍縮については，まったく進展が見られない状況が続いており，2000年NPT再検討会議の最終文書で合意された13項目の内容の多くは実施されておらず，核兵器国はその合意への言及を意識的に回避する傾向にある。CTBTについては，米国の強硬な反対が継続しており，中国の未批准，インド，パキスタン，北朝鮮の未署名など，その発効はきわめて厳しい状況にある。核実験のモラトリアムは，今のところ維持されている。FMCT交渉については，中国が2004年になり宇宙の軍備競争防止の問題と切り離したにもかかわらず，米国は交渉開始に消極的であり，まったく進展がみられない。核軍縮を取り扱う補助機関の設置についても軍縮会議でまったく進展はない。核廃絶に向けての核兵器国の明確な約束も履行されていないし，STARTプロセスは放棄され，ABM条約は廃棄された。核兵器の一方的削減，透明性の増大，非戦略核兵器の削減，核兵器システムの運用状況の低下，安全保障政策における核兵器の役割の低下などもほとんど実施に移されていない[14]。

6　日本と核軍縮

日本政府は，唯一の被爆国として核軍縮に積極的に取り組む姿勢を表明しており，核廃絶を目標としながらも，現実的・漸進的アプローチをとっている。国連総会では「核兵器の全面的廃絶への道程」決議を提出し，CTBTの早期発効やIAEA保障措置の強化などでは指導的な役割を果たしている[15]。他方，日本は核兵器の脅威に対しては米国の核抑止に依存するという基本姿勢が，防衛計画の大綱に示されている。

核兵器の全廃を目標とするのは当然であり，また核廃絶の要求と核の傘の存在は矛盾すると考えられることもあるので，長期的にはその矛盾を解決する方向が希求されるべきである。しかし，この問題は核軍縮だけの問題として個別に解決できるものではなく，国際安全保障の状況，日米関係の状況，日本に対する脅威の存在などさまざま要素を検討し，核軍縮へと導くような安全保障環境を整備し，改善していくことが必要である。他の側面における努力と並行し

第17章　21世紀の軍縮と国際安全保障の課題

て，核廃絶に至るプロセスを考え，段階的にさまざまな措置を取っていくのが現実的であろう。

　米国の「拡大抑止」の下において日本の安全保障を維持する政策は当分続くと考えられるので，まずはその下で日本は核軍縮に一層貢献する方向を探ることである[16]。日本の核軍縮外交は，いくつかの側面ではきわめて積極的であるが，核兵器国に対して一層の核軍縮をせまるには，単独で行動するよりも，より多くの非核兵器国と共同で行動する方が効果的であろう。まずは，カナダ，オーストラリアなど米国の同盟国である非核兵器国との共同作業を一層進めるべきであるし，NATOの非核兵器国との連携をも強めるべきである。さらに個々の軍縮措置に関しては，新アジェンダ連合（NAC）諸国と協力することも可能であり，積極的に多くの国とグループを作って行動する方が効果的である。

　また拡大抑止の下にありながらも，安全保障政策における核兵器の役割を低下させる方向を探るべきである。米国の核抑止力が最も必要と考えられているのは対北朝鮮であるので，北朝鮮の核問題および安全保障問題全体の解決に向けて積極的に行動することが，地域の安全保障を改善することにつながり，核抑止の必要性を低下させることに繋がる。さらに核抑止を核兵器の脅威のみならず，その他の大量破壊兵器や通常兵器による攻撃を抑止するものと一般に考えられているが，防衛大綱は「核兵器による脅威に対して」と規定しているので，その基本的立場に戻ること，他の脅威に対しては米国の通常兵器による抑止に依存することなども検討すべきである。

　核軍縮の流れに全面的に逆行する最近の傾向として，日本も核武装すべきであるという見解が，北朝鮮の核およびミサイルの脅威に直面して，主張されるようになってきている。その見解は北朝鮮のみを視野に入れ，短期的かつ限定的な枠組の中で議論されており，長期的により広い国際安全保障環境の中で検討するならば，日本にとって益よりも害の方が多いことが分かる。しかし，日本核武装については海外からの危惧も多く存在しており，単に否定するだけでなく，日本の核武装が必要でないような安全保障環境を構築する方向で努力すべきである[17]。

409

第 17 章　21 世紀の軍縮と国際安全保障の課題

II　生物兵器，化学兵器，ミサイル

　冷戦後，特に 21 世紀に入ってからの軍縮問題は，大量破壊兵器およびミサイルの拡散，特にならず者国家およびテロリストへの拡散という点に最大の焦点が当てられており，大量破壊兵器が一括して議論されることが多い。しかし兵器の性質およびその規制の内容はそれぞれの兵器で大きく異なるので，個別に分析することが必要である。

1　生物兵器

　生物兵器については，生物兵器禁止条約（BWC）が 1972 年に署名され，1975 年に発効しているが，当時生物兵器の軍事的価値が疑わしいものであったので，生物兵器の全面禁止および保有兵器の廃棄を規定したが，検証に関しては何らの規定も設けなかった。生物兵器の軍事的有用性が再評価されるとともに，1980 年代後半から条約強化の作業が開始され，1991 年から潜在的検証措置の検討が開始され，1994 年には検証措置の議定書を作成する作業が開始された。数年にわたる議論の後に，2001 年 3 月にアドホック・グループの議長が 212 頁に及ぶ議長の「構成テキスト」を提出した。

　米国のブッシュ政権は，この議長提案に多くの国が賛成したにもかかわらず，この議定書の採択に強硬に反対したため，議定書作成の作業はここで停止することとなった。米国の反対は，議定書では条約の遵守を検証する能力は改善されないし，機密の商業上または財産権上の情報の喪失という危険をもつといった理由に基づいている。

　その後，9.11 同時多発テロがあり，米国で炭疽菌事件が発生した。ブッシュ大統領は同年 11 月に，生物兵器による災難は撲滅されておらず，ならず者国家やテロリストがこれらの兵器を保有し使用しようとしていると述べ，条約強化のための 7 項目の提案を行った。その後 2002 年 11 月に再開された第 5 回 BWC 再検討会議では，①条約の国内実施措置，②バイオセキュリティ，③危機対処，④疾病サーベイランス，⑤科学者のための行動規範，につき順次検討することに合意した。

このように検証議定書の作成は米国の反対により挫折したため，その面での条約強化は失敗している。検証措置が生物兵器の性質からして複雑であり困難であるのは理解できるとしても，国家間での遵守の検証が，ならず者国家やテロリストへの拡散問題に対応する基礎を提供するものと考えられる。生物兵器に関しては，炭疽菌事件に見られるように生物テロの可能性が高く，生物テロへの対策が不可欠になっている[18]。

さらに，BWCに加入していない国が40ほどあり，そのうち，イスラエル，スーダン，エジプト，シリアについて生物兵器の保有または開発の疑惑がある。さらに条約に入っているが，同様な疑惑があるのはイラン，北朝鮮である。イラク戦争後，イラクの生物兵器は発見されていない。リビアは最近の政策変更により大量破壊兵器計画を放棄し，検証を受けることを明らかにしている。このように，BWCに加入していない国家の加入を促進することにより，条約の普遍性を確保することが必要であり，そのためには地域的な安全保障環境の改善が不可欠であろう。さらに締約国でありながら違反しているケースに対応することが必要であり，違反の抑止と探知のための検証措置の強化や，違反に対する強制措置の設定なども今後の課題として残されている。

2　化学兵器

化学兵器禁止条約（CWC）は1993年1月に署名され，1997年4月に発効し，同時に条約の履行を司る「化学兵器禁止機関（OPCW）」が設置された。条約は化学兵器に関するあらゆる活動を禁止し，保有する化学兵器を原則的には10年で廃棄することを規定している。化学兵器を全面的に差別なく禁止する条約が作成され，その条約規定の実施を確保するためにOPCWが設置され，そのOPCWによる検証活動，特に申立て（チャレンジ）査察が導入されたことは画期的なことである。

条約規定に従い，米国，ロシア，インド，韓国が化学兵器貯蔵の保有を申告し，条約規定に従って，化学兵器の廃棄作業が実施されているが，ロシアは条約規定よりも大幅に遅れており，米国も遅れているため，2007年までの廃棄という当初の目的は達成されそうにない。

次に，OPCWによる検証活動も実施されており，170名以上の査察官によ

り設立以来6年半で1500回を超える現地査察を実施した。しかし，この条約の新たな画期的な制度として設けられたチャレンジ査察は，これまで一度も実施されていない。それは条約違反の疑いが存在しないからではなく，たとえば米国は他の諸国の化学兵器の可能性に言及しながらも，チャレンジ査察の要請を行っていないのである。その理由として，①査察を実施しても違反の証拠が発見できないことがあり，逆効果が生じる，②報復的にチャレンジ査察が行われる可能性がある，③情報源の秘匿・保護の点からして，後の情報収集に支障が出る，④相手国との2国間関係という政治的考慮が働くものと考えられている[19]。

条約の署名・批准に関しても多くの国がさまざまな理由から早期に条約に拘束されることに消極的であり，条約の発効は予想よりも遅れ，主要な諸国の加入も遅かった。現在，化学兵器を保有または開発していると考えられるが，条約に加入していない国は，エジプト，イスラエル，北朝鮮，シリアなどである。イラクはイラク戦争の後化学兵器の保有は確認されていない。リビアは最近条約への加入を行った。

2003年4月に開催された第1回CWC再検討会議において，CWCの普遍性の達成が重要なこと，CWCの普遍化と完全かつ効果的な実施がテロリストによるその取得を防止するのに有益であること，CWCの効果的実施のためには国内実施体制の整備が不可欠であることに共通の認識が得られた。これを受け，2003年10月に「CWC普遍化に関するアクション・プラン」および「CWC国内実施措置アクション・プラン」が承認されている。

日本にとっての大きな課題は，第2次大戦中に旧日本軍が中国に遺棄した化学兵器の処理の問題であり，条約上日本に廃棄の責任があり，中国との協議を続け，1999年7に覚書に署名し，2003年4月には主たる処理技術は焼却法とすること，主たる廃棄施設の場所は吉林省ハルバ嶺地区とすることに合意した。この作業は中国に対する日本の戦後処理問題の一環でもあり，これから長い年月と多くの費用のかかる作業であるが，責任をもって実施していく必要がある。

3 ミサイル

核兵器，生物兵器，化学兵器については国際条約が存在し，法的な規制が実施されているが，ミサイルに関してはいかなる条約も存在しない。輸出管理については1987年にミサイル技術管理レジーム（MTCR）が設置され，1992年に対象が拡大されている。

ミサイルに関する国際規範としては，2002年11月にハーグにおいて93カ国が署名した「弾道ミサイルの拡散に対する国際行動規範（ハーグ国際行動規範＝HCOC）」がある。これは条約ではなく，政治的約束であり，そこでは，弾道ミサイル拡散防止の原則，弾道ミサイルの実験・開発・配備の抑制，宇宙ロケット計画を用いて弾道ミサイル計画を隠蔽しない原則，国際軍縮・不拡散条約の義務や規範に違反して大量破壊兵器を開発する国の弾道ミサイル計画を支持・支援しない原則，一定の信頼醸成措置の実施が含まれている。

さらにロシアは，ミサイル発射のグローバル監視，ミサイル非保有国に対する安全保障などからなる「グローバル監視システム」を提唱しており，国連においてもミサイル問題政府専門家パネルが2001-2002年に設置され，さらに2004年にも設置されている。

ミサイルの規制については，現在のところHCOCが存在するのみであるが，この署名国を拡大するとともに，内容を法的な義務にする努力も必要であろう。さらに拡散に対する規制だけでなく，ミサイルの開発や製造，保有などに関しても国際的な規範を充実させることが必要である。

III 軍縮問題全般

1 輸出管理

兵器およびその関連汎用品の拡散を防止しまたは遅延させるために，先進工業国を中心としてさまざまな輸出管理レジームが形成されている。これらはサプライ・サイドから拡散を防止しようとするものである。核兵器に関しては原子力供給国グループ（NSG）とザンガー委員会，生物兵器と化学兵器についてはオーストラリア・グループ（AG），ミサイルについてはミサイル技術管理レ

ジーム（MTCR），通常兵器についてはワッセナー・アレンジメントが存在する。

1970年代から活動を開始したこれらのレジームは，規制の範囲および参加国の範囲を拡大しながら，拡散防止に一定の役割を果たしており，不拡散体制の重要な部分を構成している。しかし，同時に以下のようないくつかの問題を抱えている。まず輸出管理に関するガイドラインは，非公式の法的拘束力をもたない合意であり，各国が国内法などで独自に実施するものであるので，必ずしも実効性が確保されないことがある。次に，これらは主として先進工業国のグループが一方的に適用するもので，特に汎用（軍民両用）品が含まれるようになり，開発途上国から平和利用における制限であるとクレイムがでることがある。第3に，参加国が西側先進国に偏向しており，参加しない国家が供給能力をもつこともあり，その効果の限界が示されている。第4に，規制対象が軍事専用品から民生用にも利用可能な汎用品へと広がり，その正当性が疑問視されることもある。

テロリストへの兵器の拡散などに関しても現在の輸出管理は大きなチャレンジを受けており，そのため諜報活動の強化や国際連携の必要性が強調され，これらを利用してエンド・ユーザー・チェックを強化することが重要であり，それとともにキャッチ・オール規制を広く実施していくことが必要であろう[20]。

2 宇宙の軍事利用

宇宙条約は，平和的目的のための宇宙空間の探査および利用の進歩が全人類の共同の利益であること，宇宙空間の探査および利用は，すべての国の利益のために行われるものであり，全人類に認められる活動分野であることを規定しているが，実際には技術先進国がさまざまな軍事利用を実施しており，今後の国際安全保障に大きな影響をもつことが予想される。

宇宙条約は，天体については平和利用を義務づけているが，それ以外の宇宙空間においては大量破壊兵器を地球周回軌道に乗せまたは宇宙空間に配備することを禁止しているだけであり，通常兵器の配備や偵察衛星の利用は禁止されていない。その結果，さまざまな軍事衛星が打上げられ，宇宙の軍事利用が科学技術の発展とともに広範に実施されるようになっており，米国はミサイル防

衛の関連で宇宙での軍事活動を一層活発化させる方向に進んでいる。

他方，宇宙の軍備競争防止（PAROS）が軍縮会議で以前議論されたこともあり，最近は米国のミサイル防衛への対抗としてロシアや中国がその交渉を主張しているが，米国が強硬に反対しており，交渉が開始される可能性はほとんどない。このように，宇宙の平和利用あるいは軍縮という問題は，今後の国際安全保障の促進にとって，きわめて大きな課題として表れている。

宇宙の軍事利用はすでに広く実施されており，その悪化を防止することが重要で，宇宙における攻撃兵器の配備という「宇宙のウェポニゼーション」を防止することが不可欠であり，早期に国際社会がそのための措置を講じることが必要であるし，また宇宙における信頼醸成措置の構築を広く進めていくべきであろう[21]。

3 通常兵器

通常兵器については，冷戦終結後の世界において地域紛争，国内紛争の増加により，また戦闘終結後において非戦闘員に多くの犠牲がでるようになったこともあり，人道的な立場から対人地雷および小型武器の分野で進歩が見られた。

対人地雷禁止条約は，シビルソサエティの積極的な働きかけを契機とし，オタワ・プロセスを通じて1997年12月に署名され，1999年3月に発効した。これは対人地雷のあらゆる活動を禁止し，保有地雷を4年間で全廃させるもので，画期的な内容をもつものである。日本も2003年3月までに約100万個の地雷を廃棄するなど，これまで約3000万個が廃棄されている。

しかし，米国，ロシア，中国，インド，パキスタン，韓国，北朝鮮など軍事大国および紛争を抱える諸国が，この条約に加入していないという大きな欠陥が存在している。これらの国の保有数は，これまで廃棄された数の数倍もあり，この問題にどう対処するかという大きな課題が残されている。

小型武器については，2001年7月に国連小型武器会議が開催され，小型武器非合法取引防止に向けた行動計画が採択され，国家レベルにおいては，国内法令の整備，安全管理，輸出入ライセンス，刻印制度などが，地域レベルでは国境通関協力などが，世界レベルでは国連の武器禁輸や武装解除などが定めら

第17章　21世紀の軍縮と国際安全保障の課題

れ，行動計画の実施状況を検討する会議が開かれている。

　平和構築活動との関連では，紛争後のDDR（武装解除，動員解除，社会復帰）の中の武装解除（disarmament）は，広義の軍縮であり，今後の一層の発展が期待されている[22]。小型武器の規制や削減については，小型武器回収も含めて積極的な対応が必要とされている。

　特定通常兵器使用禁止制限条約の議定書を通じて，対人地雷や爆発性戦争残存物の規制が実施されており，後者にはクラスター爆弾も含まれる。対車両地雷の規制の検討も合意されている。クラスター爆弾それ自体はまだ禁止されておらず，劣化ウラン弾についてもその科学的因果関係が証明されていないが，今後はそれらの兵器の規制に向けて国際社会が動く必要があるだろう。

　またテロとの関係では，携帯式地対空ミサイル（MANPADS）は1人または数人で運搬・発射が可能で飛行中の航空機を攻撃できる能力をもつもので，新たな脅威となっている。ワッセナー・アレンジメントやG8において，厳格な輸出管理や非国家主体への輸出禁止などが合意され，拡散防止が図られているが，今後一層の国際協力が必要であろう。

4　シビルソサエティの役割

　軍縮の進展には市民社会やNGOの参加が不可欠である。人類の絶滅にも繋がりかねない核戦争の防止を初め，反核運動や原水禁運動は歴史的にも重要な役割を果たしてきた。冷戦期の活動は国内運動が中心であり，また政府の方針に対する反対運動が中心であったが，冷戦終結後はトランスナショナル・シビルソサエティの台頭に伴い，世界的な国際世論形成にNGOが大きな役割を果たすようになり，また新たな条約作成や国際規範の作成に積極的に取り組み，政府と協力するというきわめて積極的な活動が展開されるようになった。

　たとえば，対人地雷禁止条約に関しては，国際的なNGOネットワークである「地雷禁止国際キャンペーン（ICBL）」が中堅国家に働きかけ，両者の協働作業として条約作成が実施されたのである。また核兵器の使用および威嚇の合法性について国際司法裁判所（ICJ）の勧告的意見を引き出したのも，NGOネットワークである「世界法廷プロジェクト（WCP）」が非同盟諸国に働きかけて実現したものである[23]。

軍縮の進展は基本的には国家により実施されるものであるが，軍備に関する国家の政策に影響を与え，軍縮に向けての世論形成のために NGO の活動は不可欠であるし，今後とも大きな役割を果たし得るものであるので，国際的な連帯を図りつつさまざまな NGO の積極的な活動が期待される。軍縮にはさまざまな側面が存在するので，人間の感性に訴える人道的な側面からの運動も必要であるし，人間の理性に訴える戦略的側面からの活動も共に必要であり，両者の協働作業が必要であろう。

　また NGO は，自国政府への働きかけを行うことが必要であるとともに，考えを共有する国家との協働により軍縮を推進する方法を積極的に探り実施していくべきである。

5　軍縮・不拡散教育

　国際の平和および安全保障を維持し強化するために，長期的には教育が重要な役割を果たすことは疑問の余地のないことであり，さまざまな平和教育が各国で実施されてきた。その1つの重要な部分として，軍縮・不拡散教育の必要性が近年強調されている。2000年の国連総会は，事務総長に対し，専門家グループの協力により軍縮・不拡散教育に関する報告書を提出するよう要請し，2002年にその報告書が提出された。

　事務総長報告書では，軍縮と平和の分野において教育はきわめて重要であるが十分に活用されておらず，緊急を要する課題であることが確認され，34項目にわたる具体的な行動が勧告されている。特にあらゆるレベルにおけるフォーマル・インフォーマルな教育において，軍縮と不拡散の教育と訓練の必要性が強調されている[24]。

　学校教育において軍縮・不拡散を教えることはあらゆる教育の基礎として不可欠であるが，そのためには教育者および訓練者に対する教育・訓練が必要となる。さらに学校教育だけではなく，政治家，マスコミ関係者への教育も，実際に国家政策を形成し，世論の形成に影響を与える立場であることからも重要である。また軍関係者は，軍事活動に直接関わる者であり，軍拡の方向を目指す傾向があるため，国際情勢を長期的にまた広い視野をもって理解するためには，軍縮・不拡散教育が不可欠である。

第17章　21世紀の軍縮と国際安全保障の課題

　また軍縮・不拡散教育の材料を提供し，世界的な軍拡や軍縮の動きを的確に分析するためには，軍縮研究専門家などの貢献が不可欠である。また外務省や防衛庁も，軍縮・不拡散に関する資料の提供や分析の発表に関してその役割を果たすべきである。

　このように，軍縮・不拡散教育は部分的にはこれまでから実施されてきているが，今後の進展のためには，あらゆる領域において全体的にレベルを上げることにより，一層の活動が必要とされている。

む　す　び

　21世紀に入り国際安全保障環境が大きく変化し，それに伴って軍縮の課題も変化しつつあるが，他方では，以前からの継続性も当然に存在する。米国が軍事的に圧倒的強さを示しながらも，ならず者国家とテロリストの脅威が増大するという逆説的な状況の中で，米国が大量破壊兵器とミサイルの不拡散に重点を置き，広義の軍縮もそれに従って実施されているのが現状であり，拡散対抗措置に象徴されるように軍事力を用いても拡散を防止または元に戻すことに努力が傾注されている。

　短期的に直接的な脅威に対応することは必要であり，この状況は当分続くと思われるが，対症療法的な方法に過度に依存するのではなく，長期的には脅威の原因そのものへの対応が必要であり，そこでは，伝統的な軍縮の課題，すなわち安全保障における核兵器の役割の低下を始め，国際社会における軍事力の優先度を低下させる方向が追求されるべきである。段階的にそのような措置を積極的に採るとともに，それと並行して国際安全保障環境，地域的な安全保障環境の改善の努力が不可欠であり，紛争を武力ではなく平和的手段により解決する方向に進むべきである。

　本書で検討したように，21世紀においても軍縮問題はさまざまな重要課題に直面しており，その解決は容易ではないとしても，軍縮の進展はより平和で安全な国際社会を構築していく上で不可欠の作業であり，各国がそのための一層の努力をなすべきである。

第 17 章　21 世紀の軍縮と国際安全保障の課題

注

（1）　国際社会が伝統的なウェストファリア体制（西欧国際政治体制）からどのように変容しているかという問題意識で編纂された論文集で，軍縮の側面を分析したものとして，黒澤満「冷戦後の軍縮問題」吉川元・加藤普章編『国際政治の行方―グローバル化とウェストファリア体制の変容』ナカニシア出版，2004 年，289-307 頁参照。

（2）　伝統的な軍備管理の終焉については，石川卓「ミサイル防衛と「軍備管理」の終焉」『本書』第 4 章，86-92 頁参照。軍備管理の興隆と没落を歴史的に検討したものとして，Avis Bohlen, "The Rise and Fall of Arms Control," *Survival*, Vol.45, No.3, Autumn 2003, pp.7-34. 参照。軍備管理は終焉したかという統一テーマの下で書かれた以下の論文をも参照。Harold Brown, "Is Arms Control Dead ?," *Washington Quarterly*, Vol.23, No.2, Spring 2000, pp.173-177; James Schlesinger, "The Demise of Arms Control ?," *ibid.*, pp.179-182; Thomas Graham, "Strengthening Arms Control," *ibid.*, pp.183-196; John Steinbruner, "Renovating Arms Control through Reassurance," *ibid.*, pp.197-206; Stephen Cambone, "An Inherent Lesson in Arms Control," *ibid.*, pp.207-218; Brad Roberts, "The Road Ahead for Arms Control," *ibid.*, pp.219-232.

（3）　不拡散の重視への移行については，石川卓「前掲論文」（注 2）82-86 頁，戸﨑洋史「核兵器拡散問題の動向と課題」『本書』第 5 章，101-126 頁参照。

（4）　拡散対抗措置の全般的な分析については，吉田文彦「「対抗拡散措置」とブッシュ政権」『本書』第 3 章，51-74 頁参照。

（5）　米国が軍備管理に積極的でない状況および理由の分析については，Deborah A. Ozga, "The Reluctant Giant of Arms Control," *Security Dialogue*, Vol.34, No.1, March 2003, pp.87-102. 参照。

（6）　Statement by United States Under Secretary of State for Arms Control and International Security, John R. Bolton to the Third Session of the Preparatory Committee for the 2005 Review Conference of the Treaty on the Non-proliferation of Nuclear Weapons, The NPT: A Crisis of Non-Compliance, New York, April 27, 2004; Statement by Assistant Secretary of State, Stephen G. Rademaker to the Third Session of the Preparatory Committee for the 2005 Review Conference of the Treaty on the Non-proliferation of Nuclear Weapons, Article VI, New York, May 3, 2004.

（7）　保障措置の意義とその強化の過程および内容を分析したものとして，菊地昌廣「国際保障措置強化に向けて」『本書』第 8 章，177-204 頁参照。

（8）　ロシアに対する協調的脅威削減の包括的な分析については，秋山信将「脅威管理体

第17章　21世紀の軍縮と国際安全保障の課題

制の変容と協調的関係の構築」『本書』第7章, 153-175頁参照。
(9) ニュークリア・セキュリティの分析については, 宮本直樹「ニュークリア・セキュリティ——国際機関の果たすべき役割」『本書』第9章, 205-228頁参照。
(10) 北朝鮮の核問題を枠組み合意の離脱と非核化の側面から分析したものとして, 倉田秀也「北朝鮮の米朝「枠組み合意」離脱と「非核化」概念」『本書』第6章 127-152頁, 黒澤満「北朝鮮の核問題」『国際公共政策研究』第8巻2号, 2004年3月, 17-32頁参照。
(11) 核態勢見直し報告書の批判的検討については, 黒澤満「米国の新核政策「核態勢見直し」の批判的検討」『政経研究』第39巻4号, 平成15年3月, 341-367頁参照。
(12) 米国のミサイル防衛の進展については, 石川卓「前掲論文」(注2) 77-82頁参照。またミサイル防衛をめぐる諸問題に関しては, 森本敏編『ミサイル防衛——新しい国際安全保障の構図』日本国際問題研究所, 2002年4月所収の論文を参照。
(13) 戦略攻撃力削減条約の批判的検討として, 小川伸一「核軍縮と「核の傘」」『本書』第2章, 26-31頁および黒澤満「戦略攻撃力削減条約の内容と意義」『阪大法学』第52巻3・4号, 平成14年11月, 27-58頁参照。
(14) NPT 2000年最終文書履行状況の分析については, 黒澤満「核不拡散体制と核軍縮」『阪大法学』第53巻3・4号, 平成15年11月, 31-54頁参照。
(15) 日本政府の軍縮外交全体を説明したもの, すなわち軍縮問題の現状を分析しつつ日本の取り組みを取り上げているものとして, 外務省軍備管理・科学審議官組織監修『日本の軍縮・不拡散外交』平成16年4月参照。
(16) 核軍縮と核の傘の関係および核の傘の下にあって核軍縮を推進することについては, 小川伸一「前掲論文」(注13) 40-46頁参照。
(17) 日本の核武装論の分析およびそれを超えた安全保障環境の構築については, 黒澤満「日本核武装論を超えた安全保障環境の構築」『本書』第1章, 1-24頁および黒澤満「日本の非核政策と核武装論」『阪大法学』第54巻1号, 平成16年5月, 1-52頁参照。
(18) 生物テロの事例の検討と今後の生物テロへの対策については, 杉島正秋「生物テロと不拡散」『本書』第10章, 229-251頁参照。
(19) 申立て (チャレンジ) 査察の意義および限界, ならびにそれが実施されない理由など, この問題の包括的研究としては, 浅田正彦「軍縮条約における申立て査察 (チャレンジ査察) の意義と限界」『本書』第11章, 253-277頁参照。
(20) 輸出管理問題, 特に軍民両用品に関する分析については, 村山裕三「軍民両用技術の管理と日本の役割」『本書』第12章, 279-300頁参照。
(21) 宇宙の軍事利用の実態の分析および事態の悪化を防止する措置の提案については, 青木節子「新世紀の宇宙軍事利用——停滞する国際法と信頼醸成措置の可能性」『本書』第13章, 301-325頁参照。

第 17 章　21 世紀の軍縮と国際安全保障の課題

(22)　平和構築活動の中での DDR の役割の分析については，星野俊也「平和構築と DDR」『本書』第 14 章，327-351 頁参照。
(23)　軍縮における NGO の働きについては，目加田説子「軍縮とシビルソサエティ」『本書』第 15 章，353-376 頁参照。
(24)　軍縮・不拡散教育に関する動きを，実例などを示しながら分析したものとして，土岐雅子「軍縮・不拡散教育の役割と課題」『本書』第 16 章，377-397 頁参照。

事項索引

あ 行

IT革命　279,282
悪の枢軸　108,132
アジア輸出管理セミナー　292,293
新しい戦略関係に関する共同宣言　153,156
新しい米国の世紀プロジェクト　60
アドホック査察　271,272
アフガニスタン　328
アボリション2000　366
アルカイダ　297
安全保障共同体　93
安全保障対話　18
遺棄化学兵器　412
イスラエル　14,23,187,405,411,412
一般教書演説　132
イラク　11,17,81,83,84,177,187,188,190,191,194,198,328,402,403
　──戦争　82,86,96,108,288,296,304,403,405,411,412
イラン　13,111,177,195,196,199,267,268,401,405
　──の核問題　109,110
インターネット　279,283
インテルサット　314
インド　14,23,26,89,404
　──の核実験　289
　──・パキスタン戦争　354
宇宙
　──のウェポニゼーション　317,319
　──の軍事利用　301,302
　──の軍備競争防止（PAROS）　316-318,408,415
　──の非軍事利用　302
　──のミリタリゼーション　317
宇宙開発委員会　312
宇宙開発事業団　313
宇宙空間平和利用委員会（COPUOS）　309
宇宙条約　309,312,313,319,414
宇宙物体登録条約　318,320
宇宙兵器　317,318
ウラン
　──濃縮　127,129,130,134,138,144,188,189,193,196-200,403-405
　　遠心法──濃縮　187,188,196
　　高濃縮──　128,164,182,196,197
　　濃縮──　2,13,129-131,133,137,139,140,143,144,188,192,197
エアボーン・レーザー（ABL）　82
衛星攻撃（ASAT）　303,305,317,320,321
衛星・ミサイル観測システム（SAMOS）　302
ABM／TMDディマーケイション合意　77
エジプト　411,412
NGO　339,353,356-360,363-368,378,386,390,416,417
エビアン・サミット　221
エルサルバトル　336
エンド・ユーザー・チェック　279,284,285,287,291,292,298
欧州警察機構（Europol）　220
欧州原子力共同体（ユーラトム）　177,180-184
欧州連合（EU）　183
オウム真理教　230,233,238,391
オーストラリア・グループ（AG）　89,166,240,281,413
オシラク　187

か 行

外縁　259,260
海上コンテナー安全対策（CSI）　156
海上配備ミッドコース（SMD）　81,82
開発援助委員会（DAC）　334
海洋偵察衛星　305

423

事項索引

カウンターフォース能力　34
科学技術基本計画　296,297
化学・生物・放射能・核・強化高性能爆薬
　　（CBRNE）兵器　107
化学兵器禁止機関（OPCW）　255,411
化学兵器禁止条約（CWC）　40,84,254,
　　377,405,411
　　——再検討会議　412
化学兵器禁止法　266
化学兵器テロ　391,392
核エネルギー　178,184
核科学者連盟（FAS）　355,357,362,366
核拡散抵抗性技術　197
核拡散の脅威　177,187,200
核軍縮　11,12,14,15,19,20,118,119,401,
　　407-409
　　——の「不可逆性」　28,408
核軍縮委員会（CND）　357,359,361,366
核計画の完全かつ検証可能で不可逆的な解
　　体（CVID）　110,144,404
核再処理　134,138,144
拡散阻止原則宣言　117
拡散対抗　76,103,132,133,156,400,403,
　　418
　　——イニシアティブ（CPI）　84,85,90
拡散防止イニシアティブ（IPP）　160
拡散防止構想（PSI）　112,117,156,198,
　　286,287
核実験　57,58,62,356-358,408
核実験準備期間短縮　15,16,406
核情報に関する全国委員会　355
核戦争防止国際医師会議（IPPNW）　361,
　　362,366,391
核態勢の「新三本柱」　80,81,133
核態勢見直し（NPR）　15,27,80,81,132,
　　133,406
拡大抑止　4,22,45,409
核テロ　214,218,221,402,403
核燃料サイクル　68,186,192,197
核の傘　4-6,15,18,19,25
核の闇市場　112,113,168,169,177,197-
　　199
核爆発実験　179,180,185,186

平和的目的の——　180
核不拡散条約（NPT）　5,8,11-15,17,19,
　　20,23,26,52,54,56,57,59,63,68,72,
　　84,88,89,91,101,102,109,110,115,
　　127-129,132,133,135,136,138-140,
　　145,156,180,186,187,189,192,195,
　　199,200,358,366,367,377,383,392,
　　394,395,401
　　——からの脱退　190,403
　　——再検討・延長会議　15,104,191,401
　　——再検討会議　15,23,105,109,395,
　　401,405,408
　　——無期限延長　60,62,104,
核不拡散対策　177,180,199,200
核不拡散体制　10,101-104,114,118,119,
　　184,198,199,402,
核不拡散法（NNPA）　180
核武装論　5-9
核物質　185-188,193-195,200
核物質管理学会（INMM）　179
核物質計量管理　186
核物質の不法移転　206
核物質防護　206,207,209,211,212,217
核物質防護・管理及び計量（MPC&A）
　　177,179
核物質防護条約　208,210,211,402
核兵器　185,186,193,194,197
　　——解体　198
　　——開発　177,181,184,187-189,196
　　——拡散問題　102,103,108
　　——テロ　107
　　——凍結キャンペーン　360-363
　　——の使用　16,20
　　——の先行使用　40,407
　　——の先行不使用　16,17,19,20,24,39,
　　407
　　——廃棄協力委員会　161
　　小型——　15,16,132,133
核密輸　208,213,220,223
核抑止　5,6,16,407-409
核流出　83
画像偵察衛星　305,306
カナダ　330

424

事項索引

管轄・管理　263, 270
環境改変技術禁止条約　311
環境サンプリング　194
韓国　7, 18, 52
カンボジア　327
管理されたアクセス　260, 262
北大西洋条約機構（NATO）　7, 361, 407, 409
北朝鮮　57, 58, 65, 69, 71, 83, 109, 177, 187, 189-191, 403, 412
　——核問題　2-4, 6, 10-12, 18, 20, 109-111, 130, 131, 409
機微な資機材　198, 200
希望の星プロジェクト　162
キャッチ・オール規制　284-287, 414
93+2計画　84, 145, 191
9.11米国同時多発テロ事件　14, 17, 80-82, 85, 86, 92, 163, 205, 214, 283, 285, 296, 337, 399, 403, 404, 410
協調的脅威削減（CTR）　28, 93, 154, 160, 169, 402
恐怖の均衡　92
キラー衛星　303
クメール・ルージュ（ポル・ポト派）　344
クライシス・スタビリティ　34
クラスター爆弾　416
グレナムコモン女性平和キャンプ　361
グローバル・パートナーシップ　117, 154, 157, 163, 401, 402
軍事衛星　302, 305, 306, 317, 414
軍事技術革命（MTR）　303
軍事気象衛星　305
軍事基地　263-265, 270
軍事通信衛星　305
軍事における革命　303, 320
軍事目的　182, 185, 186, 195, 316
軍縮・不拡散教育　377, 378, 417, 418
軍縮委員会（CD）　316
軍縮会議（CD）　316, 319
軍縮教育世界会議　385
軍需品リスト　309
軍備管理　89, 399
警戒衛星　319

経済協力開発機構（OECD）　334
経済産業省　285, 293
経済制裁　8, 11, 14, 288, 291
軽水炉　128, 129, 131-133, 136-138, 142, 144, 145, 193, 196
　——供給協定　136
携帯式地対空ミサイル（MANPADS）　416
研究炉　187, 197
検証　199, 253, 254, 408
検証議定書　410, 411
原子力安全　183, 218, 219, 221, 222
原子力開発利用計画　193
原子力活動　186, 194
原子力基本法　313
原子力供給国グループ（NSG）　14, 69, 84, 89, 103, 116, 166, 180, 185, 198-200, 281, 413
原子力平和利用　115, 118, 184
原子炉　192
原水爆禁止日本協議会（原水協）　357
原潜の解体　158, 161, 162
限定攻撃に対するグローバル防衛（GPALS）　77
検認　184, 186-188, 190
原料物質　185, 186
コイル報告　78, 82
公安審査委員会　234
高速遠心分離機　130,
航法衛星　305, 307
高レベル放射性廃棄物　192, 209
小型核兵器　15, 16, 132, 133,
小型武器　333, 415, 416
黒鉛型減速炉　134-136, 144
国際科学技術センター（ISTC）　160, 161
国際核燃料サイクル評価（INFCE）　180
国際核物質防護助言サービス（IPPAS）　222, 223
国際刑事警察機構（ICPO）　198, 220
国際刑事裁判所（ICC）　364, 368
国際原子力開発機構（IADA）　178
国際原子力機関（IAEA）　8, 13, 57, 84, 89, 103, 109-112, 116, 127, 128, 134-137, 139-141, 145, 165, 177, 179-190, 194-

事 項 索 引

197,199,200,206,207,219-222,390,
402,403,405,408
　――追加議定書　13,14,104,145,190-
195,198-200,402,405
　――理事会　140,189-191,196
国際司法裁判所（ICJ）　39,367,368,393,
416
国際反核法律家協会（IALANA）　367
国際武器移転規則（ITAR）　309
国内計量管理制度（SSAC）　186,216,217
国防権限法　308
国防大学　198
国連アフガニスタン支援ミッション
（UNAMA）　347
国連安全保障理事会　9,18,135,140,141,
190,196,221,333,394
　――テロ対策委員会（UNSCCTC）　220
　――決議678　69
　――決議687　69,405
　――決議1441　69,405
　――決議1540　68,403
　――常任理事国　140,394
国連イラク特別委員会（UNSCOM）　188,
241,267,405
国連開発計画（UNDP）　345
国連監視検証査察委員会（UNMOVIC）
405
国連カンボジア暫定機構（UNTAC）　343
国連軍縮研究所（UNIDIR）　384
国連軍縮特別総会　316,379
国連原子力委員会　179
国連小型武器会議　415
国連シエラレオネ・ミッション（UNAM-
SIL）　340
国連総会　378,383
国連中米監視団（ONUCA）　336
国連東チモール暫定統治機構（UNTAET）
345
国連東チモール支援ミッション（UNMIS-
ET）　345
国連平和維持活動　330
国連モザンビーク活動（ONUMOZ）　338
コソボ　84,327

国家安全保障戦略（NSS）　16,59,66,108,
132,319,406
国家安全保障大統領指令23号（NSPD-23）
81,82
国家画像地図機関（NIMA）　307,308
国家ミサイル防衛（NMD）　105
コックス委員会　309

さ　行

最小限抑止戦略　42
再処理　127,134,137,138,141,144,150,
189,190,192,193,197-199
査　察　178,182-185,188,190,256,265
ザンガー委員会　166
3＋3計画　77,78
自衛隊　345
シエラレオネ　334
資機材　177,179,185,198,199
自国の検証技術手段（NTM）　253,254
社会的責任を持つ医師の会（PSR）　357,
361
写真偵察衛星　302,321
終末時計　360
ジュネーブ第1追加議定書　311
主要測定点　193,194
商業宇宙打上げ協定　309
消極的安全保障（NSA）　16,17,19,20,24,
132,133
使用済燃料再処理　68,69,190,197,198,
200
情報革命　303
情報収集衛星　305,315
地雷禁止国際キャンペーン（ICBL）　365,
368,416
シリア　411,412
新アジェンダ連合（NAC）　91,409
新ODA大綱　331
新興独立国（NIS）　208
申　告　187,195,254
　――の完全性　188,190,191,194
　――の正確性　187,194
新戦略枠組み　79,80,92
信頼醸成措置　97,255,317,320

事 項 索 引

侵略の定義　311
水爆実験　356
スーダン　267,411
スカッド　77
すずらん号　161
ストックホルム国際平和研究所（SIPRI）
　　292
頭脳流出　159,160
スプラット・ファース条項　132,147
スペース・デブリ　306,320
スリーマイル島原発事故　360
制裁措置　182,183
政府開発援助（ODA）　280,287-290,298,
　　331
生物兵器禁止条約（BWC）　40,64,272,
　　377,405,410
生物兵器禁止法　239
生物兵器テロ　392,411
世界の安全保障のための法律家連合
　　（LAWS）　366
世界法廷プロジェクト（WCP）　365,367,
　　368,393,416
世界保健機関（WHO）　367
セルフ・ガバナンス（自己統治）　327,328
ゼロ・イールド　367
戦域高高度広域防衛（THAAD）　82
戦域ミサイル防衛（TMD）　65,77,78,84
先行不使用　16,17,19,20,24,39,407
先制攻撃論　16,66,67,69-71,85
先制行動論　132,133,140,147,319
全地球航法衛星システム（GNSS）　304
全地球測位システム（GPS）　304
戦略攻撃力削減条約（モスクワ条約）　26,90
　　-92,107,153,155,401,407
戦略国防見直し　31
戦略兵器削減条約（交渉）（START I）
　　105,155,157,294
　　第1次——（START I）　26,75,88,
　　　294,359,407
　　第2次——（START II）　26,294,407
　　第3次——（START III）の枠組み　26,
　　　407
戦略兵器削減交渉（START）　105,155,
　　　157,294
戦略兵器制限交渉（SALT）　401
戦略防衛構想（SDI）　75,77,92,95,312,
　　362
早期警戒衛星　305
相互確証破壊（MAD）　79,89-92,153,155,
　　168,312,399
相互監視　182,184
相互査察　127,134
相補性　183,184
測位・航法衛星システム　319
ソマリア　336
ソマリア・エチオピア戦争　354
損害限定能力　42

た　行

ダーティ・ボム　167,168,214,218
大規模地域紛争（MRC）　132
対共産圏輸出管理委員会（ココム）　280-
　　282
第5福龍丸　356
対人地雷禁止条約　364,368,415,416
対弾道ミサイル（ABM）条約　53,65,67,
　　72,75-82,88-90,92,106,312,318,354,
　　359,362,406,408
対テロ戦争　81,86
大統領決定指令（PDD）　23,308
大陸間弾道ミサイル（ICBM）　302,309
大量破壊兵器（WMD）　8,129,132,198,
　　304,310,333,377,390,399,400,403,
　　405,411,418
　　——およびミサイル（WMD&M）　79,81,
　　　83,84,
　　——と戦う国家戦略　108,319
対露非核化協力　161
台湾　7
多角的核戦力（MLF）　88
多目的衛星　315
タリバン　328
炭疽菌事件　229,410,411
弾道ミサイル防衛（BMD）　77,79,81
治安・安全保障セクター改革（SSR）
　　332,333

427

事項索引

チェルノブイリ原発事故　360
地下鉄サリン事件　235,391
地球資源衛星（CBERS）　305
地上配備ミッドコース（GMD）　81,82
地対空誘導弾パトリオット（PAC-3）　81,82,96
中距離核戦力（INF）　29,360-363
中　国　3,4,7,11,12,15,17,18,57,288,404,407,
中南米核兵器禁止条約（トラテロルコ条約）　56
朝鮮半島エネルギー開発機構（KEDO）　129,131,132,136,137,143,144,150,189,403
追加議定書　13,14,104,145,190-195,198-200,402,405
通常査察　136,188,254,310,415
通信衛星　313,314
月協定　310,311
偵察衛星　315,319
低濃縮ウラン　182,197
デタント（緊張緩和）　359
テポドン1号　315
テロリスト　6,16,199,214,399,400,402,406,410-412,414,418
電子偵察衛星　305
天然ウラン　182,193,194
転　用　182-186,188,195,197,200
動員解除　336
東南アジア非核兵器地帯条約（バンコク条約）　56
透明性　183,185
特殊核分裂性物質　181,185,186
特定査察　189,190
特定通常兵器使用禁止制限条約　416
特別査察　128,130,131,134,136,140,190,191
トランスナショナル・シビルソサエティ　353,364-368
トリガーリスト　193

な　行

ならず者国家　16,83-85,92,103,105,106,156,163,283,399,400,402,406,410,411,418
南極条約　56,310
南北非核化共同宣言　127,128,134,136,138,144,146
ナン＝ルーガー法　83,159,402
西アフリカ経済共同体　340
日米安保体制　4,5,7,18
日米共同技術研究　82
日米同盟　5-7,18,19
日本核武装論　1-24,409
ニュークリア・セキュリティ　215-219,223,224,403
人間の安全保障　330
能力ベース・アプローチ　80,81,96
ノドン　130,315

は　行

ハーグ・アピール平和市民会議　382
ハーグ国際行動規範（HCOC）　413
パキスタン　14,23,26,189,199,404
　——の核実験　289
パグウォッシュ会議　357
爆弾テロ防止条約　239
爆縮型原爆　354
破綻国家　328
バルーク・プラン　178,179,355
反核運動　416
万国郵便連合（UPU）　220
汎用理論　313-316
非核化支援　402
非核三原則　2,9,21,
非核兵器国　182,185
東チモール　327,346
非軍事化　310,312,314
非国家主体　199,390
非政府機関（組織）（NGO）　339,353,356-360,363-368,378,386,390,416,417
非戦略核兵器　26
秘密覚書　131,132,134,137,138,141,146,148
表　剤　268
費用対効果　183,186

事項索引

品質保証　184
ブースト段階迎撃（BPI）　79,82
不拡散型輸出管理　281,282
不拡散レジーム　76,83,85,87-93,97,
武器輸出三原則　316
武装解除　327,329,335,416
2つの大規模戦域戦争（2MTW）　80,84
ブッシュ・ドクトリン　85,108,111,132,
物理的な防護措置　179
部分的核実験禁止条約（PTBT）　87,88,
　99,254,311,357,358,363,367
ブラヒミ・レポート　330
フランス　187,407
フリートサット　314
プルトニウム　13,162,168,180,182,187,
　189,190,193,197
兵器用核分裂性物質生産禁止条約（FMCT）
　14,15,19,105,115,401,404,408
閉鎖都市　159,160
米朝合意声明　148
米朝中3者会談　129,140,141,
米朝不可侵条約　129,131,133,138,139,
　142
米朝枠組み合意　60,128-134,136-141,144
　-146,148
平和構築　327,328,416
平和と自由のための国際女性連合（WILPF）
　356
平和のための原子力　184
平和への課題　329
平和目的　186,187,310,312,314
　――の核爆発実験　180
平和利用　184-186,200,310,312,315,316,
　319,321
ベトナム戦争　354,358,359
防衛庁　6,9
防衛問題懇談会　315
妨害破壊行為　206,218
包括的核実験禁止条約（CTBT）　8,14,15,
　19,23,62-64,72,85,104,115,156,289,
　366-368,401,404,405,408
包括的保障措置協定　185-188,190,192-
　195

放射化学研究所　189,190
放射性同位体　197,209
放射性廃棄物　197
砲弾型原爆　354
補完的アクセス　194,272
北東アジア非核兵器地帯　20
保障措置　13,14,19,134-137,140,145,
　148,177,179,180,182,185-190,193,
　195,199,408
　――活動　177,180,185,199,200
　――協定　127,128,136,139,140,186,
　189,192
ボスニア　84,334
ボツリヌス毒素テロ　234
本土ミサイル防衛（NMD）　65,76-80,95,
　96

ま　行

マクマホン法　179
真っ当な核政策のための委員会（SANE）
　356,359,361,362,366
マンハッタン計画　354,355
ミサイル　400,413,418
ミサイル技術管理レジーム（MTCR）　84,
　89,130,166,189,281,413
ミサイル防衛（MD）　4,132,312,316,317,
　319,406,414,415
ミサイル防衛警報システム（MIDAS）
　302
ミサイル防衛庁（MDA）　81,82
未申告活動　190,194
南アフリカ　56
南太平洋非核地帯条約（ラロトンガ条約）
　56
民生衛星　306
民生利用　182,198
無通告査察　193
明確化のための訪問　272
明確な約束　401,408
明　伸　285,286,293
申立て査察（チャレンジ査察）　254,411,412
模擬核実験　63
モスクワ条約　26,90-92,107,153,155,

429

事 項 索 引

401,407
モントレー国際大学不拡散研究センター
　292,383,386,388,392

や 行

有志連合　68,69
憂慮する科学者連合（UCS）　362
輸出管理　198-200,309,400,413
ユネスコ軍縮教育世界会議　379,380
余剰核兵器　153
4年毎国防見直し（QDR）　81,107
予防外交　329
予防戦争　70
寧辺　134-138,141,144,145,148,150,151

ら 行

ラジニーシ教団　230
拉致問題　2,11,12,23
ラッセル＝アインシュタイン宣言　357
ランドサット　307
リシン　229
リスボン議定書　158

リビア　86,111,145,177,195-199,405,411,412,
リモート・センシング　307,315,320
　――衛星　306,308
冷戦の終焉　187,208,213
レーザ濃縮　196
レーダーサット　307
劣化ウラン　182,187,416
レッド・ライト方式　257
6者協議（会談）　11,12,18,20,129,141-143,144,150,151,404
ロシア　7,407
　――全地球航法衛星システム（GLONASS）　304
　――連邦における多国間核環境プログラム（MNEPR）協定　170
ロンドン・ガイドライン　193,208

わ 行

ワッセナー・アレンジメント　166,281,414,416
湾岸戦争　55,69,77,83,96,188,190,303

人名索引

あ 行

アイゼンハワー（Dwight D. Eisenhower）　179,184,357
アインシュタイン（Albert Einstein）　357
明石康　343
アスピン（Les Aspin）　51,52,132,147
アナン（Kofi Annan）　330,387
安倍晋三　2
飯田耕太郎　241
石破茂　9
伊藤貫　5
井上嘉浩　238
ウォルフォウィッツ（Paul Wolfowitz）　61
エリス（Jason Ellis）　60
エリツィン（Boris Yeltsin）　30
エルバラダイ（Mohamed ElBaradei）　114-116,137,195
エレリ（J. Adam Ereli）　142,146,150
遠藤誠一　234
王毅（おう・き）　142,144,146,150,151
オッペンハイマー（Robert Oppenheimer）　355,356

か 行

ガーソフ（Raymond Garthoff）　75
カーター, アシュトン（Ashton Carter）　51,52,54,57,59,68,71
カーター, ジェイムズ（James E. Carter）　135
カーター, ジミー（Jimmy Carter）　303
カーペンター（Ted G. Carpenter）　3
カーン（Abdul Qadeer Khan）　55,112,113
カダフィ（Muammar Al Qathafi）　112
ガルーチ（Robert L. Gallucci）　135,148
カルザイ（Hamid Karzai）　346

川口順子　347
姜錫柱（カン・ソクチュ）　129,131,135,147
キノネス（C. Kennth Quinones）　146-148
金日成（キム・イルソン）　135
金桂冠（キム・ゲグァン）　144,151
金永日（キム・ヨンイル）　142
キャンベル（Kurt M. Campbell）　14
ギルマン（Benjamin A. Gilman）　129,130
クラウトハマー（Charles Krauthammer）　3
クラッツア（Myron B. Kratzer）　179
クリントン（William J. Clinton）　51,54,59,61,62,63,65,75-79,82-85,96,103,129,130,132,309,367,403
ケネディ（John F. Kennedy）　99,101
ケリー（James A. Kelly）　128,129,131,141,149,151
ゴア（Albert Gore Jr.）　78,79
小泉純一郎　2,7,11,17,342
コイル（Philip Coyle）　82
コーエン（William Cohen）　78
コートライト（David Cortright）　93
ゴードン（John A. Gordon）　133,147
ゴールドガイヤー（James Goldgeier）　96
ゴルバチョフ（Gorbachjov, Mikhail Sergejevich）　29,159,362

さ 行

ザイツェバ（Lyudmila Zaitseva）　218
シェリング（Thomas Schelling）　87-89,92,98
シャーパー（Annette Schaper）　218
シャインマン（Lawrence Scheinman）　180
シャリカシュビリ（John Shalikashvili）　63
シュタインホイスラー（Fritz Steinhaus-

431

人名索引

ler) 218
シラク（Jacques Chirac） 31
シリンシオーネ（Joseph Cirincione） 15
ジリンスカス（Raymond A. Zilinskas） 241
スミス（Gerard Smith） 75
ソコルスキー（Henry Sokolski） 98

た 行

田久保忠衛 2
竹内行夫 10
竹岡俊樹 234
田中明彦 93
ダナパラ（Jayantha Dhanapala） 383
タヒル（B.S.A. Tahir） 112
チェイニー（Dick Chaney） 3, 4, 10, 60
常石敬一 238
デューズ（Kate Dewes） 393
ドビルパン（Dominique Galouzeau de Villepin） 371
トルーマン（Harry S. Truman） 355

な 行

ナイ（Joseph Nye） 57, 58, 88
中川智正 234
中西輝政 2, 4
ナン（Nunn, Sam） 159
新実智光 234

は 行

パウエル（Colin L. Powell） 105, 130, 149
バウチャー（Richard A. Boucher） 129, 131, 146, 150, 151
長谷川祐弘 346
パトリック（William C. Patrick, III） 241
早川紀代秀 234
林郁夫 238
ハリソン（Selig S. Harrison） 15
ハルペリン（Morton Halperin） 87, 89
バン（George Bunn） 218
バン（Matthew Bunn） 218
ヒトラー（Adolf Hitler） 354
玄英万（ヒョン・ヨンマン） 136
ピルチ（Richard Pilch） 241
ビンラディン（Osama Bin Ladin） 337
プーチン（Vladimir Putin） 26, 30, 76, 81
福田和也 2, 4
福田康夫 2
ブザン（Barry Buzan） 93
フセイン（Saddam Hussein） 69, 328
ブッシュ（41代大統領）（George H. W. Bush） 30, 77, 83, 84, 159
ブッシュ（43代大統領）（George W. Bush） 11, 12, 15, 17, 20, 24, 26, 60, 61, 63, 64, 68, 69, 70, 72, 76, 78-81, 85, 86, 106, 108, 109, 116, 117, 128, 130-134, 147, 318, 401, 403, 406, 407, 410
ブラヒミ（Lakdar Brahimi） 330
ブリクス（Hans Blix） 55, 70
ブル（Hedley Bull） 87, 92
ブレナン（Donald Brennan） 87, 88
ブトロス・ガリ（Boutros Boutros-Ghali） 329
ペリー（William Perry） 54, 72, 129, 132, 146
ポッター（William C. Potter） 383, 389, 390
ボルトン（John Bolton） 80, 151

ま 行

マクナマラ（Robert McNamara） 75
マケイン（John McCain） 3
松本智津夫（麻原彰晃） 233
三瀬勝利 245
ムシャラフ（Pervez Musharraf） 113
森本敏 4

や 行

山内一也 24

ら 行

ライス（Condoleezza Rice） 55, 62
ラジニーシ（Bhagwan Shree Rajneesh） 231
ラッセル（Bertrand Russell） 357

ラドメーカー（Stephen G. Radomaker）267
ラムズフェルド（Donald Rumsfeld）61, 80
李根（リ・グン）141, 150
李済善（リ・ジェソン）137

リリエンソール（David E. Lilienthal）178
ルーガー（Richard G. Lugar）159, 388
ルデキング（Rudiger Ludeking）218
レーガン（Ronald Reagan）75, 360, 362, 363

執筆者紹介 (掲載順)

黒澤　満（くろさわ　みつる）（編者）第1章・第17章
大阪大学大学院国際公共政策研究科教授。1945年生まれ。大阪大学大学院法学研究科博士課程単位取得退学。博士（法学）。専門は国際法、特に軍縮国際法、国際安全保障論。主要著書論文は『軍縮国際法』（信山社、2003年）、『21世紀の核軍縮』（共著、法律文化社、2002年）、『軍縮をどう進めるか』（大阪大学出版会、2001年）、『核軍縮と国際平和』（有斐閣、1999年）、『軍縮問題入門（第2版）』（編著、東信堂、1999年）。

小川伸一（おがわ　しんいち）　第2章
防衛庁防衛研究所研究部長。1948年生まれ。金沢大学法文学部卒，エール大学大学院政治学研究科博士課程修了。Ph.D. 専門は軍備管理・軍縮，安全保障論。主要著書論文は『戦争の本質と軍事力の諸相』（共著，彩流社，2004年），「ミサイル防衛の戦略的意義と国際安全保障に与える影響」『防衛研究所紀要』第6巻1号（2003年9月），『「核」軍備管理・軍縮のゆくえ』（芦書房，1996年）。

吉田文彦（よしだ　ふみひこ）　第3章
朝日新聞論説委員（2000年1月より）。1955年生まれ。東京大学文学部英文学科卒業（1980年），米国ジョージタウン大学MSFSフェロー（1984-85年），米国プリンストン大学客員研究員（1992年）。1980年より朝日新聞記者，1989-92年にワシントン特派員，1995-98年にブリュッセル支局長。主要著書論文は『核解体』（岩波新書，1995年），『証言　核抑止の世紀』（朝日選書，2000年）。

石川　卓（いしかわ　たく）　第4章
東洋英和女学院大学国際社会学部助教授。1968年生まれ。一橋大学大学院法学研究科博士後期課程修了。博士（法学）。専門は国際政治学，安全保障論。主要著書論文は『現代アメリカ外交キーワード』（共著，有斐閣，2003年），ブルース・ラセット他『世界政治の分析手法』（共訳，論創社，2002年），『ミサイル防衛』（共著，日本国際問題研究所，2002年），『現代アメリカ外交の転換過程』（共著，南窓社，1999

執筆者紹介

年)。

戸﨑 洋史（とさき　ひろふみ）　第5章
日本国際問題研究所軍縮・不拡散促進センター研究員。1971年生まれ。大阪大学大学院国際公共政策研究科博士後期課程中途退学。博士（国際公共政策）。専門は軍備管理・不拡散問題。主要著書論文は「大量破壊兵器拡散問題への対応：『ポスト冷戦後』の米国の政策とそのインプリケーション」『国際公共政策研究』（第8巻1号、2003年10月）、『9.11事件以後のロシア外交の新展開』（共著、日本国際問題研究所、2003年）。

倉田 秀也（くらた　ひでや）　第6章
杏林大学総合政策学部・同大学院国際協力研究科助教授。1961年生まれ。慶應義塾大学大学院法学研究科政治学専攻博士課程単位取得退学。法学修士。専門は国際政治学、比較政治学、韓国政治外交史。主要著書は、『利益誘導政治』（共著、芦書房、2004年）、『アジア太平洋の多国間安全保障』（共著、日本国際問題研究所、2003年）、ヴィクター・D.チャ『米日韓　反目を超えた提携』（訳、有斐閣、2003年）。

秋山 信将（あきやま　のぶまさ）　第7章
日本国際問題研究所軍縮・不拡散促進センター研究員。1967年生まれ。コーネル大学公共政策大学院修士課程修了。公共政策学修士。専門は日本外交、国際政治。主要論文は、"The Socio-Political Roots of Japan's Non-Nuclear Posture," in Self, B. and Thompson, J. (eds.), *Japan's Nuclear Option* (The Henry L. Stimson Center, 2003),「国益と人道主義の相克」『人道危機と国際介入』（共著、有信堂、2003年）。

菊地 昌廣（きくち　まさひろ）　第8章
核物質管理センター開発部次長。法政大学大学院政策科学・環境マネジメント研究科兼任講師。1952年生まれ。日本大学理工学部物理学科卒業。博士（工学）。専門は、核不拡散政策、核物質管理、保障措置。主要論文は、「無通告査察の効果と実行可能性」（共著、『第23回核物質管理学会論文集』、2002年）、「国際条約における検証措置とカットオフ条約において期待される検証措置」（共著、『第18回核物質管理学会論文集』、1997年）。

執筆者紹介

宮本直樹（みやもと　なおき）　第9章
核物質管理センター開発部職員。1969年生まれ。バーミンガム大学大学院国際研究科および大阪大学大学院国際公共政策研究科博士前期課程修了。修士（安全保障および国際公共政策）。専門は核不拡散，ニュークリア・セキュリティ。主要論文は，「IAEAにおける核物質防護の強化に関する最近の動向および検討について」『核物質管理センターニュース』（2004年1月）。

杉島正秋（すぎしま　まさあき）　第10章
朝日大学法学部教授。1958年生まれ。名古屋大学大学院法学研究科博士課程単位取得退学。修士（政治学）。専門は生物兵器禁止問題。主要著書論文は"Aum Shinrikyo and the Japanese Law on Bioterrorism," *Prehospital and Disaster Medicine*, Vol.18 No.3, 2003,『バイオテロの包括的研究』（朝日大学法制研究所，2003年），『生物化学兵器の真実』（共訳，シュプリンガーフェアラーク東京，2003年）。

浅田正彦（あさだ　まさひこ）　第11章
京都大学大学院法学研究科教授。1958年生まれ。京都大学大学院法学研究科修士課程修了。法学修士。専門は国際法。主要著書論文は，『兵器の拡散防止と輸出管理』（編著，有信堂，2004年），『21世紀の核軍縮』（共著，法律文化社，2002年），『条約法』（共著，慶應義塾大学出版会，2001年），『大量破壊兵器不拡散の国際政治学』（共著，有信堂，2000年），『軍縮条約ハンドブック』（訳，日本評論社，1999年）。

村山裕三（むらやま　ゆうぞう）　第12章
同志社大学大学院ビジネス研究科教授。1953年生まれ。ワシントン大学大学院経済学博士課程修了。経済学Ph.D。専門は経済安全保障，技術政策。主要著書論文は『経済安全保障を考える：海洋国家日本の選択』（NHK出版，2003年），『テクノシステム転換の戦略：産官学連携への道筋』（NHK出版，2000年），『アメリカの経済安全保障戦略：軍事偏重からの転換と日米摩擦』（PHP研究所，1996年）。

青木節子（あおき　せつこ）　第13章
慶應義塾大学総合政策学部教授。1959年生まれ。マッギル大学法学部附属航空宇宙法研究所博士課程修了。Doctor of Civil Law (D.C.L). 専門は宇宙法。主要著書論

執筆者紹介

文は「バイオテロリズムに関する国際的枠組」『グローバル時代の感染症』(共著, 慶應義塾大学出版会, 2004年), 「衛星通信における自由と公平」『総合政策学の最先端Ⅰ』(同, 2003年), 「宇宙物件に関する担保権統一と国際宇宙法」『国際法外交雑誌』第101巻4号 (2003年)。

星野俊也 (ほしの　としや)　第14章
大阪大学大学院国際公共政策研究科教授。1959年生まれ。東京大学大学院総合文化研究科博士後期課程単位取得退学。博士(国際公共政策)。専門は国際政治, 国際安全保障論, 国連研究, 米国外交。主要著書は『紛争と復興支援』(共著, 有斐閣, 2004年),『人道危機と国際介入』(共著, 有信堂, 2003年),『国際危機学』(共著, 世界思想社, 2002年),『グローバル・ガヴァナンス』(共著, 東京大学出版会, 2001年)。

目加田説子 (めかた　もとこ)　第15章
中央大学総合政策学部教授。大阪大学大学院国際公共政策研究科博士課程修了。博士(国際公共政策)。専門は NGO/NPO 論, トランスナショナル・シビルソサエティ論。主要著書論文は『国境を超える市民ネットワーク──トランスナショナル・シビルソサエティ』(東洋経済新報社, 2003年),『民意民力──公を担う主体としての民』(共著, 東洋経済新報社, 2002年),『地雷なき地球へ』(岩波書店, 1998年)。

土岐雅子 (とき　まさこ)　第16章
モントレー国際大学不拡散研究所 (CNS)・不拡散教育プログラムアソシエイト。モントレー国際大学院国際政策学修士課程修了。大量破壊兵器不拡散研究資格取得。主な研究分野は, 軍縮・不拡散教育, 核不拡散体制の強化, 日本の軍縮・不拡散政策, 非核兵器地帯, IAEA の保障措置強化。オンラインパブリケーションとして, NPT チュートリアル (更新, 改定), 「軍縮・不拡散教育に関する国連事務総長の研究について」。

大量破壊兵器の軍縮論

2004年(平成16年)7月23日　第1版第1刷発行

編　集　　黒　澤　　満

発行者　　今　井　　貴

発行所　　信山社出版株式会社
〒113-0033　東京都文京区本郷 6-2-9-102
　　　　　電　話　03 (3818) 1019
　　　　　F A X　03 (3818) 0344

printed in Japan

Ⓒ黒澤 満ほか，2004．印刷・製本／暁印刷・大三製本
ISBN4-7972-3334-6　C3332
3334-012-053-07
分類 329.001

唄孝一先生賀寿
人の法と医の倫理
A5判変上製792頁　25,000円
編集代表 古村節男・野田寛
編集委員 手嶋豊・岡林伸幸・安原正博・小笹晃太郎・
佐久間泰司・宇田憲司・平栗勲・井上博隆・山下登

植木哲先生還暦記念
医事法の方法と課題
――医事法の体系化を目指して――
A5判変上製752頁　25,000円(税別)

町野朔・長井圓・山本輝之編　10,000円
臓器移植法改正の論点

三藤邦彦著　26,000円
医事法制と医療事故

唄 孝一著　死ひとつ　2,500円

ドゥオーキン 水谷英夫・小島妙子訳　6,400円
ライフズ・ドミニオン

債権総論〔第2版〕I 潮見佳男 著 4,800円
●債権関係・契約規範・履行障害
債権総論〔第2版〕II 潮見佳男 著 4,800円
●債権保全・回収・保証・帰属変更
契約各論 I 潮見佳男 著　4,200円
●総論・財産移転型契約・信用供与型契約
不法行為法 潮見佳男 著　4,700円
●全体像を提示する最新の理論書
不当利得法 藤原正則 著　4,500円
●広範に利用されている不当利得論の元を探る
イギリス労働法 小宮文人 著 3,800円
●現代イギリス労働法の戦略実務体系書
会 社 法　青竹正一 著　3,800円
●平成13年・14年の大改正を簡明に解説
潮見佳男著　3,200円
プラクティス民法 債権総論
契約法(仮) 半田吉信著　予3,500円
星野 豊著　10,000円
信託法理論の形成と応用

河内 宏 著　2,400円
権利能力なき社団・財団の総合判例解説
松尾 弘 著　近刊
詐欺・脅迫の判例総合解説
生熊長幸 著　2,200円
即時取得の総合判例解説
石外克喜 著　2,900円
権利金・更新料の総合判例解説
平野裕之著　3,200円
保証人保護の判例総合解説
土田哲也 著　2,400円
不当利得の総合判例解説
佐藤隆夫 著　2,200円
親 権の判例総合解説
山野目章夫編　2,000円
ブリッジブック 先端民法入門

祖川武夫論文集
国際法と戦争違法化　9,600円
――その論理構造と歴史性――
小田滋・石本泰雄編集委員代表

信山社　〒113-0033 東京都文京区本郷6·2·9·102
TEL 03-3818-1019　FAX 03-3818-0344 FAX注文制

ISBN4-7972-1771-5　NDC分類322.911アメリカ法　2004.6.18新刊

アメリカ憲法の体系書

獨協大学法学部教授　田島 裕 著

アメリカ憲法

[著作集1]
——合衆国憲法の構造と公法原理——
A5判変上製554頁　本体10,000円(税別)

英米法判例の法理論

[著作集8]
A5判変上製254頁　本体6,000円(税別)

****

イギリス憲法——議会主権と法の支配(著作集2)　続刊
英米の裁判所と法律家(著作集3)　近刊
コモン・ロー (不法行為法：契約法)(著作集4)　続刊
英米の土地法と信託法　(著作集5)　続刊
英米企業法学　(著作集6)　続刊
英米諸法の研究　(刑法・国際法)(著作集7)　続刊

＊　　＊　　＊

比較法の方法　[別巻1]
四六判型上製カバー付　240頁　本体2,980円

イギリス憲法典　[別巻2]
——19998年人権法の制定
四六判型上製カバー付　144頁　本体2,200円

イギリス法入門　[別巻3]
四六判型上製カバー付　312頁　3,000円

＊　　＊　　＊

K.ポパー著　田島 裕訳　確定性の世界
四六判上製カバー本体 3,600円　——付・ポパー研究目録——

K.ポパー著　田島 裕訳　文庫・確定性の世界
——附・ポパーと私（ゴンブリック）——　680円

信山社

〒113-0033 東京都文京区本郷6・2・9・102
TEL 03-3818-1019　FAX 03-3818-0344　FAX注文制

価格は全て本体価格（税別）

軍縮国際法　黒澤 満 著	5,000円
現代安全保障用語事典　佐島直子編集代表	6,000円
祖川武夫論文集　国際法と戦争違法化－その論理構造と歴史性－　小田滋・石本泰雄編集代表	9,600円
国際社会の組織化と法―内田久司先生古稀記念論文集―　柳原正治編	14,000円
不戦条約（上）（下）国際法先例資料　柳原正治編著	各43,000円
ヒギンズ国際法　ロザリン・ヒギンズ著　初川満訳	6,000円
尾崎久仁子著　国際人権・刑事法概論	3,100円
ブリッジブック国際法　植木俊哉著	2,000円
ブリッジブック国際関係学　田中孝彦編	近刊
ブリッジブック日本の外交　井上寿一著	近刊
Cooperation Experiences in Europe and Asia (eds.) Hoon Jaung and Yuichi Morii	3,000円

信山社